Matthias Künzler
Mediensystem Schweiz

Matthias Künzler

Mediensystem Schweiz

UVK Verlagsgesellschaft Konstanz · München

Für Xochitl

Bibliografische Information der Deutschen Nationalbibliothek
Die Deutsche Nationalbibliothek verzeichnet diese Publikation in der
Deutschen Nationalbibliografie; detaillierte bibliografische Daten sind
im Internet über http://dnb.d-nb.de abrufbar.

ISBN 978-3-86764-151-7

Das Werk einschließlich aller seiner Teile ist urheberrechtlich geschützt.
Jede Verwertung außerhalb der engen Grenzen des Urheberrechtsgesetzes
ist ohne Zustimmung des Verlages unzulässig und strafbar. Das gilt insbesondere für Vervielfältigungen, Übersetzungen, Mikroverfilmungen und die
Einspeicherung und Verarbeitung in elektronischen Systemen.

© UVK Verlagsgesellschaft mbH, Konstanz und München 2013

Einband: Susanne Fuellhaas, Konstanz
Titelillustration: Anja Kissendorfer, Konstanz
Fact-Checking: Ueli Custer, Zürich
Printed in Germany

UVK Verlagsgesellschaft mbH
Schützenstr. 24 · 78462 Konstanz · Deutschland
Tel.: 07531-9053-0 · Fax: 07531-9053-98
www.uvk.de

Inhalt

Abbildungen 9
Abkürzungen 15

1   Einleitung 17

Teil I: Allgemeine Grundlagen

2   **Mediensystem Schweiz: ein Überblick** 23
    2.1   Allgemeine Merkmale der Schweiz 23
    2.2   Kleinstaatlichkeit: die Folgen der geringen Marktgrösse 24
    2.3   Das Verhältnis von Medien und Politik 35

3   **Die Systemperspektive als Grundlage zur Analyse der Medienlandschaft** 43
    3.1   Vom praktischen Nutzen der Theorie 43
    3.2   Was sind Systeme? Lehren aus der Systemtheorie 44
    3.3   Mediengeschichtliche Analysen 50
    3.4   Fazit: ein theoriegeleitetes Analyseraster zur Untersuchung des schweizerischen Mediensystems 50

4   **Medien: Definitionen und Kategorisierungen** 53
    4.1   Definitionen des Begriffs «Medium» 53
    4.2   Die besondere gesellschaftliche Bedeutung von Kommunikationsmedien 55
    4.3   Presse, Rundfunk und Nachrichtenportale: spezifische Merkmale publizistischer Kommunikationsmedien 61

Teil II: Struktur und Entwicklung

5 Die Presselandschaft 67
  5.1 Überblick über das schweizerische Presseangebot 67
  5.2 Angebot an Tages-, Wochen- und Sonntagszeitungen 72
  5.3 Tageszeitungsunternehmen: Beteiligungen
       und Formen der Zusammenarbeit 91
  5.4 Nachrichten-, Bildagenturen und Datenbanken 104

6 Der öffentliche Rundfunk SRG SSR 109
  6.1 Allgemeine Merkmale
       öffentlicher Rundfunkorganisationen 110
  6.2 Die Organisationsstruktur der SRG SSR 113
  6.3 Einbezug der Gesellschaft:
       die Trägerschaft (Gesellschaftsstruktur) 115
  6.4 Das Unternehmen (Konzern) 129
  6.5 Das Programmangebot und seine Finanzierung 136

**7 Privatradio, Privatfernsehen
   und Online-Nachrichtenportale 143**
  7.1 Typologie der privaten Radio- und Fernsehanbieter 143
  7.2 Kommerzielle Privatradios 146
  7.3 Alternative Privatradios 151
  7.4 Kommerzielles Privatfernsehen 153
  7.5 Online-Nachrichtenportale 157

8 Medienangebot und Mediennutzung 163
  8.1 Inhaltsstruktur 164
  8.2 Journalistische Formen 166
  8.3 Themen der Informationsangebote 167
  8.4 Politische Tendenz 168
  8.5 Geografischer Bezug 172
  8.6 Nutzung von Presse, Fernsehen und Radio 175
  8.7 Nutzung von Onlinemedien 185

9 Strukturwandel der Presse 191

9.1 Pressezensur im Ancièn Régime (bis 1798/1830) 192

9.2 Die Entstehung der Gesinnungspresse (bürgerliche Öffentlichkeit) 196

9.3 Politisch neutrale, kommerzielle Zeitungen (vermachtete Öffentlichkeit) 206

10 Strukturwandel von Radio und Fernsehen 227

10.1 Die Entwicklung des öffentlichen Rundfunks SRG bis zum Zweiten Weltkrieg 227

10.2 Die Einführung des Fernsehens und die Entwicklung der SRG 1945-1980 233

10.3 Anpassung an ein liberalisiertes Marktumfeld und an neue Medientechnologien ab 1980 237

10.4 Wunsch nach Privatrundfunk in den 1970er-Jahren 240

10.5 Liberalisierung von Radio- und Fernsehen ab 1982 243

Teil III: Interdependenzen

11 Die Finanzierung der Medien 251

11.1 Marktfinanzierung 251

11.2 Öffentliche Finanzierung 261

11.3 Stiftungs- und Spendenfinanzierung 266

12 Regulierung von Radio und Fernsehen 271

12.1 Regulierung von Radio und TV: Rechtsgrundlagen 271

12.2 Grundzüge des Radio- und Fernsehgesetzes (RTVG) und der Radio- und Fernsehverordnung (RTVV) 273

12.3 Behördenzuständigkeit 283

12.4 Verfahren zur Konzessionierung, Qualitätssicherung und für Zuschauerbeschwerden 287

12.5 Bedeutung internationaler Organisationen für die schweizerische Rundfunkordnung 292

13 Medienrecht und Medienethik: Rechte und Pflichten von Journalisten und Medien 301

13.1 Rechte des Publikums und der Medien: Meinungs-, Informations- und Medienfreiheit 302

13.2 Grenzen der Informations- und Medienfreiheit 303

13.3 Medienethische Branchenstandards 309

14 Einbezug der Gesellschaft 319

14.1 Institutionalisierte Verbindung zwischen Medien und Publikum 320

14.2 Medienjournalismus und Medienkritik in Massenmedien, Fachzeitschriften und Onlineportalen 322

14.3 Journalistenausbildung 323

14.4 Branchen- und Berufsverbände 326

15 Fazit 333

Bibliografie 341

Abbildungen

Abb. 1: Einwohner (in Mio.) und Fläche (in 1 000 km²) europäischer Staaten ... 26
Abb. 2: Einwohner und Grösse des Werbemarkts in verschiedenen europäischen Gross- und Kleinstaaten (2010/2011) ... 29
Abb. 3: Anzahl Journalisten im Ländervergleich ... 29
Abb. 4: Medienmärkte der Sprachregionen und angrenzende, gleichsprachige, grosse Nachbarländer im Vergleich ... 30
Abb. 5: Art des Fernsehempfangs (Haushalte in %, 2011) ... 31
Abb. 6: Anteil Haushalte mit digitalem TV-Empfang (in %, 2011) ... 32
Abb. 7: Marktanteile ausländischer Fernsehsender in westeuropäischen Ländern (in %) ... 33
Abb. 8: Marktanteil ausländischer Pressetitel am Kioskangebot (2008) ... 33
Abb. 9: Auflage kostenpflichtiger Tageszeitungen im Verhältnis zur Bevölkerung (in Tausend) ... 37
Abb. 10: Tagesreichweiten Mediengattungen (in % Mo-Fr, 2011) ... 38
Abb. 11: TV-Nutzung in Minuten pro Tag im Ländervergleich (2011) ... 39
Abb. 12: Bruttowerbemarktanteile von Presse, Rundfunk und Internet im internationalen Vergleich (in %) ... 40
Abb. 13: Funktionen bzw. Leistungen des Mediensystems für andere gesellschaftliche Teilsysteme ... 47
Abb. 14: Zwiebelmodell ... 49
Abb. 15: Kommunikationsmedien vs. Übertragungs-/Speichermedien ... 56
Abb. 16: Idealtypische Kategorisierung von Kommunikationsmedien nach technischen Eigenschaften und sozialen Funktionen ... 60
Abb. 17: Pressetitel nach Pressetypen (Anzahl und %, 2011) ... 68
Abb. 18: Typologie der Schweizer Presse ... 69
Abb. 19: Anzahl Titel (inkl. Regionalausgaben) nach Sprachen innerhalb des Sektors 1000 (2011) ... 73
Abb. 20: Zeitungsmäntel und Nebenausgaben von Tageszeitungen in der Deutschschweiz in Reihenfolge der Auflage (2012) ... 74
Abb. 21: Zeitungsmäntel und Nebenausgaben von Tageszeitungen in der West- und Südschweiz (2012) ... 77

Abb. 22: Zeitungstitel in der italienisch- und rätoromanischsprachigen Schweiz (2012) ... 78
Abb. 23: Standort der Redaktionen schweizerischer Tageszeitungen (Haupt- und Nebenausgaben) ... 79
Abb. 24: Zeitungsdichte: Anzahl kostenpflichtiger Hauptausgaben von Tageszeitungen pro Kanton ... 80
Abb. 25: Zeitungsdichte: Anzahl kostenloser und kostenpflichtiger Tageszeitungen (Haupt- und Nebenausgaben) pro Kanton ... 82
Abb. 26: Zeitungstypen nach geografischer Ebene ... 90
Abb. 27: Grossregionen und grösste Zeitungsmäntel/Einzelausgaben ... 91
Abb. 28: Sieben grösste Medienunternehmen (nach Umsatz) mit Beteiligungen an schweizerischen Tageszeitungen (2011) ... 93
Abb. 29: Marktanteil von Medienunternehmen an der Tageszeitungsauflage D-CH ... 94
Abb. 30: Marktanteil von Medienunternehmen an der Tageszeitungsauflage W-CH ... 94
Abb. 31: Gebiete, in denen die grössten schweizerischen Medienunternehmen Tageszeitungen herausgeben ... 95
Abb. 32: Die Beteiligungen von Tamedia an Tageszeitungen ... 96
Abb. 33: Die Beteiligungen der NZZ-Mediengruppe an Tageszeitungen ... 97
Abb. 34: Die Beteiligungen der AZ Medien an Tageszeitungen ... 97
Abb. 35: Das Kopfblattsystem der Neuen Luzerner Zeitung ... 99
Abb. 36: Splittausgaben der Zürichsee-Zeitung ... 100
Abb. 37: Anteil öffentlicher Finanzierung an den Gesamteinnahmen öffentlicher Rundfunksender (in %, 2009) ... 113
Abb. 38: Organisationsaufbau der SRG SSR ... 114
Abb. 39: Struktur und Organe der Trägerschaft auf nationaler Ebene ... 118
Abb. 40: Struktur der Trägerschaft auf regionaler Ebene ... 123
Abb. 41: Regionalgesellschaften: Zusammensetzung der Organe ... 124
Abb. 42: Vergleich der Organisationsstrukturen der Mitgliedgesellschaften von SRG Deutschschweiz ... 128
Abb. 43: Organisationsstruktur des Unternehmens ... 131
Abb. 44: Produktionsstandorte der SRG-Unternehmenseinheiten .. 134
Abb. 45: Das Programmangebot der vier sprachregionalen SRG-Unternehmenseinheiten ... 138

Abb. 46: Interner Finanzausgleich der SRG SSR (2010) 139
Abb. 47: Ort der konzessionierten Privatradios 145
Abb. 48: Namensänderungen von Privatradios (1983-2012) 147
Abb. 49: Unternehmensbeteiligungen an Presse,
Privatradio und Privatfernsehen 150
Abb. 50: Sprachregionale Privatfernsehsender 154
Abb. 51: Konzessionierte, private Regionalfernsehsender 155
Abb. 52: Online-Nachrichtenportale 160
Abb. 53: Anteil regionaler und kantonaler Berichterstattung
am redaktionellen Teil (in %) 174
Abb. 54: Reichweite verschiedener Pressetypen im
Durchschnitt aller Sprachregionen (2007-2012, in %) 176
Abb. 55: Leserschaft der grössten Deutschschweizer
Tages- und Sonntagszeitungen (2012) 177
Abb. 56: Leserschaft der grössten Westschweizer
Tages- und Sonntagszeitungen (2012) 178
Abb. 57: Leserschaft der italienisch- und rätoromanisch-
sprachigen Tages- und Sonntagszeitungen (2012) 178
Abb. 58: Reichweite verschiedener Zeitungstypen in den
verschiedenen Deutschschweizer Regionen (2012) 179
Abb. 59: Mediennutzung im Tagesablauf in der Deutschschweiz
(Reichweite in %, Mo-Fr, 2011) 180
Abb. 60: Marktanteil verschiedener Kategorien
von TV-Sendern (in %, Mo-So, 2011) 181
Abb. 61: Reichweite regionaler Deutschschweizer
Privatfernsehsender (in Tausend und in %, 2011) 182
Abb. 62: Reichweite regionaler Westschweizer
Privatfernsehsender (in Tausend und in %, 2011) 183
Abb. 63: Marktanteil verschiedener Kategorien
von Radiosendern (in %, Mo-So, 2011) 183
Abb. 64: Reichweite regionaler Deutschschweizer
Privatradios (in Tausend und in %, 2011) 184
Abb. 65: Reichweite regionaler Deutschschweizer
Privatradios (in Tausend und in %, 2011) 185
Abb. 66: Online-Nachrichtenportale Deutschschweiz:
Durchschnittliche Anzahl Nutzer pro Tag
(1. Hälfte 2012) 186
Abb. 67: Online-Nachrichtenportale Westschweiz:
Durchschnittliche Anzahl Nutzer pro Tag
(1. Hälfte 2012) 187

Abbildungen

Abb. 68: Nichtpublizistische Onlineangebote und Dienstleistungen: Anzahl Nutzer pro Tag (1. Hälfte 2012) 187
Abb. 69: Zuordnung von Tageszeitungen zu politischen Strömungen in einigen Kantonen (1960er-Jahre) 201
Abb. 70: Anteil Gesinnungspresse und politisch neutrale Presse an Titel und Auflage (1965) 202
Abb. 71: Auflage und Anzahl Titel von Gesinnungszeitungen im Vergleich zu den Wähleranteilen (1963, in %) 202
Abb. 72: Nutzung von Kauf- und Gratis-Tageszeitungen nach Altersgruppen in der D-CH (2000-2010, Nettoreichweite in %) 220
Abb. 73: Nutzung von Kauf- und Gratis-Tageszeitungen nach Altersgruppen in der F-CH (2000-2010, Nettoreichweite in %) 220
Abb. 74: Nettoreichweite nach Pressetypen in der Westschweiz (2000-2010, in %) 222
Abb. 75: Entwicklung Anzahl Titel und Auflage von Zeitungen (1939-2011) 223
Abb. 76: Dreieckstausch zwischen Werbewirtschaft – Medium – Mediennutzer 252
Abb. 77: Nettowerbeumsätze nach Mediengattung (in Mio. CHF und %, 2011) 254
Abb. 78: Nettowerbeumsätze der Massenmedien (in·CHF und %, 2011) 255
Abb. 79: Entwicklung der Netto-Werbeausgaben für publizistische Massenmedien (1982-2010) 256
Abb. 80: Werbemarktanteile der verschiedenen Pressegattungen (in CHF und %, 2011) 257
Abb. 81: Entwicklung der Werbeausgaben nach Pressegattungen (in Mio. CHF, 2002-2012) 258
Abb. 82: Nettowerbeumsätze Fernsehen ohne Sponsoring (2011) ... 259
Abb. 83: Entwicklung der TV-Nettowerbeumsätze verschiedener Anbietertypen inkl. Sponsoring (in Mio. CHF, 1999-2010) 259
Abb. 84: Verwendung der Gebührengelder (in Mio. CHF und %, 2011) 263
Abb. 85: Höhe der Rundfunkgebühr (in % des BIP/Kopf, 2009) ... 264
Abb. 86: Rechte und Pflichten der SRG SSR 276
Abb. 87: Rechte und Pflichten konzessionierter Privatsender 278

Abb. 88: Rechte und Pflichten verschiedener Typen
von Rundfunkanbietern im Überblick 282
Abb. 89: Überprüfung der Leistungsaufträge
konzessionierter Privatsender 289
Abb. 90: Matrix zur Interessenabwägung
beim Persönlichkeitsschutz 306
Abb. 91: Selbstregulierungskodizes verschiedener
Kommunikationsbranchen 312
Abb. 92: Medienunabhängige Vereinigungen
von Mediennutzern 321
Abb. 93: Medienjournalismus:
Fachzeitschriften und Onlineportale 323
Abb. 94: Praxisbezogene Aus- und Weiterbildungsinstitutionen 324
Abb. 95: Journalistische Ausbildung (in %) 326
Abb. 96: Branchenverbände 327
Abb. 97: Berufsverbände und Gewerkschaften
für Medienschaffende allgemein 329
Abb. 98: Berufsverband für Medienschaffende in Spezialgebieten ... 330

Abkürzungen

AA	Appenzell Ausserrhoden
Abb.	Abbildung
AG	Aargau
AI	Appenzell Innerrhoden
AT	Österreich
BE	Belgien
BE (CH)	Bern (Schweiz)
BG	Bulgarien
BL	Basel-Land
BS	Basel-Stadt
CHF	Schweizer Franken
CS	Tschechische Republik
CVP	Christliche Volkspartei der Schweiz
D-CH	Deutschsprachige Schweiz
DE	Deutschland
DK	Dänemark
dt.	deutsch(-sprachig)
DV	Delegiertenversammlung
ES	Spanien
EST	Estland
F-CH	Französischsprachige Schweiz
FDP	Freisinnig-demokratische Partei der Schweiz (FDP.Die Liberalen)
FI	Finnland
FL	Fürstentum Liechtenstein
fläm.	flämisch(-sprachig)
FR	Frankreich
FR (CH)	Fribourg (Schweiz)
frz.	französisch(-sprachig)
GD	Generaldirektor
GE	Genf
GL	Glarus
GR	Graubünden
HU	Ungarn
I-CH	Italienischsprachige Schweiz
IE	Irland
IT	Italien
JU	Jura

Abkürzungen

LU	Luzern
NE	Neuenburg
NL	Niederlande
NO	Norwegen
NW	Nidwalden
OW	Obwalden
PL	Polen
SE	Schweden
SG	St. Gallen
SH	Schaffhausen
SO	Solothurn
SPS	Sozialdemokratische Partei der Schweiz
SVP	Schweizerische Volkspartei
SZ	Schwyz
TG	Thurgau
TI	Tessin
TR	Türkei
TZ	Tageszeitung
UK	Vereinigtes Königreich (Grossbritannien)
UR	Uri
VD	Waadt
VJ	Videojournalist
VR	Verwaltungsrat
VS	Wallis
ZG	Zug
ZH	Zürich

I Einleitung

Der erfolgreiche Markteintritt von neuen journalistischen Online-Portalen (z. B. ‹TagesWoche›), die Entwicklung von TAMEDIA zu einem sprachregionen-übergreifenden Medienunternehmen, die Reorganisation der SRG im Rahmen des Konvergenzprojekts oder die Diskussionen um die Radio- und Fernsehgebühren machen eins deutlich: Die schweizerische Medienlandschaft verändert sich. Diese Veränderungen haben gesamtgesellschaftliche Konsequenzen, da wir politische, soziale und wirtschaftliche Probleme und Entwicklungen in hohem Mass durch die Medien wahrnehmen. Indem sich die Medien und ihr Verhältnis zur Politik, Wirtschaft und Kultur verändern, verändern sich die Produktionsbedingungen, die Qualität und die Möglichkeiten zur Finanzierung der Medien.

Um jedoch die Relevanz von Aktualitäten aus dem Medienbereich für den langfristigen Medienwandel beurteilen zu können und die Folgen dieses Wandels abzuschätzen, bedarf es an Grundlagenwissen über die Medienstruktur. Dieser Aufgabe nimmt sich das vorliegende Sachbuch an. Es arbeitet den Forschungsstand in einer integralen Darstellung umfassend auf. Zielsetzung ist es,

- Wissen über das Angebot und die Produzenten von Presse, Radio, Fernsehen und Onlineportalen zu vermitteln
- mediengeschichtliche Entwicklungen und aktuellen Trends zu analysieren, welche die Struktur der heutigen Medienlandschaft beeinflusst haben (u.a. das Verschwinden der parteinahen Presse, die Gründe für die Entstehung der SRG und der Privatsender)
- aufzuzeigen, wie die Beziehungen der Medienunternehmen zur Politik, Wirtschaft und Öffentlichkeit ausgestaltet sind (insbesondere Regulierung der Medien durch RTVG und Konzessionsvergaben)
- zu thematisieren, welche Auswirkungen internationale Organisationen wie der Europarat, die EU und die WTO auf die schweizerischen Medienunternehmen haben
- das Verständnis für Besonderheiten des schweizerischen Mediensystems aber auch Gemeinsamkeiten mit ausländischen Mediensystemen zu schärfen.

Im vorliegenden Band wird versucht, diese Zielsetzung nicht als «Medienkunde» in Form einer Ansammlung von Einzelfakten umzusetzen. Vielmehr wird im Sinn einer Mediensystemanalyse auf bestimmte Strukturmerkmale fokussiert. Die empirische Grundlage dieser Analyse bildeten veröffentlichte und unveröffentlichte Studien, Medienstatistiken, Rechtsdokumente, medienjournalistische Berichterstattung und offizielle Dokumente von Medienunternehmen und Behörden. Diese Quellen wurden sekundäranalytisch ausgewertet und auf Grundlage bewährter Ansätze aus der Publizistik- und Kommunikationswissenschaft aufbereitet und interpretiert.

Mit der Form des Sachbuchs soll ein breites Publikum angesprochen werden, das sich für die Ausgestaltung und Entwicklung der schweizerischen Medienlandschaft interessiert (Wissenschaftler, Studierende, Medienschaffende, Medienkonsumenten). Jedes Kapitel wird mit einem Zitat und einer Fragestellung eingeleitet. Dieser Bezug auf eine Diskussion aus Medienpraxis und -Wissenschaft soll die praktische Relevanz der Analyse verdeutlichen. Jedes Kapitel des Buchs ist in sich abgeschlossen und kann einzeln gelesen werden; wiewohl das Buch nach übergreifenden, theoretischen Überlegungen aufgebaut ist. Leserinnen und Leser, die sich eingehender mit einem Thema beschäftigen möchten, finden am Ende jedes Kapitels weiterführende, kommentierte Literaturhinweise als Hilfestellung für die eigenständige Vertiefung. Kapitel 2 bietet einen allgemeinen Überblick über wichtige Strukturmerkmale des schweizerischen Mediensystems im internationalen Vergleich, während Kapitel 3 und 4 theoretische Begründungen für die Auswahl der hier analysierten Medien und für den Aufbau des Buchs liefern. In den Kapiteln 5-8 werden Angebot und Produzenten von Presse-, Rundfunk- und Onlineangeboten und deren Leistung untersucht. Die Kapitel 9 und 10 stellen den langfristigen Presse- und Rundfunkwandel dar. In den Kapiteln 11-14 werden schliesslich die Beziehungen der Medien zu anderen Gesellschaftsbereichen (Wirtschaft, Politik, soziokulturelles System) beleuchtet.

Der Medienwandel hatte auch konkrete Auswirkungen auf die Erstellung dieser Monografie. Obwohl einige Merkmale der Makrostruktur stabil geblieben sind (z. B. starke Stellung der Presse), hat sich auf Ebene der Medienorganisationen (Mesoebene) und der Angebote in den letzten drei Jahren viel verändert. Dies erforderte noch während des Schreibprozesses laufende Anpassungen der Darstellung an neue Organisationsstrukturen der SRG oder veränderte Zusammenarbeitsformen im Pressebereich. Dadurch hat sich die Arbeit am Manuskript länger als geplant hingezogen.

Umso wichtiger war für mich die Unterstützung von einer Reihe kompetenter und hilfsbereiter Personen. Mein besonderer Dank geht an Prof. Dr. Otfried Jarren, der mir das Vertrauen schenkte, zum Thema des schweizerischen Mediensystems an der Universität Zürich zu lehren und mich ermunterte, meine Vorlesungsunterlagen zu einer Publikation auszubauen. Von meinen Kollegen Dr. Manuel Puppis (IPMZ), Dr. Edzard Schade (HTW Chur), Prof. Dr. Klaus Beck (Universität Berlin) und Dr. Jan Krone (FH St. Pölten) habe ich wertvolle inhaltliche Anregungen erhalten. Nicht zuletzt haben mir die Studierenden meiner Vorlesungen mit ihren Fragen und Diskussionsbeiträgen wichtige Hinweise geliefert, die ins Manuskript eingeflossen sind. Ein besonderer Dank geht dabei an meine Tutoren Rocco Maglio, Linda Dimino, Katja Dähler und Stefanie Ostertag. Für die sehr wohlwollende und kompetente Betreuung vonseiten des Verlags bedanke ich mich bei meinem Lektor Rüdiger Steiner vom UVK-Verlag.

Für Kritik und Anregungen bin ich dankbar:
matthias.kuenzler@gmx.net

Teil I:
Allgemeine Grundlagen

2 Mediensystem Schweiz: ein Überblick

Nirgends – ausser vielleicht in Skandinavien – ist das Interesse an gedruckten Medien so stark und robust wie in der Schweiz.
Karl Lüönd (2009)

Die Schweiz ist noch immer ein Zeitungsland.
Urs Meier (2007)

> Die Vorstellung, die Schweiz sei Zeitungsland und demnach ein Land von «Fernsehmuffeln» hält sich seit Jahrzehnten. Stimmt dieses Vorurteil jedoch? Auf solche Fragen geht dieses Kapitel ein, indem es darstellt,
> - welches die grundlegenden Merkmale des schweizerischen Mediensystems sind
> - wie sich das schweizerische Mediensystem von ausländischen Mediensystemen unterscheidet
> - zu welchen ausländischen Mediensystemen das schweizerische Ähnlichkeiten aufweist.

2.1 Allgemeine Merkmale der Schweiz

Medien sind stets in die politischen und kulturellen Gegebenheiten eines Landes eingebunden. Deshalb sind zu Beginn dieses Kapitels einige demografische und politische Merkmale der Schweiz zu vergegenwärtigen.

Die Schweiz weist verschiedene Besonderheiten auf: Mit einer Fläche von 41 285 km^2 und 7.9 Mio. Einwohnern (2011) ist sie eher klein. Rund die Hälfte der Bevölkerung lebt in den fünf bevölkerungsreichsten Kantonen Zürich, Bern, Waadt, Aargau und St. Gallen. Aufgeteilt auf die vier Landessprachen leben rund 71% (5.6 Mio. Einwohner) der Bevölkerung im deutschen, 24% (1.9 Mio. Einwohner) im französischsprachigen, etwas weniger als 5% (0.34 Mio. Einwohner) im italienischen und 0.4% (0.03 Mio. Einwohner) im rätoromanischen Sprachgebiet (Zahlen gerundet, basierend auf BFS 2012a). Rund ein Fünftel der

Bevölkerung sind ausländische Staatsangehörige, wovon Bürger aus den jugoslawischen Nachfolgestaaten, Italien, Portugal und Deutschland die grössten ausländischen Bevölkerungsgruppen stellen. Politisch ist das Land dreistufig aufgebaut und besteht auf nationaler Ebene aus dem Bundesstaat, auf regionaler Ebene aus 26 Kantonen unterschiedlicher Grösse und auf lokaler Ebene aus 2 495 Gemeinden (im Jahr 2012, vgl. BFS 2012b). Im Rahmen ihrer Zuständigkeiten (z. B. Behördenorganisation, Steuer-, Schulhoheit) kommt den Kantonen echte Autonomie zu, besitzen sie doch eigene Verfassungen, Parlamente (die nach unterschiedlichen Wahlmodi gewählt werden), Regierungen und Gerichte. Die Gemeindeautonomie fällt in den Zuständigkeitsbereich der Kantone und ist ebenfalls unterschiedlich ausgestaltet (vgl. Haller/Kölz 2004: 148-158). Drei weitere Besonderheiten des politischen Systems sind die ausgeprägt direkte Demokratie, die sich auf allen drei Staatsebenen findet; die Ausgestaltung der Bundes- und vieler Kantonsregierungen nach dem Kollegialitätsprinzip – das heisst, wichtige Fragen werden gemeinsam von den einander völlig gleichgestellten Regierungsmitgliedern nach dem Mehrheitsprinzip entschieden – sowie das Konkordanzprinzip, d. h. das Lösen von Konflikten durch Verhandeln und pragmatische Kompromisse (vgl. Lindner 2006: 26; Haller/Kölz 2004: 266).

2.2 Kleinstaatlichkeit: die Folgen der geringen Marktgrösse

Die Frage nach den Besonderheiten des schweizerischen Mediensystems lässt sich nur durch einen Ländervergleich beantworten. Erst im Ländervergleich können Unterschiede zu und Gemeinsamkeiten mit anderen Mediensystemen erkannt, lieb gewonnene Vorurteile infrage gestellt und neue Lösungen für bestehende medienpolitische Probleme gefunden werden (vgl. Esser 2003: 437 f., 455). Wichtig ist auch der Langzeitvergleich: Er hilft uns, langfristige Entwicklungen und zukünftige Trends festzustellen (vgl. Blumler 1997: 181 f.).
  Eine Schwierigkeit beim Vergleichen ist die Datenfülle. Eine Beschränkung auf wenige Variablen, deren Ausprägungen in den verschiedenen Ländern verglichen werden, ist notwendig. Vergleiche und Typologien von Mediensystemen basieren zumeist entweder auf einem Vergleich der Variablen Marktgrösse oder des Verhältnisses von Medien und Politik (vgl. Künzler/Jarren 2009: 576 f.).

Definition von Kleinstaatlichkeit

Zunächst wenden wir uns der Unterscheidung von Mediensystemen nach der Marktgrösse zu. In dieser Perspektive werden Unterschiede und Gemeinsamkeiten zwischen den Mediensystemen hauptsächlich als Folge der Grösse des Heimmarkts interpretiert. Grundsätzlich werden dabei Länder mit vielen Einwohnern und folglich grossen Heimmärkten von Ländern mit kleinen Märkten unterschieden (sogenannte Kleinstaaten) (vgl. Kleinsteuber et al. 1991: 35). Kleinstaatlichkeit wird auf unterschiedliche Art und Weise definiert (vgl. Puppis 2009b: 8 f.):

- anhand von absoluten Indikatoren wie der Anzahl Einwohner, der geografischen Grösse oder der Grösse des Bruttosozialprodukts («absolute approach»)
- an der subjektiven Empfindung der Kleinheit («attributive approach»)
- relational, im Sinne eines besonders grossen Unterschieds zwischen zwei oder mehreren Nachbarländern. Kanada ist gemessen an der absoluten Anzahl Einwohner mit 34.8 Mio. ein grosses Land, im Vergleich zum Nachbarland USA mit 313.6 Mio. Einwohnern ist es jedoch klein («relational approach»).

Hier wird die in der Publizistikwissenschaft gängige Definition von Kleinstaatlichkeit über absolute Indikatoren übernommen: Ein Kleinstaat ist ein Land mit maximal 18 Millionen Einwohnern, unabhängig von seiner Fläche (vgl. Kirt/Waschkuhn 2001: 31). Manchmal werden Länder mit weniger als 100 000 Einwohnern (z. B. das Fürstentum Liechtenstein, Andorra) von Kleinstaaten unter der Bezeichnung «Mikrostaat» zusätzlich abgegrenzt.

Folgt man der Definition von Kleinstaat über die Anzahl Einwohner, sind in Westeuropa lediglich fünf Staaten (Deutschland, Frankreich, Grossbritannien, Italien und Spanien) zu den grossen Ländern zu zählen, während es sich bei den restlichen Ländern um Kleinstaaten handelt (vgl. auch Abb. 2). Einige ostmittel- und osteuropäische Länder können ihrer grossen Bevölkerungszahl wegen ebenfalls als Grossstaaten bezeichnet werden (z. B. Polen, Rumänien, Ukraine, Russland). Wie aus nachfolgender Abbildung ersichtlich ist, gibt es auch Kleinstaaten (insbesondere die nordischen) deren Fläche zwar sehr gross ist, die allerdings nur wenige Einwohner zählen.

Abb. 1: Einwohner (in Mio.) und Fläche (in 1 000 km²) europäischer Staaten

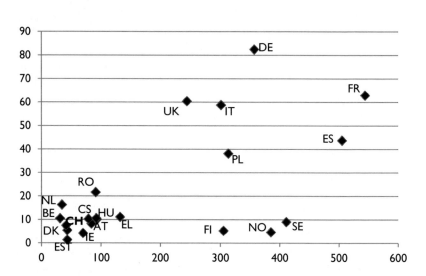

Eurostat (2012). Anzahl Einwohner: vertikale Achse; Fläche: horizontale Achse

Auswirkungen der Kleinstaatlichkeit auf Politik und Wirtschaft

Das demografische Merkmal der geringen Einwohnerzahl hat eine Reihe von Auswirkungen auf die Wirtschaft, Politik, Gesellschaft und die Medien. Diese politischen und gesellschaftlichen Folgen der Kleinstaatlichkeit hat Katzenstein (1985) in einer nach wie vor grundlegenden Studie herausgearbeitet. Er zeigt auf, dass kleine Länder in höherem Masse auf den Export angewiesen sind als grosse Staaten, weshalb die Wirtschaft von Kleinstaaten offener ist. Diese Offenheit hat aber zur Folge, dass kleine Länder den technologischen und wirtschaftlichen Wandel rascher zu spüren bekommen und sich dem Wandel schneller anpassen müssen (vgl. Katzenstein 1985: 29). Deshalb versuchen Kleinstaaten oft, wirtschaftliche Flexibilität und politische Stabilität im Rahmen des «demokratischen Korporatismus» auszugleichen (vgl. Katzenstein 1985: 32 f.). Laut Katzenstein (1985: 32 f.) besteht der demokratische Korporatismus aus drei Komponenten:

- *Zentralisation und Konzentration von Interessengruppen:* Ein Grossteil der Arbeitnehmer und Arbeitgeber ist in Interessengruppen eingebunden. Die Spitzen dieser Gruppen führen miteinander Verhand-

lungen und können die Ergebnisse dieser Verhandlungen bei ihrer Basis meistens durchsetzen.
- *Ideologie einer Sozialpartnerschaft von Arbeitnehmern und Arbeitgeber auf nationaler Ebene:* Dies kann zu einer etwas ausgeglichenen Teilung von wirtschaftlichen Verlusten und Gewinnen führen.
- *Koordination von Zielkonflikten durch freiwillige, informelle und kontinuierliche politische Verhandlungen:* Durch kontinuierliche Verhandlungen werden divergierende Zielsetzungen von Interessengruppen koordiniert und ausgeglichen. Zusammenarbeit und Konsens werden durch die relative geringe Anzahl von Personen begünstigt, aus der die wirtschaftliche, politische und kulturelle Elite besteht. Indem die Elite klein ist, sind deren Beziehungen untereinander umso grösser (vgl. Grisold 1996: 487 f.).

Gemäss Katzenstein erlaubt es dieser Politikstil, wirtschaftliche Flexibilität und politische Stabilität vorsichtig auszutarieren. Dies sei wichtig, da Kleinstaaten wegen der Notwendigkeit offener Märkte nicht dieselben wirtschaftspolitischen Machtinstrumente grosser Länder zur Verfügung stehen, wie Protektionismus, Subventionierung, regionale Entwicklung oder die politisch geplante Transformation von Wirtschaftssektoren (vgl. Katzenstein 1985: 23 f.). Die Umsetzung allumfassender, wirtschaftspolitischer Konzepte (z. B. Keynesianismus, Monetarismus) sei wegen der Beteiligung unterschiedlicher Interessengruppen an der Politik nicht möglich. Kleinstaaten würden sich vielmehr in kleinen Schritten dem wirtschaftlichen Wandel anpassen und einzelne Instrumente aus verschiedenen politischen Konzepten pragmatisch implementieren. Allerdings gäbe es zwischen den Kleinstaaten Unterschiede im Vorgehen: Einige Kleinstaaten wählten eher eine «liberale» Variante des demokratischen Korporatismus und setzten folglich stärker auf marktwirtschaftliche Anpassungsmechanismen (z. B. Schweiz, Niederlande), andere Kleinstaaten praktizierten eher eine «soziale» Variante (z. B. Österreich, Schweden).

Auswirkungen der Kleinstaatlichkeit auf die Medienbranche

Obwohl Katzensteins Theorie plausibel ist, lässt sich an ihr kritisieren, dass auch grosse Länder den demokratischen Korporatismus kennen (z. B. Deutschland), während er in einigen Kleinstaaten schwach ausgeprägt ist (z. B. Irland). Zudem thematisiert Katzenstein die spezifischen Folgen der Kleinstaatlichkeit für den Medienbereich nicht. Mit diesem

Problem hat sich in der Vergangenheit und erst wieder in jüngster Zeit eine Reihe von Publizistikwissenschaftler auseinandergesetzt (so z. B. Siegert 2006; Trappel 1990a; Puppis/d'Haenens 2009; Trappel 1991; Bonfadelli/Meier 1994; Kleinsteuber 1990). Aufgrund ihrer Studien lassen sich zusammenfassend die folgenden Konsequenzen der Kleinstaatlichkeit für das Mediensystem (auch jenes der Schweiz) benennen:

Ressourcenknappheit: Die Rezipienten-, Werbe-, Ereignis- und Informationsmärkte sind im Vergleich zu Grossstaaten klein. Dieses Problem verschärft sich in mehrsprachigen Kleinstaaten wie der Schweiz oder Belgien, da die Mehrsprachigkeit oder die Existenz sprachlicher Minoritäten die ohnehin bereits kleinen Medienmärkte zusätzlich zersplittert.

Die Produktion von Medieninhalten ist in Kleinstaaten teurer als in grossen Ländern, was dem Umstand der hohen Fixkostendegression im Medienbereich geschuldet ist. Die fixen Kosten zur Produktion von Medieninhalten sind hoch – unabhängig davon, wie viele Nutzer ein Medienprodukt konsumieren. Falls diese hohen Produktionskosten auf eine grosse Anzahl Nutzer verteilt werden können, lässt sich ein Medienprodukt zu tieferen Preisen einem einzelnen Medienkonsumenten anbieten. Da in kleinen Medienmärkten die Medienprodukte aber nur auf relativ wenige Nutzer verteilt werden können, bleiben in solchen Märkten die Stückkosten relativ hoch und der einzelne Mediennutzer muss mehr für die Medieninhalte bezahlen (vgl. Heinrich 2001: 96 f.). Das Potenzial zur Finanzierung von Medien über Werbung, Sponsoring und anderen Formen kommerzieller Kommunikation ist ebenfalls geringer als in Grossstaaten. Wie aus untenstehender Abbildung ersichtlich wird, ist der schweizerische Werbemarkt knapp zehnmal kleiner als der deutsche.

In ebenfalls geringerem Mass als in den grossen Ländern sind Kapital, Know-how und Talent vorhanden, auch die Ereignis- und Informationsmärkte sind kleiner. Die geringeren Ressourcen erschweren damit die Möglichkeiten einer kontinuierlichen Versorgung mit einheimischen Medienprodukten.

Mediensystem Schweiz: Überblick

Abb. 2: Einwohner und Grösse des Werbemarkts in verschiedenen europäischen Gross- und Kleinstaaten (2010/2011)

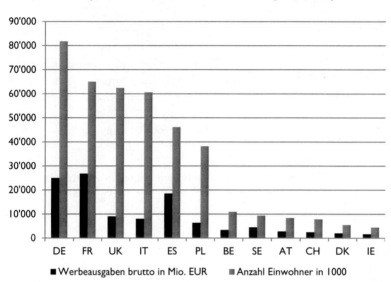

■ Werbeausgaben brutto in Mio. EUR   ■ Anzahl Einwohner in 1000

Eurostat (2012), IP/RTL Group (2011)

In Bezug auf die Anzahl Journalisten trifft die These der knappen Ressourcen jedoch nicht zu. Die neuste Berufsfeldstudie, deren Daten auf einer Zahlung aus dem Jahr 2008 basieren, geht von einer Gesamtzahl an Journalisten und Redaktoren von rund 10 500 aus. Wird diese Zahl ins Verhältnis zur Gesamtbevölkerung gesetzt, zeigt es sich, dass in der Schweiz auf 100 000 Einwohner rund 130 Journalisten kommen, was im internationalen Vergleich viel ist.

Abb. 3: Anzahl Journalisten im Ländervergleich

Anzahl Journalisten	CH (2008)	DE (2005)	USA (2002)
absolut	10 500	48 000	116 148
auf 100 000 Einwohner	130	58	42

Keel (2011: 136)

Allgemeine Grundlagen

Spillover-Effekte: Die bevölkerungsreichen Regionen einiger Kleinstaaten (Irland, Belgien, Österreich, Schweiz) liegen oft nahe an der Grenze grosser, gleichsprachiger Nachbarländer. Deshalb sind solche Länder besonders von sogenannten «Spillover-Effekten» betroffen. Spillover bedeutet, dass Radio- und Fernsehprogramme, die im Nachbarland ausgestrahlt werden, wegen der nahen Grenzlage automatisch in ein anderes Land einstrahlen und dort empfangen werden können. Dies führt dazu, dass die einheimischen Medienproduzenten mit den Medienangeboten des Nachbarlands konkurrieren müssen, obwohl ihnen dazu deutlich geringere finanzielle Ressourcen zur Verfügung stehen (grafisch in nachfolgender Abbildung verdeutlicht).

Abb. 4: **Medienmärkte der Sprachregionen und angrenzende, gleichsprachige, grosse Nachbarländer im Vergleich**

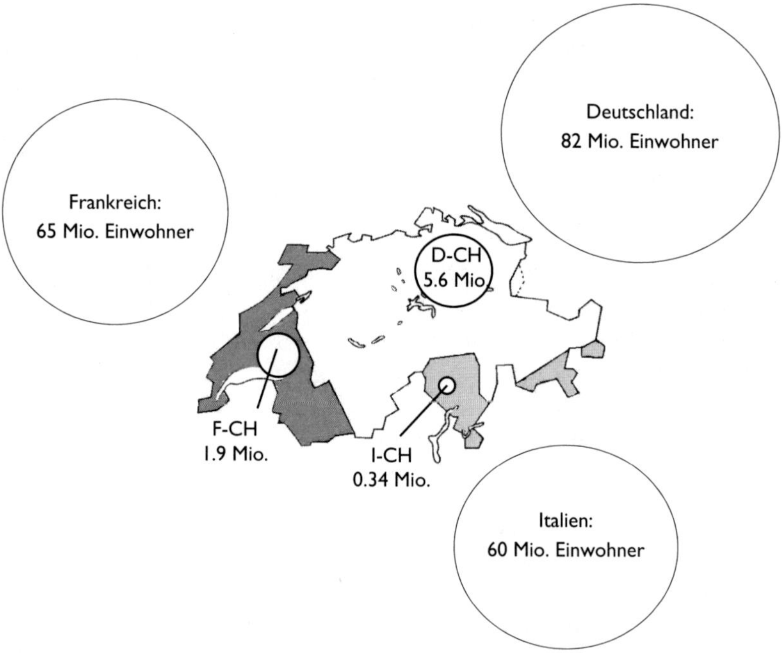

Deutschland: 82 Mio. Einwohner

Frankreich: 65 Mio. Einwohner

D-CH 5.6 Mio.

F-CH 1.9 Mio.

I-CH 0.34 Mio.

Italien: 60 Mio. Einwohner

nach Schwarzenbach (2006: 110), Zahlen aktualisiert (gerundet, gemäss Abschnitt 2.1)

Der Spillover-Effekt wird in den meisten Kleinstaaten verstärkt, indem die rundfunktechnische Infrastruktur gut ausgebaut ist. Dies begünstigt den Empfang einer Vielzahl ausländischer Programme zusätzlich. Gerade bei den Haushalten mit Anschluss ans Kabelnetz nimmt die Schweiz eine Spitzenposition ein – wie aus nachfolgender Abbildung ersichtlich ist. In grossen Ländern ist mit Ausnahme Deutschlands der Anteil an Haushalten mit Anschlüssen ans Kabelnetz geringer. Der terrestrische Fernsehempfang spielt dort nach wie vor eine wichtige Rolle (insbesondere in UK, IT, FR, ES; siehe nachfolgende Abbildung).

Abb. 5: Art des Fernsehempfangs (Haushalte in %, 2011)

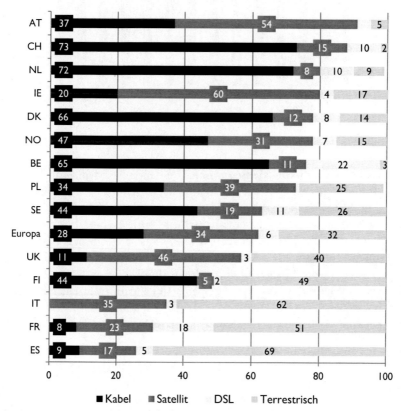

SES ASTRA (2012)

Beim Digitalisierungsgrad hingegen trifft die These der Kleinstaatlichkeit nicht zu. Den höchsten Anteil an Haushalten mit digitalem Fernsehempfang haben grosse Länder, den niedrigsten Kleine (darunter die Schweiz, vgl. nachfolgende Abbildung).

Abb. 6: Anteil Haushalte mit digitalem TV-Empfang (in %, 2011)

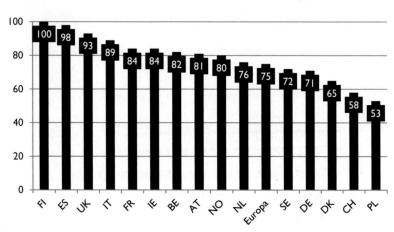

SES ASTRA (2010)

Hohe ausländische Medienpräsenz: Ausländische Medieninhalte werden in Kleinstaaten in viel höherem Ausmass genutzt als in Grossstaaten (vgl. Abb. 7). Dieser Effekt verstärkt sich, wenn in einem grossen Nachbarland dieselbe Sprache gesprochen wird (vgl. Trappel 1990b: 162 f.; Puppis 2009b: 12 f.). Der europäische Vergleich zeigt, dass die Marktanteile ausländischer Fernsehsender in Luxemburg und allen drei Schweizer Sprachregionen am höchsten sind (zwischen 60% und 80%, vgl. detailliert Kapitel 8.6). In den grossen Ländern Deutschland, Grossbritannien, Spanien, Frankreich, Italien und im Kleinstaat Finnland sind die Marktanteile hingegen vernachlässigbar (zwischen 0% und 5%).

Abb. 7: Marktanteile ausländischer Fernsehsender in westeuropäischen Ländern (in %)

Konsum	Land	Marktanteile in %
hoch	Schweiz (alle Sprachregionen), Luxemburg	60-80
mittel	Belgien (französischsprachige Region), Österreich, Irland, Niederlande	~45
gering	Belgien (flämischsprachige Region), Norwegen, Schweden, Dänemark	20-30
vernachlässigbar	Grossbritannien, Deutschland, Frankreich, Italien, Spanien, Finnland	0-5

nach Puppis (2007: 310); neuere Daten sind in der ländervergleichenden Statistik der europäischen audiovisuellen Informationsstelle nicht mehr enthalten

Im Pressebereich sind die Marktanteile ausländischer Titel ebenfalls sehr hoch. Wie ein Blick auf die untenstehende Abbildung zeigt, stammen nur knapp 12% der vom grössten schweizerischen Kioskbetreiber verkauften Zeitungen und Zeitschriften aus der Schweiz; der überwiegende Anteil stammt aus Deutschland.

Abb. 8: Marktanteil ausländischer Pressetitel am Kioskangebot (2008)

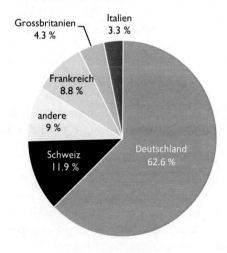

Valora (2009)

Ausländische Medienprodukte haben jedoch nicht nur hohe Zuschauer- und Lesermarktanteile, sie sind auch auf dem Werbemarkt erfolgreich. Auf sogenannten «Werbefenstern» bieten ausländische Privatfernsehsender spezifische Werbung für jenes Land an, in das sie einstrahlen. In der Schweiz fliessen knapp zwei Fünftel der Ausgaben für Fernsehwerbung an ausländische Sender (2011: 39%); in anderen Kleinstaaten sind die Werte ähnlich hoch (z. B. in Österreich: 41%) (vgl. IP/RTL Group 2011). Auch im Pressebereich bieten vor allem ausländische Zeitschriften spezifische Werbung für die Schweiz an (z. B. ‹Geo›, ‹Auto Bild›).

Auslandsorientierung/Next-Door-Giant Phänomen: In den Nachrichten nehmen Meldungen über die grossen Nachbarländer einen wichtigen Stellenwert ein, da Kleinstaaten wegen des wirtschaftlichen Austauschs mit diesen Ländern von deren wirtschaftlichen und politischen Entwicklungen betroffen sind. Zudem kann die hohe ausländische Medienpräsenz zu einer gewissen inhaltlichen Orientierung an den grossen Nachbarländern führen.

In der Wissenschaft wird dieser Zusammenhang mit dem Begriff «Next-Door-Giant»-Phänomen bezeichnet. Es wird davon ausgegangen, dass die globalen politischen und/oder wirtschaftlichen Machtstrukturen auch die Richtung der transnationalen Kommunikationsflüsse bestimmen. Während sich die Medien von Kleinstaaten an den grossen Nachbarstaaten orientieren, finden die kleinen Länder beim entsprechenden Grossstaat kaum Beachtung. Allerdings ist diese These für die Schweiz empirisch selten überprüft worden (veraltet: Meier/Schanne 1983: 42-45). Eine der wenigen neuen Studien hat die These teilweise bestätigt. Eine Inhaltsanalyse der beiden Hauptnachrichtensendungen des öffentlichen Fernsehens in der Deutschschweiz (‹Tagesschau›) und der Westschweiz (‹Le Journal›), zeigt, dass ‹Le Journal› in seiner Auslandberichterstattung stärker über das grosse, gleichsprachige Nachbarland Frankreich berichtet als über die anderen Nachbarländer. Die ‹Tagesschau› hingegen berücksichtigt Deutschland und Frankreich in etwa gleich stark (vgl. Bauer et al. 2009).

Abhängigkeit: Gerade Kleinstaaten mit hohen Spillover-Effekten (also einem hohen Grad an Einstrahlung ausländischer Programme) sind zum Teil von den medienpolitischen Entscheidungen grösserer Nachbarstaaten beeinflusst. Werden dort neue Regulierungen oder neue Organisationsformen von Medien eingeführt (zum Beispiel privater Rundfunk), sind diese neuen Programmangebote im Kleinstaat ebenfalls zu empfangen. In der Vergangenheit wurden im Ausland Radio- oder Fernsehsender gegründet, die sich spezifisch an das Publikum eines Kleinstaats richteten. Dies war beispielsweise in Belgien der Fall: Im flämischsprachigen Teil des Landes besass der private Fernsehsender VTM das Monopol für Fernsehwerbung. Der private Sender VT4 umging diese Regelung, indem er sein Programm von London aus nach Belgien verbreitete (vgl. Bens/Ros 2009: 206 f.).

Auch die Schweiz ist von diesem Phänomen betroffen: Aus Deutschland und Frankreich strahlen eigens für die Schweiz produzierte Werbefenster auf deutschen und französischen Privatsendern ein und lassen damit schweizerische Werbegelder ins Ausland abfliessen. Diese Praktik ist durch eine Europaratsrichtlinie geschützt und kann nicht unterbunden werden. Schweizerische Medienunternehmen haben u.a. mit Hinweis auf diese Werbefenster in der Vergangenheit eine Lockerung der Werbegesetzgebung gefordert (dazu ausführlich Kapitel 12.5). Aus diesen Beispielen wird deutlich, dass medienpolitische Entscheidungen in grossen Nachbarländern den Druck auf eine Reform der Radio- und Fernsehgesetzgebung in kleinen Ländern verstärken können.

Abhängigkeit kann sich aber auch dadurch äussern, dass Medienunternehmen von Kleinstaaten bei koproduzierten Filmen oder Serien oft nur Minderheitspartner sind oder dass im internationalen Medienmarkt – besonders im Rundfunkmarkt – nur wenige Medienunternehmen aus Kleinstaaten präsent sind (vgl. Kleinsteuber 1990: 102-105; 110).

2.3 Das Verhältnis von Medien und Politik

Allerdings ist zu bezweifeln, ob sich die spezifischen Merkmale eines Mediensystems ausschliesslich auf die Marktgrösse zurückführen lassen. Wie bereits erwähnt, weist auch ein Grossstaat wie Deutschland Merkmale des demokratischen Korporatismus auf, während bei gewissen Kleinstaaten (z. B. Irland) diese Merkmale eher schwach ausgeprägt sind. Deshalb kann es sinnvoll sein, Mediensysteme auf Grundlage von Typisierungen zu unterscheiden, die auf dem Verhältnis von Medien und Politik beruhen. Solche Typologien erklären Unterschiede oder Ähnlichkeiten von Medienstrukturen mit Unterschieden oder Gemeinsamkeiten in den politischen Strukturen dieser Länder (so genannter «politischer Parallelismus»; vgl. die entsprechenden Schlüsselwerke von Siebert et al. 1956: 3-16; Saxer 2002; Jarren/Meier 2002; ein guter

Überblick über die Entwicklung dieser Ansätze findet sich bei Christians et al. 2009: 3-16).

Verortung des schweizerischen Mediensystems innerhalb von Hallin/Mancinis Ländertypologie

Die nach wie vor wichtigste Typologie zum Verhältnis von Medien und Politik ist jene von Hallin/Mancini (2004). Diese Autoren stellen die Beziehungen von Medien und Politik in drei idealtypischen Modellen dar, denen sich die Mediensysteme der westlichen Industrienationen zuordnen lassen (vgl. Hallin/Mancini 2004: 70-75):

- *Polarized Pluralist Model* (z. B. Griechenland, Spanien, Portugal, Italien): Es zeichnet sich dadurch aus, dass die elektronischen Medien einen hohen Stellenwert geniessen, während die Presse eher kleine Marktanteile hat und eliteorientiert ist. Die Verbindungen zwischen Medien und Politik sind eng, häufig werden die Medien von der Regierung, politischen Parteien oder Industriellen instrumentalisiert. Die Autonomie des Journalismus ist gering, Journalismus ist oft mit politischer Aktivität verbunden.
- *Democratic Corporatist Model* (z. B. Dänemark, Schweden, Norwegen, Schweiz, Österreich, Deutschland): Die Presse hat sich in diesen Ländern früh entwickelt und sie generiert nach wie vor hohe Marktanteile. Der Stellenwert der Gesinnungspresse war in der Vergangenheit gross und die Verbindungen von Politik und Medien eng. Der Journalismus besteht aus einer Mischung verschiedener Leitbilder: Er ist informationsorientiert, neutral-professional und zugleich kommentarorientiert. Die Medien werden für wichtige soziale Institution gehalten, entsprechend stark ist die Medienregulierung oder die staatliche Unterstützung der Medien. Eine wichtige Rolle nehmen öffentliche Rundfunksender ein, bei denen Vertreter sozialer Gruppen oder politischer Parteien eingebunden sind.
- *Liberal Model* (z. B. USA, Kanada, Irland, Grossbritannien): Die Pressefreiheit und eine kommerzielle Massenpresse haben sich früh entwickelt. Allerdings hat die Bedeutung der Presse heutzutage abgenommen. Die Verbindungen der Medien zur Politik sind gering, die Rolle des Staates im Medienbereich ist limitiert. Der Journalismus orientiert sich stark an eigenen, professionellen Regeln.

Hallin/Mancini ordnen die *Schweiz* tendenziell dem *demokratisch-korporatistischen Modell* zu. Dies entspricht durchaus den empirischen

Gegebenheiten: Die Presse nimmt einen hohen Stellenwert ein, der öffentliche Rundfunk ist stark und es finden sich verschiedene journalistische Formen.

Wird das intermediäre Verhältnis betrachtet, kann die Schweiz tatsächlich (noch) als Presseland bezeichnet werden – wie in den beiden Eingangszitaten behauptet wurde. Der Ländervergleich zeigt, dass die Auflage an kostenpflichtigen Tageszeitungen im Verhältnis zur Bevölkerung in der Schweiz hoch ist. Lediglich in den nordischen Ländern wird die Bevölkerung mit noch mehr Exemplaren kostenpflichtiger Tageszeitungen versorgt, wie untenstehende Abbildung verdeutlicht.

Abb. 9: Auflage kostenpflichtiger Tageszeitungen im Verhältnis zur Bevölkerung (in Tausend)

NO	571
FI	483
SE	436
CH	338
AT	332
UK	307
DE	283
NL	270
DK	263
IE	236
CZ	174
BE	161
FR	152
IT	103
UA	101
BG	95

WAN (2009: 34 f.)

Zeitungen gehören in der Schweiz zu den meist genutzten Medien. Rund vier Fünftel der gesamten Bevölkerung greifen während der Arbeitswoche einmal pro Tag zu Tageszeitung. Lediglich das Radio wird von einem noch etwas grösseren Anteil der Bevölkerung täglich genutzt.

Abb. 10: Tagesreichweiten Mediengattungen (in % Mo-Fr, 2011)

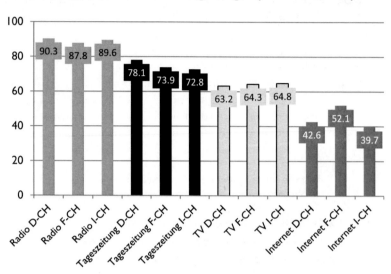

Mediapulse AG (2012: 5), WEMF (2011)

Der Ländervergleich zeigt, dass die Bevölkerung in Ländern mit einer starken Presse weniger lange fern sieht als in anderen Ländern. Insbesondere in der Deutschschweiz, Österreich und den nordischen Ländern ist die tägliche Fernsehnutzung geringer als in südlichen oder osteuropäischen Ländern; eine Ausnahme stellt Deutschland dar.

Unterschiede in der Dauer der Fernsehnutzung zeigen sich auch zwischen den schweizerischen Sprachregionen: In der Westschweiz und der Romandie wird länger fern geschaut als in der Deutschschweiz. Diese sprachregionalen Unterschiede deuten auf eine gewisse Orientierung am Nutzungsverhalten der Nachbarländer und damit auf ein kulturell unterschiedliches Mediennutzungsverhalten hin.

Abb. 11: TV-Nutzung in Minuten pro Tag im Ländervergleich (2011)

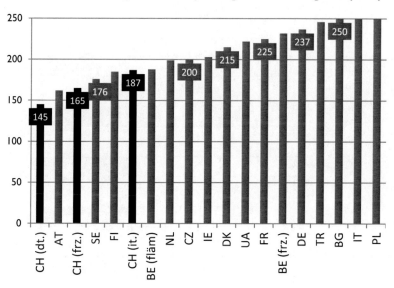

IP/RTL Group (2011)

Der hohe Stellenwert der Presse in der Schweiz widerspiegelt sich auch in den Werbemarktanteilen: Nach wie vor wird in kein anderes publizistisches Medium so viel Werbegeld investiert (vgl. Abb. 78) – trotz einer langfristig abnehmenden Tendenz (vgl. Abb. 79). Dementsprechend ist der Werbemarktanteil der schweizerischen Presse im internationalen Vergleich hoch, jener des Fernsehens klein (vgl. folgende Abb. 12). Umgekehrt verhält es sich in den süd- und mittelosteuropäischen Ländern: Die Presse erzielt relativ kleine Werbemarktanteile (maximal 30 %), das Fernsehen dafür grosse (55 %-70 %). Bedeutende Werbemarktanteile besitzt das Fernsehen auch in Deutschland, Grossbritannien und Schweden (um die 40 %).

In Bezug auf Radio und Internet macht die Werbemarktstatistik ebenfalls länderspezifische Unterschiede deutlich: Während das Radio in der Schweiz als Werbeträger eine vergleichsweise geringe Bedeutung hat, erreicht es besonders in Frankreich und Belgien vergleichsweise hohe Werte (12 %-13 %). Bei der Internetwerbung nehmen Frankreich, Grossbritannien und Deutschland eine Vorreiterrolle ein.

Abb. 12: Bruttowerbemarktanteile von Presse, Rundfunk und Internet im internationalen Vergleich (in %)

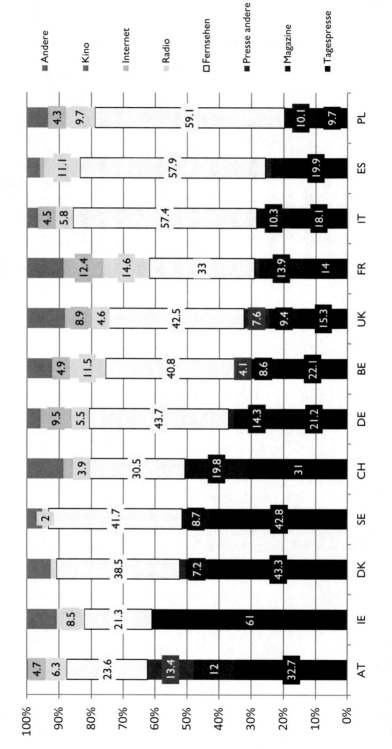

IP/RTL Group (2011)

Fazit: Die Schweiz ist nach wie vor ein Presseland: Pro Einwohner ist die gedruckte Auflage hoch und ein grosser Teil der Werbegelder wird in die Presse investiert. Die tägliche Fernsehnutzung ist vergleichsweise gering (jedoch mit Unterschieden zwischen den Sprachregionen).

Die kleinstaatlichen Strukturmerkmale prägen das schweizerische Mediensystem. Der ohnehin kleine Medienmarkt ist durch die Mehrsprachigkeit zusätzlich in drei Sprachregionen segmentiert, womit die Versorgung mit einheimischen Medieninhalten kostspielig ist (insbesondere beim teuren Medium Fernsehen). Da alle drei Regionen an grosse gleichsprachige Nachbarländer angrenzen, ist der Spillover-Effekt besonders hoch, was hohe Marktanteile ausländischer Fernsehsender zur Folge hat.

Mit diesen Merkmalen ist die Schweiz jedoch kein Sonderfall: Vergleichbare Marktgrössen und eine Fragmentierung durch die Mehrsprachigkeit finden sich auch in anderen europäischen Ländern wie Belgien oder Irland. Zudem besitzt die Presse insbesondere in den skandinavischen Ländern einen mindestens so hohen Stellenwert wie in der Schweiz.

Weiterführende Literatur

Aschinger, Richard / Campiche, Christian (2010): News-Fabrikanten. Schweizer Medien zwischen Tamedia und Tettamanti. Zürich.

Cornu, Daniel (2007): Les médias en Suisse. Structure et audience. Les médias et la société. En collaboration avec Regis Borruat. (Centre romand de formation des journalistes.) Lausanne. 6e édition.

→ *Zwei der wenigen Monografien, die einen Überblick über das schweizerische Mediensystem bieten*

Blum, Roger (2003): Medienstrukturen der Schweiz. In: Bentele, Günter / Brosius, Hans-Bernd / Jarren, Otfried (Hrsg.): Öffentliche Kommunikation. Handbuch Kommunikations- und Medienwissenschaft. Wiesbaden. S. 366-381.

Meier, Werner A. (2009): Das Schweizerische Mediensystem. In: Hans-Bredow-Institut (Hrsg.): Internationales Handbuch für Hörfunk und Fernsehen 2008/2009. Baden-Baden. 28. Auflage. S. 592-602.

→ *Kurzdarstellungen der wichtigsten Strukturmerkmale, politischen und wirtschaftlichen Entwicklungen des Mediensystems*

3 Die Systemperspektive als Grundlage zur Analyse der Medienlandschaft

Nichts ist so praktisch wie eine gute Theorie.
Kurt Lewin

> Wer sich mit den schweizerischen Medien beschäftigt, sieht sich mit einer grossen Anzahl statistischer Daten, Einzeluntersuchungen und Anekdoten konfrontiert. Es stellt sich die Frage, wie diese Datenfülle interpretiert werden kann, um Aussagen über wesentliche Aspekte der Entwicklung eines Mediensystems zu treffen.
>
> Hilfestellung bieten Theorien über Systeme und Medien. Sie erlauben es, den Untersuchungsgegenstand einzugrenzen und die Daten zu ordnen. Die Auseinandersetzung mit den theoretischen Grundlagen der Analyse von Mediensystemen in diesem Kapitel hat deshalb den praktischen Zweck, den Untersuchungsgegenstand zu definieren und einzugrenzen.

3.1 Vom praktischen Nutzen der Theorie

Das schweizerische Mediensystem lässt sich auf ganz unterschiedliche Art und Weise untersuchen: über die Analyse der einzelnen Mediengattungen (Radio, TV, Zeitung), der Medienunternehmen, der geschichtlichen Entwicklung der Medien oder der Medienpolitik.

Theorien (= aufeinander bezogene, allgemeine Aussagen/Ursachenvermutungen über einen Gegenstand) bieten eine Hilfestellung, wie wir unseren Untersuchungsgegenstand eingrenzen und systematisieren. Sie helfen wie Taschenlampen oder Brillen, bestimmte Aspekte auszuleuchten und andere bewusst im Dunkeln zu lassen. Mit anderen Worten: Theorien (vgl. u.a. Weber 2003: 13 f.; Wessler 2002: 22-24)

- *lenken unseren Blick* auf bestimmte Aspekte eines Gegenstands oder bringen uns überhaupt auf die Idee, ein Phänomen genauer zu untersuchen

- *liefern Denkmuster, Argumentationen, Begriffe und postulieren mögliche Zusammenhänge* über die (soziale) Welt. Solche Zusammenhänge lassen sich empirisch überprüfen (empirisch = die Realität aufgrund von methodischen Regeln auf überprüfbare Art und Weise wahrnehmen)
- helfen unseren *Gegenstand zu ordnen* sowie Forschungsergebnisse festzuhalten und zu systematisieren.

Voraussetzung zur Beschreibung und Erklärung des Untersuchungsgegenstands im Rahmen von Theorien ist die präzise Verwendung von (Fach-) Begriffen (vgl. Schnell et al. 2008: 48). Im Rahmen von wissenschaftlichen Theorien dürfen Begriffe nicht beliebig verwendet werden: Ihr Bedeutungsgehalt muss definiert und die damit verbundenen theoretischen Konzepte müssen erläutert werden. Damit lässt sich vermeiden, dass Verständigungsschwierigkeiten auftreten, weil zwei Personen unter demselben Begriff etwas anderes verstehen (vgl. Atteslander 2000: 44). Indem Schlüsselbegriffe definiert werden und ihr Bedeutungsgehalt erklärt wird, kann sichergestellt werden, dass die dargelegten Überlegungen für alle Beteiligten nachvollziehbar sind.

Der Titel des vorliegenden Sachbuchs beinhaltet mit den Worten «Medien» und «Systems» zwei zentrale Begriffe, die es zu definieren gilt. Die Definition der beiden Begriffe hilft uns, den Untersuchungsgegenstand einzugrenzen und lenkt unseren Blick auf die damit verbundenen theoretischen Konzepte. Auf Grundlage der Beschäftigung mit dem Systembegriff werden am Schluss dieses Kapitels Lehren gezogen, wie sich ein Mediensystem analysieren lässt.

3.2 Was sind Systeme? Lehren aus der Systemtheorie

Das Wort «Mediensystem» verweist auf die Systemtheorie. In der Publizistikwissenschaft sind zwei Ansätze dieser Theorie von Bedeutung: jener des amerikanischen Soziologen Talcott Parsons (1902-1979) und jener des deutschen Soziologen Niklas Luhmann (1927-1998). In den folgenden Abschnitten werden einige Kernelemente ihrer Systemtheorien dargestellt, um daraus Schlussfolgerungen zu ziehen, wie das schweizerische Mediensystem untersucht werden kann.

Strukturen: Die innere Ausgestaltung von Systemen

Die Systemtheorie stammt ursprünglich aus der Kritik der Biologie an linearen Kausalerklärungen. Solche Kausalerklärungen zerlegen Erscheinungen in Einzelphänomene und suchen nach allgemeinen Gesetzmässigkeiten zwischen diesen Einzelphänomenen (Ursache – Wirkung). Biologen kritisierten an dieser Vorgehensweise, dass sie nicht der Realität entspreche. Das Leben lasse sich nicht aus isolierbaren Einzelbeschreibungen von physikalischen und chemischen Vorgängen erklären, da solche Vorgänge in der Realität niemals isoliert auftreten würden. Zwischen den unterschiedlichen Einzelteilen lebendiger Organismen würden komplexe Wechselwirkungen (Interdependenzen) bestehen, die sich weder rein induktiv noch rein deduktiv erklären liessen. *Das Ganze sei mehr als die Summe seiner Einzelteile.*

Diese Erkenntnis führte zu neuen Erklärungsansätzen, bei denen auf die Wechselbeziehung zwischen verschiedenen Elementen fokussiert wird. Deshalb werden Systeme in einer allgemeinen Definition als *Mengen von Elementen begriffen, zwischen denen komplexe Wechselwirkungen («organisierte Komplexität») bestehen*. Die innere Ordnung von Systemen wird (mit Parsons) als «Struktur» bezeichnet.

Jedes System ordnet seine Elemente und die Verbindungen zwischen diesen Elementen unterschiedlich. Daraus wurde die Erkenntnis abgeleitet, dass Systeme den Austausch mit ihrer Umwelt nach einer inneren Eigenlogik regulieren und nach ihren eigenen, internen Operationen auf Veränderungen in ihrer Umwelt reagieren (vgl. Willke 1996: 52, 61 f.). Aus diesem Grund lässt sich nicht direkt vorhersehen, wie Systeme sich auf Umweltveränderungen einstellen. Dies erschwert den Versuch, Systeme direkt von aussen zu steuern (vgl. Kneer/Nassehi 2000: 17-25; Burkart 1998: 446).

Übertragen auf unseren Gegenstand des Mediensystems bedeutet dies u.a., dass Politik oder Wirtschaft die Medien nicht vollständig in ihrem Sinne steuern können. Das Mediensystem wird zwar auf solche Steuerungsversuche reagieren, möglicherweise aber auf eine andere Art und Weise als ursprünglich beabsichtigt.

Funktionen und Leistungen von Systemen

Diese Grundannahmen der Biologie wurden von anderen Wissenschaftsdisziplinen (z. B. Informatik, Geografie, Philosophie, Psychologie) übernommen und auf deren Untersuchungsgegenstände übertragen.

Für uns ist die Anwendung der systemtheoretischen Annahmen durch Parsons und Luhmann auf den Bereich der Medien von besonderem Interesse.

Für Niklas Luhmann haben soziale Systeme eine Funktion: Sie reduzieren Komplexität. Dies geschieht dadurch, dass Systeme aus der grundsätzlich unendlichen Anzahl möglicher Zustände und Ereignisse bestimmte Möglichkeiten ausschliessen. Allerdings reduziert jedes System Komplexität auf seine eigene Art und Weise. Das Politiksystem hat beispielsweise die Funktion, kollektiv verbindliche Entscheidungen zu treffen, während das Wirtschaftssystem dazu dient, knappe Güter zu verteilen. Das Mediensystem «irritiert» die Gesellschaft, indem es ihr hilft, sich selbst zu beobachten (vgl. Luhmann 1996: 46 f.).

Jedes System löst somit ein einziges, spezifisches Problem für die Gesellschaft. Daneben erbringt es für andere Systeme auch Leistungen, da alle Systeme mit ihrer Umwelt – die ja wiederum aus Systemen besteht – im Austausch stehen. Die Leistungen des Mediensystems für das politische, wirtschaftliche und sozio-kulturelle System sind in nachfolgender Abbildung zusammengefasst. Dabei ist darauf hinzuweisen, dass diese Leistungen zum Teil in Widerspruch stehen können. Besonders die politischen, kulturellen und sozialen Leistungen der Medien lassen sich oftmals nicht mit den wirtschaftlichen Leistungen der Medien vereinbaren. Beispielsweise laufen Medien, die hohe Gewinne erwirtschaften, Gefahr, ihre politischen und kulturellen Leistungen zu vernachlässigen (vgl. z. B. Jarren/Meier 2001).

Abb. 13: Funktionen bzw. Leistungen des Mediensystems für andere gesellschaftliche Teilsysteme

politische Leistungen[1]	kulturelle, soziale Leistungen	wirtschaftliche Leistungen
• Meinungsbildung • Debatten auslösen • Kritik und Kontrolle von Personen, Organisationen, Zuständen • Zugang zu einer Vielfalt von Themen, Meinungen bieten • Forum, Plattform zur Artikulation von Themen, Meinungen etc.	• Entspannung, Unterhaltung • Integration (u.a. v. Sprachregionen, sozialen Gruppen) • soziale Orientierung: Vermittlung von gesellschaftlicher Werte, Rollen • Bildung • geistige und kulturelle Entfaltung fördern • Vielfalt der Gesellschaft darstellen	• Stimulierung der Warenzirkulation durch Werbung • Kapitalverwertung und Wertschöpfung (Profit, Umsatz) • Beschäftigung • Innovation • Wettbewerbsfähigkeit
politisches System	**soziokulturelles System**	**ökonomisches System**

nach Burkart (1998: 382), Ergänzungen gemäss Künzler (2009: 143)

Prozesse: Die Veränderung von Systemen

Systeme, welche dieselben Funktionen und Leistungen für die Gesellschaft erfüllen, können unterschiedliche Strukturen aufweisen; können in ihrem Innern also unterschiedlich ausgestaltet sein. Dies zeigt, dass ein identisches gesellschaftliches Problem auf unterschiedliche Art und Weise gelöst werden kann. In der Systemtheorie wird dieser Umstand als «Äquivalenzfunktionalismus» bezeichnet (vgl. Kneer/Nassehi 2000: 39). Im Zeitverlauf können Systeme ihre Strukturen verändern, nehmen jedoch nach wie vor dieselben Funktionen und Leistungen wahr. Die Systemtheorie führt uns deshalb vor Augen, dass identische gesellschaftliche Probleme unterschiedlich gelöst werden können und solche unterschiedlichen Lösungen miteinander verglichen werden sollten.

Als Beispiel aus dem Medienbereich kann der öffentliche Rundfunk erwähnt werden. Im schweizerischen und deutschen Mediensystem finden sich öffentliche Rundfunkorganisationen, von denen ähnliche

---

[1] Statt von «Leistungen» spricht Burkart von «Funktionen» und bezieht sich damit auf Parsons. Parsons bezeichnet Leistungen von gesellschaftlichen Teilsystemen für andere Teilsysteme als «Funktionen». Bei Luhmann sind Funktionen hingegen der Beitrag eines Systems zur Lösung eines gesellschaftlichen Problems, während Leistungen die Beiträge eines Systems für andere Systeme sind.

(Programm-) Leistungen erwartet werden. Diese Leistungen werden jedoch auf unterschiedliche Art und Weise erbracht: Die schweizerische SRG SSR ist organisatorisch und rechtlich anders aufgebaut als die deutschen öffentlichen Rundfunkanstalten ARD und ZDF (vgl. Kapitel 6).

Das «Zwiebelmodell» von Weischenberg

Systemtheoretisches Gedankengut findet sich in unterschiedlichen publizistikwissenschaftlichen Ansätzen. Ein davon inspiriertes Modell ist das «Modell zur Identifikation von Journalismus-Systemen» (kurz: «Zwiebelmodell») von Siegfried Weischenberg. Dieses Modell dient dazu, die verschiedenen Faktoren und ihre Interdependenzen zu analysieren, die das Journalismus-System bilden und den Journalismus beeinflussen (vgl. Scholl/Weischenberg 1998: 20-22). In diesem Modell wird Journalismus nicht als das alleinige Tun und Lassen von Journalisten verstanden, sondern als Tätigkeit, die in verschiedene soziale, politische und ökonomische Bedingungen eingebunden ist (vgl. Scholl/Weischenberg 1998: 10 f., 37, 41).

Aus der Systemtheorie übernimmt Weischenberg das System-Umwelt-Paradigma. Die Systemtheorie dient ihm dazu, vier verschiedene Umwelten zu identifizieren, die einen Einfluss auf die Ausgestaltung und die Leistung des Systems Journalismus haben. Die Umwelt des Journalismus stellt er in Form von vier elliptischen «Schalen» dar (einer Zwiebel ähnlich), um die gegenseitigen Abhängigkeiten und Einflüsse der verschiedenen Faktoren zu verdeutlichen (vgl. Scholl/Weischenberg 1998; vgl. dazu auch Sievert 1998: 54):

- Der *Normenkontext* bildet die äussere Schale. Er besteht aus den sozialen Rahmenbedingungen, den historischen und rechtlichen Grundlagen, den Massnahmen der Kommunikationspolitik sowie den weniger formalisierten professionellen und ethischen Standards an denen sich die Journalistinnen und Journalisten bei ihrer Tätigkeit orientieren (sollen).
- Der *Strukturkontext* umfasst die Rahmenbedingungen der journalistischen Arbeit: zur Verfügung stehende finanzielle Mittel, Organisationsstrukturen (u.a. die Ausgestaltung der Redaktion und die Hierarchien) oder vorhandene Technik (z. B. Druck- oder Studiotechnik).
- Der *Funktionskontext* bildet die dritte Schale und berücksichtigt u.a. die Quellen von Journalisten, Muster und Darstellungsformen der Berichterstattung oder Regeln zur Verarbeitung von Nachrichten.

- Im *Rollenkontext* wird die akteurstheoretische Perspektive integriert. Untersucht werden u.a. demografische Merkmale von Medienschaffenden, ihre Rollenstereotype, Beziehungsmuster oder der Grad der Professionalisierung (vgl. Weischenberg 1992: 69 f.).

Für die vorliegende Analyse des schweizerischen Mediensystems sind die beiden äusseren Schalen des Zwiebelmodells von besonderem Interesse. Der Normenkontext verweist auf die Beziehungen des Mediensystems zu anderen Systemen, bspw. indem Anforderungen der Politik an die Medien untersucht werden. Der Strukturkontext lenkt den Blick auf Medienunternehmen, deren organisatorische Ausgestaltung und Finanzierung.

Abb. 14: Zwiebelmodell

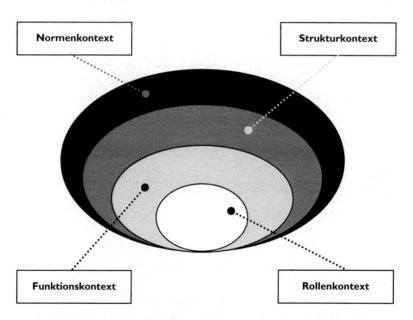

Weischenberg (1992), Scholl/Weischenberg (1998)

3.3 Mediengeschichtliche Analysen

Mediensysteme lassen sich auch aus historischer Perspektive analysieren. Bei der Institutionengeschichte steht besonders die Entstehung und Entwicklung von Medienunternehmen (z. B. eines einzelnen Verlagshauses wie der AZ MEDIEN) oder Behörden (z. B. BAKOM) im Vordergrund. Technikgeschichtliche Ansätze befassen sich mit der Entwicklung und Verbreitung neuer Technologien (z. B. Satellitenfernsehen, Internet) und fragen nach deren Folgen für die Medienproduktion und die öffentliche Kommunikation. Programm- und produktgeschichtliche Ansätze setzten sich hingegen mit der Entwicklung von Darstellungsformen in Medien auseinander (z. B. mit Unterhaltungsformaten). Bei der Rezeptions- und Wahrnehmungsgeschichte steht schliesslich die Frage im Vordergrund, wie einzelne Medien und deren Angebote von den Konsumenten genutzt werden und wie sich diese Nutzung und deren Bedingungen im Zeitablauf verändern (vgl. Hickethier 2002: 178-181).

Ziel solcher historischer Analysen ist es u.a., die aktuelle Struktur eines Mediensystems aus vergangenen Entscheidungen und Entwicklungen heraus zu erklären. Diese Perspektive ist an systemtheoretische Erklärungen anschlussfähig. Wie gezeigt wurde, postuliert die Systemtheorie, dass Systeme im Zeitverlauf ihre Strukturen verändern, um sich neuen Umweltbedingungen anzupassen.

3.4 Fazit: ein theoriegeleitetes Analyseraster zur Untersuchung des schweizerischen Mediensystems

Aus den dargestellten systemtheoretischen Annahmen lassen sich mehrere Schlussfolgerungen für die Untersuchung von Mediensystemen ziehen:
1. Jedes System hat eine *Grenze*. Analytisch muss zwischen Elementen unterschieden werden, die zum System gehören und solchen, die nicht Teil des Systems sind. Bei Mediensystemen wird diese Grenze meistens entlang nationalstaatlicher Grenzen gezogen. Diese Perspektive wird hier übernommen, da die Medien trotz Globalisierung ihr Angebot auf ein bestimmtes Land ausrichten. Auch die (kommerzielle) Medienforschung und Mediaplanung sowie die Medienregulierung orientiert sich nach wie vor an nationalstaatlichen Grenzen (vgl. Kleinsteuber 2003: 385).

2. Die vielfältigen *Beziehungen* der einzelnen Elemente eines Systems müssen berücksichtigt werden (z. B. die Beziehungen von Medienunternehmen zu ihren Konkurrenten oder den vor- und nachgelagerten Märkten).
3. (Medien-)Systeme stehen in *Austauschbeziehungen mit ihrer Umwelt* (z. B. Politik, Wirtschaft). Die Anforderungen aus dieser Umwelt an die Medien (z. B. Forderung nach politischer Berichterstattung) und die Leistungen der Medien für die anderen Gesellschaftssysteme (Politik, Wirtschaft, Kultur) sind deshalb zu berücksichtigen.
4. Mediensysteme stehen in *Beziehungen zu anderen Mediensystemen*. Deshalb gilt es, die Auswirkungen internationaler Entwicklungen auf das schweizerische Mediensystem mit zu untersuchen.
5. Systeme mit *unterschiedlichen Strukturen* können *ähnliche Funktionen und Leistungen* wahrnehmen. Der Vergleich von Unterschieden und Gemeinsamkeiten des schweizerischen Mediensystems zu anderen Mediensystemen ist deshalb von Bedeutung.
6. Systeme *verändern ihre Strukturen*, gegenwärtige Entwicklungen sind mitunter ein Produkt der Vergangenheit. Deshalb gilt es, historische Entwicklungen mit zu analysieren.

Fazit: Auf Grundlage der systemtheoretischen Prämissen stehen die Struktur der schweizerischen Medienorganisationen und deren Angebot, der Wandel dieser Struktur (Teil II) sowie die Beziehungen der Medien zu ihrer Umwelt (Politik, Wirtschaft, Gesellschaft) (Teil III) im Zentrum der Analyse.

Weiterführende Literatur

Kneer, Georg / Nassehi, Armin (2000): Niklas Luhmanns Theorie sozialer Systeme. Eine Einführung. München. 4., unveränderte Auflage.

→ *Einführung in die Systemtheorie*

Weischenberg, Siegfried (1992): Journalistik: Theorie und Praxis aktueller Medienkommunikation. Band 1: Mediensysteme, Medienethik, Medieninstitutionen. Opladen.

→ *DER «Klassiker», der das «Zwiebelmodell» herleitet und erläutert*

4 Medien: Definitionen und Kategorisierungen

Web 2.0 Communities und User Generated Content stellen die Massenmedien vor neue Herausforderungen. Online Blogs und andere News-Plattformen etablieren sich zunehmend neben den klassischen Medien.
Katarina Stanoevska-Slabeva (2008)

> *Es wird gerne behauptet, neue Online-Anbieter könnten die klassischen Massenmedien bald verdrängen. Dabei spielen Blogger, Laienjournalisten oder Unternehmenskommunikatoren auf einer ganz anderen Öffentlichkeitsebene. Sie erbringen kommunikative Leistungen, aber eben andere als jene, die die Medien der öffentlichen Kommunikation erbringen.*
> Otfried Jarren (2009)

Die beiden konträren Auffassungen über die Bedeutung von Onlinemedien führen auf die Grundsatzfrage zurück, was Medien sind, wie sie sich kategorisieren lassen und welche Formen von Öffentlichkeit sie herstellen. Die Beantwortung dieser Fragen ist auch notwendig, um zu begründen, weshalb Medien in der vorliegenden Publikation die Medien Presse, Radio, Fernsehen und Online-Nachrichtenportale berücksichtigt werden.

4.1 Definitionen des Begriffs «Medium»

Medien als Vermittler: der allgemeine Medienbegriff

In einer allgemeinen Definition bedeutet Medium ein «Mittleres», ein «Vermittelndes» (vgl. Faulstich 1991: 8 f.). Ganz unterschiedliche Gegenstände oder Phänomene sind solche «Vermittler»: Menschen vermitteln Informationen oder Gefühle über Sprache (verbale Kommunikation) und Gestik (non-verbale Kommunikation). Das Medium Geld dient dem Austausch von Waren und Dienstleistungen. Das Medium Macht hilft, Entscheidungen durchzusetzen. Eine so breite Definition von Medien findet u.a. in medienwissenschaftlichen Werken Verwendung. So hält Marshall McLuhan in seinem berühmten Werk von 1964 Medien für eine Erweiterung der Sinnesorgane, die den Menschen helfen, zeitliche, räumliche und soziale Distanzen zu überwinden (z. B. erweitern Radio und Telefon die Stimme auf weite Distanzen) (vgl. McLuhan (1995: 91), ein guter Überblick über solche und andere Medienbegriffe und -theorien findet sich bei Hartmann (2003) und Faulstich (1991)).

Für unseren Zweck – also für die Analyse des schweizerischen Mediensystems – ist ein solches Verständnis von Medien zu weit gefasst. Es würde dazu führen, dass ein Sammelsurium von ganz unterschiedlichen Phänomenen untersucht werden müsste. Deshalb gilt es hier, den Untersuchungsgegenstand mittels einer enger gefassten Definition einzuschränken.

Der kommunikationswissenschaftliche Medienbegriff

Aus einer publizistik- und kommunikationswissenschaftlichen Perspektive ist es sinnvoll, den Medienbegriff auf die Vermittlung von Kommunikation zu beschränken. Dementsprechend lassen sich Medien als Träger, Vermittler, Repräsentationsmittel sowie Institutionen der Produktion und Vermittlung von Kommunikation definieren (vgl. Rusch 2002: 79; Spangenberg 2002: 84). Diese Definition ist nach wie vor weit gefasst und lässt zunächst ausser Acht, dass es ganz unterschiedliche Arten von Medien gibt.

Eine ältere, nach wie vor zitierte und nützliche Kategorisierung verschiedener Medien stammt von Pross (1970: 129; vgl. dazu Schade 2005: 49 und Burkart 2003: 185). Er unterscheidet drei Arten von Medien, die dazu dienen, Kommunikation zu vermitteln (durch Burkart um eine vierte Kategorie erweitert):

- *Primäre Medien* benötigen zur Informationsvermittlung keine technischen Geräte (z. B. Tanz, Gesang, Rede).
- Bei *sekundären Medien* benötigt der Sender (Kommunikator) zur Informationsvermittlung ein technisches Gerät (z. B. Buch, Brief).
- Bei *tertiären Medien* benötigen der Sender und der Empfänger (Mediennutzer) technische Geräte (z. B. Telefon, Film, Fernsehen).
- *Quartäre Medien* (=Onlinemedien) basieren auf der Technik der Digitalisierung und benötigen eine Verbindung mit dem Internet.[2]

---

[2] Faulstich (2002: 25) definiert die einzelnen Kategorien etwas anders als Pross: Primärmedien sind bei Faulstich «Menschmedien» (z. B. Sänger, Erzähler, Theater), Sekundärmedien

4.2 Die besondere gesellschaftliche Bedeutung von Kommunikationsmedien

Kommunikationsmedien versus Übertragungsmedien

Allerdings ist diese Unterscheidung von Medien ebenfalls weit gefasst und lässt offen, ob Telekommunikationsnetze oder DVDs ebenfalls eigenständige Medien sind. Eine Antwort auf diese Frage liefern uns Beck (2006: 12) und Burkart (2002: 20). Beck unterscheidet zwischen «Übertragungs-, Verarbeitungs- und Speichertechniken» und «Kommunikationsmedien», wohingegen Burkart von «Medien erster Ordnung» und «Medien zweiter Ordnung» spricht. Allerdings ist der Bedeutungsgehalt der Begriffe bei beiden Autoren derselbe:

- *Übertragungs-, Verarbeitungs- und Speichertechniken (Medien erster Ordnung)* sind Techniken, bzw. Infrastrukturen, die Signale, Daten etc. transportieren oder speichern (z. B. Telekommunikations-, Kabelrundfunknetze, Schallplatten, CDs, Blu-Ray-Discs). Bei solchen Medien handelt es sich also um technische Möglichkeiten zur Vermittlung, zum Speichern und/oder Abrufen von Mitteilungen.
- *Kommunikationsmedien (Medien zweiter Ordnung)* stellen Kommunikation zwischen Menschen oder Gruppen von Menschen her. Dadurch schaffen und vermitteln diese Medien Bedeutungen, die vom Empfänger interpretiert werden und beim ihm oder ihr Gefühle, Handlungen oder neue Kommunikation auslösen können.[3] Kommunikationsmedien sind deshalb weit mehr als ausschliesslich Transportsysteme für verschiedene Formen von Zeichen (visuelle, auditive oder audiovisuelle).

Der *Unterschied zwischen Kommunikations- und Speicher-/Übertragungsmedien* lässt sich anhand des Internets beispielhaft erläutern. Das Internet ist ein Netzwerk, das gleiche und unterschiedliche computerbasierte Netzwerke miteinander verbindet, indem es durch Protokolle (v.a.

«Schreib- und Druckmedien» (z. B. Zeitung, Brief, Plakat, Flugblatt), Tertiärmedien «elektronische Medien» (Radio, Fernsehen, CD, Telefon) und Quartärmedien «digitale Medien» (z. B. WWW, Chat, E-Mail).

[3] Es ist darauf hinzuweisen, dass der Systemtheoretiker Niklas Luhmann den Begriff des «Kommunikationsmediums» ebenfalls benutzt, diesen jedoch anders definiert: Für ihn sind «symbolisch generalisierte Kommunikationsmedien» generalisierte Sinnangebote eines Funktionssystems (z. B. der Politik, Wirtschaft, Kultur etc.). Beispielsweise ist Geld das generalisierte Sinnangebot des Funktionssystems «Wirtschaft».

«Transmission Control Protocol» (TCP) und «Internet Protocol» (IP)) den Datenaustausch zwischen unterschiedlichen Netzwerken gewährleistet. Insofern ist das Internet eine technische Infrastruktur, die der Übermittlung verschiedener Arten von Daten dient (vgl. Beck 2006: 18 f.). Auf Basis dieses Mediums erster Ordnung (also auf Basis der technischen Infrastruktur Internet) haben sich unterschiedliche Kommunikationsmedien (Medien zweiter Ordnung) herausgebildet. Die verschiedenen internetbasierten Kommunikationsmedien (=Onlinemedien) ermöglichen unterschiedliche Formen von Kommunikation und kommunikativen Darstellungsformen. Beispiele für solche Onlinemedien sind E-Mail, Chat oder Web 2.0-Anwendungen (Blogs, Wikis oder soziale Netzwerke wie Facebook etc.). Zusammenfassend sind in untenstehender Darstellung alte und neue Kommunikations- und Übertragungs-/Speichermedien abgebildet.

Abb. 15: Kommunikationsmedien vs. Übertragungs-/Speichermedien

Speicher-/Übertragungsmedien (Medien erster Ordnung):
- Schallplatte
- CD-ROM, DVD
- Telekommunikationsnetz
- Kabelrundfunknetz
- Rundfunksatellit
- Internet (als TCP/IP-Protokoll)
- Speicherchips
- etc.

Kommunikationsmedien (Medien zweiter Ordnung):
- Brief
- Zeitung, Zeitschrift
- Radio, Fernsehen
- Web-Radio, Web-TV
- Online-Nachrichtenportale
- Web 2.0-Anwendungen: soziale Netzwerke (z.B. Facebook), Blog, Wiki etc.
- etc.

eigene Darstellung basierend auf Beck (2006: 12 f.) und Burkart (2002: 20 f.)

Die besonderen Eigenschaften von Kommunikationsmedien

Nachdem zwischen Kommunikations- und Speicher-/Übertragungsmedien unterschieden wurde, gilt es nun, die Eigenschaften von Kommunikationsmedien – die im Zentrum dieses Buchs stehen – detaillierter herauszuarbeiten. Zunächst ist nochmals deutlich auf das *wesentliche Merkmal von Kommunikationsmedien* hinzuweisen: Ihre Eigenschaft ist es, Bedeutungen zu vermitteln und damit sinnhafte Kommunikation zu schaffen. Damit besitzen Kommunikationsmedien neben ihren technischen Eigenschaften stets ein gesellschaftliches Potential. Kommunikationsmedien sind auf das Handeln anderer Menschen ausgerichtet und tragen zur Verständigung oder zweckgerichteten Überredung bei (vgl. Bentele/Beck 1994: 27). Der Stellenwert und die Funktion von Kommunikationsmedien für die Gesellschaft ergeben sich deshalb aus den technischen Eigenschaften *und* den gesellschaftlichen Bedingungen von Medien:

- Die *technischen Eigenschaften* von Medien wirken sich darauf aus, welche Zeichensysteme verwendet werden können. Jedes Medium greift auf ein spezifisches Zeichensystem zurück: das Radio auf auditive, das Fernsehen auf audiovisuelle und die Zeitung auf visuelle Zeichen, während Onlinemedien alle Zeichensysteme kombinieren können (vgl. Muckenhaupt 1999: 31). Die unterschiedlichen Möglichkeiten zur Darstellung von Kommunikation wirken sich auf den Produktionsprozess, die Verbreitung der Inhalte und damit ein Stück weit auf die Medieninhalte aus.
- Die *gesellschaftlichen Bedingungen* bestimmen darüber, wie Medien in der Gesellschaft institutionalisiert («eingebettet») sind. Je nach Gesellschaft und historischem Zeitpunkt werden andere Formen gewählt, um ein Medium in die Gesellschaft einzubetten und mit Politik, Wirtschaft und Kultur zu verbinden (vgl. Künzler 2003: 94-99). Beispielsweise war die Presse bis anfangs der 1970er-Jahre eng mit den Parteien verbunden (vgl. Kapitel 9.2) und Radio sowie das Fernsehen wurden im Verlauf der Jahrzehnte auf je unterschiedliche Art und Weise institutionalisiert (öffentlicher, privater oder alternativer Rundfunk, vgl. Kapitel 10).

Diesen Umstand, dass Kommunikationsmedien bestimmte *technische Eigenschaften* aufweisen und *soziales Potenzial* besitzen, berücksichtigt Saxer (1999: 5 f.) in seiner nach wie vor weitverbreiteten Definition von Medien als «komplexe institutionalisierte Systeme um organisierte Kommunikationskanäle von spezifischem Leistungsvermögen» treffend. Er weist darauf hin, dass Medien

- Kommunikationskanäle bzw. *Medientechniken* sind
- *Organisationen* sind, die bestimme Ziele verfolgen und dafür eine bestimmte Organisationsstruktur ausbilden
- ein *komplexes Gefüge von Strukturen* sind, in denen verschiedene Medienorganisationen aufeinander bezogen werden (z. B. unterhält

ein Radiosender enge Verbindungen mit einer Werbeakquisitionsfirma und einem Forschungsinstitut, das Einschaltquoten erhebt)
- als *soziale Institutionen* in die politischen, sozialen, ökonomischen und kulturellen Verhältnisse der Gesellschaft eingebunden sind
- funktionale und dysfunktionale *Wirkungen* auf andere Gesellschaftssysteme wie Wirtschaft, Politik, Kultur haben.

Der Beitrag der Kommunikationsmedien zur Herstellung von Öffentlichkeit

Der Stellenwert von Kommunikation unterscheidet sich je nach gesellschaftlichem Kontext, innerhalb dessen Kommunikation stattfindet. Das vertraute Gespräch zwischen zwei Menschen hat einen anderen Zweck als eine Ansprache eines Politikers im Fernsehen. Kommunikation findet also grundsätzlich auf verschiedenen gesellschaftlichen Ebenen im privaten oder öffentlichen Rahmen statt. Je nach gesellschaftlicher Situation besteht eine andere Erwartung an die Art der Kommunikation, die Kommunikatoren und das Publikum. Medien sind deshalb nicht nur nach ihren technischen Eigenschaften, sondern nach ihrem sozialen Gebrauch für die Kommunikation in der Gesellschaft zu unterscheiden. Die folgende Kategorisierung von Medien stellt deren Beitrag zur Herstellung von Privatheit und Öffentlichkeit ins Zentrum.

Bei *privater Kommunikation* kennt der Sender den Empfänger genau. Der Sender kann seine Medieninhalte gezielt an einen oder mehrere klar adressierbare Empfänger richten (was z. B. beim Brief oder Telefonat der Fall ist). Bei der *öffentlichen Kommunikation* hingegen weiss der Sender nicht genau, wer sein Publikum ist; er hat nie die vollständige Kontrolle darüber, an wen sich seine Kommunikation richtet (vgl. Neidhardt 1994: 10). Allerdings existieren unterschiedliche Ebenen öffentlicher Kommunikation (vgl. Gerhards/Neidhardt 1990: 20-25; Jarren/Donges 2011: 104-106):
- *Encounter-Öffentlichkeit:* Eine solche Öffentlichkeit entsteht mehr oder weniger spontan, indem sich Unbekannte z. B. an der Bushaltestelle treffen und miteinander kommunizieren. Jede Teilnehmerin, jeder Teilnehmer ist zugleich Sprecher und Publikum. Diese Öffentlichkeit ist zeitlich beschränkt und verschwindet beim Auseinandergehen der betreffenden Personen wieder.
- *Themen- und Versammlungsöffentlichkeit* entsteht durch das Interesse verschiedener Menschen an einem spezifischen Thema. Personen mit demselben Themeninteresse (z. B. Digitalfotografie, Snowboar-

den, biologische Ernährung, Journalismus) versammeln sich und kommunizieren miteinander über ihr Spezialthema (Special-Interest-Themen). Diese Form der Öffentlichkeit kann spontan entstehen (z. B. bei einer nicht organisierten Demonstration) oder längerfristig organisiert sein (Veranstaltung, regelmässige Information durch eine Mitgliederzeitschrift etc.). Sprecher- und Publikumsrollen sind stärker getrennt als bei der Encounter-Öffentlichkeit, wiewohl ein Wechsel der Rollen möglich ist.

- *Massenmediale Öffentlichkeit:* Auf dieser Ebene sind die Sprecher- und Publikumsrollen stark getrennt. Kommunikation wird von spezialisierten Rollenträgern hergestellt (z. B. von Journalisten, Filmregisseuren). Die Kommunikationsinhalte auf Ebene der massenmedialen Öffentlichkeit sind grundsätzlich universell (General-Interest-Themen). Die Kommunikation richtet sich an ein grosses, heterogenes Publikum; also an Menschen unterschiedlichen Alters oder aus unterschiedlichen sozialen Schichten. Dieses Publikum ist zahlenmässig so gross, dass ein direkter Kontakt zwischen Publikum und Kommunikator (z. B. Journalist) meistens unmöglich ist (vgl. Pürer 2003: 77) und indirekt vermittelt erfolgt (z. B. über Messung von Einschaltquoten, Klicks auf Onlineartikel, Leserbriefe oder Blogkommentare).

Typologie von Kommunikationsmedien

Beide Kategorisierungen von Medien – jene nach sozialen Funktionen und technischen Eigenschaften – lassen sich nun miteinander kombinieren. Die technischen Eigenschaften (Primär-, Sekundär-, Tertiär-, Quartärmedien) und die soziale Funktion (Beitrag zur Herstellung von privater oder öffentlicher Kommunikation) werden in folgender Tabelle zueinander in Bezug gesetzt.

Allgemeine Grundlagen

Abb. 16: Idealtypische Kategorisierung von Kommunikationsmedien nach technischen Eigenschaften und sozialen Funktionen

	Primärmedien	Sekundärmedien	Tertiärmedien	Quartärmedien / Onlinemedien
Privatheit	Gespräch	Brief	(Mobil-) Telefon, Telegramm	E-Mail, Mobiltelefon, Chat (geschlossen)
Encounteröffentlichkeit	Diskussion (in Öffentlichkeit)	–	Telefonkonferenz	Chat (offen)
Themenöffentlichkeit	Theater, Rede	Brief (Massenversand), Fach-/ Special-Interest-Zeitschrift, Buch	Pay-TV	e-Paper, Nachrichtenportal (Special Interest), Soziales Netzwerk (z. B. Facebook), Blog
Massenmediale Öffentlichkeit	–	Zeitung, Zeitschrift (General Interest), Plakat, Buch	Radio, TV, Film	e-Paper, Nachrichtenportal (General-Interest), e-Book, Web-Radio, Web-TV

- *Private Kommunikation* entsteht durch die direkte interpersonelle Kommunikation, sie kann aber auch über Medien wie den Brief, das Telefon, E-Mails oder geschlossene Chaträume entstehen.
- *Spontane, eher flüchtige Kommunikation* auf der Encounterebene kann wiederum interpersonal aber auch über (Mobil-) Telefonkonferenzen oder offenen Chaträumen im Internet entstehen.
- *Themen- und Versammlungsöffentlichkeit* für Personen mit Interesse an einem bestimmten, spezifischen Thema kann in interpersonaler Kommunikation z. B. in Theatern, in Vortragssälen, über den zielgruppenadressierten Massenversand von Briefen, über Special-Interest- und Fachzeitschriften oder über Web 2.0-Anwendungen wie soziale Netzwerke (z. B. Facebook) oder Blogs hergestellt werden. Studien zu Web 2.0-Anwendungen zeigen, dass diese Onlinemedien hauptsächlich dem Identitäts-, Beziehungs- und Informationsmanagement dienen (vgl. Schmidt 2008: 24-34). Personen mit Interessen an ähnlichen Themen und Inhalten verbinden sich über solche Onlinemedien und schaffen so eine Themen- und Versammlungsöffentlichkeit.

- *Massenmediale Öffentlichkeit* wird hauptsächlich über Zeitungen, General-Interest-Zeitschriften, Radio, Fernsehen, deren internetbasierten Ausgaben (z. B. E-Papers, Web-Radio), Nachrichtenportale oder Plakate, Filme etc. hergestellt (vgl. u.a. Dahinden 2000: 242 f.; Künzler/Schade 2009: 81 f.).

Es ist zu betonen, dass diese Typologie von Medien entlang technischer Eigenschaften und sozialer Funktionen zur Herstellung privater und öffentlicher Kommunikation idealtypisch ist. Manchmal können bestimmte Medienangebote die Grenzen einer Öffentlichkeitsebene überwinden, beispielsweise wenn in einem Massenmedium über Beiträge in einem sozialen Netzwerke (wie Facebook) berichtet wird und sich dadurch das Publikum dem sozialen Netzwerk zuwendet.

Solche Grenzüberschreitungen sind jedoch oft nur von kurzer Dauer. Zudem werden die Inhalte auf Onlinemedien wie Blogs, sozialen Netzwerken etc. von Einzelpersonen und nicht von Organisationen bzw. Redaktionen hergestellt, deshalb sind ihre publizistischen Leistungen je andere.

4.3 Presse, Rundfunk und Nachrichtenportale: spezifische Merkmale publizistischer Kommunikationsmedien

Zeitungen, Zeitschriften, Nachrichtenportale, Radio und Fernsehen weisen zusätzlich besondere Eigenschaften auf, welche soziale Netzwerke, Blogs sowie Film und Buch nicht oder nur bedingt besitzen. Deshalb werden solche Medien auch als «publizistische Kommunikationsmedien» bezeichnet. Diese Medien erbringen für die Demokratie besonders relevante Leistungen, die sich u.a. aus den folgenden Eigenschaften ergeben:

- Die Produktion von Special- oder General-Interest-Inhalten erfolgt innerhalb einer Organisation und ist in hohem Mass arbeitsteilig organisiert (vgl. Jarren 2008: 332): Eine Redaktion produziert mit spezialisiertem Personal (Journalisten) auf Basis bestimmter Arbeitsroutinen (u.a. Nachrichtenwerte) in regelmässigen Abständen neue Inhalte.
- Über das Merkmal der Organisation unterscheiden sich publizistische Kommunikationsmedien einerseits von Blogs und sozialen Netzwerken, andererseits von Büchern und Filmen. Die Inhalte von Blogs und sozialen Netzwerken werden zumeist von Einzelpersonen

unentgeltlich erstellt. Damit ist eine kontinuierliche Produktion eines umfassenden Angebots nicht sichergestellt: Beispielsweise kann die Einzelperson krank werden oder das Interesse verlieren. Innerhalb einer Organisation ist hingegen eine kontinuierliche Erscheinungsweise unabhängig von persönlichen Situationen möglich. Einer Redaktion stehen auch andere finanzielle und zeitliche Ressourcen zur Verfügung als einer Einzelperson.

- Allerdings lassen sich Blogs und Inhalte sozialer Netzwerke bündeln und auf eine gewisse Dauer stellen. Für eine solche Bündelung bedarf es jedoch der Schaffung minimaler Organisationsstrukturen, um z. B. Blogs zusammenzustellen, die Internetnutzer auf das Angebot aufmerksam zu machen oder finanzielle Ressourcen zu beschaffen.
- Publizistische Medien wie Zeitungen, Newsportale etc. unterscheiden sich in ihrer Produktionsweise ebenfalls von Filmen und Büchern: Letztere sind als Einzelwerke konzipiert, weswegen ihre Herstellung eher projektorientiert ist. Arbeitsteams finden sich zur Produktion des Einzelwerkes zusammen und gehen nach der Fertigstellung wieder auseinander. Eine Ausnahme bilden Serien, die über einen gewissen Zeitraum hinweg von einem ähnlich zusammengesetzten Team hergestellt werden.
- Publizistische Massenmedien bieten publizistische/journalistische Inhalte, d. h. orientieren sich am Anspruch der Wahrheit. Ihre Inhalte sind somit nicht-fiktional, tendenziell an Aktualität und gesellschaftlicher Relevanz bzw. an Relevanz für eine bestimmte Zielgruppe ausgerichtet. Buch und Film bieten hingegen eher fiktionale Inhalte, sind weniger am Kriterium der Aktualität orientiert und oft auf die gesellschaftlichen Bereiche Kunst, Wissenschaft etc. bezogen (vgl. Heinrich 2001: 19). Eine Zwischenform stellen Radio und Fernsehen dar: Sie bieten sowohl journalistische als auch fiktionale Inhalte an, wobei der jeweilige inhaltliche Anspruch über die entsprechenden Sendeplätze klar definiert und erkennbar ist.
- Publizistische Massenmedien erreichen potenziell den grössten Teil der Bevölkerung, da sie umfassende und permanent vorhandene Vertriebsnetze aufgebaut haben oder darauf zurückgreifen können (z. B. Abonnementszustellung, Aufschaltung auf guten Positionen in Kabelnetzen etc.) (vgl. Heinrich 2001: 19). Dies ist die Voraussetzung, um die Mediennutzer kontinuierlich mit aktuellen Informationen zu versorgen.

Zeitung, Radio, Fernsehen und Online-Nachrichtenportale tragen in besonders hohem Mass zur Meinungsbildung der Bürger bei, lösen gesellschaftliche Debatten über bestimmte Themen aus, prangern als Vierte Gewalt gesellschaftliche Missstände an und vermitteln Weltbilder, Normen und Werte (vgl. Neidhardt 1994; Habermas 2006: 412-413). Auch für die Werbewirtschaft sind diese Medien von grosser Bedeutung (vgl. Kapitel 11.1). Diese hohe Relevanz insbesondere für die politische Kommunikation erlangen die publizistischen Massenmedien wegen ihrer Orientierung an Wahrheit, ihrem Aktualitätsbezug und ihrer Produktion im Rahmen einer Organisation. Erst diese Organisiertheit erlaubt es, ein umfassendes inhaltliches Angebot zur Verfügung zu stellen und kontinuierlich zu aktualisieren.

Weil die publizistischen Massenmedien für die Gesellschaft eine so grosse Bedeutung haben, stehen Zeitung, Radio, Fernsehen und Online-Nachrichtenportale im Zentrum der vorliegenden Darstellung.

Fazit: Die Typologie verschiedener Medien aufgrund ihrer sozialen Funktionen und technischen Eigenschaften erlaubt es, basale Unterschiede zwischen verschiedenen Medien zu erkennen. Während Speicher-/Übertragungsmedien (z. B. Internet, DVD) Techniken zum Transport oder zur Speicherung von Inhalten sind, vermitteln Kommunikationsmedien Bedeutung.

Kommunikationsmedien lassen sich nach ihrem Beitrag zur Herstellung privater und öffentlicher Kommunikation unterscheiden: Während E-Mails oder Briefe hauptsächlich der privaten Kommunikation dienen, schaffen z. B. Blogs, soziale Netzwerke (Facebook) oder Fachzeitschriften eine Themen-/Versammlungsöffentlichkeit unter Gleichgesinnten mit ähnlichen Interessen. Massenmedien wie Presse, Radio, Film oder Buch wenden sich zumeist an ein heterogenes Publikum mit vielfältigen Interessen. Diese Medien stellen deshalb eine massenmediale Öffentlichkeit her.

Von grosser Bedeutung für die Demokratie sind die publizistischen Kommunikationsmedien als Teil der Massenmedien: Ihre Inhalte sind nicht-fiktional und werden arbeitsteilig in einer Medienorganisation von einer Redaktion hergestellt. Erst diese Organisiertheit erlaubt es, die Gesellschaft kontinuierlich zu beobachten, ein breites Themenangebot bereitzustellen und regelmässig aktuelle Informationen anzubieten.

Allgemeine Grundlagen

Weiterführende Literatur

Beck, Klaus (2003): Elektronische Medien. In: Bentele, Günter / Brosius, Hans-Bernd / Jarren, Otfried (Hrsg.): Öffentliche Kommunikation. Handbuch Kommunikations- und Medienwissenschaft. Wiesbaden. S. 330-348.

Burkart, Roland (2002): Was ist eigentlich ein «Medium»? Überlegungen zu einem kommunikationswissenschaftlichen Medienbegriff angesichts der Konvergenzdebatte. In: Haas, Hannes / Jarren, Otfried (Hrsg.): Mediensysteme im Wandel. Struktur, Organisation und Funktion der Massenmedien. Wien. S. 15-23.

→ *Beide Aufsätze definieren den Begriff «Medium» grundlegend*

Beck, Klaus (2006): Computervermittelte Kommunikation im Internet. (Lehr- und Handbücher der Kommunikationswissenschaft.) München, Wien.

Schmidt, Jan (2009): Das neue Netz: Merkmale, Praktiken und Folgen des Web 2.0. Konstanz.

→ *Beide Werke befassen sich mit Merkmalen, Funktionen von Onlinemedien und deren Auswirkungen auf die öffentliche Kommunikation*

Teil II:

Struktur und Entwicklung

5 Die Presselandschaft

Meinungsvielfalt ist nicht gleich Vielfalt der Pressetitel – Einheitsbrei ist nicht gleich Pressekonzentration. Die Qualität der Presse hat mit der Philosophie der Besitzer zu tun, mit den Anforderungen des Marktes und den publizistischen Standards.
Hanspeter Lebrument (2005)

> *Im Mediensystem werden die Angebote kleinräumig zur Verfügung gestellt. Trotz Internet und Globalisierung gibt es einen medialen Föderalismus, der mit dem politischen korreliert.*
> Roger Blum (2006)

Die Frage, wie vielfältig die schweizerische Presselandschaft tatsächlich ist und ob die Pressevielfalt die Vielfalt des Landes widerspiegelt, ist in Diskussionen über die Leistungen der Medien ein Dauerthema. Deshalb wird in diesem Kapitel analysiert,
- wie viele Pressetitel es in der Schweiz gibt
- welche Typen von Pressetiteln existieren und welche Funktionen diese Typen für die öffentliche Kommunikation wahrnehmen
- wer die Produzenten dieser Pressetitel sind
- wie die verschiedenen Pressetitel publizistisch und unternehmerisch miteinander verbunden sind.

5.1 Überblick über das schweizerische Presseangebot

Es ist schwierig, von der Anzahl Zeitungs- und Zeitschriftentitel auf die Vielfalt des schweizerischen Presseangebots zu schliessen. Je nach Zählweise umfasste das Angebot Ende 2011 entweder 2 552, 451, 113 Titel oder 29 publizistische Einheiten. Diese Zahlenunterschiede entstehen, indem je andere Typen von Pressetiteln in der Zählung berücksichtigt werden. Um die verschiedenen Zählweisen zu verstehen, wird zunächst die Typologie dargestellt, auf der die Pressestatistik beruht.

Die Branche unterscheidet vier Typen von Pressetiteln: 1.) Tages-, regionale Wochen- und Sonntagspresse; 2.) Publikums-, Finanz- und Wirtschaftspresse; 3.) Spezialpresse; 4.) Fachpresse. Die gesamte Anzahl Pressetitel beträgt 2 552. Knapp vier Fünftel dieser Titel sind jedoch Spezial- oder Fachzeitschriften, die sich an themenspezifische Zielgruppen richten. Lediglich ein knappes Fünftel der Pressetitel (451) wendet sich mit universellen Themeninhalten an breite Bevölkerungsschichten (vgl. VSW 2012).

Abb. 17: Pressetitel nach Pressetypen (Anzahl und %, 2011)

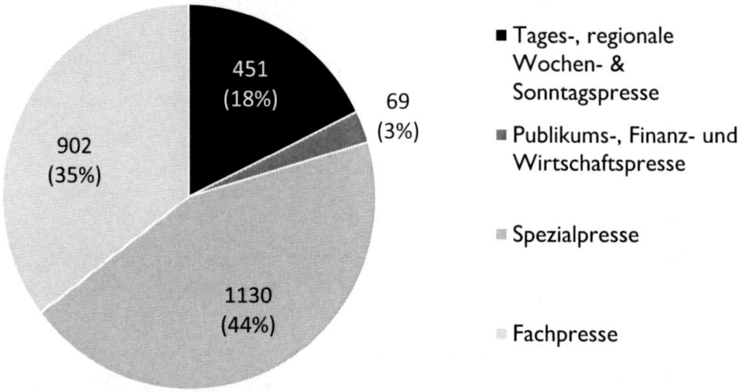

- Tages-, regionale Wochen- & Sonntagspresse: 451 (18%)
- Publikums-, Finanz- und Wirtschaftspresse: 69 (3%)
- Spezialpresse: 902 (35%)
- Fachpresse: 1130 (44%)

VSW (2012)

Diese Unterscheidung der vier Pressetypen basiert auf der Pressetypologie des «Verband Schweizer Presse» (heute: «Verband Schweizer Medien») aus dem Jahr 2004. Die Typologie ist breit akzeptiert und wird etwa bei der Anzeigenvermarktung oder zur Strukturierung von Statistiken verwendet. Die vier Pressetypen wurden aufgrund der Unterscheidung von Inhalt, Funktion und Erscheinungshäufigkeit der Pressetitel gebildet. Die vier Typen (sogenannte «Sektoren») erhalten je eine vierstellige Nummer (1 000 bis 4 000). Die Sektoren werden in sogenannte «Segmente» ausdifferenziert, diese wiederum in «Gruppen». Den Segmenten und Gruppen werden ebenfalls Nummern zugeordnet. Zusätzlich werden die Pressetitel danach unterschieden, ob sie verkauft (V) (mindestens 75 % der Auflage kostenpflichtig) oder gratis (G) vertrieben werden (vgl. folgende Abbildung).

Abb. 18: Typologie der Schweizer Presse

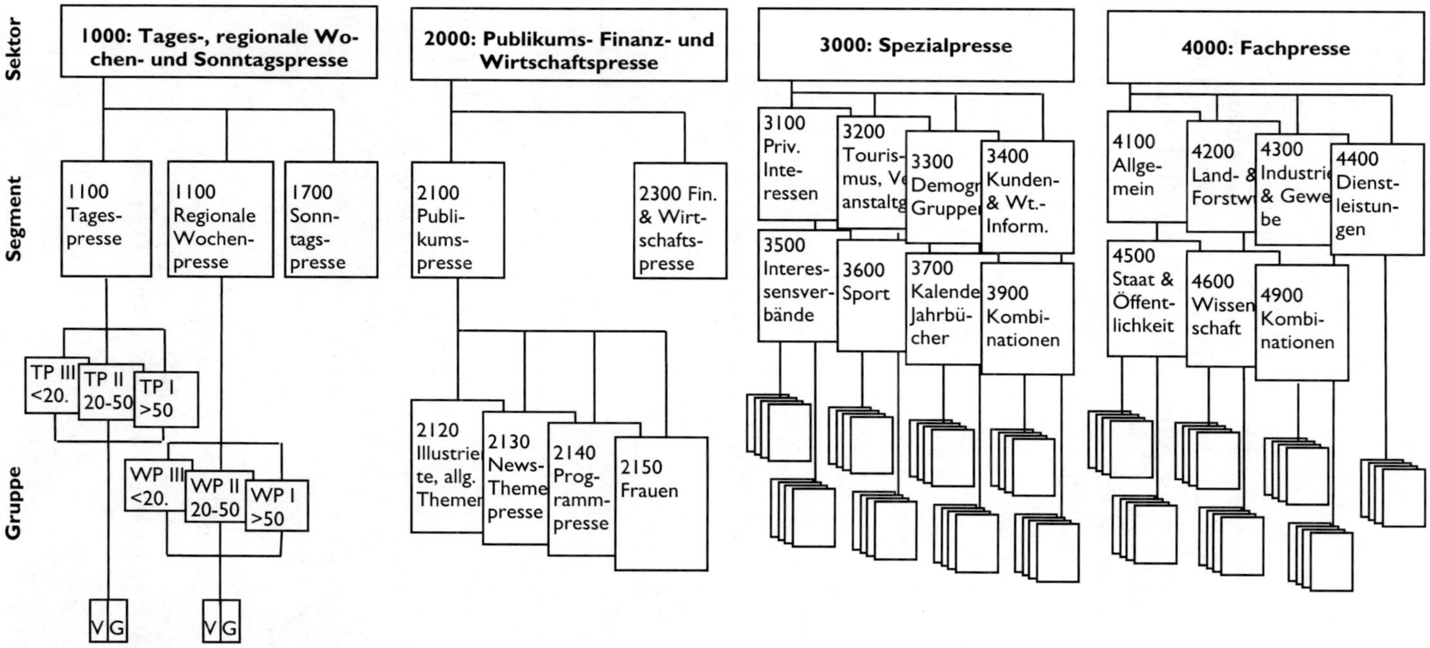

1000: Tages-, regionale Wochen- und Sonntagspresse

- 1100 Tagespresse
- 1100 Regionale Wochenpresse
- 1700 Sonntagspresse

TP III <20. | TP II 20-50 | TP I >50

WP III <20. | WP II 20-50 | WP I >50

VG | VG

2000: Publikums-, Finanz- und Wirtschaftspresse

- 2100 Publikumspresse
- 2300 Fin. & Wirtschaftspresse

2120 Illustrierte, allg. Themen | 2130 News-Themenpresse | 2140 Programmpresse | 2150 Frauen

3000: Spezialpresse

- 3100 Priv. Interessen
- 3200 Tourismus, Veranstaltg. Gruppe
- 3300 Demogr. Gruppe
- 3400 Kunden- & Wt.-Inform.
- 3500 Interessensverbände
- 3600 Sport
- 3700 Kalender Jahrbücher
- 3900 Kombinationen

4000: Fachpresse

- 4100 Allgemein
- 4200 Land- & Forstw.
- 4300 Industrie & Gewerbe
- 4400 Dienstleistungen
- 4500 Staat & Öffentlichkeit
- 4600 Wissenschaft
- 4900 Kombinationen

Sektor / Segment / Gruppe

eigene Darstellung basierend auf VSW (2004b)

Diese Pressetypologie ist damit anders als eine ältere Typologie aufgebaut, die Presseprodukte nach ihren äusseren, formalen Merkmalen unterschieden hatte (ein nicht geheftetes Presseprodukt galt als Zeitung, ein geheftetes als Zeitschrift, vgl. u.a. Bellwald et al. 1991: 25). Die neue schweizerische Pressetypologie wurde von der Branche erarbeitet. Sie ist mit den theoretischen Überlegungen zur Unterscheidung von Kommunikationsmedien nach ihrem Beitrag zur Herstellung von Öffentlichkeit gut vereinbar. Wenn wir uns die Ausführungen in Kapitel 4.2 vergegenwärtigen, lassen sich Kommunikationsmedien danach unterscheiden, welche Form von Öffentlichkeit (Encounter-, Themen-/Versammlungs-, massenmediale Öffentlichkeit) sie herstellen. Pressetitel der Sektoren 1 000 und teilweise 2 000 stellen demzufolge vor allem massenmediale Öffentlichkeit her: Sie richten sich an ein breites Publikum und besitzen ein universelles Themenangebot. Zeitungen und Zeitschriften der Sektoren 3 000 und 4 000 stellen hingegen eine Themen- bzw. Versammlungsöffentlichkeit her, da sie hauptsächlich spezifische Themeninteressen oder spezifische Zielgruppen bedienen.

Im Folgenden werden die Merkmale der vier Haupttypen (Sektoren) dargestellt (vgl. Custer 2003b; 2004a; 2004b).

Tages-, regionale Wochen- und Sonntagspresse (Sektor 1 000): Die 451 Pressetitel dieses Sektors richten sich an breite Bevölkerungsschichten, sind jedem zugänglich und enthalten ein universelles Themenangebot über Aktualitäten, Politik, Wirtschaft und Sport. Der Sektor 1 000 ist in folgende drei Segmente unterteilt:
- «Tagespresse»: Titel, die mindestens viermal wöchentlich erscheinen (z. B. ‹Tribune de Genève›, ‹St. Galler Tagblatt›, ‹Oltner Tagblatt›)
- «Regionale Wochenpresse»: Titel, die weniger als viermal wöchentlich erscheinen (z. B. ‹Anzeiger aus dem Bezirk Affoltern am Albis›, ‹La Voce delle Valli›, ‹Bündner Nachrichten›).
- «Sonntagspresse»: Der Sonntag ist der Erstvertriebstag (z. B. ‹Sonntags-Zeitung›, ‹Il caffè della domenica›, ‹Sonntag›).

Das Segment der «Tages- und regionale Wochenpresse» ist schliesslich wiederum in drei Gruppen nach dem Kriterium der Auflagenhöhe unterteilt:
- «Tagespresse I (TP I) / Wochenpresse I (WP I)»: Titel mit einer Auflage von über 50 000 Exemplaren
- «Tagespresse II (TP II) / Wochenpresse II (WP II)»: Titel mit einer Auflage zwischen 20 000 und 50 000 Exemplaren

- «Tagespresse III (TP III) / Wochenpresse III (WP III)»: Titel mit einer Auflage unter 20 000 Exemplaren.

Zusätzlich können alle Zeitungstitel danach unterschieden werden, ob sie *verkauft* (V) oder *gratis* (G) vertrieben werden, wobei eine Zeitung oder Zeitschrift als «verkauft» gilt, wenn mindestens 75% der Auflage kostenpflichtig vertrieben wird.

Publikums-, Finanz- und Wirtschaftspresse (Sektor 2 000): Die 69 Titel der Publikumspresse erscheinen wöchentlich oder seltener (z. B. monatlich), richten sich an ein breites Zielpublikum und sind für jeden zugänglich. Der Sektor ist in die beiden Segmente «Publikumspresse» sowie «Finanz- und Wirtschaftspresse» unterteilt. Das Segment «Publikumspresse» besteht aus den folgenden vier Gruppen:
- «Illustrierte/allgemeine Themen» (z. B. ‹Schweizer Illustrierte›, ‹Illustré›, ‹Beobachter›, ‹Illustrazione Ticinese›)
- «News- und Themenpresse» (z. B. ‹L'Hebdo›, ‹NZZ Folio›, ‹Das Magazin›)
- «Programmpresse» (z. B. ‹Tele›, ‹TVstar›, ‹TV 8›, ‹TV7 sélection›, ‹Radio Magazin›)
- «Frauen» (z. B. ‹Bolero›, ‹Annabelle›, ‹Femina›, ‹donna›, ‹SI Style›).

Titel der «Finanz- und Wirtschaftspresse» befassen sich vorrangig mit Wirtschaftsthemen. Zu diesem Segment gehören u.a. die ‹Handelszeitung›, ‹Agefi›, ‹Bilanz›, ‹Bilan›, ‹Finanz und Wirtschaft› oder ‹Stocks›.

Spezialpresse (Sektor 3 000) mit 1 130 Titel bedient ausschliesslich spezifische Themeninteressen von Personen mit einem bestimmten Hobby, aus einer bestimmten Altersgruppe oder in bestimmten Lebensumständen. Der Sektor ist in die folgenden acht Segmente unterteilt: «Private Interessen», «Tourismus/Veranstaltungen», «Demografische Gruppen», «Kunden- und Wirtschaftsinformationen», «Interessensverbände», «Sport», «Kalender/Jahrbücher», «Kombinationen». Die einzelnen Sektoren sind wiederum in viele unterschiedliche Gruppen ausdifferenziert, was sich exemplarisch am Sektor «Tourismus/Veranstaltungen» darstellen lässt. «Tourismus» ist in die Gruppen «Fremdenführer», «Regionen/regionale Berichte» und «Reisekataloge» ausdifferenziert. Beispiele für Pressetitel aus einer dieser drei Gruppen sind die Regionalausgaben von ‹Guide›, ‹Vevey hebdo›, ‹Allegra›, ‹Gletscher-Post›, ‹Finanzplatz Zug›, ‹Lago Maggiore›.

Veranstaltungen sind hingegen in die Gruppen «Theater, Konzerte, Zirkus», «Publikumsinteressen/Ausstellungen» und «Anlässe/diverse

Veranstaltungen» gegliedert; Beispiele dafür sind ‹Musik & Theater›, Schauspielhaus Programm›, ‹Circus Illustrierte Knie›, ‹Vinea›.

Fachpresse (Sektor 4 000): Die 902 Titel dieses Sektors richten sich an Angehörige bestimmter Berufsgruppen mit spezifischen beruflichen Interessen. Der Sektor ist in die sieben Segmente «Allgemein», «Land- und Forstwirtschaft», «Industrie und Gewerbe», «Dienstleistungen», «Staat und Öffentlichkeit», «Wissenschaft», «Kombinationen» unterteilt. Die einzelnen Segmente sind wiederum in verschiedene Gruppen ausdifferenziert. Beispielsweise besteht das Segment «Dienstleistungen» aus den Gruppen «Diverse Berufe», «Transport und Tourismus», «Kommunikation», «Handel» sowie «Informatik». Einige Gruppen sind nochmals in weitere Kategorien aufgegliedert.

Beispiele für Pressetitel aus dem Segment «Dienstleistungen» sind ‹Der Schweizer Treuhänder›, ‹Schweizer Bank›, ‹Le Cafetier›, ‹Werbewoche› oder ‹Flash›.

5.2 Angebot an Tages-, Wochen- und Sonntagszeitungen

Anzahl Titel und publizistische Einheiten

Die «Tages-, regionalen Wochen- und Sonntagszeitungen» (Sektor 1 000) sind wegen ihres universellen Themenangebots und der regelmässigen Aktualisierung ihrer Inhalte für die Meinungsbildung, Kritik und Forumsbildung für die politische Kommunikation am Relevantesten. Auch für die (Werbe-) Wirtschaft ist dieser Sektor am Wichtigsten, ihm fliessen die meisten Werbegelder zu (vgl. Abb. 80). Deshalb wird dieser Sektor in den folgenden Abschnitten genauer analysiert.

Von den 451 Titeln dieses Sektors waren Ende 2011 rund 70 % (319 Titel) regionale Anzeiger, die zumeist gratis und maximal dreimal pro Woche erscheinen. Lediglich ein Viertel der Titel (113 Titel) waren Tageszeitungen (erscheinen mindestens 4x/Woche). In jeder Landessprache erschien mindestens eine Tageszeitung. Am Sonntag wurden 10 Zeitungen herausgegeben (ab 2013 sind es 11 Sonntagszeitungen).

Abb. 19: Anzahl Titel (inkl. Regionalausgaben) nach Sprachen innerhalb des Sektors 1000 (2011)

	deutsch	französisch	italienisch	rätoromanisch	Total
Tagespresse	90	18	4	1	113
regionale Wochenpresse	257	52	9	1	319
Sonntagspresse	7 (16)[4]	1	2	0	10 (19)

VSW (2012)

Die Anzahl Tageszeitungen gilt es zu relativieren. In der Zahl von 113 Titeln sind Neben- bzw. Bezirksausgaben von Tageszeitungen mitgezählt. Neben-/Bezirksausgaben unterscheiden sich zwar in der der lokalen/regionalen Berichterstattung und oft im Zeitungstitel, nicht jedoch im Zeitungsmantel. Der sogenannte *Zeitungsmantel* umfasst den allgemeinen, überregionalen Hauptteil einer Zeitung, er besteht in der Regel aus den Ressorts Inland/Politik, Ausland und Wirtschaft. Dieser Mantelteil wird entweder vollständig oder mit geringen Änderungen von den verschiedenen Nebenausgaben übernommen. Die Redaktion oder die Kooperation von Redaktionen, welche den Zeitungsmantel produzieren, werden als *publizistische Einheit* bezeichnet (vgl. Schneider/ Schütz 2004: 58; BFS 2001: 5; Raabe 2006a: 17; 2006b: 157 f.).

Die Anzahl Zeitungsmäntel und eigenständige Hauptausgaben von Tageszeitungen (ohne regional-lokale Nebenausgaben) betrug im Jahr 2012 30; ohne Berücksichtigung der Gratiszeitungen 27 (eigene Berechnung basierend auf den nachfolgenden Abb. Die letzten veröffentlichten Berechnung stammen von Blum 2003: 372 und Custer 2003a).

In den folgenden Abbildungen sind alle Zeitungsmäntel und die dazugehörigen lokal-regionalen Nebenausgaben sowie Einzelausgaben von Tageszeitungen verzeichnet. ‹Der Bund› wird hier als Nebenausgabe des ‹Tages-Anzeiger› verzeichnet, da er gemäss Einschätzung seines Chefredaktors ca. 60 % der überregionalen redaktionellen Inhalte vom Zürcher ‹Tages-Anzeiger› übernimmt (vgl. Persoenlich.com 2009e). ‹Blick› und ‹Blick am Abend› werden ebenfalls als eine publizistische Einheit ge-

---

[4] Die Pressestatistik weist für die Deutschschweiz 16 Sonntagszeitungen aus, da mehrere ausländische Sonntagszeitungen und regionale Nebenausgaben schweizerischer Sonntagszeitungen (u.a. jene des ‹Sonntag›) mitgezählt werden.

zählt, da ihre Redaktionen in einem zentral koordinierten Newsroom zusammengelegt wurden.

Abb. 20: Zeitungsmäntel und Nebenausgaben von Tageszeitungen in der Deutschschweiz in Reihenfolge der Auflage (2012)

	Einzeltitel und Zeitungsmäntel mit Regional-/Nebenausgaben	Bediente Region	Auflage
1	**Blick**	**D-CH**	**516 806**
	Blick		191 064
	Blick am Abend		325 742
	Ausgabe Zürich	ZH	
	Ausgabe Luzern	LU	
	Ausgabe Bern	BE	
	Ausgabe Basel	BS	
	Ausgabe St. Gallen	SG	
2	**20 Minuten**	**D-CH**	**495 211**
	Ausgabe Zürich	ZH	
	Ausgabe Luzern	LU	
	Ausgabe Bern	BE	
	Ausgabe Basel	BS	
	Ausgabe St. Gallen	SG	
3	**Tages-Anzeiger / Der Bund**	**ZH, BE**	**238 327**
	Tages-Anzeiger	ZH	188 602
	Der Bund	BE	49 725
4	**Die Nordwestschweiz**	**Mittelland**	**169 232**
	az Aargauer Zeitung	AG	82 582
	Aarau/Lenzburg/Wynental/Suhrental		
	Baden/Brugg/Zurzach		
	Freiamt		
	Fricktal		
	Fernausgabe		
	az Limmattaler Zeitung	ZH/AG	8 119
	zt Zofinger Tagblatt	SO	12 381
	az Solothurner Zeitung / az Grenchner Tagblatt		26 889
	ot Oltner Tagblatt		15 392
	bz Basellandschaftliche Zeitung / bz Basel	BL / BS	22 463

5	**Berner Zeitung**	**BE, FR** (dt.)	**140 061**
	Stadt und Region	BE	52 746
	Emmental		14 965
	Langenthaler Tagblatt		15 022
	Berner Oberländer		19 824
	Thuner Tagblatt		21 402
	Freiburger Nachrichten	FR (dt.)	16 102
6	**St. Galler Tagblatt**	**Ostschweiz**	**137 145**[5]
	Ausgabe für die Stadt St. Gallen, Gossau und Umgebung	SG	27 444
	Ausgabe für die Region Rorschach	SG	7 215
	Toggenburger Tagblatt	SG	4 603
	Wiler Zeitung	SG	13 895
	Der Rheintaler	SG	10 867
	Thurgauer Zeitung	TG	38 392
	Appenzeller Zeitung	AI/AA	13 270
	Schaffhauser Nachrichten	SH	21 459
7	**Neue Zürcher Zeitung** (gesamt)	**ZH / D-CH**	**129 627**
8	**Zürcher Regionalzeitungen**	**ZH Land/SG**	**120 145**
	Der Landbote	ZH	31 845
	Zürichsee-Zeitung	ZH	36 226
	Bezirk Meilen	ZH	
	Bezirk Horgen	ZH	
	Bezirk Obersee	SZ + SG	
	Zürcher Unterländ. / Neues Bülach. Tagbl.	ZH	19 878
	Zürcher Oberländer / Anzeiger v. Uster	ZH	32 196
9	**Neue Luzerner Zeitung** (gesamt)	**Innerschweiz**	**118 924**
	Neue Luzerner Zeitung	LU	78 369
	Neue Nidwaldner Zeitung	NW	8 382
	Neue Zuger Zeitung	ZG	18 818
	Neue Schwyzer Zeitung	SZ	3 310
	Neue Obwaldner Zeitung	OW	5 980
	Neue Urner Zeitung	UR	4 065

---

[5] Die offizielle Auflagenstatistik zählt die ‹Schaffhauser Nachrichten› nicht zur Gesamtauflage des ‹St. Galler Tagblatts› hinzu und weist für dieses folglich eine Auflage von 115 623 aus.

10	Die Südostschweiz	GR, GL, SZ, SG, FL	108 656
	Die Südostschweiz		47 831
	Graubünden	GR	
	Glarus	GL	
	Gaster/See	SG	
	March-Anzeiger / Höfner Volksblatt	SZ	11 629
	Bote der Urschweiz	SZ	15 288
	Werdenberger & Obertoggenburger	SG	8 663
	Sarganserländer	SG	10 094
	Rheintalische Volkszeitung	SG	4 858
	Lichtensteiner Vaterland	FL	10 293
11	**Basler Zeitung**	BS (BL)	68 279
12	**Bieler Tagblatt** (Kooperation mit der Berner Zeitung)	Biel (BE)	23 871
13	**Walliser Bote**	VS (dt.)	23 210
14	**Bündner Tagblatt**	GR	8 285
15	**Appenzeller Volksfreund**	AI	5 432*

eigene Recherche basierend auf VSW (2012), WEMF (2012b), Angaben der Verlage;
* = nicht WEMF-beglaubigte Auflage

Wie aus der Abbildung ersichtlich wird, erreichen fast alle Zeitungsmäntel Auflagen von rund 100 000 Exemplaren oder mehr. Für die Werbewirtschaft ist dies ein wichtiger Wert, um Zeitungen in nationalen Inseratekampagnen zu berücksichtigen. Die wenigen Tageszeitungen, die deutlich unter diesem Wert liegen, sind entweder lokal-regionale Tageszeitungen (z. B. ‹Bieler Tagblatt›, ‹Appenzeller Volksfreund›) oder sind über Werbekombinationen mit grossen Zeitungsmänteln verbunden (z. B. sind das ‹Liechtensteiner Vaterland› und ‹Bündner Tagblatt› in einer Werbekombination der ‹Südostschweiz› enthalten).

Abb. 21: Zeitungsmäntel und Nebenausgaben von Tageszeitungen in der West- und Südschweiz (2012)

	Einzeltitel oder Zeitungsmäntel mit Regional-/Nebenausgaben	bediente Region	Auflage
1	20 Minutes Ausgabe Genf Ausgabe Lausanne	F-CH	202 892
2	Arc PRESSE Le Nouvelliste L'Express L'Impartial Journal du Jura La Côte	NE, JU, VD, VS (frz.) VS NE NE JU VD	91 010 40 489 19 778 12 364 9 945 8 434
3	24 Heures	VD	71 957
4	Le Matin	F-CH	55 299
5	Tribune de Genève	GE	48 688
6	Le Temps	F-CH	41 531
7	La Liberté	FR (frz.)	39 045
8	Le Quotidien Jurassien	JU, NE	18 860
9	L'AGEFI – Quotidien de l'Agence économique et financière à Genève	F-CH	10 000*
10	Le Courrier	GE	7 791

eigene Recherche basierend auf VSW (2012), WEMF (2012b), Angaben der Verlage;
* = nicht WEMF-beglaubigte Auflage

In der Westschweiz waren Mantelzeitungen bisher wenig verbreitet. Dies hat sich mit der Gründung von ‹Arc Presse› geändert. Kooperierten in diesem Verbund seit 2007 ‹L'Express›, ‹L'Impartial› (Neuenburg) und das ‹Journal de Jura›, übernehmen seit Herbst 2010 auch die Genfer Zeitung ‹La Côte› und den Unterwalliser ‹Le Nouvelliste› die überregionalen Inhalte dieses Verbunds. Die beteiligten Zeitungen produzieren und übernehmen den Auslands-, Inlands- und Wirtschaftsteil. Visuell wird die Zusammenarbeit über das gemeinsame Layout kenntlich gemacht (vgl. Werbewoche 2010).

Abb. 22: Zeitungstitel in der italienisch- und rätoromanischsprachigen Schweiz (2012)

	Einzeltitel	bediente Region	Auflage
1	Corriere del Ticino	TI	35 484
2	20 Minuti	TI	34 045*
3	LaRegione	TI (v.a. Sopraceneri)	31 125
4	Giornale del Popolo	TI (v.a. Sottoceneri)	16 017
1	La Quotidiana	Graubünden (rom.)	4 244

eigene Recherche basierend auf VSW (2012), WEMF (2012b), Angaben der Verlage;
* = provisorisch beglaubigte Auflage

In der kleinen italienischsprachigen Region existieren drei kostenpflichtige Tageszeitungen, was in Anbetracht der geringen Auflagen und des kleinen Markts eine bemerkenswerte Vielfalt ist. Im Herbst 2011 ist zusätzlich die italienischsprachige Ausgabe von ‹20 Minuten› in den Markt eingetreten. Die Folgen dieses Markteintritts lassen sich momentan noch nicht abschätzen.

In der folgenden Abbildung ist dargestellt, an welchen Standorten sich die Redaktionen der Tageszeitungen (Haupt- und Nebenausgaben) befinden. Zeitungsmäntel und allein stehende Hauptausgaben von Tageszeitungen sind hervorgehoben; Standorte von Lokalredaktionen für Splittausgaben, die nicht unter einem eigenständigen Titel auftreten, sind mit gestrichelter Linie markiert.

Abb. 23: Standort der Redaktionen schweizerischer Tageszeitungen (Haupt- und Nebenausgaben)

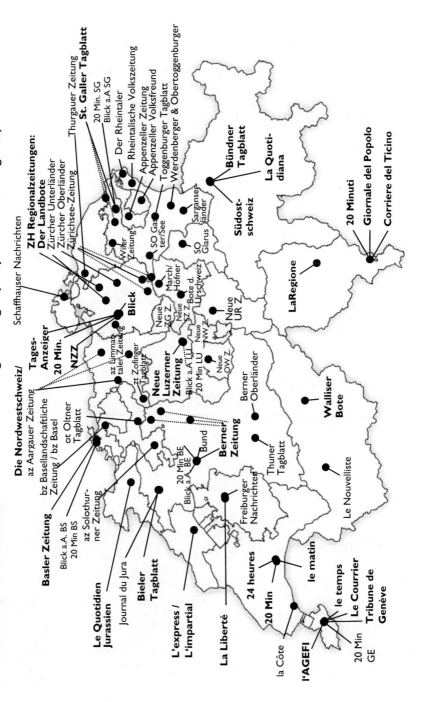

Struktur und Entwicklung

Zeitungsdichte in den Kantonen

Die 26 Kantone werden unterschiedlich dicht mit Hauptausgaben von kostenpflichtigen Tageszeitungen versorgt, die in den jeweiligen Kantonen produziert werden. In beinahe der Hälfte aller Kantone (11) werden keine Tageszeitungen mit einem überregionalen Teil mehr produziert. Dies ist hauptsächlich in ländlichen Kantonen wie dem Thurgau, der Innerschweiz aber auch in Solothurn der Fall. In 9 Kantonen (also über einem Drittel der Kantone) wird ein Zeitungsmantel bzw. eigenständige Hauptausgabe produziert, in 4 Kantonen zwei bis drei. In den wirtschaftlich starken Kantonen Zürich und Genf werden gar vier Hauptausgaben von Tageszeitungen hergestellt (vgl. folgende Abbildung).

Abb. 24: Zeitungsdichte: Anzahl kostenpflichtiger Hauptausgaben von Tageszeitungen pro Kanton

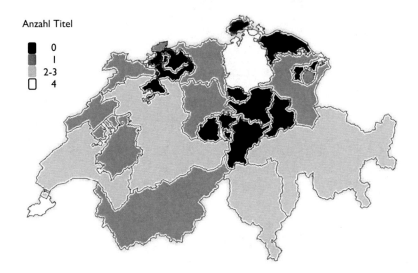

eigene Darstellung basierend auf VSW (2012), Abb. 20-22

Die Versorgung der einzelnen Kantone mit Tageszeitungen ist jedoch anders einzuschätzen, wenn die lokal-regionalen Nebenausgaben von Manteltiteln und die täglichen Gratiszeitungen mitberücksichtigt werden. Viele Kantone, in denen kein überregionaler Zeitungsmantel mehr produziert wird, werden von mehreren Regionalausgaben versorgt, die

sich in konkurrierenden Mantelzeitungen finden. Dies ist in den folgenden Kantonen der Fall:
- *Schwyz:* ‹Neue Schwyzer Zeitung› (Zeitungsmantel: ‹Neue Luzerner Zeitung›) vs. der ‹Bote der Urschweiz› (Zeitungsmantel: ‹Südostschweiz›) vs. ‹Zürichsee-Zeitung Obersee› (Zeitungsmantel ‹Zürcher Regionalzeitungen›).
- *Appenzell Innerrhoden:* ‹Appenzeller Zeitung› (Zeitungsmantel ‹St. Galler Tagblatt›) vs. ‹Appenzeller Volksfreund›
- *Basel:* ‹bz Basellandschaftliche Zeitung› / ‹bz Basel› (Zeitungsmantel: ‹Die Nordwestschweiz›) vs. ‹Basler Zeitung›.

Eine solche Konkurrenz von Neben-/Splittausgaben für einen Kanton oder zumindest für Teile eines Kantons auf Ebene der Lokalberichterstattung findet sich auch in Kantonen, in denen eine oder mehrere Hauptausgaben oder Mantelzeitungen mit einem überregionalen Teil produziert werden:
- *St. Gallen:* ‹Der Rheintaler› (Zeitungsmantel: ‹St. Galler Tagblatt›) vs. ‹Rheintalische Volkszeitung› (Zeitungsmantel: ‹Südostschweiz›); ‹Zürichsee-Zeitung Obersee› (Zeitungsmantel: ‹Zürcher Regionalzeitungen›) vs. ‹March-Anzeiger/Höfner Volksblatt› (Zeitungsmantel: ‹Südostschweiz›); ‹Werdenberger & Obertoggenburger› (Zeitungsmantel ‹Südostschweiz›) vs. ‹Toggenburger Tagblatt› (Zeitungsmantel: ‹St. Galler Tagblatt›).
- *Jura:* ‹Journal du Jura› (‹Arc Presse›) vs. ‹Le Quotidien Jurassien›.
- *Bern:* ‹Berner Zeitung›, ‹Bieler Tagblatt›, ‹Bund›
- *Waadt:* ‹24 heures› vs. ‹La Côte› (Nyon und Umgebung)

Daneben erhöhen auch einige Tageszeitungen ohne direkte Konkurrenz die Intensität ihrer Lokalberichterstattung, indem sie Splittausgaben mit Lokalnachrichten für bestimmte Regionen herausgeben. Dies ist beispielsweise im Aargau der Fall, wo die ‹az Aargauer Zeitung› für die Regionen Aarau und Umgebung, Baden und Umgebung und das Fricktal eigene Splittausgaben produziert. Die beiden Pendlerzeitungen ‹20 Minuten› und ‹Blick am Abend› geben in Kantonen mit grösseren Agglomerationen (Zürich, Luzern, Bern, Basel, St. Gallen; ‹20 Minuten› zusätzlich in Waadt, Genf) ebenfalls regionale Ausgaben heraus. Werden alle diese kostenlosen und kostenpflichten Haupt- und Nebenausgaben von Tageszeitungen mit berücksichtigt, ist die Titelvielfalt in fast allen Kantonen höher (besonders in den Kantonen St. Gallen und Bern), wie aus nachfolgender Abbildung ersichtlich wird.

Struktur und Entwicklung

Abb. 25: Zeitungsdichte: Anzahl kostenloser und kostenpflichtiger Tageszeitungen (Haupt- und Nebenausgaben) pro Kanton

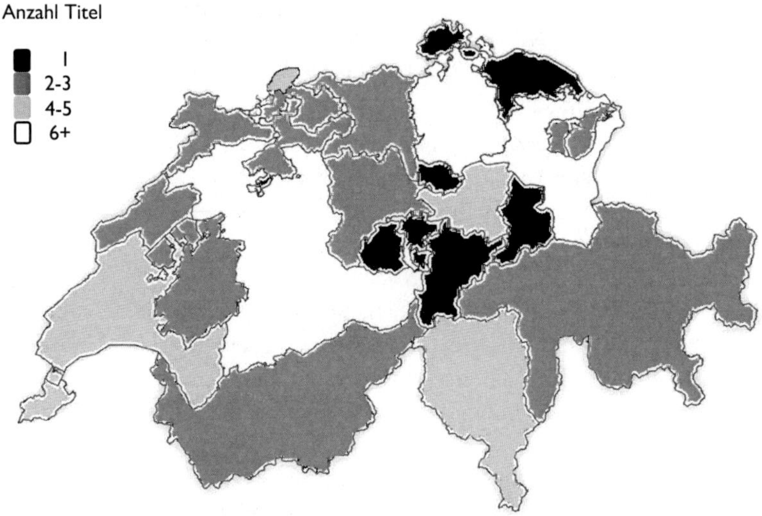

Anzahl Titel
- 1
- 2-3
- 4-5
- 6+

eigene Darstellung basierend auf VSW (2012) und Abb. 20-22

Das inhaltliche Angebot an Tages-, Wochen- und Sonntagszeitungen

Bisher wurde ausschliesslich die Tageszeitungs-Landschaft analysiert. In den folgenden Abschnitten soll das gesamte Zeitungs- und Zeitschriftenangebot (Tages-, Wochen- und Sonntagszeitung) betrachtet werden. Um einen Überblick über das Presseangebot zu gewinnen, ist es hilfreich, Tages-, Wochen- und Sonntagszeitungen nach weiteren Kriterien hinsichtlich des inhaltlichen Angebots zu kategorisieren. Unterscheidungsmerkmale sind das journalistisch-redaktionelle Konzept, die Verbreitungsräume (lokal, regional, national), die Periodizität (täglich, wöchentlich, sonntäglich etc.) und die Vertriebsart (gratis, Abonnement, Verkauf). Auf dieser Grundlage werden zumeist die folgenden sieben Zeitungstypen unterschieden (vgl. Pürer/Raabe 2007: 14-19; Rathgeb 1995: 216; Jarren/Donges 2002: 196):

- regionale Abonnements- / Forumszeitungen
- überregionale Qualitätszeitungen
- Pendlerzeitungen / tägliche Gratiszeitungen
- Boulevardzeitungen

- Sonntagszeitungen
- politische Wochenzeitungen
- Lokale Gratiszeitungen / Anzeigenblätter

Regionale Abonnementszeitungen weisen in den meisten Regionen die grösste Leserschaft auf: Dort beträgt ihre Reichweite um die 50 % (vgl. Abb. 58) (vgl. Cornu 2007: 10, 28). Beispiele für solche Zeitungen sind die ‹Basler Zeitung›, ‹Berner Zeitung›, ‹Tages-Anzeiger›, ‹St. Galler Tagblatt›, ‹Corriere del Ticino› oder ‹24 heures›.

Inhaltlich sind diese Zeitungen auf einen grösseren regionalen Raum ausgerichtet (zumeist ein Kanton oder mehrere angrenzende Kantone), nicht aber auf eine gesamte Sprachregion oder die gesamte Schweiz. Regionale Abonnementszeitungen weisen ein universelles Themenangebot auf und sind zumeist nach Ressorts strukturiert (Inland, Ausland, Wirtschaft, Regionales, Kultur etc.). Die regionalen und z. T. lokalen Informationen nehmen einen wichtigen Stellenwert ein und finden sich bei einigen Zeitungen wie der ‹Südostschweiz› und dem ‹Zürcher Oberländer› im ersten Bund. Eine Befragung der Medienkonsumenten aus dem Jahre 2008 zeigte, dass die Leserinnen und Leser die regionalen Abonnementszeitungen für die Information und Orientierung im Alltag noch vor Radio, Fernsehen und Internet für die wichtigsten Medien halten. Die Mediennutzer schreiben der regionalen Abonnementspresse zudem die grösste Kompetenz zu, sie über Hintergründe zu Ereignissen in der Region, der Schweiz und der Welt zu informieren (vgl. Domeyer 2009).

Wie der Begriff «Abonnementszeitung» sagt, sind die meisten dieser Zeitungen kostenpflichtig und werden über Abonnemente vertrieben. Der Einzelverkauf ist insbesondere in der Deutschschweiz unbedeutend. Je nach Titel werden lediglich zwischen 1 % und 6 % der gesamten Auflage einzeln verkauft (vgl. Custer 2008a).

Überregionale Qualitätszeitungen: Der Begriff der Qualitätsmedien bezieht sich zum einen auf das inhaltliche Angebot dieser Medien, zum anderen auf die zugeschriebene Reputation. In jeder Sprachregion existiert eine überregionale Qualitätszeitung: In der Deutschschweiz die ‹Neue Zürcher Zeitung› (NZZ), in der Westschweiz ‹Le Temps› und in der italienischsprachigen Schweiz der ‹Corriere del Ticino› (vgl. Cornu 2007: 28).

Idealtypisch besitzen überregionale Qualitätszeitungen ein eigenes, gut ausgebautes Korrespondentennetz im In-[6] und Ausland, weisen einen hohen Anteil an Politikberichterstattung auf und betonen ihre Orientierung an journalistischen Qualitätsmassstäben. Im Mediensystem nehmen sie einen besonderen Stellenwert ein: Politische und wirtschaftliche Eliten, Journalisten anderer Medien sowie Personen und Gruppen aus dem Ausland schreiben ihnen eine besonders hohe Relevanz für die Berichterstattung und Meinungsbildung zu. Themen und Deutungen werden aus diesen Medien von anderen Medien, gesellschaftlichen Eliten und Gruppen aufgenommen, ohne dass diese Titel von der breiten Bevölkerung stark genutzt werden (vgl. Jarren/Donges 2002: 197; Jarren/Vogel 2009: 73). Dementsprechend dienen überregionale Qualitätszeitungen als Orientierungs- und Debattenmedien mit sprachregionaler bzw. nationaler Ausstrahlung.

Pendlerzeitungen bzw. tägliche Gratiszeitungen bieten zumeist ein universelles Themenangebot (Politik, Wirtschaft, Sport etc.), das auch Boulevardthemen umfasst. Dieser Zeitungstyp unterscheidet sich von den regionalen Abonnements und Qualitätszeitungen durch die kostenlose Verteilung, das kleinere Format, teilweise durch die Produktionsweise und die angebotenen Genres. Im Unterschied zu den wöchentlichen Gratiszeitungen sind Pendlerzeitungen keine Lokalzeitungen und werden täglich herausgegeben.

Die Verteilung der Zeitung erfolgt kostenlos über Zeitungsboxen und manchmal Kolporteure (Zeitungsverträger); besonders an Bahnhöfen, Bus-, Tramstationen und anderen stark frequentierten Orten des öffentlichen Lebens in den dichten besiedelten Ballungsräumen. Dies ermöglicht es, den logistischen und damit finanziellen Aufwand zur Verteilung der Zeitungen vergleichsweise niedrig zu halten und lukrative Zielgruppen zu erreichen. Momentan existieren drei tägliche Gratiszeitungen, wovon zwei in der Deutsch-, und eine in der Westschweiz herausgegeben werden: ‹20 Minuten›, ‹Blick am Abend› (dies ist die einzige Abendzeitung der Schweiz) und ‹20 Minutes›.

Durch das kleine, handliche Tabloid-Format und die Heftung lassen sich diese Zeitungen unterwegs gut lesen und transportieren (vgl. Bauer 2005: 89 f.). Dies wirkt sich mit auf den Inhalt aus: Dieser ist kompakter und bietet «auf knappem Raum attraktiv aufgemachte Informationen in einem einfachen Schreibstil» (Leonarz 2002: 46). Zumindest ein Teil

---

[6] Eine Besonderheit von ‹Le Temps› ist die Ansiedlung der Genfer Hauptredaktion und einiger Korrespondentenbüros in Bahnhöfen (vgl. Brügger 2009).

der Inhalte wird von externen Produzenten hergestellt – insbesondere von Nachrichtenagenturen und Journalistenbüros. So produziert beispielsweise die Firma SWISSCONTENT den gesamten Wirtschafts- und Börsenteil von ‹20 Minuten› (vgl. Swisscontent 2012). Sowohl ‹20 Minuten›, sein französischsprachiges Pendant und der ‹Blick am Abend› geben Regionalausgaben heraus (vgl. Lüscher 2009).

Das Internetangebot ist ein wichtiger Bestandteil der Pendlerzeitungen. Besonders ‹20 Minuten› und ‹20 Minutes› besitzen einen aufwändig gestalteten Internetauftritt. Über Gewinnspiele, Eventmarketing und der Möglichkeit, sich mittels eines persönlichen Profils online sozial zu vernetzen, wird versucht, eine emotionale Kundenbindung herzustellen (vgl. Leonarz 2002: 46; Haas 2005: 152-158).

Die Kernzielgruppe der Pendlerzeitungen sind junge Leserinnen und Leser. Tatsächlich sind die täglichen Gratiszeitungen in diesem Alterssegment am erfolgreichsten. Allerdings steigen die Marktanteile der Pendlerzeitungen in allen anderen Alterssegmenten und bei Lesern mit hohem Einkommen seit Jahren kontinuierlich (vgl. Kapitel 9.3, WEMF MA-Leader). Eine Nutzerbefragung zeigt, dass die Leserinnen und Leser von den Gratiszeitungen erwarten, über aktuelle Ereignisse in der Schweiz und der gesamten Welt informiert zu werden. Von den kostenpflichtigen Tageszeitungen wird hingegen die Vermittlung regionaler Aktualitäten und Hintergrundinformationen erwartet (vgl. Domeyer 2009).

Boulevardzeitungen: In der Schweiz sind zwei Titel dem Typus der Boulevardzeitung zuzuordnen: ‹Blick› in der Deutsch-, ‹Le Matin› in der Westschweiz (vgl. Cornu 2007: 28). Dieser Zeitungstyp zeichnet sich im Allgemeinen durch eine auffällige optische Gestaltung, Fokussierung auf «Soft-News», ein selektives Themenangebot und das Strassenverkaufsprinzip aus (vgl. Pürer/Raabe 2007: 18). Wegen des selektiven Themenangebots spielt die dauerhafte Beobachtung einzelner Themen und Ressorts (Politik, Wirtschaft etc.) mit Ausnahme des Sports eine untergeordnete Rolle. Da Themen jedoch oft im Rahmen einer mehrtägigen Kampagne behandelt werden, kommt der Boulevardpresse beim Agenda-Setting eine wichtige Rolle zu.

Ein Grossteil dieser allgemeinen Merkmale von Boulevardzeitungen treffen auf den ‹Blick› zu, allerdings nicht alle. Tatsächlich gelingt es dem ‹Blick› Themen zu setzen, die von Politikern und anderen Medien aufgegriffen werden und sprachregionale, bzw. nationale Beachtung finden. Das Strassenverkaufsprinzip nimmt hingegen einen untergeordneten Stellenwert ein: 2008 betrug der Anteil des Einzelverkaufs lediglich 39 %, während 54 % der Auflage über Abonnemente vertrieben wurde (der Rest als Gratisexemplare oder Abos mit über 50 % Rabatt) (vgl. Custer 2008a). Bemerkenswert ist auch, dass der ‹Blick› in den 1990er-Jahren von den traditionellen Boulevardprinzipien abrückte, die Ressorts «Wirtschaft» und «Kultur» einrichtete und politisch eine eher linksstehende und gewerkschaftliche Linie einnahm. Dadurch stand die Zeitung bei einigen Abstimmungsvorlagen auf der Seite der politischen unterlegenen Gruppe (vgl. Lüönd 2008: 488 f.).

Sonntagszeitungen: In der Schweiz sind drei Typen von Sonntagszeitungen auf dem Markt (vgl. Pürer/Raabe 2007: 24):
- überregional verbreitete Sonntagszeitungen (‹SonntagsBlick›, ‹SonntagsZeitung›, ‹NZZ am Sonntag›, ‹Le Matin Dimanche›)
- regional verbreitete Sonntagszeitungen (‹Südostschweiz am Sonntag›, ‹Sonntag›, ‹Zentralschweiz am Sonntag›, ‹BaZ am Sonntag›, ‹Ostschweiz am Sonntag›[7])
- Gratis-Sonntagszeitungen (‹Il Caffè della Domenica›, ‹Il Mattino della Domenica›).

Die überregionale Sonntagszeitung ist der ursprüngliche Typus dieser Zeitungsgattung. Sie entstand bereits gegen Ende des 18. Jahrhunderts im angelsächsischen Raum und weist viele Gemeinsamkeiten mit den politischen Wochenzeitungen auf (vgl. Facius 2001: 98 f.): Der Inhalt weist über das tagesaktuelle Geschehen hinaus und ist stärker durch Hintergrundberichte, themenbezogene Artikel, Serien oder Feuilletonistisches geprägt. Während Wochenzeitungen traditionell stärker auf die klassischen Themenbereiche Politik, Wirtschaft und Kultur ausgerichtet sind, nimmt bei Sonntagszeitungen der Ratgeber-, Service-, Mode- und Freizeitbereich oft einen höheren Stellenwert ein (vgl. Pürer/Raabe 1994: 184).

Besonders ‹SonntagsBlick› und ‹SonntagsZeitung› orientieren sich am investigativen Modell des angelsächsischen Journalismus. Der Anteil an Eigenrecherche ist hoch, Inhalte werden auf den Punkt gebracht, Geschichten mit anziehenden Titeln und Leads kreiert und zu Thesen verdichtet (vgl. Zimmermann 2007: 19). Dabei wird versucht, sogenannte «Primeurs» zu setzen, indem ein bestimmtes Thema zum ersten Mal aufgegriffen wird und von den tagesaktuellen Medien in der folgenden Woche Beachtung erhält. Die Erwähnung durch andere Medien

---

[7] Einführung als siebte Ausgabe des St. Galler Tagblatts auf März 2013 angekündigt (vgl. Newsnet/Tages-Anzeiger 2011).

ist denn explizit ein Teil der Strategie der ‹SonntagsZeitung› (vgl. Durisch 2007: 1; Spörri 2007: 7) und wird u.a. auch von der neu lancierten Sonntagszeitung ‹Sonntag› verfolgt (vgl. Wyss 2008a).

Die Sonntagszeitungen sind für eine solche Strategie prädestiniert: Am Sonntag erscheinen nur wenige Titel, deren Themen dafür umso grössere Beachtung erhalten und damit die Themenagenda der Bevölkerung, der Medien und der politischen und wirtschaftlichen Elite prägen (vgl. Spörri 2007: 7). Damit weist dieser Zeitungstyp in hohem Mass die Funktion eines Leitmediums auf.

Eine inhaltlich etwas andere Ausrichtung besitzen die regionalen Sonntagszeitungen ‹Südostschweiz am Sonntag› (SoSo), ‹Sonntag› (2007), ‹Zentralschweiz am Sonntag› (ZAS) und ‹Ostschweiz am Sonntag›. Diese Zeitungen erscheinen im selben oder in einem ähnlichen Layout wie die Ausgaben an den Werktagen und werden von derselben Redaktion produziert. Zielgruppe ist die Stammleserschaft der jeweiligen Region, weniger ein sprachregionales/nationales Publikum. Insofern handelt es sich bei diesen Sonntagszeitungen nicht um eigenständige Titel, sondern um eine siebte Ausgabe der Tageszeitung. Ein Spezialfall stellt der ‹Sonntag› dar. Er wurde ursprünglich als siebte Ausgabe der ‹Die Nordwestschweiz› konzipiert, nun jedoch zu einer eigenständigen, überregionalen Sonntagszeitung weiterentwickelt (vgl. Custer 2008b).

Politische Wochenzeitung: Drei Titel lassen sich dieser Kategorie zuordnen: in der Deutschschweiz die ‹Weltwoche› und die ‹Wochenzeitung› (WOZ), in der Westschweiz ‹L'Hebdo›. Politische Wochenzeitungen zeichnen sich inhaltlich durch Hintergrundberichte, themenbezogene Artikel, Serien und Feuilleton aus, wobei Politik und das internationale Geschehen oft einen wichtigen Stellenwert einnehmen. Solche Zeitungen oder Zeitschriften verfolgen entweder eine bestimmte politische Grundorientierung oder bieten ein Forum für Meinungen und Ansichten unterschiedlicher politischer Strömungen. Die Zielgruppe ist zumeist eine besser gebildete Bevölkerungsschicht, die sich für Kultur, Politik etc. interessiert (vgl. Pürer/Raab 2007: 24; Pürer/Raabe 1994: 184; Jarren/Donges 2002: 196).

Die beiden deutschsprachigen Wochenzeitungen nehmen eine diametral andere politische Grundhaltung ein: Während die ‹Weltwoche› politisch dem rechtsbürgerlichen politischen Spektrum zuzuordnen ist, ist die WOZ im links-alternativen Spektrum angesiedelt. Eine Wochenzeitung, die eine politisch neutralere oder eine Mitteposition einnimmt, existiert damit in der Deutschschweiz nicht.

Lokalzeitungen / regionale Gratiszeitungen / Gratisanzeiger: Lokalzeitungen erscheinen meistens gratis, nur wenige sind kostenpflichtig (z. B. ‹schaffhauser az›). Sie bieten hauptsächlich lokale und regionale Informationen und erscheinen ein bis mehrere Male (zumeist zweimal) pro Woche, einige alle zwei Wochen. Form, Inhalt und insbesondere der Grad der redaktionellen Eigenleistung variieren stark. Während bei einigen lokalen Gratiszeitungen der redaktionelle Anteil sehr gering ist, besitzen andere ausgebaute Redaktionen, die nach journalistischen Kriterien über das lokale Geschehen berichten und einen hohen Anteil an redaktionellen Inhalten aufweisen. Gemäss Selbstdeklaration beträgt der redaktionelle Anteil bei den ‹Obersee Nachrichten› 40 %, bei der ‹Rheinzeitung› gar 65 % (vgl. VSGZ 2012).

Auf lokaler Ebene sind viele dieser Medien von publizistisch und wirtschaftlicher Bedeutung: Besonders in Randregionen, die von den regionalen Abonnementszeitungen wenig beachtet werden, erbringen sie Informationsleistungen für den lokalen Raum. Für das lokale Gewerbe sind sie die Werbeplattform schlechthin, da für das lokale Gewerbe Inserate in der Tagespresse zu teuer und die Streuverluste zu gross wären (vgl. Walther 2006: 34). Lokale Gratiszeitungen lassen sich in drei Untergruppen ausdifferenzieren:

- *Amtsanzeiger* besitzen eine staatliche Anerkennung als offizielles, amtliches Publikationsorgan. Im amtlichen Teil werden u.a. Informationen öffentlich-rechtlicher Institutionen (Gemeinden, Kirchen etc.), zum Bau-, Zivil- und Strafrecht, Gesetze oder Anordnungen über Wahlen und Abstimmungen in Gemeinden bekannt gemacht (vgl. Uhlmann/Häsler 2008: 9-12). Damit soll den Bürgerinnen und Bürgern ein unmittelbarer Zugang zu öffentlichen Angelegenheiten geben werden.

  Die Bedingungen für die Publikationen in Amtsanzeigern werden in kantonalen Gesetzen geregelt, die detaillierte Ausgestaltung der Regeln wird meistens den entsprechenden Gemeinden überlassen. Oft schliessen eine oder mehrere Gemeinden mit einem privaten Verlag einen Vertrag zur Veröffentlichung amtlicher Mitteilungen ab. Der Verlag erhält ein Entgelt für diese Leistung und/oder darf die Zeitung an alle Haushalte verteilen. In manchen Gegenden zahlt der Verlag der Gemeinde gar eine Abgabe für das Privileg, amtliche Mitteilungen zu drucken und darum herum einen redaktionellen und einen Werbeteil zu gestalten (vgl. Uhlmann/Häsler 2008: 20 ff.). Ganz unterschiedliche Publikationen haben den Status eines Amtsanzeigers: kleine Amtsanzeiger mit einer Auflage im ein- oder unteren zweistelligen Tausenderbereich (z. B. ‹Anzeiger aus dem Bezirk Affoltern›, ‹Anzeiger des Amtes Wangen›); grössere Anzeiger mit einer Auflage von über 100 000 Exemplaren (‹Tagblatt der Stadt Zürich›) oder gar Tageszeitungen wie ‹Der Landbote›.

- *Lokale Gratisanzeiger* ähneln in vielen Fällen den Amtsanzeigern, sie sind jedoch keine offiziellen Publikationsorgane von Gemeinden. Beispiele solcher Zeitungen sind der ‹Schaffhauser Bock›, ‹Lausanne Cités›, ‹La Voce delle Valli›, ‹Neue Oltner Zeitung›.
- *Mikrozeitung:* Dieser Begriff wurde von der ‹Jungfrau Zeitung› geprägt, die eine besondere, redaktionell-publizistische Linie fährt. Die Zeitung erscheint zweimal wöchentlich, ist in die Ressorts Politik, Kultur, Wirtschaft und Sport gegliedert, konzentriert sich jedoch vollständig auf das Lokalgeschehen. Seit einigen Jahren wird eine konsequente «Online-First»-Strategie gefahren: Alle Geschichten werden laufend und aktuell zuerst im Internet publiziert (z. T. auch als Web-TV-Beiträge). Ein Teil dieser Beiträge wird mit zusätzlichen Informationen angereichert und findet Eingang in die gedruckte Ausgabe (vgl. Jungfrau Zeitung 2009). Trotz dieses innovativen Konzepts fand die GOSSWEILER MEDIA AG über Jahre hinweg keine Lizenznehmer (vgl. Custer 2003c: 20 ff.). 2010 gelang es zwar, die ‹Obwalden und Nidwalden Zeitung› als Mikrozeitung zu gründen, anfangs 2012 musste diese wieder eingestellt werden. In der Folge wurden Pläne zur Einführung einer solchen Zeitung in Zürich ebenfalls verworfen (vgl. Persoenlich.com 2010d; 2012a).

Differenzierung des Angebots nach geografischen Ebenen

Die zusammenfassende Betrachtung des Angebots an Tages-, Wochen- und Sonntagszeitungen zeigt, dass die Struktur der Presselandschaft dem politischen Aufbau des Landes ähnelt. Allerdings werden die drei politischen Ebenen – die Gemeinde-, Kantons- und Bundesebene – von je unterschiedlichen Presseprodukten abgedeckt.

Die *lokale Ebene* (Gemeinde, Bezirke) wird journalistisch vorwiegend von lokalen Gratisanzeigern ein- oder mehrere Male pro Woche bedient, allerdings variiert die redaktionelle Leistung je nach Anzeiger stark. Manche Lokalräume werden zusätzlich von Splittausgaben regionaler Abonnementszeitungen versorgt. Die *regionale Ebene* (Kantone) wird hingegen hauptsächlich von regionalen Abonnementszeitungen täglich und in einigen Gebieten sonntäglich versorgt. Allerdings ist zu erwähnen, dass die Versorgungsgebiete dieser Zeitungen oft nicht mit den kantonalen Grenzen deckungsgleich sind. Viele Regionalzeitungen übernehmen einen Zeitungsmantel, der auf ein kantonsübergreifendes Wirtschaftsgebiet ausgerichtet ist. Die *sprachregionale Ebene* wird täglich und wöchentlich von verschiedenen Pressetypen abgedeckt: von den überregionalen Qualitäts-, Boulevard-, Pendler-, Sonntags- und politischen Wochenzeitungen.

Abb. 26: Zeitungstypen nach geografischer Ebene

	täglich	1-3x wöchentlich
sprachregional/national	- überregionale Qualitätszeitung - Boulevardzeitung - tägliche Gratiszeitung	- Sonntagszeitung - politische Wochenzeitungen
regional	- Regionale Abonnementszeitungen - (gewisse Regionen: regionale Ausgaben der Gratiszeitungen)	(gewisse Regionen: regionale Sonntagszeitungen)
lokal	- (gewisse Lokalregionen: Splittausgaben regionaler Abonnementszeitungen)	- Lokale Gratisanzeiger

Wie bereits erwähnt, versorgen Mantelzeitungen ein Gebiet, das geografisch oft über die Kantonsgrenzen hinausgeht. Ihr Versorgungsgebiet ist somit nicht deckungsgleich mit der politischen Gliederung, sondern vielmehr mit der wirtschaftlichen Gliederung des Landes. Auf Basis statistischer Daten lassen sich sieben wirtschaftliche Grossregionen identifizieren, die sich über intensiven Austausch der Arbeitsmärkte, Pendlereinzugsgebiete und der Zusammenarbeit von Unternehmen und Verbänden statistisch nachweisen lässt. Die Doppelstruktur der Tageszeitungen in Mantelteile und Nebenausgaben lässt sich somit als Versuch interpretieren, die für die Werbung wichtige wirtschaftliche Gliederung und die für die Demokratie relevante politische Gliederung miteinander zu vereinen.

Abb. 27: Grossregionen und grösste Zeitungsmäntel/Einzelausgaben

Grossregion	Zeitungsmantel / Einzelausgabe
Genferseeregion (Genf, Waadt, Wallis)	Le Temps, Tribune de Genève, 24 heures, le matin, 20 minutes
Espace Mittelland (Bern, Fribourg, Jura, Neuchâtel, Solothurn)	Berner Zeitung, Bund, 20 Minuten Bern, Blick am Abend Bern
Nordwestschweiz (Aargau, Basel-Land, Basel Stadt)	Mittellandzeitung, Basler Zeitung, 20 Minuten Basel, Blick am Abend Basel
Zürich (Zürich)	Tages-Anzeiger, Zürcher Landzeitung, NZZ, Blick, 20 Minuten Zürich, Blick am Abend Zürich
Ostschweiz (Appenzell Ausser- und Innerrhoden, St. Gallen, Glarus, Graubünden, Schaffhausen, Thurgau)	St. Galler Tagblatt, Südostschweiz, 20 Minuten St. Gallen, Blick am Abend St. Gallen
Zentralschweiz (Luzern, Ob- und Nidwalden, Schwyz, Uri, Zug)	Neue Luzerner Zeitung, 20 Minuten Luzern, Blick am Abend Luzern
Tessin (Tessin)	La Regione, Corriere del Ticino, Giornale del Popolo

eigene Darstellung

5.3 Tageszeitungsunternehmen: Beteiligungen und Formen der Zusammenarbeit

Nachdem im vorangehenden Abschnitt Formen der redaktionellen Zusammenarbeit von Tageszeitungen untersucht wurden, gilt es nun zu analysieren, welche Unternehmen Tageszeitungen herausgeben. Dies ist notwendig, da eine redaktionelle Zusammenarbeit nicht notwendigerweise mit einer Unternehmensbeteiligung einhergehen muss.

Die grössten Verlagsunternehmen und ihre Beteiligungen

Unternehmen, die Zeitungen produzieren, werden traditionellerweise als «Verlag» bezeichnet. Allerdings ist zu beachten, dass dieser Begriff inhaltlich zwei verschiedene Bedeutungen hat:

1. *Branchenbezeichnung für ein Unternehmen,* das «Produkte des Medienmarktes produziert und vertreibt» (Heinrich 2001: 214), wie beispielsweise Presse-, Buch- oder Musikverlage. Ein Presseverlag ist ein Unternehmen, dessen Schwerpunkt die Produktion und der Vertrieb von Zeitungen und Zeitschriften bildet (vgl. Heinrich 2001: 214).
2. Bezeichnung für jene *Unternehmenseinheit* innerhalb eines Medienunternehmens, die «für die Anzeigenakquisition, die Leser- und Anzeigenwerbung sowie für den Vertrieb des Verlagsobjekts zuständig» ist (Schweizerischer Verband der Zeitungs- und Zeitschriftenverleger 1995: 4). Der Verlag (in diesem engeren Sinne) ist damit für die wirtschaftlichen Belange der Medienproduktion (also z. B. Werbeakquisition, Marketing etc.) zuständig, während die Redaktion mit der eigentlichen Herstellung der Zeitungs-, bzw. Zeitschrifteninhalte beschäftigt ist. Neben Verlag und Redaktion wird in Praxishandbüchern die Druckerei als dritter Bereich genannt, welcher für die technische Herstellung der Inhalte zuständig ist (vgl. Schweizerischer Verband der Zeitungs- und Zeitschriftenverleger 1995: 4). Altmeppen (2006: 17, 33 f.) hat in seiner Untersuchung von Medienorganisation diese Unterscheidung zwischen Redaktion und Verlag aufgenommen, verwendet dafür jedoch andere Begriffe, indem er von «journalistischer Organisation» und «Medienorganisation» spricht.

Im Folgenden wird statt des Begriffs «Verlag» von «Medienunternehmen» gesprochen, da insbesondere die grösseren Verlage längst nicht mehr ausschliesslich im Pressebereich tätig sind. Zu ihrem weiteren Produktportfolio gehören auch Privatradio-, Privatfernsehsender und Online-Nachrichtenportale. Die am Umsatz gemessen grössten in der Schweiz tätigen Medienunternehmen, die Tageszeitungen produzieren, sind RINGIER, TAMEDIA, NZZ-MEDIENGRUPPE, AZ MEDIEN, BASLER ZEITUNG MEDIEN und die SÜDOSTSCHWEIZ MEDIENGRUPPE.

Abb. 28: Sieben grösste Medienunternehmen (nach Umsatz) mit Beteiligungen an schweizerischen Tageszeitungen (2011)

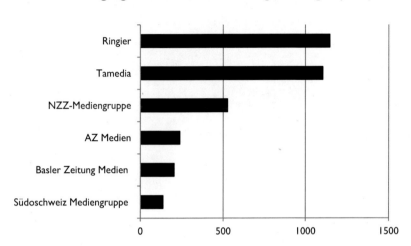

eigene Darstellung basierend auf Angaben der jeweiligen Unternehmen. Bei Ringier sind die Auslandsbeteiligungen, bei Tamedia die Westschweizer Beteiligung mit eingerechnet

Die horizontale Medienkonzentration (= Beteiligung von Medienunternehmen an Medienunternehmen, die in demselben Marktsegment tätig sind) ist in der Schweiz hoch. 44 % der gesamten Tageszeitungsauflage in der Deutsch- und 69 % der Tageszeitungsauflage in der Westschweiz werden von TAMEDIA oder einem Unternehmen herausgegeben, an dem TAMEDIA beteiligt ist. Diese starke Marktposition verdankt das Unternehmen in allen drei Landesteilen seinen Gratiszeitungen ‹20 Minuten› und seinen Beteiligungen an mehreren regionalen Abonnements-Tageszeitungen in Zürich, Bern und der Westschweiz. Wie aus den nachfolgenden Abb. 29 und Abb. 30 sichtbar ist, haben die Medienunternehmen RINGIER (dank ‹Blick› und ‹Blick am Abend›) und die NZZ-Mediengruppe (dank Beteiligungen in der Inner- und Ostschweiz) ebenfalls eine starke Position im Tageszeitungsmarkt inne. In der Westschweiz besitzt der französische Medienkonzern HERSANT die zweithöchsten Marktanteile, jene aller anderen Unternehmen sind geringer. Gesamthaft liegt der Marktanteil der drei grössten Unternehmen (CR3) an der Gesamtauflage von Tageszeitungen in der Deutschschweiz bei 80 %, in der Westschweiz gar bei 90 %.[8]

---

[8] In der Wissenschaft wird dieser Wert als «Konzentrationsrate», bzw. «Concentration Ratio» (CR) bezeichnet (vgl. Heinrich 2001: 122 f.).

Abb. 29: Marktanteil von Medienunternehmen an der Tageszeitungsauflage D-CH

Abb. 30: Marktanteil von Medienunternehmen an der Tageszeitungsauflage W-CH

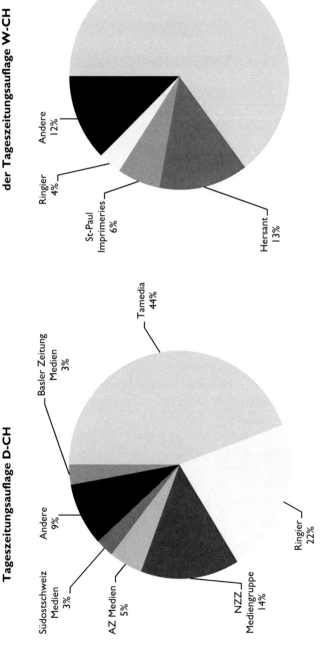

eigene Darstellung, Berechnungen basierend auf Abb. 20-22.

Die Presselandschaft

Die meisten Tageszeitungen sind in der Schweiz regional verankert. Dementsprechend konzentriert sich das Tätigkeitsgebiet der grössten Medienunternehmen im Tageszeitungsgeschäft auf bestimmte Regionen, wie sie in untenstehender Abbildung visualisiert sind:
- Innerschweiz, Ostschweiz, Zürich: NZZ-MEDIENGRUPPE
- Bern, Zürich, Teile der Westschweiz (VD, GE): TAMEDIA
- Mittelland (AG, SO, BS): AZ MEDIEN
- Bündnerland und Teile der umliegenden Kantone (GR, GL, SZ, SG): Südostschweiz Medien
- Teile der Westschweiz (JU, NE, VS): EDITION SUISSE HOLDING (HERSANT)

Abb. 31: Gebiete, in denen die grössten schweizerischen Medienunternehmen Tageszeitungen herausgeben

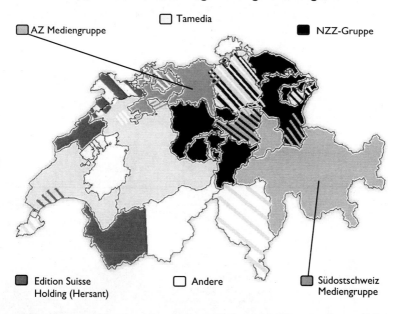

eigene Darstellung, basierend auf Abb. 20-22

Die Beteiligungsstrukturen der Medienunternehmen an Tageszeitungen sind komplex, wie aus den nachfolgenden Beispielen deutlich wird.

Struktur und Entwicklung

Abb. 32: Die Beteiligungen von Tamedia an Tageszeitungen

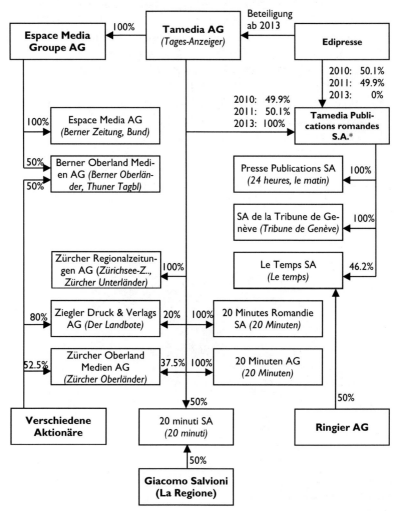

eigene Darstellung basierend auf Edipresse/Tamedia (2010), Tamedia (2012), Angaben der Unternehmen

* = vormals: Presse Publications SR, umfasste das Schweizer Geschäft von Edipresse

Die Presselandschaft

Abb. 33: Die Beteiligungen der NZZ-Mediengruppe an Tageszeitungen

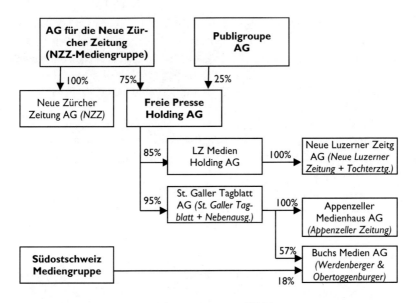

eigene Darstellung basierend auf NZZ Mediengruppe (2011a)

Abb. 34: Die Beteiligungen der AZ Medien an Tageszeitungen

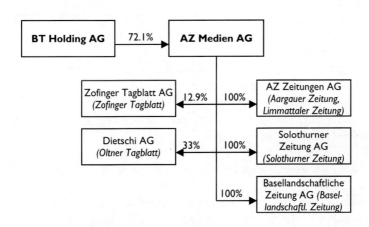

eigene Darstellung basierend auf AZ Medien (2012)

Zu den Beteiligungen der AZ MEDIEN ist anzumerken, dass die BT HOLDING bis 1998 BADENER TAGBLATT HOLDING AG und die SOLOTHURNER ZEITUNG AG bis 2010 VOGT-SCHILD MEDIEN AG hiess. 2010 wurde die ebenfalls zur Gruppe gehörende LIMMATTALER MEDIEN AG aufgelöst, da die LIMMATTALER ZEITUNG in die AARGAUER ZEITUNG integriert wurde (vgl. AZ Medien 2010; Persoenlich.com 2010c, Handelsregisterauszüge auf moneyhouse.ch).

Weiter sind die folgenden Medienunternehmen an Tageszeitungen beteiligt:

- SÜDOSTSCHWEIZ MEDIEN: ‹Südostschweiz› und Nebenausgaben, ‹Bündner Tagblatt›, ‹La Quotidiana›, ‹Werdenberger & Obertoggenburger› (obwohl diese Zeitung den Mantelteil vom ‹St. Galler Tagblatt› übernimmt)
- EDITION SUISSE HOLDING (HERSANT): ‹Le Nouvelliste›, ‹L'Express›/‹L'Impartial›, ‹La Côte›
- IMPRIMERIE ST.-PAUL/PAULUSDRUCKEREI: ‹La Liberté›, ‹Freiburger Nachrichten›
- GASSMANN-GRUPPE: ‹Bieler Tagblatt›, ‹Journal du Jura›
- SOCIETÀ EDITRICE DEL CORRIERE DEL TICINO: ‹Corriere del Ticino›, ‹Giornale del Popolo› (49%).

Formen der redaktionellen Zusammenarbeit von Tageszeitungen

Die Verflechtungen der Verlagsunternehmen beschränken sich nicht auf Unternehmensbeteiligungen. Auch bei der Produktion der Inhalte gibt es unterschiedliche und teilweise komplexe Formen der Zusammenarbeit. Die wichtigste Form dieser Zusammenarbeit ist die Herausgabe einer publizistischen Einheit. Das Verhältnis von publizistischer Einheit und einzelnem Zeitungstitel kann auf unterschiedliche Art und Weise ausgestaltet sein: im Rahmen des Kopfblattsystems, redaktioneller Partnerschaften, Ergänzung von Neben- und Regionalausgaben mit Splittausgaben und des Zeitungsgefüges.

Daneben existieren mit Artikelaustausch, dem Unterhalt eines gemeinsamen Korrespondentennetzes und der Schaffung mehrerer redaktioneller Einheiten innerhalb desselben Unternehmens drei weitere Zusammenarbeitsformen, bei denen kein gemeinsamer Zeitungsmantel produziert wird. Diese vielfältigen Formen der Zusammenarbeit werden in den folgenden Abschnitten dargestellt.

Das Kopfblattsystem: Beim Kopfblattsystem gibt ein Medienunternehmen eine ganze Zeitungsfamilie heraus. Diese besteht aus dem Zeitungsmantel (oft als «Hauptausgabe» oder «Stammzeitung» bezeichnet) und verschiedenen lokal-regionalen Nebenausgaben. Die lokalregionalen Nebenausgaben besitzen denselben Zeitungsmantel, unterscheiden sich jedoch in ihrem Regionalteil. Die verschiedenen Regionalteile werden von je eigenen Regionalredaktionen produziert. Die Nebenausgaben erscheinen manchmal unter einem anderen Zeitungstitel als die Hauptausgabe, manchmal unter demselben Titel, jedoch mit einem anderen Untertitel (vgl. Pürer/Raabe 2007: 279; Bruderer 1990: 22 f.).

Falls die Haupt- und Nebenausgaben vom selben Unternehmen produziert werden, werden die Nebenausgaben auch als «Tochterzeitung» bezeichnet, ansonsten ist von «Lokal-», «Regional-» oder «Nebenausgabe» die Rede.[9]

Als Beispiel für ein Kopfblattsystem ist die ‹Neue Luzerner Zeitung› zu nennen. Die Stammzeitung trägt den Titel ‹Neue Luzerner Zeitung›, während die Tochterzeitungen, die demselben Unternehmen gehören, unter je einem anderen Titel mit eigenständigen Regionalteilen erscheinen.

Abb. 35: Das Kopfblattsystem der Neuen Luzerner Zeitung

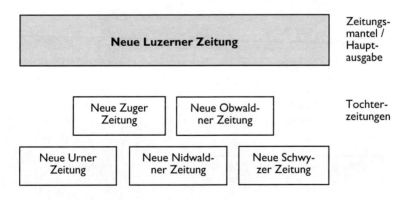

eigene Darstellung, basierend auf LZ Medien (2012)

---

[9] Es ist darauf hinzuweisen, dass diese Begriffe weder von der Branche noch der Wissenschaft stringent verwendet werden. Ich halte mich hier an die Definitionen von Pürer/Raabe (2007).

Regionale Nebenausgaben mit lokalen Splittausgaben: Das Kopfblattsystem kann sich auf der lokalen Ebene fortsetzen. Manche regionalen Nebenausgaben sind wiederum in unterschiedliche Lokalausgaben (sogenannte «Splittausgaben») unterteilt, die wiederum von eigenen Lokalredaktionen produziert werden. Splittausgaben werden entweder im Haupttitel der Zeitung, im Untertitel oder im Titel des Lokalteils gekennzeichnet.

Ein Beispiel für unterschiedliche Regional-, bzw. Lokalausgaben ist die ‹Zürichsee-Zeitung›. Sie übernimmt wie der ‹Zürcher Unterländer› und der ‹Zürcher Oberländer› den vom ‹Landboten› in Winterthur produzierten Zeitungsmantel. Die Redaktion der ‹Zürichsee-Zeitung› produziert hingegen ihren eigenen Regionalteil. Diese Regionalberichterstattung wird zusätzlich in drei verschiedene Lokalteile aufgesplittet, die am Untertitel der Zeitung erkennbar sind (‹Zürichsee-Zeitung Bezirk Meilen›, ‹Zürichsee-Zeitung Bezirk Horgen›, ‹Zürichsee-Zeitung Bezirk Obersee›). Diese drei lokalen Splittausgaben werden von je drei eigenen Lokalredaktionen hergestellt (vgl. Zürichsee-Zeitung 2012). Eine solche Aufteilung der Lokalberichterstattung innerhalb einer regionalen Nebenausgabe findet sich u.a. auch bei der ‹Aargauer Zeitung› und der ‹Südostschweiz›.

Abb. 36: Splittausgaben der Zürichsee-Zeitung

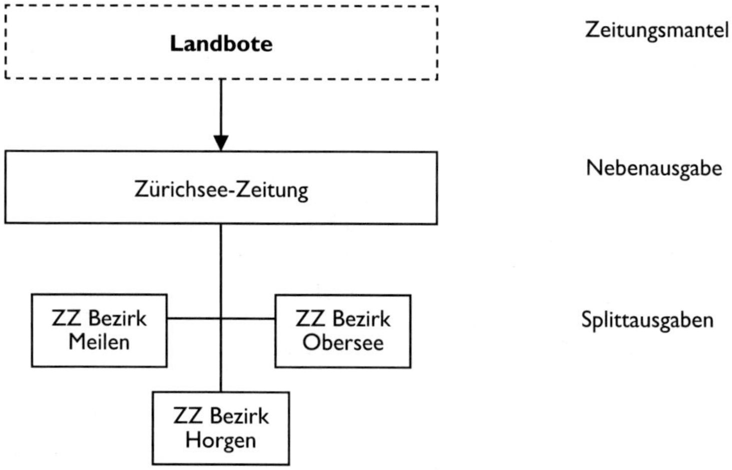

eigene Darstellung basierend auf Angaben des Unternehmens

Redaktionelle Partnerschaften: Bei redaktionellen Partnerschaften stellt eine Zeitungsredaktion den Zeitungsmantel für sich und andere Zeitungen her, die nicht oder nur teilweise demselben Unternehmen gehören und eine eigene Chefredaktion besitzen. Es ist auch möglich, dass mehrere Zeitungen eine Gemeinschaftsredaktion gründen, welche den überregionalen Zeitungsmantel für die beteiligten Zeitungen produzieren. Beispiele für solche redaktionelle Partnerschaften sind die Zeitungsverbünde ‹Die Nordwestschweiz›, ‹Südostschweiz› oder ‹Zürcher Regionalzeitungen›.

Im Verbund ‹Die Nordwestschweiz› kooperieren vier Verlage mit den folgenden Zeitungstiteln (AZ Medien 2012):
- AZ MEDIEN AG mit ‹az Aargauer Zeitung›, ‹az Limmattaler Zeitung›, ‹bz Basellandschaftliche Zeitung›, ‹bz Basel›
- SOLOTHURNER ZEITUNG AG (vollständig im Besitz der AZ MEDIEN AG) mit ‹az Solothurner Zeitung›, ‹az Grenchner Tagblatt›
- ZOFINGER TAGBLATT AG (mit 12.9 %-Beteiligung der AZ MEDIEN AG) mit dem ‹zt Zofinger Tagblatt›
- DIETSCHI AG (mit 11.6 %-Beteiligung der AZ MEDIEN AG) mit dem ‹ot Oltner Tagblatt›.

Im Verbund ‹Zürcher Regionalzeitungen› kooperieren (vgl. Tamedia 2012):
- ZIEGLER AG (mit 20 %-Beteiligung der TAMEDIA AG) als Herausgeberin des ‹Landboten›
- ZÜRCHER REGIONALZEITUNGEN AG (in Besitz der TAMEDIA AG) mit ‹Zürcher Unterländer›, ‹Zürichsee-Zeitung›
- ZÜRCHER OBERLAND MEDIEN AG (mit 37.5 %-Beteiligung der TAMEDIA AG) mit dem ‹Zürcher Oberländer›.

Redaktionelle Kooperationen finden sich auch bei der ‹Südostschweiz›. Der ‹Marchanzeiger/Höfner Volksblatt›, ‹Bote der Urschweiz›, ‹Werdenberger & Obertoggenburger›, das ‹Liechtensteiner Vaterland› und die ‹Rheintalische Volkszeitung› die je eigenen Verlagen gehören, übernehmen den Zeitungsmantel der ‹Südostschweiz›.

Mehrere redaktionelle Einheiten innerhalb eines Verlags im Rahmen des Bündner, Berner, Zürcher und Rheintaler Modells. Ein Unternehmen kann nicht nur mehrere Titel mit demselben Zeitungsmantel herausgeben. Es ist auch möglich, dass ein Medienunternehmen in derselben Region zwei Tageszeitungen herausgibt, die von zwei eigenständigen Redaktionen, also von zwei eigenständigen publizistischen Einheiten, produziert werden. Die Verlagstätigkeit (Inserateverkauf, Abonnementsverwaltung, Marketing etc.) ist hingegen zentralisiert und wird für beide Zeitungstitel gemeinsam geleistet. Dadurch soll in einer Region publizistischer Wettbewerb aufrechterhalten, wirtschaftlicher Wettbewerb (also Wettbewerb auf dem Werbemarkt) hingegen vermieden werden.

Indem ein Medienunternehmen zwei Zeitungen herausgibt, erreicht es in einer Region gesamthaft mehr Leser und besitzt gleichzeitig das Monopol für Werbeanzeigen im regionalen Tageszeitungsmarkt. Dies erlaubt es, höhere Werbepreise durchzusetzen. Als dieses Modell 2003 in Bern in Kraft trat, konnten die Werbepreise in dieser Region um rund 30% erhöht werden. Gleichzeitig konnten Einsparungen realisiert werden, indem die Verlagsdienstleistungen beider Zeitungen zusammengelegt wurden (vgl. Meier 2003; Schnider 2003).

Dieses Modell wird momentan in vier Regionen praktiziert: im Bündnerland, in Bern, Zürich und im Rheintal. Seit 1996 besitzt die SÜDOSTSCHWEIZ MEDIENGRUPPE die beiden Tageszeitungen ‹Die Südostschweiz› und das ‹Bündner Tagblatt› (vgl. Custer 1997), als weitere Tageszeitung kam ein Jahr später die rätoromanischsprachige ‹La Quotidiana› hinzu. Alle drei Tageszeitungen werden von drei getrennten Redaktionen produziert. Die Verlagstätigkeit wird hingegen für alle drei publizistischen Einheiten zentral erbracht. Seit 2004 wird dieses Modell auch in Bern angewendet: Die ESPACE MEDIA GROUPE, die sich im Besitz von TAMEDIA befindet, gibt dort die beiden Tageszeitungen ‹Der Bund› und die ‹Berner Zeitung› heraus (sogenanntes «Berner Modell») (vgl. Kiefer 2004: 7). Im Verlauf der Jahre wurde die Zusammenarbeit allerdings auf die redaktionelle Ebene ausgedehnt: Aus Spargründen wurde 2006 die Sportredaktion des ‹Bund› aufgelöst. Die ‹Berner Zeitung› produziert den Sportteil nun für beide Zeitungstitel (vgl. News.ch 2006). Weil der Geschäftsgang des ‹Bund› im Gefolge der Wirtschaftskrise von 2008 eine ungünstige Entwicklung nahm, wurde Ende 2009 eine umfassende Kooperation mit dem Zürcher ‹Tages-Anzeiger› begonnen. Die Bundeshausredaktionen von ‹Bund› und ‹Tages-Anzeiger› wurden zusammengelegt. Im überregionalen Teil übernimmt ‹Der Bund› rund 60 % der Artikel des ‹Tages-Anzeiger› (vgl. Persoenlich.com 2009g).

Am Vorbild des «Berner Modells» orientiert sich TAMEDIA auch in Zürich. Dort unterhält das Unternehmen zwei publizistische Einheiten: jene des ‹Tages-Anzeigers› und jene des ‹Landboten› (Winterthur), dessen Mantel von weiteren ‹Zürcher Regionalzeitungen› (‹Zürichsee-Zeitung›, ‹Zürcher Unterländer›, ‹Zürcher Oberländer›) übernommen wird. Im Bereich der Lokalberichterstattung fand hingegen eine Zusammenarbeit zwischen ‹Tages-Anzeiger› und den ‹Zürcher Regionalzeitungen› statt: Die Lokalredaktionen der Regionalzeitungen produzieren auch die Lokalnachrichten für den ‹Tages-Anzeiger› (vgl. Persoenlich.com 2010g). Diese Zusammenarbeit wurde Mitte 2012 jedoch aufgehoben: Der ‹Tages-Anzeiger› stellte seine Splittausgaben ein, und die ‹Zürcher Regionalzeitungen› produzierten die Lokalnachrichten ausschliesslich für ihre eigenen Titel (vgl. Tamedia AG 2012).

In abgewandelter Form wird das Modell auch im Rheintal (SG) praktiziert. Die RHEINTAL VERLAGS AG ist Herausgeberin der beiden Zeitungstitel ‹Der Rheintaler› und ‹Rheintalische Volkszeitung›. Beide Zeitungen unterscheiden sich im Zeitungsmantel: ‹Der Rheintaler› übernimmt jenen des ‹St. Galler Tagblatts›, die ‹Rheintalische Volkszeitung› jenen der ‹Südostschweiz›. Die Regionalberichterstattung wird hingegen für beide Zeitungstitel von derselben Redaktion hergestellt (vgl. Persoenlich.com 2011g).

Das Zeitungsgefüge: Die dargestellten Formen der Zusammenarbeit zwischen Tageszeitungen sind oft miteinander gekoppelt. Daraus entstehen unterschiedlich komplexe Varianten der Kooperation, die sich mit dem Begriff «Zeitungsgefüge» (Bruderer 1990: 24) umschreiben lassen. Die ‹Südostschweiz› und die ‹az Aargauer Zeitung› sind zwei Beispiele für Zeitungsgefüge, die folgendermassen miteinander verknüpft sind:
- ‹Südostschweiz›: Mehrere redaktionelle Einheiten innerhalb eines Verlags + Kopfblattsystem + redaktionelle Partnerschaft
- ‹az Aargauer Zeitung›: Redaktionelle Partnerschaft + Nebenausgabe mit Splittausgabe

Die *Südostschweiz Mediengruppe* besitzt die drei Tageszeitungen ‹Südostschweiz›, ‹Bündner Tagblatt› und ‹La Quotidiana›. Obwohl diese drei Zeitungen demselben Unternehmen gehören, werden sie von drei eigenständigen Redaktionen produziert (redaktionelle Einheiten innerhalb eines Verlags). Gleichzeitig bringt die ‹Südostschweiz› neben der Hauptausgabe zwei weitere Ausgaben mit je eigenständigen Lokalteilen heraus (‹Glarner Nachrichten›, ‹Gasterländer›) (Kopfblattsystem). Daneben besteht mit fünf weiteren, selbständigen Unternehmen eine redaktionelle Partnerschaft. Die Tageszeitungen dieser Verlagshäuser (‹March-

Anzeiger/Höfner Volksblatt›, ‹Bote der Urschweiz›, ‹Werdenberger & Obertoggenburger›, ‹Sarganserländer›, ‹Rheintalische Volkszeitung›, ‹Lichtensteiner Vaterland›) übernehmen den Mantel der ‹Südostschweiz›, besitzen allerdings ihre eigenen Chefredaktionen und produzieren ihre eigenen Lokalnachrichten (vgl. Lüönd 2002: 14 f. und Angaben des Unternehmens). Die Unterschiede in der redaktionellen Zusammenarbeit drücken sich in den Titeln der Zeitungen aus: Während die Tochterzeitungen im Haupttitel die Bezeichnung ‹Südostschweiz› tragen und sich erst im Untertitel unterscheiden, treten die kooperierenden Zeitungen im Haupttitel mit eigenständigem Namen auf. Der Hinweis auf die ‹Südostschweiz› findet sich im Untertitel. Obwohl die Abfolge der Bünde bei allen Ausgaben der ‹Südostschweiz› vorgegeben ist, können die beteiligten Zeitungen den Inhalt und die Seitenabfolge des Zeitungsmantels anpassen (vgl. Custer 1997).

Artikelaustausch: Neben der Übernahme des gesamten Zeitungsmantels existieren auch einfachere Formen der Zusammenarbeit. Häufig praktiziert wird der Austausch von Einzelbeiträgen oder ganzen Beilagen. Artikel werden sporadisch mit verschiedenen Zeitungen oder regelmässig mit ähnlichen Partnern ausgetauscht. Ein solcher regelmässiger Artikelaustausch existiert z. B. zwischen der ‹Berner Zeitung› und dem ‹Bieler Tagblatt› (vgl. Kleinreport 2012) sowie der ‹SonntagsZeitung› und ‹The Economist› (vgl. Persoenlich.com 2012b).

Gemeinsames Korrespondentennetz: Eine weitere Möglichkeit zur Kooperation ist der Unterhalt eines gemeinsamen nationalen oder internationalen Korrespondentennetzes oder der Beteiligung an einem Korrespondentennetz. Dies ist beispielsweise beim ‹Tages-Anzeiger› der Fall: Nach dem Stellenabbau bei den eigenen Auslandkorrespondenten im Jahre 2009 kooperiert die Zeitung verstärkt mit der ‹Süddeutschen Zeitung› und greift auf deren Auslandkorrespondenten zurück (vgl. Persoenlich.com 2009f).

5.4 Nachrichten-, Bildagenturen und Datenbanken

Zeitungs-, Radio-, Fernseh- und Onlineredaktionen produzieren nicht alle Inhalte selbst. Freie Journalisten, unabhängige Redaktionsbüros und vor allem Nachrichtenagenturen sind wichtige Zulieferer von publizistischen Inhalten.

Nachrichtenagenturen

Tätigkeit: Die Tätigkeit von Nachrichtenagenturen ist es, Nachrichten zu sammeln, zu selegieren und der Presse, dem Rundfunk, Internetportalen, Behörden und Verbände zur Verfügung zu stellen (vgl. Wilke 1991: 13). Dadurch rationalisieren und verbilligen solche Agenturen die Nachrichtenbeschaffung (vgl. Blum 1995: 11). Für die Informationsbeschaffung sind Nachrichtenagenturen unentbehrlich, da nicht jedes Medienunternehmen ein breites Korrespondentennetz aufbauen kann.

Die weltweite Nachrichtenbeschaffung findet innerhalb eines verknüpften Netzes verschiedener Typen von Nachrichtenagenturen statt (vgl. Schulz 2002: 340-346). Weltnachrichtenagenturen wie REUTERS (UK), ASSOCIATED PRESS (AP) (USA) und AGENCE FRANCE-PRESSE (AFP) (FR) besitzen ein weltweit umspannendes Netz mit Büros und Korrespondenten und bieten mehrsprachige Dienste an. In einzelnen Weltregionen sind gewisse grosse Agenturen wie z. B. die chinesische Staatsagentur XINHUA tätig. Nationale Agenturen sammeln und verbreiten schliesslich Nachrichten für ein bestimmtes Land. Mit eigenen Büros sind sie im Ausland nur an Orten vertreten, die für das jeweilige Land wichtig sind. Internationale Nachrichten übernehmen sie zumeist von Weltagenturen oder arbeiten mit diesen zusammen.

Entwicklung des Angebots in der Schweiz: In der Schweiz existieren nur noch zwei Nachrichtenagenturen: Die SCHWEIZERISCHE DEPESCHENAGENTUR (SDA) und rätoromanische Nachrichtenagentur ANR. Letztere bietet Nachrichten auf Rätoromanisch und wird mit Bundesgeldern finanziell unterstützt. Ihre Funktion ist vor allem kultureller Art: Sie soll einen Beitrag an die Pflege und den Erhalt der rätoromanischen Sprache leisten.

Weitere Nachrichtenagenturen haben ihren Dienst eingestellt. ASSOCIATED PRESS bot von 1981-2010 einen schweizerischen Nachrichtendienst an. Die SCHWEIZERISCHE POLITISCHE KORRESPONDENZ (SPK) existierte von 1917-1993 und pflegte eine bürgerliche, wirtschaftsfreundliche Ausrichtung. UNITED PRESS INTERNATIONAL SCHWEIZ (UPI) (1958-1973, nach einer Übernahme bis 1983 ein Ableger der DDP) führte wie der ‹Blick› einen neuen Stil von Journalismus ein: Sie recherchierte selber, schaffte Akteuren Zugang zu den Medien, die kaum berücksichtigt worden waren, war um eine volksnahe Sprache bemüht und bot ihren Kunden Reportagen, Interviews und ganze Artikel an (vgl. Dütschler/Herrmann 2004: 67-69, 73 f.; Knöpfli 2010; Windlinger 1995). Neben Nachrichtenagenturen existieren auch Journalistenbüros oder «Content Provider», die ganze Zeitungsartikel herstellen. Beispielsweise produziert die Firma SWISSCONTENT AG den gesamten Wirtschaftsteil von ‹20 Minuten›.

Organisationsstruktur der SDA: Die Hauptaktionäre der SDA sind schweizerischer Presse- und Rundfunkunternehmen (68.75 % bzw. 14 %) sowie weitere Organisationen und wenige Privatpersonen (vgl. sda 2011: 8). 175 Journalistinnen und Journalisten waren Ende 2011 bei der SDA angestellt (156.5 Vollzeitstellen). Sie produzierten deutsch-, französisch- und italienischsprachige Nachrichten, seit 2012 auch Meldungen auf Englisch. Angeboten werden nationale und regionale Informationen, Infografiken, spezifisch für Onlineportale aufgearbeitete Nachrichten und einen «Infoflash» für Radiostationen (vgl. sda 2012). 2010 produzierte die SDA für ihren Basisdienst 178 716 Meldungen (vgl. sda 2011: 6).

Bildagenturen

Besonders für die Presse sind Bildagenturen ein weiterer wichtiger Zulieferer. Die wichtigste Bildagentur der Schweiz ist KEYSTONE, an der die SDA mit 40 % beteiligt ist. Sie bietet Nachrichten-, Themenbilder, Katalog- und historische Bilder, Infografiken und Videos fürs Internet an. Kunden sind Medien aber auch Werbeagenturen und Kommunikationsabteilungen von Firmen. Die Bilder werden von über 20 festangestellten Fotografinnen und Fotografen und zahlreichen freien Mitarbeitern produziert; es wird aber auch auf die Weltdienste globaler Agenturen oder Netzwerke zugegriffen (vgl. Keystone 2012).

Daneben existiert eine Reihe kleinerer Bild- und Fotoagenturen z. B. AURA FOTOAGENTUR, NEWSPICTURES, ATELIER KONTRAST etc. Rund 20 professionelle Bildanbieter haben sich zur ‹Schweizerischen Arbeitsgemeinschaft der Bild-Agenturen und –Archive› zusammengeschlossen (vgl. SAB 2012).

Journalistenbüros und Datenbanken

Eine weitere Form von publizistischen Zulieferern sind Journalistenbüros. Dabei handelt es sich meistens um kleine Agenturen mit nur wenigen Mitarbeitern, die journalistische Inhalte für Zeitungen, Zeitschriften und manchmal auch PR-Inhalte herstellen. Eine der grössten Firmen auf diesem Gebiet ist die SWISSCONTENT AG, die u.a. den Wirtschaftsteil von ‹20 Minuten› produziert. Erwähnenswert ist SCITEC-MEDIA: Diese Firma ist auf Wissenschaftsjournalismus spezialisiert. Schweizerische Medienunternehmen greifen auch auf ausländische Zulieferer zurück, z. B. auf die tschechische Firma NEWSLAB, welche Infografiken produziert.

Ein wichtiges Arbeitsinstrument für Journalisten sind Datenbanken. Eine der wichtigsten Datenbanken ist die SCHWEIZERISCHE MEDIENDATENBANK (SMD). Sie wurde 1996 von den Medienhäusern TAMEDIA, RINGIER und der SRG gegründet und archiviert alle Artikel der meisten schweizerischen Zeitungen und einiger anderen Quellen. Über ein Onlineportal können Medienschaffende und gegen Bezahlung auch Privatpersonen diese Artikel abrufen. Wurden die Artikel anfänglich von manuell gescannt und verschlagwortet, werden sie heute automatisch, digital archiviert. Bis vor einigen Jahren besassen zumindest die grösseren Medienunternehmen Dokumentationsstellen mit Spezialisten, die Rechercheaufgaben übernahmen. Mit der Verbreitung der Onlinemedien wurden diese Stellen in den meisten Medienhäusern abgeschafft. Suchmaschinen, Wikis und Inhalte auf sozialen Netzwerken (als Quellen für Geschichten) wurden für die Journalisten zum unentbehrlichen Arbeitsinstrument (vgl. Elam 2012).

> **Fazit:** 2011 existierten in der Schweiz 2 630 Pressetitel. Diese hohe Zahl muss allerdings relativiert werden: Die meisten Titel sind der Spezial- und Fachpresse zuzuordnen. Zwar ist mit 436 Titeln die Zahl der Tages-, Wochen- und Sonntagszeitungen ebenfalls hoch. Die meisten Tageszeitungen arbeiten jedoch redaktionell zusammen. In der Regel produziert eine Hauptredaktion (sogenannte «publizistische Einheit») den Zeitungsmantel mit den Ressorts Inland/Politik, Ausland, Wirtschaft, Sport, Kultur etc. In knapp der Hälfte aller Kantone wird kein eigenständiger Zeitungsmantel mehr produziert. An der überwiegenden Anzahl Tageszeitungen sind die Unternehmen TAMEDIA, NZZ-MEDIENGRUPPE, AZ MEDIEN, SÜDOSTSCHWEIZ MEDIENGRUPPE und HERSANT beteiligt.
>
> Trotz dieser hohen Medienkonzentration widerspiegelt die Presselandschaft den Föderalismus. Die meisten kostenpflichtigen Tageszeitungen sind regionale Abonnementszeitungen. Sprachregionale Ausstrahlung besitzen die wenigen überregionalen Qualitätszeitungen, die Gratis-, Boulevard und überregionalen Sonntagszeitungen.

Weiterführende Literatur

Anstelle von Literatur wird hier auf die wichtigsten Branchenstudien verwiesen, deren Daten z.T. nur noch online zugänglich sind:

Mediapulse AG (2012): Jahresbericht 2011, Band 1: Allgemeine Daten. Bern. [erscheint jährlich]
WEMF AG für Werbemedienforschung (2012a): MACH Basic 2012-1. Media-Analyse Schweiz. Zürich. [erscheint halbjährlich]
WEMF AG für Werbemedienforschung (2012b): WEMF Auflagen-Bulletin 2012. Zürich. [erscheint jährlich]
Verband Schweizerischer Werbegesellschaften (VSW) (2012): Katalog der Schweizer Presse. Lausanne. [erscheint jährlich]

6 Der öffentliche Rundfunk SRG SSR

In unserem viersprachigen Land hat die SRG den staatspolitischen Auftrag, zum eidgenössischen Zusammenhalt und zur politischen und gesellschaftlichen Meinungsbildung beizutragen. Das ist Service public und service au public.
Roger de Weck (2010)

Gesetzlich geregelt sind [...] die Zwangsgebühren, welche den staatlichen TV- und Radiosendern zur Erfüllung ihres Auftrags zukommen.
Natalie Rickli (2009)

> Die Auffassungen über die gesellschaftliche Aufgabe und Stellung des öffentlichen Rundfunks SRG SSR divergieren, wie die beiden einleitenden Zitate zeigen: Leistet die SRG SSR einen wichtigen Beitrag zur Meinungsbildung oder ist sie ein mit «Zwangsgebühren» privilegierter «Staatssender»?
> Um diese Frage zu klären, untersucht dieses Kapitel,
> - welches die allgemeinen Merkmale öffentlicher Rundfunkorganisationen sind
> - wie der schweizerische öffentliche Rundfunk SRG SSR organisatorisch aufgebaut ist
> - welche Programme die SRG SSR anbietet.

Öffentliche Rundfunkorganisationen existieren in fast allen demokratischen Ländern – mit der SCHWEIZERISCHEN RADIO- UND FERNSEHGESELLSCHAFT (SRG SSR) auch in der Schweiz. Im Ländervergleich zeigen sich Ähnlichkeiten und Unterschiede in Bezug auf Zielsetzungen, Leistungen, Organisations- oder Finanzierungsformen. Im folgenden Unterkapitel werden zunächst die länderübergreifenden, gemeinsamen Merkmale öffentlicher Rundfunkorganisationen dargestellt (vgl. Jarren et al. 2002: 283-285), um danach die Organisationsstruktur der SRG detailliert zu analysieren.

6.1 Allgemeine Merkmale öffentlicher Rundfunkorganisationen

Zielsetzung

Die ursprüngliche Leitidee des öffentlichen Rundfunks ist es, unabhängig von wirtschaftlichem und politischem Einfluss Rundfunkprogramme im Dienst der Öffentlichkeit zu produzieren und die Öffentlichkeit in die Organisation einzubinden. Dieser Anspruch führt zu einem »Kontroll- und Funktionsparadoxon« (Saxer 2005: 29): Der öffentliche Rundfunk soll «staatsunabhängig, aber vom Staat beauftragt» im Dienste des Allgemeinwohls stehen und nicht nach finanziellem Gewinn streben (vgl. Saxer 2005: 15, 29).

Die Grundidee des öffentlichen Rundfunks wurde in Grossbritannien entwickelt, als 1927 ein privates Rundfunkunternehmen in die BRITISH BROADCASTING CORPORATION (BBC) umgewandelt wurde. Das Modell der BBC wurde in vielen Ländern zum Vorbild des öffentlichen Rundfunks (vgl. Jarren et al. 2001).

Programmleistung

Entsprechend der Zielsetzung, sich am Gemeinwohl zu orientieren, wird vom öffentlichen Rundfunk erwartet, eine besondere Programmleistung zu erbringen. Diese Programmleistung umschreibt die BBC seit ihrer Gründung mit der Programmformel «to inform, to educate, to entertain» (informieren, bilden, unterhalten), wobei Unterhaltung im Dienst von Information und Bildung stehen soll (vgl. Scannell/Cardiff 1991: 7-14). Dieser Programmgrundsatz findet sich noch heute in den Programmaufträgen vieler öffentlicher Rundfunkorganisationen, wie eine vergleichende Studie europäischer und kanadischer öffentlicher Rundfunkorganisationen gezeigt hat. Von den öffentlichen Rundfunksendern werden im Minimum folgende Leistungen erwartet (vgl. Jarren et al. 2002: 283-285):

- Programmvielfalt innerhalb eines Vollprogramms bieten und dabei insbesondere Informations-, Kultur-, Bildungs-, Unterhaltungs-, Sport-, Kinder- und Jugendsendungen ausstrahlen
- Vielfältige Leistungen erbringen: informieren, bilden, aufklären und unterhalten
- Unterschiedliche Bevölkerungs- bzw. Zielgruppen bedienen und in den Programmen repräsentieren, wobei Mehrheits- und Minder-

heitsinteressen zu berücksichtigen sind und vom kommerziellen Rundfunk vernachlässigte Publikumsgruppen bedient werden sollen (Kinder, Jugendliche, ausländische und inländische Minderheiten, ältere Personen etc.)
- Originalproduktionen aus dem jeweiligen Land ausstrahlen
- Orientierung an medienethischen Normen wie Unabhängigkeit, Fairness, Ausgewogenheit
- organisatorische Massnahmen zur Aufrechterhaltung hoher Qualitätsstandards treffen (z. B. redaktionelle Richtlinien erlassen, ein Qualitätsmanagement implementieren).

Nicht-programmbezogene Kulturleistungen

Über diese konkreten Programmleistungen hinaus sollen öffentliche Rundfunkorganisationen weitere, nicht direkt programmbezogene Kulturleistungen erbringen:
- Versorgung der gesamten Bevölkerung mit frei und universell empfangbaren Rundfunkdienstleistungen
- Kulturförderung, z. B. über die Unterstützung von kulturellen Anlässen (Festivals, Orchester etc.) oder die Förderung von Talenten und Innovationen
- Beitrag zur Festigung der nationalen Identität und Integration.

Organisationsform

Die Interessen des Publikums und gesellschaftlicher Gruppen sollen in der Rundfunkorganisation vertreten sein. Deshalb besitzen alle öffentlichen Rundfunkorganisationen Aufsichts- und Beratergremien mit Repräsentanten des Publikums.

Rechtsform öffentlicher Rundfunkorganisationen

Alle öffentlichen Rundfunkorganisationen sind gesetzlich verpflichtet, eine öffentliche Aufgabe wahrzunehmen. Um die Medienfreiheit zu gewährleisten, wird diese öffentliche Aufgabe jedoch in fast keinem demokratischen Land vom Staat selbst wahrgenommen, sondern an eine eigenständige, nicht in die Verwaltung eingegliederte Rundfunkorganisation übertragen, die nicht in direktem Besitz des Staats ist (Ausnahme Frankreich). Rechtlich sind solche öffentlichen Rundfunkorganisationen je nach Land in Form des *privaten oder öffentlichen Rechts institutionali-*

siert und unterstehen nicht der direkten Kontrolle des Staats. Öffentliche Rundfunkorganisationen sind deshalb keine «Staatssender» oder «Staatsmedien». In der Schweiz ist der öffentliche Rundfunk seit der Gründungszeit in *privatrechtlicher Form* organisiert. Die SRG SSR ist ein Verein, dessen Zweck die Veranstaltung von Radio- und Fernsehprogrammen ist und der nach den Grundsätzen des Aktienrechts geführt wird (vgl. SRG SSR 2011a). Ihre Mitarbeiter sind deshalb in privatwirtschaftlichem Verhältnis angestellt. Dennoch ist die SRG SSR in eine öffentlich-rechtliche Rahmenordnung eingebettet, indem sie durch den Bundesrat (die schweizerische Bundesregierung) gesetzlich verpflichtet ist, einen öffentlichen Auftrag zu erfüllen (vgl. Rhinow/Thönen 2003: 203, 207).

In privatrechtlicher Form ist der öffentliche Rundfunk auch in anderen Ländern institutionalisiert. Beispielsweise ist das öffentliche Fernsehen in Frankreich eine Aktiengesellschaft, deren Aktien jedoch vollständig in staatlichem Besitz sind (vgl. IfM 2011).

In Deutschland und Österreich sind die öffentlichen Rundfunkorganisationen hingegen in Formen des *öffentlichen Rechts* institutionalisiert. Die in der ARD zusammengeschlossenen Rundfunkorganisationen und das ZDF sind «Anstalten» (vgl. ARD 2011), der österreichische ORF eine Stiftung des öffentlichen Rechts (vgl. ORF 2012). Die britische BBC ist eine «Corporation» deren Rechtsgrundlage eine formell von der Königin erlassene «Royal Charter» bildet.

Die grosse Vielfalt an rechtlichen Institutionalisierungsformen ist Ausdruck unterschiedlicher Entstehungsgeschichten, unterschiedlicher Regulierungstraditionen und eines je unterschiedlichen Verständnisses, wie die Grundidee des öffentlichen Rundfunks in die Realität umgesetzt werden kann.

Finanzierung

Um den öffentlichen Rundfunk nicht zu starken kommerziellen Zwängen auszusetzen, wird er zu einem grossen Teil mit öffentlichen Geldern finanziert. Dabei kann es sich um Subventionen aus dem Staatshaushalt, Gebühren auf Strom, Internet etc. oder um die zweckgebundene Rundfunkgebühr handeln (vgl. nachfolgende Abbildung). Der Anteil der öffentlichen Finanzierung an den gesamten Einnahmen variiert je nach Land. Wie aus untenstehender Abbildung zu entnehmen ist, ist der Anteil der öffentlichen Finanzierung bei der SRG SSR im internationalen Vergleich hoch. Der Vergleich macht zudem deutlich, dass sich jeder öffentliche Rundfunksender zu einem gewissen Teil auch kommerziell finanziert. Dies ist sogar bei der BBC der Fall, für die ein Werbeverbot besteht. Sie erwirtschaftet kommerzielle Einnahmen durch den weltweiten Verkauf ihrer Produktionen und über Einnahmen ihrer kommerziellen Tochtergesellschaft (vgl. BBC Worldwide 2012).

Abb. 37: Anteil öffentlicher Finanzierung an den Gesamteinnahmen öffentlicher Rundfunksender (in %, 2009)

Land	%
Norwegen	96
Finnland	94
Deutschland	86
Schweiz	74
Grossbritannien	72
Polen	69
Niederlande	69
Frankreich	66
Spanien	62
Österreich	57
Rumänien	56
Italien	55
Irland	53
Ungarn	47

EBU (2010: 20)

6.2 Die Organisationsstruktur der SRG SSR

Die Organisationsstruktur der SRG SSR ist hybrid und komplex. Dahinter steht jedoch eine Systematik: Zum einen wird versucht, das Publikum in die Organisation einzubeziehen und gleichzeitig nach professionellen Kriterien Radio- und Fernsehprogramme zu produzieren. Zum anderen wird dem föderalen Staatsaufbau der Schweiz Rechnung getragen, indem in jeder Sprachregion autonome SRG-Gesellschaften bestehen, die jedoch unter einem nationalen Dach vereinigt sind. Dementsprechend ist die SRG SSR entlang zweier Achsen aufgebaut:

1. *Trägerschaft/Unternehmen:* Auf dieser Achse wird zwischen Einbezug des Publikums sowie Aufsicht auf der einen Seite und dem operativen Tagesgeschäft der Medienmacher auf der anderen Seite unterschieden. Die Trägerschaft ist verantwortlich für die Veranstaltung von Radio- und Fernsehprogrammen, indem sie die Konzession des Bundesrats besitzt. Ihre Verantwortung übt sie über Wahl-, Kontroll- und Beratungsfunktionen aus. Die Aufgabe, Rundfunkprogramme zu produzieren, hat sie hingegen an das Unternehmen delegiert. Das Unternehmen besteht aus vier Unternehmenseinheiten und Beteiligungen an Tochtergesellschaften.
2. *Sprachregionale/nationale Ebene:* Entsprechend dem föderalen Aufbau und der sprachregionalen Differenzierung der Schweiz sind die Trägerschaft und das Unternehmen in eine nationale und eine sprachregionale bzw. regionale Ebene ausdifferenziert.

Abb. 38: Organisationsaufbau der SRG SSR

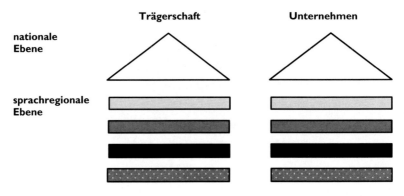

Das Unternehmen, die Trägerschaft und die Tochtergesellschaften bilden gesamthaft die Gruppe SRG SSR. In den folgenden Unterkapiteln werden die verschiedenen Organe und Funktionen von Trägerschaft und Unternehmen im Detail dargestellt.

6.3 Einbezug der Gesellschaft: die Trägerschaft (Gesellschaftsstruktur)

Nationale Ebene

Mitgliedschaft und Rechtsform: Die SRG SSR ist wie erwähnt ein Verein. Mitglieder des Vereins sind auf nationaler Ebene nicht Einzelpersonen, sondern vier Vereine/Genossenschaften, welche die vier Sprachregionen repräsentieren und als *Regionalgesellschaften* bezeichnet werden. Deshalb wird die SRG SSR auch als «Vereinsverband» bezeichnet. In jeder Sprachregion existiert eine Regionalgesellschaft (vgl. SRG SSR 2012e):

- Verein «SRG Deutschschweiz», auch «Radio- und Fernsehgesellschaft der deutschen und rätoromanischen Schweiz» (SRG.D)
- Verein «SSR Romande», auch «Société de Radio-Télévision Suisse Romande» (RTSR)
- Genossenschaft «Società cooperativa per la radiotelevisione svizzera di lingua italiana» (CORSI)
- Verein «SRG SSR Svizra Rumantscha» (SRG.R).

Aufgabe: Diese vier Regionalgesellschaften bilden den Verein SRG SSR, der vom Bundesrat die Konzession (Lizenz) und damit das Recht erhält, in der gesamten Schweiz Radio- und Fernsehprogramme zu veranstalten (RTVG 2006, Art. 25). Dieses Recht ist mit der Pflicht verbunden, einen öffentlichen Auftrag zu erfüllen. Obwohl der Verein Konzessionsinhaber ist und die Verantwortung trägt, Programme im öffentlichen Interesse zu veranstalten, nimmt er diese Aufgabe nicht selber wahr. Er hat diese Aufgabe an das Unternehmen delegiert. Deshalb herrscht zwischen Trägerschaft (sogenannte «Gesellschaftsstruktur») und dem Unternehmen («Unternehmensstruktur») eine Aufgabenteilung.

Hauptaufgaben der Trägerschaft sind Aufsicht und Beratung des Unternehmens, Einbezug und Repräsentation der Mediennutzer und der öffentlichen Institutionen in die SRG SSR. Die Trägerschaft soll die SRG SSR im öffentlichen Leben verankern, eine Brücke zwischen der Öffentlichkeit und den Programmmachern herstellen und dadurch eine zivilgesellschaftliche Funktion wahrnehmen. Über die Trägerschaft sollen Anliegen aus der Öffentlichkeit ins Unternehmen eingebracht werden (vgl. Durrer 2001: 8; SRG SSR 2012d).

Organe und deren Kompetenzen: Auf nationaler Ebene besteht die Trägerschaft aus den drei Organen *Delegiertenversammlung, Verwaltungsrat* und *Präsident*.

1. Die *Delegiertenversammlung* (DV) ist das oberste Organ der SRG SSR und besteht aus 41 Personen, die für vier Jahre gewählt werden und sich aus den Mitgliedern der Regionalgesellschaften (also der Sprachregionen) und dem Verwaltungsrat der SRG SSR zusammensetzen (vgl. Statuten SRG SSR 2009, Art. 5). Die grösseren Regionalgesellschaften stellen mehr Delegierte als die kleinen: SRG.D entsendet 18 Delegierte, RTSR 9, CORSI 6, SRG.R 3 und der Verwaltungsrat stellt zusätzlich fünf weitere Mitglieder (die nicht gleichzeitig Delegierte der sprachregionalen Trägerschaften sind) (vgl. SRG SSR 2012h). Vertreter des Personals und der Generaldirektor dürfen zusätzlich mit beratender Stimme an der DV teilnehmen (letzterer besitzt ein Antragsrecht) (vgl. SRG SSR 2012h). Die wesentlichen Aufgaben der DV sind:

   - *Wahl von Personen in hochrangigen Funktionen:* Die DV wählt den Präsidenten der SRG SSR, drei Mitglieder des Verwaltungsrats und genehmigt die Wahl des Generaldirektors.
   - *Aufsicht über verschiedene Bereiche der Geschäftstätigkeit,* wozu die Genehmigung der Jahresberichte und die Höhe der Entschädigung von Verwaltungsratsmitgliedern gehören. Zudem nimmt die DV die Strategie und das Organisationsreglement zur Kenntnis.
   - *Beschlüsse über strategische Fragen* fassen: Die DV beschliesst u.a. über die Zuweisung finanzieller Mittel an die Regionalgesellschaften, die Verwendung des Rechnungsergebnisses, die Entlastung des Verwaltungsrats und Änderung der Vereinsstatuten (vgl. Statuten SRG SSR 2009, Art. 6).

2. *Verwaltungsrat SRG SSR:* Der Verwaltungsrat (VR) wird für vier Jahre gewählt. Er besteht aus neun Mitgliedern (vgl. SRG SSR 2012i): den vier Präsidenten der Regionalgesellschaften (diese sind gleichzeitig Mitglieder der DV); drei von der DV und zwei vom Bundesrat gewählten Mitgliedern. Der VR leitet die gesamte SRG. Seine *Hauptaufgaben* sind (gem. Statuten SRG SSR 2009, Art. 10-13; Konzession SRG SSR 2007, Art. 23):

   - *Oberleitung des Unternehmens*: Der VR besitzt die Kompetenz, Weisungen zu erteilen (jedoch nicht als Einzelweisungen in laufende Programmangelegenheiten), die Grundzüge der Organisation, des Rechnungswesens, der Finanzkontrolle, der Finanzplanung und das Organisationsreglement festzulegen. Zudem ist der VR für alle Belange zuständig, die nicht ausdrücklich anderen Organen vorbehalten sind.

- *Oberaufsicht über das Unternehmen und mit der Geschäftsführung betrauten Personen:* Der VR trägt gegenüber der Konzessionsbehörde die Verantwortung, dass die im Gesetz und der Konzession definierten Leistungsvorgaben erreicht werden. In dieser Funktion hat er u.a. zu kontrollieren, ob der Leistungsauftrag erfüllt, die Strategie umgesetzt und die gesetzten Ziele erreicht werden. Ebenfalls überprüft der VR, ob Personen, die mit der Geschäftsführung betraut sind, Gesetze, Statuten, Reglemente und Weisungen einhalten.
- *Wahl, Ernennung, Abberufung:* Wahl von einem oder zwei Stellvertretern des Präsidenten der SRG SSR, Ernennung des Generaldirektors (Wahl muss jedoch von der DV genehmigt werden), Ernennung oder Abberufung von Personen, die mit der Geschäftsführung betraut sind. Der VR regelt ebenfalls die Unterschriftsberechtigung.
- *Festlegung der Unternehmensstrategie.*

3. *Präsident SRG SSR:* Der Präsident der SRG SSR wird von der Delegiertenversammlung gewählt (vgl. Statuten SRG SSR 2009, Art. 6), sein Stellvertreter oder seine beiden Stellvertreter (Vizepräsidenten) hingegen vom Verwaltungsrat (vgl. Organisationsreglement SRG SSR 2009, Art. 2). Der Präsident ist gleichzeitig Vorsitzender der DV und Verwaltungsratspräsident (vgl. Statuten SRG SSR 2009, Art. 6). In diesen Funktionen stehen ihm folgende Rechte und Pflichten zu:[10]

- *Einberufung* der DV, des VR, Leitung der Sitzungen des VR
- *Vertretung* der SRG SSR gegenüber der Aufsichts-, Konzessionsbehörde (UVEK und Bundesrat) und der Öffentlichkeit
- *Informationsaustausch* insbesondere mit dem Generaldirektor pflegen.

---

[10] Statuten SRG SSR 2009, Art. 7, 11; Organisationsreglement SRG SSR 2009, Art. 13

Abb. 39: Struktur und Organe der Trägerschaft auf nationaler Ebene

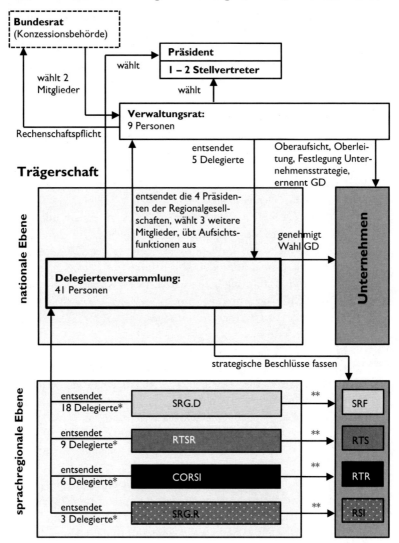

eigene Darstellung. *= inkl. des Präsidenten der Regionalgesellschaft; ** = div. Kompetenzen, vgl. nächster Abschnitt

Regionale Ebene

Die Trägerschaft besteht auf der regionalen Ebene aus den vier im vorherigen Abschnitt erwähnten Regionalgesellschaften. Diese Regionalgesellschaften sind in ihren Grundzügen ähnlich aufgebaut, weisen jedoch auch einige Unterschiede auf.

Mitgliedschaft und Rechtsform: Die Regionalgesellschaften haben unterschiedliche Mitgliederkategorien. Mitglieder der beiden grossen Regionalgesellschaften SRG.D und RTSR sind Vereine und Genossenschaften, nicht Einzelpersonen. Bei den beiden kleineren Regionalgesellschaften CORSI und SRG.R können hingegen Einzelpersonen und juristischen Personen des privaten oder öffentlichen Rechts (Vereine, Parteien, Gemeinden etc.) Mitglied werden.

Unterschiede zeigen sich auch bei der Rechtsform: CORSI ist eine Genossenschaft, die drei anderen Regionalgesellschaften sind hingegen Vereine. Zudem besitzen alle vier Regionalgesellschaften ihre eigenen Statuten, die allerdings vom Verwaltungsrat der SRG SSR genehmigt werden müssen.

Aufgabe: Zweck aller Regionalgesellschaften ist es, die SRG SSR in der Gesellschaft zu verankern, Anliegen der Gesellschaft ins Unternehmen einzubringen und die öffentliche Diskussion über die Entwicklung des Unternehmens fördern. Dazu gehört u.a., das publizistische Angebot zu begleiten, Einfluss auf die Ausrichtung und Qualität der Programme zu nehmen und bei wichtigen Geschäften mitzuwirken. Ebenfalls nehmen die Regionalgesellschaften Aufsichtsrechte wahr. Alle vier Regionalgesellschaften haben sich in ihren Statuten verpflichtet, im Dienste der Allgemeinheit zu stehen und keinen Gewinnzweck zu verfolgen.

Bei den Aufgaben setzen die einzelnen Regionalgesellschaften in ihren Statuten auch eigenständige Akzente. Die Regionalgesellschaften der italienisch- und rätoromanischsprachigen Schweiz wollen die Sprache und Kultur ihrer Landesteile fördern, während die französischsprachige Regionalgesellschaft zur Identität des Landes und Vielfalt der Regionen in der Romandie beitragen möchte (vgl. Statuts RTSR 2010, Art. 2).

Organe und deren Kompetenzen: Alle vier Regionalgesellschaften der SRG SSR besitzen als Organe einen *Regionalrat*, einen *Regionalvorstand*, einen *Publikumsrat* und eine *Ombudsstelle*. Die beiden kleineren Regionalgesellschaften besitzen zusätzliche eine *Generalversammlung*. Weitere Unterschiede zwischen den Regionalgesellschaften zeigen sich u.a. in der Zusammensetzung und der Anzahl Mitglieder der Organe.

1. *Generalversammlung:* Bei CORSI und SRG.R – jenen Regionalgesellschaften, die sich aus Einzel- und Kollektivmitgliedern zusammensetzen – ist das höchste Organ die Generalversammlung. Ihre Kompetenzen liegen in der[11]
   - *Wahl* einiger Mitglieder des Regionalvorstands, des Publikums- oder Regionalrats; bei SRG.R auch Wahl des Präsidenten (im Detail, vgl. Abb. 41)
   - *Genehmigung* der Jahresberichte und Jahresrechnungen
   - *Entscheidung* über Entlastung des Regionalrats oder -vorstands, Statutenänderung, Änderung der Rechtsform, Fusion/Auflösung der Gesellschaft, Höhe des Mitgliederbeitrags etc.

2. *Regionalrat:* Bei jenen Regionalgesellschaften, die keine Generalversammlung besitzen (SRG.D und RTSR), ist der Regionalrat das höchste Organ. Die wesentlichen Aufgaben der Regionalräte aller vier Regionalgesellschaften sind[12]
   - *Kenntnisnahme* des jährlichen Berichts über Qualität und Service public und der Programmkonzepte der Unternehmenseinheiten
   - Möglichkeit, *Prüfungsanträge* zu den Programmkonzepten an den Regionalvorstand zu stellen.

   Die Regionalräte von SRG.D und RTSR (also jenen Regionalgesellschaften, die aus Mitgliedgesellschaften bestehen) übernehmen darüber hinaus einen Grossteil jener Aufgaben, die bei den anderen Regionalgesellschaften von der Generalversammlung wahrgenommen werden:[13]
   - *Wahl der Präsidenten* von SRG.D, RTSR, CORSI sowie einiger Mitglieder des Regionalvorstands, des Publikums- oder Regionalrats (vgl. im Detail vgl. Abb. 41)
   - *Genehmigung* der Jahresberichte und Jahresrechnungen
   - *Beschluss* über Entlastung des Regionalvorstands, Statutenänderung, Änderung der Rechtsform, Höhe der Mitgliederbeiträge etc.

---

[11] Statuten CORSI 2009, Art. 12; Statuten SRG.R 2009 (rev. 2010, 2011), Art. 6.1, 7
[12] Statuten SRG.D 2011, Art. 6.4, 6.5; RTSR 2010 Art. 7.5; CORSI 2009, Art. 23bis; SRG.R Art. 10
[13] Statuten SRG.D 2011, Art. 4, 6; RTSR 2010, Art. 7; CORSI 2009, Art. 22

Zudem wählen alle Regionalräte – mit Ausnahme jenes von SRG.R – ihre Delegierten, die an die Delegiertenversammlung der SRG SSR (nationale Ebene) entsendet werden.[14]
Die Grösse der Regionalräte variiert zwischen 15 und 33 Personen, entsprechend unterschiedlich sind die Räte zusammengesetzt. Während beispielsweise die West- und Südschweizer Kantonsregierungen einige Mitglieder in die Regionalräte von RTSR und CORSI wählen, besteht diese Möglichkeit bei der deutschschweizerischen und rätoromanischen Regionalgesellschaft nicht.

3. *Regionalvorstand:* Er setzt sich je nach Regionalgesellschaft aus 5 bis 11 Personen zusammen, die zu einem Teil von der Generalversammlung oder dem Regionalrat, zu einem anderen Teil von den Mitgliedern des Regionalvorstands selbst gewählt werden (siehe nachfolgende Abbildung). Die wesentlichen Aufgaben der Regionalvorstände sind bei allen vier Regionalgesellschaften dieselben:[15]
   - *Mitwirkung an der Unternehmenspolitik* indem er 1.) Anforderungen an die Programmkonzepte der Unternehmenseinheiten im Rahmen der strategischen Vorgaben des Verwaltungsrats SRG SSR stellt, 2.) über die Verteilung der (finanziellen) Mittel auf Programmketten und Programmbereiche bestimmt (im Rahmen der Programmkonzepte und des vom VR SRG SSR beschlossenen Zahlungsrahmens), 3.) über Änderungen der regionalen Gliederung in Unternehmenseinheiten befindet (vorbehältlich der Genehmigung durch den VR SRG SSR), 4.) Anträge zur Qualität und Service public der regionalen Unternehmenseinheiten an den VR SRG SSR stellt.
   - *Wahlvorschläge* für die Direktoren der regionalen Unternehmenseinheiten und Führungskräfte zweiter Ebene z.H. des VR SRG SSR erlassen. Der Regionalvorstand von SRG.R besitzt zusätzlich jene Wahlrechte, die bei den anderen Regionalgesellschaften von der Generalversammlung oder dem Regionalrat vorgenommen werden (Wahl einiger Mitglieder des Publikums-, Regionalrats und Delegierter).
   - *Vereins- bzw. Genossenschaftsgeschäfte* der jeweiligen Regionalgesellschaften leiten.

---

[14] Statuten SRG.D Art. 6.1; RTSR Art. 7; CORSI, Art. 23
[15] Statuten SRG.D, Art. 10; RTSR, Art. 12; CORSI, Art. 29, 29bis; SRG.R, Art. 13

4. *Publikumsrat:* Die Grösse des Publikumsrats ist je nach Regionalgesellschaft unterschiedlich (zwischen 15 und 26 Personen); die Modalitäten der Wahl seiner Mitglieder ebenfalls: Bei SRG.D und RTSR wird ein Teil der Publikumsräte von den Mitgliedgesellschaften gewählt, ein anderer Teil von den Regionalräten. Bei CORSI und SRG.R wählt die Generalversammlung einige Publikumsräte, die anderen Mitglieder wählt der Publikumsrat selbst (siehe nachfolgende Abbildung). Die Aufgaben der Publikumsräte sind,[16]
   - den *Kontakt* zwischen Programmverantwortlichen und Publikum *sicherzustellen*
   - *Programmentwicklung und -arbeiten* durch Feststellungen, Vorschläge, Kritik etc. zu *unterstützen* und zu *begleiten*
   - die *Öffentlichkeit* über ihre Tätigkeit zu *informieren*
   - *weitere Aufgaben* wahrzunehmen: SRG.R beauftragt ihren Publikumsrat zu überprüfen, ob die Programme den gesetzlichen und konzessionsrechtlichen Anforderungen entsprechen. CORSI verlangt von seinem Publikumsrat hingegen, dass er auch evaluiert, ob die Zielsetzungen erreicht wurden, während jener von SRG.D die Programmverantwortlichen beraten soll. RTSR möchte, dass ihr Publikumsrat regionale Befindlichkeiten reflektiert.[17]

5. *Ombudsstelle:* Das Radio- und Fernsehgesetz verpflichtet die SRG SSR, für jede Sprachregion je eine Ombudsstelle einzurichten (RTVG 2006, Art. 91). Mit dieser Aufgabe betrauen alle vier Regionalgesellschaften ihre Publikumsräte.

   Aufgabe der Ombudsstellen ist es, *Beschwerden von Zuschauer* über Radio-, Fernsehprogramme und das übrige publizistische Angebot zu behandeln. Als einzige Regionalgesellschaft erwähnt CORSI explizit, dass ihre Ombudsstelle auch Beanstandungen gegen Onlineinhalte behandelt.[18]

---

[16] Statuten SRG.D, Art. 15; RTSR, Art. 16; CORSI, Art. 37.1-3; SRG.R, Art. 18
[17] Statuten SRG.D, Art. 16.1; RTSR, Art. 15.1 ; CORSI, Art.37.1; SRG.R, Art. 18.1
[18] Statuten SRG.D, Art. 17; RTSR, Art. 16; CORSI, Art. 37.5, 6; SRG.R, Art. 19

Der öffentliche Rundfunk

Abb. 40: Struktur der Trägerschaft auf regionaler Ebene

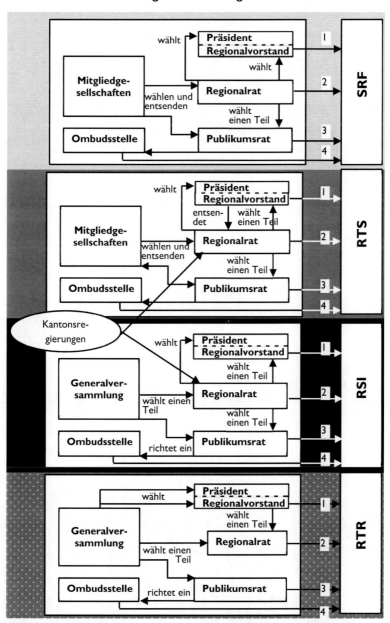

1) Kenntnisnahme von Berichten 2) Mitwirkung an Unternehmenspolitik, Wahlvorschläge Direktoren 3) Programmbeobachtung/-beratung 4) Zuschauerbeschwerden

Abb. 41: Regionalgesellschaften: Zusammensetzung der Organe

	Regionalrat Anzahl Personen / bestehend aus…		**Regionalvorstand** Anzahl Personen / bestehend aus…		**Publikumsrat** Anzahl Personen / bestehend aus…	
SRG.D	33	<ul><li>Präsident SRG.D, vom Regionalrat gewählt</li><li>6 Mitglieder Regionalvorstand</li><li>allen Präsidenten der 6 D-CH Mitgliedgesellschaften</li><li>2 Mitgliedern von Mitgliedgesellschaften gewählt</li><li>1 Mitglied von SRG.R gewählt</li><li>Mitgliedern des Publikumsrats</li></ul>	11	<ul><li>Präsident SRG.D</li><li>4 vom Regionalrat gewählte Mitglieder</li><li>Präsidenten der 6 D-CH Mitgliedgesellschaften</li></ul>	26	<ul><li>Je 2 von jeder Mitgliedgesellschaft gewählten Personen (total 14)</li><li>12 vom Regionalrat gewählten Mitglieder</li></ul>
RTSR	33	<ul><li>Präsident RTSR, vom Regionalrat gewählt</li><li>8 weitere Mitglieder Regionalvorstand</li><li>allen Präsidenten der 7 W-CH Mitgliedgesellschaften</li><li>je 1 von jeder der 7 W-CH Mitgliedgesellschaft gewähltes Mitglied</li><li>je 1 von jeder der 7 Kantonsregierungen gewähltes Mitglied</li><li>3 vom Publikumsrat gewählte Mitglieder aus dessen Mitte</li></ul>	9	<ul><li>Präsident RTSR</li><li>4 vom Regionalrat gewählte Mitglieder</li><li>4 kooptierte Mitglieder, deren Ernennung vom Regionalrat zu genehmigen ist</li></ul>	23	<ul><li>je 3 von den sieben Mitgliedgesellschaften gewählte Mitglieder (total 21)</li><li>2 vom Regionalrat gewählte Mitglieder</li></ul>
CORSI	25	<ul><li>20 von der GV gewählte Mitglieder</li><li>4 vom Staatsrat des Kantons Tessin ernanntes Mitglied</li><li>1 von der Regierung des Kantons Graubünden ernanntes Mitglied</li></ul>	7	<ul><li>Präsident CORSI, vom Regionalrat gewählt</li><li>5 vom Regionalrat gewählten Mitgliedern</li><li>1 kooptiertes Mitglied</li></ul>	17	<ul><li>11 von der GV gewählte Mitglieder</li><li>2 vom Regionalrat gewählte Mitglieder</li><li>4 kooptierte Mitglieder</li></ul>
SRG.R	15	<ul><li>10 von der GV gewählte Mitglieder</li><li>5 vom Regionalvorstand gewählte Mitglieder</li></ul>	5	<ul><li>Präsident SRG.R vom Regionalrat gewählt</li><li>4 von der GV gewählte Mitglieder</li></ul>	15	<ul><li>1 von der GV gewähltem Präsident</li><li>7 von der GV gewählte Mitglieder</li><li>4 vom Regionalvorstand gewählte Mitglieder</li><li>3 durch Kooptation bestimmte Mitglieder</li></ul>

eigene Darstellung basierend auf den Statuten der einzelnen Regionalgesellschaften

Lokale Ebene

Die Deutsch- und Westschweizer Regionalgesellschaften setzen sich nicht aus Einzelmitgliedern, sondern aus Vereinen und Genossenschaften zusammen, den sogenannten *Mitgliedgesellschaften*. Diese Mitgliedgesellschaften besitzen ebenfalls ihre eigenen Statuten und Organe.

Rechtsform und Mitglieder: Mitglieder der Deutschschweizer Regionalgesellschaft SRG.D sind die folgenden sieben Genossenschaften und Vereine (Statuten SRG.D 2011, Art. 3.1):

- «SRG Zürich Schaffhausen», auch «Radio- und Fernsehgenossenschaft Zürich Schaffhausen» (RFZ)
- «SRG Bern Freiburg Wallis», auch «Radio- und Fernsehgenossenschaft Bern Deutschfreiburg Oberwallis» (RGB)
- «SRG Region Basel», auch «Radio- und Fernsehgenossenschaft Basel» (RFB)
- «SRG Ostschweiz», auch «Ostschweizerische Radio- und Fernsehgesellschaft» (ORG)
- «SRG Zentralschweiz», auch «Zentralschweizer Radio- und Fernsehgesellschaft» (SRG.Z)
- «SRG Aargau Solothurn», auch «Radio- und Fernsehgesellschaft Aargau/Solothurn» (RAS)
- «SRG SSR Svizra Rumantscha» (SRG.R).

SRG.R besitzt eine Doppelstellung: Sie ist eine der vier Regionalgesellschaften der SRG SSR und gleichzeitig eine Mitgliedgesellschaft von SRG.D (Statuten SRG.R, Art. 1.3).

Die Westschweizer Regionalgesellschaft RTSR besteht ebenfalls aus sieben Mitgliedgesellschaften, jede dieser Mitgliedgesellschaften ist in je einem Westschweizer Kanton tätig. Im Gegensatz dazu umfasst das Tätigkeitsgebiet der Mitgliedgesellschaften von SRG.D mehrere Kantone (vgl. Statuts RTSR 2010, Art. 3):

- «SRT Berne», auch «Société de Radiodiffusion et de Télévision du canton de Berne» (SRT-BE)
- «SRT Fribourg», auch «Société de Radiodiffusion et de Télévision du canton de Fribourg» (SRT-FR)
- «SRT Genève», auch «Société de Radiodiffusion et de Télévision du Canton de Genève» (SRT-GE)
- «SRT Jura», auch «Société de radiodiffusion et de télévision de la République et Canton du Jura» (SRT-JU)

- «SRT Neuchâtel», auch «Société de Radiodiffusion et de Télévision du Canton de Neuchâtel» (SRT-NE)
- «SRT Valais», auch «Société de radio-télévision du canton du Valais» (SRT-VS)
- «SRT Vaud», auch «Société de Radiodiffusion et Télévision du canton de Vaud» (SRT-VD).

Bei fast allen Mitgliedgesellschaften können Einzelpersonen und juristische Personen des öffentlichen und privaten Rechts wie Parteien, Kirchgemeinden, Kantone, Städte etc. Vereins- oder Genossenschaftsmitglied werden. Allerdings zeigen sich regionale Unterschiede. «SRG Zürich Schaffhausen» hat die Anzahl Mitglieder des privaten Rechts auf 10 % limitiert. Bei «SRG Bern Freiburg Wallis» dürfen nur Kantone und Gemeinden als Kollektivmitglieder beitreten (womit z. B. Kirchgemeinden oder Parteien von einer Kollektivmitgliedschaft ausgeschlossen sind). Ein Spezialfall stellt die Innerschweizer Mitgliedgesellschaft «SRG Zentralschweiz» dar: Mitglied dieses Vereins können lediglich die sechs Innerschweizer Kantone, die Stadt Luzern und sechs kantonale Sektionen werden (pro Innerschweizer Kanton existiert je eine Sektion: SRG.LU, SRG.UR, SRG.SZ, SRG.OW, SRG.NW, SRG.ZG). Einzelpersonen können einer der sechs kantonalen Sektionen beitreten, nicht aber der Mitgliedgesellschaft «SRG Zentralschweiz» (siehe Abb. 42).

Die Mitgliedgesellschaften *finanzieren* sich über das Genossenschafts- und Vereinsvermögen, Mitgliederbeiträge und/oder Zuschüsse der Regionalgesellschaften. Der Betriebsaufwand der einzelnen Mitgliedgesellschaften beträgt zwischen 100 000 CHF und 550 000 CHF, entsprechend der Grösse des Gebiets und der Einnahmequellen. Mitglieder der Vereine zahlen jährliche Mitgliederbeiträge, jene der Genossenschaften zeichnen einmalig Anteilsscheine. Die Höhe der Mitgliederbeiträge und Anteilsscheine variiert je nach Gesellschaft. Eine wichtige Finanzierungsquelle der Genossenschaften sind jährliche Einnahmen aus Baurechtsverträgen, da sie im Besitz von Radiostudios, den dazugehörenden Gebäuden und/oder des entsprechenden Lands waren.

Aufgabe: Die Mitgliedgesellschaften sollen zum einen als Bindeglied zwischen Radiohörern, Fernsehzuschauern und den Organen der SRG SSR die Interessen der verschiedenen Bevölkerungsgruppen und Institutionen im jeweiligen Tätigkeitsgebiet gegenüber dem Unternehmen vertreten. Zum anderen sollen sie sich für die Anliegen der SRG SSR in der Öffentlichkeit einsetzen, etwa indem sie Diskussionen über die Entwicklung des Rundfunks, des Service public und weitere medienpolitische Fragen führen (vgl. Statuten SRG.D 2011, Art. 4.1; Statuts RTSR 2010, Art. 4).

Bei der Wahrnehmung dieser Aufgabe setzen die Mitgliedgesellschaften zum Teil je andere Schwerpunkte. «SRG Aargau Solothurn» hat sich z. B. zum Ziel gesetzt, das Programm im Tätigkeitsgebiet zu begleiten. «SRG Bern Freiburg Wallis» möchte hingegen «die Verständigung und Zusammenarbeit über die Sprachgrenzen hinaus» fördern, da sie in mehreren zweisprachigen Kantonen tätig ist. Da sich in ihrem Gebiet auch ein Radiostudio befindet, unterstützt sie «die Stellung Berns als Studiostandort» (Statuten RGB 2010, Art. 2.7). Die jurassische Mitgliedgesellschaft will sich für die Verbesserung des Empfangs von Programmen in Randgebieten einsetzen. Die baslerische Radio- und Fernsehgenossenschaft versteht sich wiederum als «medienpolitisches Kompetenzzentrum mit kulturellem Bildungsauftrag» (Statuten RFB 2007 Art. 2.1).

Abb. 42: Vergleich der Organisationsstrukturen der Mitgliedgesellschaften von SRG Deutschschweiz

Mitglied-gesellschaft	Rechtsform		Gründungsjahr	Mitgliederkategorien: Personengruppen			Anzahl Mitglieder 2011 (Einzel- u. Kollektivmitglieder)	Mitgliederbeitrag in CHF 2011 (Einzel-/Kollektivmitglied)	Betriebsaufwand 2011 in CHF
	Genossenschaft	Verein		Natürliche P.	Juristische P. privaten Rechts	Juristische P. öffentlichen Rechts			
SRG Zürich Schaffhausen	X		1924	Ja, ab 18 J.	Ja (max. 10% der Mitglieder)	Ja	4 950 (in 4 Sektionen aufgeteilt)	Einmalige Zeichnung von mind. 1 Anteilschein à 50.-	540 550.-
SRG Zentralschweiz		X	1946	Nein (nur indirekt über Mitgliedschaft bei den 6 Sektionen)		Ja (6 Zentralschweizer Kantone, Stadt LU, 6 Sektionen)	13 (in den 6 kantonalen Sektionen 3 950)	individuell vereinbarte Beiträge mit 6 Kantonen und Stadt, Beiträge pro Einzel-/ Kollektivmitglied der Sektionen (20.- bis 30.- / 40.-bis 60.-)	181 835.-
SRG Region Basel	X		1926	Ja, ab 18 J.	Ja	Ja	1 825	Einmalige Zeichnung v. mind. 1 Anteilschein à 100.-	367 995.-
SRG Bern Freiburg Wallis	X		1925	Ja	Ja	Nur Kantone + Gemeinden	2 401	Einmalige Zeichnung v. mind. 1 Anteilschein à 100.-	216 151.-
SRG Aargau Solothurn		X	1980	Ja	Ja	Ja	1 111	Jährlicher Mitgliederbeitrag (20.-/50.-)	227 991.-
SRG Ostschweiz		X	1930	Ja	Ja	Ja	1 050	Jährlicher Mitgliederbeitrag (30.-/100.-)	329 381.-
SRG.R		X	1946	Ja	Ja	Ja	800	Jährlicher Mitgliederbeitrag (20.- bis 30.-/80.-)	235 000.-

eigene Darstellung beruhend auf Statuten und Jahresberichten der Mitgliedgesellschaften

Organe und deren Kompetenzen: Die Mitgliedgesellschaften besitzen ebenfalls eigene Vereins- oder Genossenschaftsorgane. Diese Organe bestehen in der Regel aus einer Generalversammlung, einem Vorstand, Sektionen und einer Kontrollstelle. Manche Mitgliedgesellschaften haben Programmkommissionen eingerichtet und sind an Stiftungen beteiligt.

Programmkommission finden sich bei Mitgliedgesellschaften von SRG.D (z. B. «SRG Zürich Schaffhausen») und von SRT-JU. Diese Kommissionen beobachten und beraten die lokal-regionalen Radio- und Fernsehsendungen (insbesondere Regionaljournale) oder sprachregionale Sendungen, die sich mit den entsprechenden Kantonen auseinandersetzen (vgl. Statuten und Jahresberichte der entsprechenden Mitgliedgesellschaften). Im Unterschied dazu berät und beobachtet der Publikumsrat hauptsächlich sprachregionale Programme.

Einige Mitgliedgesellschaften sind an *Stiftungen* zur Prämierung oder Förderung von qualitativ hochstehenden Radio- und Fernsehsendungen beteiligt. Die «Zürcher Radio-Stiftung» wurde von «SRG Zürich Schaffhausen» gegründet und vergibt den «Zürcher Radio- und Fernsehpreis», «SRG Ostschweiz» den «Radio- und Fernsehpreis der Ostschweiz». Beide Preise zeichnen auch Sendungen, Sender oder Medienschaffende des privaten Rundfunks aus. Die von der «SRG Bern Freiburg Wallis» gegründete «Berner Stiftung für Radio und Fernsehen» bezweckt, das Verständnis zwischen der deutsch- und französischsprachigen Schweiz zu fördern, indem sie Produktionsbeiträge stiftet, Preise vergibt oder Veranstaltungen unterstützt (Reglement Berner Stiftung für Radio und Fernsehen 1988, Art.2).

6.4 Das Unternehmen (Konzern)

Während die Trägerschaft hauptsächlich Wahl-, Aufsichts-, Programmberatungsfunktionen wahrnimmt und die allgemeine Strategie festlegt, ist das *Unternehmen für die Produktion von Radio- und Fernsehprogrammen sowie der begleitenden Onlineangebote verantwortlich*. Das Unternehmen ist als Konzern strukturiert, das heisst, es fasst verschiedene, selbstständig arbeitende Einheiten und Tochtergesellschaften unter einer gemeinsamen Leitung zusammen. Die holdingähnliche Konzernstruktur dient dazu, das Unternehmen wie eine moderne Aktiengesellschaft unter der Leitung einer Generaldirektion zu führen und zugleich den Unternehmenseinheiten in den verschiedenen Sprachregionen die nötige Flexibilität im Wettbewerb zu geben. Indem das Unternehmen nach den Grundsätzen des Aktienrechts geführt wird, hat die SRG SSR Freiraum für unternehmerisches Verhalten (vgl. Durrer 2001: 7, 9; SRG SSR 2010: 5). Ziel dieser unternehmerischen Tätigkeit ist es jedoch nicht, Gewinn zu erzielen, sondern die gesetzlich vorgeschriebene, öffentliche Aufgabe («Service Public») zu erfüllen.

Der Konzern SRG SSR besteht aus dem Stammhaus und den Tochtergesellschaften. Das *Stammhaus* besteht auf nationaler Ebene aus Generaldirektor, Generaldirektion, Geschäftsleitung und einer Unternehmenseinheit (SWISSINFO). Auf regionaler Ebene ist es in vier Unternehmenseinheiten gegliedert. Die Unternehmenseinheiten sind direkt mit der Herstellung von Radio- und Fernsehprogrammen sowie den damit verbundenen Onlineaktivitäten zuständig (vgl. Abb. 43). Die *Tochtergesellschaften* sind eigenständige Gesellschaften, die vom Stammhaus durch Mehrheits- oder andere Beteiligungen beherrscht werden. Sie sind für Aktivitäten zuständig, welche die Programmproduktion unterstützen (vgl. SRG SSR 2012j).

Die Funktion und Kompetenzen der verschiedenen Organe des Unternehmens werden im Folgenden entlang der Achse nationale und sprachregionale Ebene beschrieben.

Nationale Ebene

Organisations- und Unternehmenseinheiten: Auf der nationalen Ebene besteht das Unternehmen aus der Generaldirektion, Geschäftsleitung und der Unternehmenseinheit SWISSINFO. Der *Generaldirektor* ist für die Geschäftsführung des gesamten Unternehmens, die Gesamtleitung der Programme und die Erreichung der Unternehmensziele verantwortlich (vgl. Statuten SRG SSR 2009, Art. 16, Organisationsreglement SRG SSR 2009, Art. 19). Ein neuer Generaldirektor wird vom Verwaltungsrat vorgeschlagen, die Delegiertenversammlung muss jedoch seiner Wahl zustimmen.

Die *Generaldirektion* nimmt für das gesamte Unternehmen Führungs-, Koordinations- und Kommunikationsaufgaben wahr, u.a. indem sie Sportrechte für das gesamte Unternehmen einkauft, zentrale Dienstleistungen z. B. im technischen Bereich erbringt oder ein Finanzcontrolling durchführt. Die Generaldirektion wird vom Generaldirektor geleitet und ist in die Bereiche «Finanzen und Controlling», «Operationen», «Generalsekretariat», «Kommunikation» und «Human Resources» unterteilt (SRG SSR 2012a).

Abb. 43: Organisationsstruktur des Unternehmens

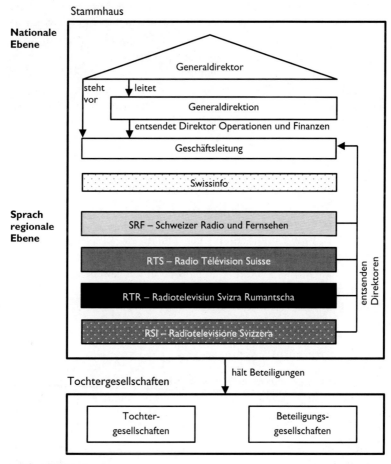

eigene Darstellung

Die *Geschäftsleitung* ist das oberste operative Führungsgremium des Gesamtunternehmens. Die Geschäftsleitung ist das höchste operative Führungsgremium. Sie wird vom Generaldirektor geleitet und setzt sich aus den Direktoren Finanzen, Operationen und den vier Direktoren der sprachregionalen Unternehmenseinheiten zusammen. Es erarbeitet zuhanden des Verwaltungsrats Strategien, koordiniert deren Umsetzung, sorgt für eine wirtschaftliche Durchführung des Programmauftrags und koordiniert Geschäfte so, dass sie im Interesse des Gesamtunternehmens erfolgen. Die Geschäftsleitung fällt auch Entscheidungen über grössere finanzielle Investitionen, Sportrechte oder über Belange der Tochtergesellschaften (SRG SSR 2012f). Neben diesen drei Organisationseinheiten existiert auf nationaler Ebene die Unternehmenseinheit SWISSINFO (vormals SCHWEIZER RADIO INTERNATIONAL). Ihre Aufgabe ist es, eine multimediale Onlineplattform zu produzieren, um Schweizer, die im Ausland leben, über Ereignisse im Heimatland zu informieren und den Bekanntheitsgrad der Schweiz im Ausland zu steigern. Das Angebot besteht aus Text, Bild-, Video- und Audio-Informationen, die in neun Sprachen angeboten werden. Die Inhalte werden teilweise in Kooperation mit den sprachregionalen Unternehmenseinheiten produziert (SRG SSR 2011b).

Sprachregionale Ebene

Unternehmenseinheiten: Ihre Aufgabe ist es, Radio-, Fernsehprogramme und die damit verbundenen Onlineinhalte zu produzieren. In jeder der vier Sprachregionen existiert je eine der folgenden Unternehmenseinheiten, die Rundfunkprogramme in der jeweiligen Landessprache herstellen:
- SCHWEIZER RADIO UND FERNSEHEN (SRF)
- RADIO TÉLÉVISION SUISSE (RTS)
- RADIOTELEVISIONE SVIZZERA (RSI)
- RADIOTELEVISIUN SVIZRA RUMANTSCHA (RTR)

Diese vier Unternehmenseinheiten werden von je einem eigenen Direktor geleitet und verfolgen im Rahmen der Gesamtstrategie des Unternehmens eine eigene strategische Ausrichtung. Das Grundangebot besteht in der deutschen, französischen und italienischen Sprachregion aus je zwei Fernseh- und drei Radioprogrammen. In einigen Sprachregionen werden zusätzliche Programme angeboten (dazu ausführlich Kapitel 6.5).

Die Eckwerte zur Organisation der Programmproduktion wurden vom Verwaltungsrat im Jahr 2009 im Rahmen des Teilprojekts «Medienkonvergenz» festgelegt: In jeder Sprachregion sollen Fernsehen, Radio und Online medienübergreifend, publizistisch-redaktionell zusammenarbeiten (vgl. Kapitel 10.3).

Diese Vorgabe wurde von den Unternehmenseinheiten auf unterschiedliche Art und Weise umgesetzt (vgl. Puppis/Künzler 2011: 179-184). In der Deutsch- und Westschweiz wurden die bislang für Radio- und Fernsehen getrennten Unternehmenseinheiten fusioniert, um insbesondere im administrativen Bereich Synergien zu erzielen.

Auf redaktioneller Ebene wurden thematische Abteilungen geschaffen, innerhalb derer eine medienübergreifende Zusammenarbeit stattfindet (in der Deutschschweiz bei Unterhaltung, Kultur, Sport). Das Gesamtangebot wird ebenfalls medienübergreifend koordiniert (vgl. SRF 2012b; RTS 2012). In der Deutschschweiz behielten Radio und Fernsehen allerdings ihre eigenen Chefredaktoren.

Die rätoromanische Unternehmenseinheit ging bei der redaktionellen Integration weiter und setzte auf «Vollkonvergenz». Sie schuf einen integrierten, nach thematischen Bereichen strukturierten Newsroom, der für alle Mediengattungen (Radio, TV, Online) Inhalte produziert. In der italienischsprachigen Schweiz entschied sich RSI ebenfalls für eine Vollkonvergenz und legte thematisch gleiche, bislang jedoch nach Mediengattung getrennte Redaktionen zusammen (z. B. Sport, Nachrichten, Kultur, Unterhaltung). An den zwei bisherigen Produktionsstandorten wurde hingegen festgehalten. Bei den Mitarbeitern löste dieser Integrationsprozess jedoch Irritationen und eine Beschwerde beim Presserat aus.

Die Produktion der Radioprogramme ist in der Deutsch- und Westschweiz auf mehrere Standorte verteilt. Die Hauptstudios befinden sich in der Deutschschweiz in Basel, Bern und Zürich. Regionaljournale werden in den Regionalstudios Luzern, Aarau, Chur und St. Gallen produziert. In der Westschweiz werden Radioprogramme in den Studios Genf und Lausanne produziert. Die Fernsehstudios befinden sich in Zürich, Lugano und Genf. Die rätoromanischen Radio- und Fernsehprogramme werden in Chur und mehreren Regionalbüros produziert.

Struktur und Entwicklung

Abb. 44: Produktionsstandorte der SRG-Unternehmenseinheiten

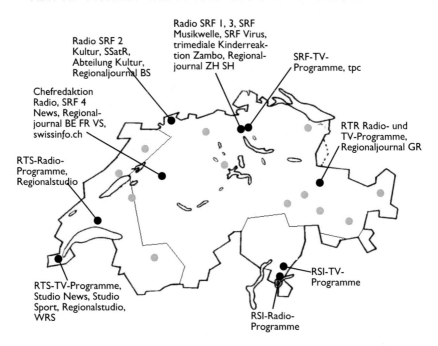

eigene Darstellung basierend auf den Angaben der Websites der Unternehmenseinheiten.
Graue Punkte = Standorte von Regionalbüros

Tochtergesellschaften sind für Aktivitäten zuständig, welche die Herstellung von Radio- und Fernsehprogrammen unterstützen. Die SRG SSR ist über den Besitz von Unternehmensanteilen und die Entsendung von Verwaltungsräten an folgenden Gesellschaften beteiligt:

1. TPC – TECHNOLOGY AND PRODUCTION CENTER SWITZERLAND AG: Produktionsfirma zur Herstellung von Fernseh- und anderen audiovisuellen Inhalten. Bei dieser Tochtergesellschaft handelt es sich im Wesentlichen um die Produktionsstätte des Deutschschweizer Fernsehens, die in eine eigene Aktiengesellschaft ausgegliedert wurde, jedoch zu 100 % in Besitz der SRG SSR ist. Zielsetzung dieser Ausgliederung war es, als Produktionsgesellschaft auch für andere, private Auftraggeber Fernsehsendungen zu produzieren.
2. SWISS TXT – SCHWEIZERISCHE TELETEXT AG: Diese Firma produziert Kurzinformationen, die via Teletext aber auch Internet und mobile Kanäle verbreitet werden (u.a. mittels SMS-Informations-

dienste der drei schweizerischen Mobiltelekommunikationsunternehmen). Die Untertitelung von Sendungen ist ein weiteres Tätigkeitsfeld dieser Tochtergesellschaft, die in 100-prozentigem Besitz der SRG SSR ist.
3. PUBLISUISSE SA vermarktet exklusiv die Werbezeit aller Fernsehprogramme der SRG SSR (inkl. Teletextangebote), das Sponsoring von Radiosendungen und die Werbezeit von Werbekombinationen einiger regionaler Privatfernsehsender (‹Tele Regio Combi›, ‹Tele Romandie Combi›). Die SRG SSR ist an PUBLISUISSE zu 99.8 %, der Schweizerische Gewerbeverband zu 0.2 % beteiligt.
4. TELVETIA SA hält Beteiligungen an Gesellschaften, die mit der SRG SSR in geschäftlicher Verbindung stehen:
    - MXLAB AG betreibt die Musikplattform MX3.CH und verkauft Dienstleistungen auch für externe Anbieter. An MXLAB ist die SRG über TELVETIA mit 51 % beteiligt. Je 24.5 % halten die GENOSSENSCHAFT FÜR URHEBER UND VERLEGER VON MUSIK (SUISA) und der SCHWEIZERISCHEN INTERPRETENGESELLSCHAFT (SIG).
    - MCDT AG – MARKETING AND CONSULTING FOR DIGITAL BROADCASTING TECHNOLOGIES bietet Marketings- und Beratungsleistungen für die Einführung digitaler Übertragungstechnologien (insbesondere DAB/DAB+) an. TELVETIA und damit die SRG ist mit 100 % beteiligt.
    - TELEPOOL GMBH (siehe unten).

Die SRG SSR bezeichnet Gesellschaften, an denen sie nur minderheitsbeteiligt ist (bis maximal 49 %) als Beteiligungsgesellschaften:
1. VIASUISSE AG ist die nationale Verkehrsinformationszentrale mit Sitz in Biel. Sie verarbeitet Verkehrsinformationen und beliefert SRG-, private Medien, Internetplattformen etc. mit den entsprechenden Informationen (SRG-Beteiligung 42 %).
2. SCHWEIZERISCHE MEDIENDATENBANK AG: Onlinedatenbank, die v.a. Printartikel der meisten schweizerischen Medien sammelt und verschlagwortet. SRG, RINGIER und TAMEDIA sind mit je 33.3 % beteiligt.
3. TELEPOOL GMBH kauft und verkauft Film-, Fernsehproduktionen und Filmrechte (SRG-Beteiligung 26 %).

Bis zu maximal 19 % beteiligt ist die SRG SSR an
1. TV5 MONDE, einem französischsprachigen Fernsehkanal, der via Satellit weltweit ausgestrahlt wird und in Besitz von öffentlichen Fernsehsendern aus Frankreich, Kanada, Belgien und der Schweiz ist (SRG-Beteiligung 11.1%);
2. SDA – SCHWEIZERISCHE DEPESCHENAGENTUR, der schweizerischen Nachrichtenagentur (SRG-Beteiligung 10 %);
3. EURONEWS: Europäischer Fernsehsender, der Nachrichten in sieben Sprachen verbreitet (SRG-Beteiligung 9.2 %);
4. ROMANDIE MÉDIAS S.A., die in der Westschweiz den zweiten DAB-Layer betreibt (SRG-Beteiligung 12 %);
5. RADIO EVENTS GMBH, die Anlässe im Interesse der Radiobranche durchführt (u.a. die Radiomesse «RadioDay»). Neben der SRG sind an dieser Gesellschaft der «Verband Schweizer Privatradios», die «Union romande de radios régionales» und die PUBLICA DATA AG beteiligt.

6.5 Das Programmangebot und seine Finanzierung

Die SRG bietet in der deutsch-, französisch- und italienischsprachigen Schweiz dasselbe Grundangebot: je zwei Fernseh- und je drei Radioprogramme. Bei den ersten Fernsehprogrammen handelt es sich um ein Vollprogramm für verschiedene Publikumsinteressen, während die zweiten Programme eher als Komplementärkanäle mit Spielfilmen, Sport, Kinder- und Jugendprogrammen konzipiert sind.

Im Radiobereich ist das Angebot inhaltlich stärker ausdifferenziert: Die ersten Programme bieten Information und Unterhaltung mit einem hohen Wortanteil. Die zweiten Programme sind Kulturradios, die klassische Musik aus allen Epochen sowie Jazz spielen und Wortprogramme aus den Themenbereichen Kultur, Wissenschaft, Politik, Zeitgeist, Philosophie bieten. Die dritten Programme schliesslich wenden sich an ein jüngeres Publikum; dementsprechend wird aktuelle Pop- und Unterhaltungsmusik gespielt.

Die deutsch- und französischsprachigen Unternehmenseinheiten ergänzen das Grundangebot um weitere Fernseh- und Radiosender. In der Deutschschweiz bietet SRF zusätzlich den Fernsehsender SRF INFO an, der die wichtigsten Informationssendungen in Wiederholungsschleifen zeigt. Im Radiobereich ergänzt SRF sein Angebot um drei Sender, die nur auf DAB(+), Kabel und Satellit ausgestrahlt werden: RADIO SRF

MUSIKWELLE (volkstümliche Musik, Informationen), RADIO SRF VIRUS (Jugendsender) und RADIO SRF 4 NEWS (24-Stunden-Wortprogramm mit Informationen, Liveberichterstattung und Magazinen). Zusätzlich produziert SRF auch SWISS SATELLITE RADIO (SSATR), das aus drei Musikspartenprogrammen besteht. Die Westschweizer Unternehmenseinheit RTS ergänzt ihr Angebot um das Radioprogramm OPTION MUSIQUE (Chansons der letzten 50 Jahre, Informationen). Dieses Programm lässt sich auf DAB+, Kabel und Satellit, im Wallis und in Genf auch auf UKW empfangen. Das englischsprachige Programm WORLD RADIO SWITZERLAND (WRS) wird z.T. in Kooperation mit der BBC ebenfalls in Genf produziert; ein Verkauf dieses Senders auf 2013/14 ist geplant.

Das Programmangebot für die rätoromanische Bevölkerung ist weniger breit ausgebaut. RTR biete mit RADIO RUMANTSCH ein eigenständiges Vollprogramm für Radiohörer. Ein eigenständiges Fernsehangebot existiert hingegen nicht. Wöchentlich wird ein 60-minütiges TV-Fensterprogramm in romanischer Sprache auf dem Deutschschweizer Fernsehkanal SRF 1 ausgestrahlt.

Im Internet bieten alle Unternehmenseinheiten Podcasts, Live-Streams der Programme, Informations-, Wissens-, Geschichts-, Kino- und Kinderportale an, die zu einem grossen Teil die Inhalte der Radio- und Fernsehsender ergänzen. Zwei Musikplattformen verdienen besondere Erwähnung: MX3 und VXM. Auf diesen Plattformen können Schweizer Musiker ihre eigene Musik präsentieren. Daraus können sich die Nutzer eigene Playlists zusammenstellen. Die Radioredaktionen der SRG berücksichtigen Musik aus diesen Portalen ebenfalls regelmässig. Während MX3 eine breite Palette populärer Musikrichtungen spielt, wendet sich VXM an die Volksmusikszene (vgl. VxM 2011; Mx3 2011).

Abb. 45: Das Programmangebot der vier sprachregionalen SRG-Unternehmenseinheiten

	Radio	TV	Online
SRF	Radio SRF 1, Radio SRF 2 Kultur, Radio SRF 3, Radio SRF 4 News, Radio SRF Virus, Radio SRF Musikwelle[19] Swiss Satellite Radio (SSatR) mit den Musikprogrammen Radio Swiss Pop, Radio Swiss Classic, Radio Swiss Jazz	SRF 1, SRF zwei, SRF info[20]	SRF.ch[21]
RTS	La Première, Espace 2, Couleur 3, Option Musique	RTS Un, RTS Deux	RTS.CH, Les Archives de la RTS, Mabule, Mon Cinéma, notre histoire, (sortir.ch)[22]
RSI	Rete Uno, Rete Due Rete Tre	RSI LA 1, RSI LA 2	RSI.ch, RSI podcast
RTR	Radio Rumantsch	Television Rumantsch (als Programmfenster auf SF)	RTR.ch, RTR Podcast, Battaporta, Simsalabim
Alle/ andere	WRS - World Radio Switzerland[23]	-	Mx3.ch, VxM.ch, Idée suisse / Timeline, swissinfo.ch

SRG SSR (2012b; SRF 2012a; 2012g), SRF (2012a), Website der Unternehmenseinheiten

Die Grösse der Sprachregionen ist gemessen an der Anzahl Einwohner höchst unterschiedlich. Während in der Deutschschweiz rund 70 % aller Gebühren- und Werbeeinnahmen der SRG generiert werden, ist das Ertragspotential in der West- und Südschweiz vergleichsweise gering. Deshalb hat die SRG einen sogenannten «Finanzausgleich» eingerichtet. Alle Einnahmen gelangen in einen nationalen Topf und werden den

---

[19] Diese Markennamen gelten ab Ende 2012. Zuvor hiessen die Sender DRS 1, DRS 2, DRS 3, DRS 4 News, DRS Virus, DRS Musikwelle.
[20] Diese Markennamen gelten ab Ende 2012. Zuvor hiessen die Sender SF 1, SF zwei und SF info.
[21] In dieser Plattform werden Ende 2012 die Onlineangebote srf.ch, drs.ch, sf.tv, videoportal.sf.tv, zambo.ch zusammengeführt.
[22] In Zusammenarbeit mit ‹Le Temps›.
[23] Verkauf per 2013/2014 geplant

regionalen Unternehmenseinheiten in den Sprachregionen nach einem bestimmten Finanzschlüssel zugewiesen (siehe folgende Abbildung). Damit fliesst ein Teil der Einnahmen aus der Deutschschweiz in die beiden kleineren Sprachregionen. Dieser Finanzausgleich soll es ermöglichen, alle Sprachregionen mit einem qualitativ gleichwertigen Grundangebot an Radio- und Fernsehsendern zu versorgen und in allen Landesteilen die ausländischen Sender zu konkurrieren.

Abb. 46: Interner Finanzausgleich der SRG SSR (2010)

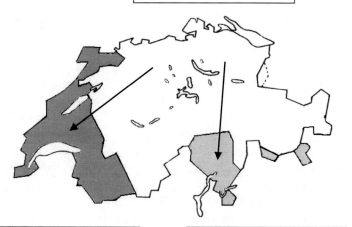

Darstellung basierend auf SRG SSR (2012c)

Fazit: Öffentliche Radio- und Fernsehsender in demokratischen Ländern sollen möglichst unabhängig von wirtschaftlichem und politischem Einfluss informieren, bilden, unterhalten, eine Kulturleistung wahrnehmen und ihre Hörer und Seher in die Organisation einbinden.

In der Schweiz ist der öffentliche Rundfunk SRG SSR in der privaten Rechtsform des Vereins konstituiert. Die SRG ist entlang der beiden Achsen Trägerschaft/Unternehmen sowie sprachregionale/nationale Ebene aufgebaut. Die Trägerschaft übt Wahl-, Kontroll- und Beratungsfunktionen aus und ist Inhaberin der Konzession. Mediennutzer und zum Teil Firmen, Vereine, Gemeinden etc. können Mitglied der Trägerschaft werden. Um eine professionelle Rundfunkproduktion zu gewährleisten, stellt die Trägerschaft selbst keine Programme her, sondern hat diese Aufgabe an das Unternehmen delegiert.

In der Trägerschaft und dem Unternehmen widerspiegelt sich der schweizerische Föderalismus: Beide sind in eine lokal-regionale und eine nationale Ebene unterteilt. Auf der lokal-regionalen Ebene besteht die Trägerschaft aus vier Regionalgesellschaften, je eine pro Sprachregion. Die West- und Deutschschweizer Regionalgesellschaften bestehen wiederum aus mehreren lokal-regionalen Genossenschaften und Vereinen, von denen einige Radiostudios besitzen. Auf nationaler Ebene sind die vier Regionalgesellschaften zum Verein SRG SSR zusammengeschlossen. Wie die Trägerschaft besteht das Unternehmen aus vier sprachregionalen Unternehmenseinheiten. Diese Unternehmenseinheiten produzieren autonom ihre Programme. Sie haben sich jedoch an die strategischen Vorgaben der auf nationaler Ebene angesiedelten Geschäftsleitung zu halten. Die Generaldirektion übernimmt unter der Leitung ihres Generaldirektors auch gewisse koordinierende Funktionen für das gesamte Unternehmen.

In den drei grösseren Sprachregionen bietet die SRG im Minimum je drei sprachregionale Radio- und zwei sprachregionale TV-Programme an. Dieses gleichwertige Grundangebot in den äusserst unterschiedlich grossen Sprachregionen ist nur dank des Finanzausgleichs möglich: Ein Teil der in der Deutschschweiz generierten Gebühren- und Werbeeinnahmen fliesst in die anderen Sprachregionen.

Weiterführende Literatur

Ridder, Christa-Maria et al. (Hrsg.) (2005): Bausteine einer Theorie des öffentlich-rechtlichen Rundfunks. Wiesbaden.

→ *Sammelband zu diversen Aspekten des öffentlichen Rundfunks in Europa*

Künzler, Matthias / Puppis, Manuel / Steinmaurer, Thomas (2011): Public Value in Kleinstaaten. Zielsetzungen, regulatorische Vorgaben und Strategien öffentlicher Rundfunkorganisationen in einer konvergenten Medienwelt. In: Karmasin, Matthias / Süssenbacher, Daniela / Gonser, Nicole (Hrsg.): Public Value. Theorie und Praxis im internationalen Vergleich. Wiesbaden. S. 99-111.

→ *Vergleich des öffentlichen Rundfunks in Österreich und der Schweiz. Momentan mangelt es an wissenschaftlichen Publikationen, welche die neue Organisationsstruktur der SRG berücksichtigen*

SRG SSR (Hrsg.) (2012): Zahlen, Daten, Fakten 2011/2012. Bern.

→ *Informationen der SRG über ihre Organisations- und Programmstruktur*

7 Privatradio, Privatfernsehen und Online-Nachrichtenportale

Wir sehen unsere Rolle als Ergänzung zur SRG, und wir sind davon überzeugt, dass wir eine Service-public-Rolle erfüllen.
Pierre Steulet (2005)

> Obwohl in der Schweiz keine grossen, nationalen Privatsender existieren, ist die Privatrundfunklandschaft reichhaltig. Dieses Kapitel soll deshalb einen Überblick darüber bieten,
> - welche Typen von Privatradio- und Privat-TV tätig sind
> - welche Onlineportale mit publizistischem Angebot bestehen
> - wie die Produktionsprozesse und die Organisationsstruktur bei den privaten Anbietern ausgestaltet sind.

7.1 Typologie der privaten Radio- und Fernsehanbieter

Die privaten Radio- und Fernsehanbieter lassen sich zunächst in konzessionierte und nichtkonzessionierte Anbieter unterteilen. Gegenwärtig sind 43 lokal-regionale Privatradios für die terrestrische Ausstrahlung über UKW, ein weiteres für die ausschliessliche Verbreitung in einem Kabelnetz konzessioniert. Von den 43 konzessionierten UKW-Radios sind 9 alternative Lokalradios. 22 Privatradios werden finanziell mit Rundfunkgebühren unterstützt (13 kommerzielle Privatradios, 9 alternative Lokalradios). Alle Regionen der Schweiz werden mit Lokalradios bedient, wie aus nachfolgender Abbildung ersichtlich ist. In wirtschaftlich starken Gebieten finden sich mehrere, konkurrierende Regionalradios, während andere Gebiete lediglich von einem Privatsender versorgt werden. Für die digital-terrestrische Ausstrahlung (DAB oder DAB+) wurden zusätzlich weitere sieben Sender konzessioniert.

Daneben sind 44 Privatradios gemeldet, die ohne Konzession über das Internet, Kabelnetze oder in einem Teil des digitalen Frequenzspektrums (DAB+) senden und damit sprachregional, national oder gar international zu empfangen sind. Bei den meisten dieser nichtkonzessionierten Privatradios handelt es sich um Spartensender, die ein nichtmoderiertes Musikprogramm mit einem spezifischen Musikstil ausstrahlen.

Bislang wurden in der Schweiz fünf DAB+-Ensembles bzw. -Layer für die Ausstrahlung mehrerer Radioprogramme aufgebaut: Ein Layer versorgt die italienischsprachige, zwei Layer versorgen die französischsprachige und drei die deutschsprachige Schweiz. Der dritte Layer in der Deutschschweiz ist in sieben Regionalnetze unterteilt (Zürich-Schaffhausen, Zentral-, Ostschweiz, Basel, Bern, Wallis, Graubünden). Bis Ende 2012 wird das gesamte digitale Angebot auf den neuen Standard DAB+ umgerüstet. Dieser neue Standard bietet die Möglichkeit zur Ausstrahlung von über 18 Programmen statt nur zehn. Während die ersten sprachregionalen Layer ab 1999 von der SRG aufgebaut wurden, wird der zweite und dritte Layer in der Deutschschweiz von der SWISSMEDIACAST AG (seit 2009 operativ), der zweite Layer in der Westschweiz von der ROMANDIE MÉDIAS SA betrieben. Beide Gesellschaften sind Gemeinschaftsunternehmen der Privatsender und der SRG (vgl. Scherrer 2012: 158). Im ersten Deutschschweizer Layer sind hauptsächlich SRG-Programme zu empfangen, im zweiten und dritten auch Privatradios. Die meisten dieser Privatradioprogramme lassen sich jedoch auch auf UKW empfangen.

Im Fernsehbereich sind 13 lokal-regionale Privatsender konzessioniert, die alle zu einem Teil mit Rundfunkgebühren finanziert werden. Daneben sind 104 private Fernsehsender gemeldet, die ohne Konzession ihre Programme ausstrahlen. Bei den meisten dieser Sender handelt es sich um kleine Sender, die oft kein täglich aktualisiertes Programm ausstrahlen und lediglich einem kleinen Publikum bekannt sind. Ein paar wenige nichtkonzessionierte Privatfernsehsender konnten sich jedoch als sprachregionale Spartensender etablieren (vgl. Kapitel 7.4).

Abb. 47: Ort der konzessionierten Privatradios

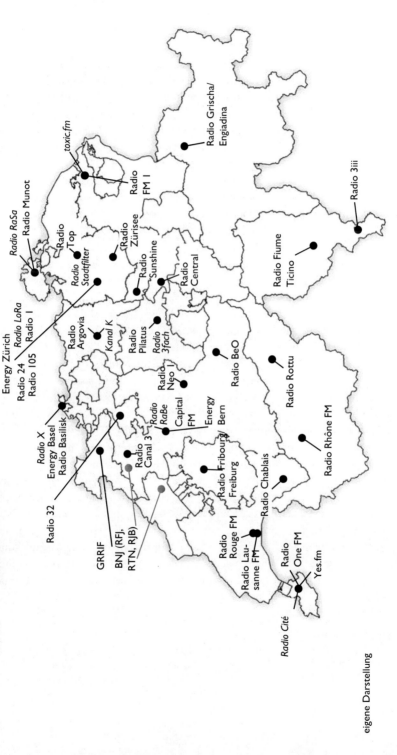

eigene Darstellung

7.2 Kommerzielle Privatradios

Die meisten konzessionierten lokal-regionalen Privatradios sind kommerziell. In der Regel verbreiten sie ein moderiertes, musikalisches Begleitprogramm und Nachrichtenbulletins mit Lokal- und Regionalinformationen.[24] Diese Privatradios finanzieren sich zum grössten Teil über Werbeeinnahmen, dementsprechend ist ihr Programm an Reichweite orientiert. In der Regel wird das Programm so gestaltet, dass es während des ganzen Tages gleichartig klingt und die Hörerinnen und Hörer sofort erkennen, welchen Sender sie gewählt haben. Zielsetzung ist es, durch Wiedererkennungseffekte Identifikation und damit Hörerbindung zu erreichen (sogenanntes «Formatradio»).

Ein Mittel, um diesen Wiedererkennungseffekt zu erzielen ist es, nur bestimmte, von der Musikindustrie definierte Musikrichtungen zu spielen. Bei den meisten schweizerischen Privatsender handelt es sich dabei um «Adult Contemporary» (gemäss Eigendeklaration der Veranstalter in ihren Jahresberichten auf BAKOM 2012d). Mit einem solchen mehrheitsfähigen Programm sollen möglichst breite Publikumsschichten angesprochen werden (vgl. Grossenbacher 1997: 1). Der Ablauf der einzelnen Musikstücke und der Moderation ist von einer so genannten «Sendeuhr» vorgegeben. Die Sendeuhr dient den Moderatoren als Orientierung, in welcher Reihenfolge, zu welcher Zeit, welche Programmelemente ausgestrahlt werden sollen (z. B. Nachricht – Werbung – Song 1-3 – Musikteaser – Song 4 – Wortbeitrag – Song 6 usw., dieses Schema wird nach einer Stunde wiederholt) (vgl. Meili 2005: 124 f.). Am Morgen und am Abend, wenn die meisten Zuhörerinnen und Zuhörer erreicht werden, ist der Informations- und Wortanteil am höchsten.

Einige Privatradios versuchen, spezifische Programmakzente zu setzen. Roger Schawinskis RADIO 1 richtet sich über einen höheren Anteil an Informationen, Wort und das Musikprogramm an eine etwas ältere Hörerschaft (vgl. Persoenlich.com 2008b). Im Gegensatz dazu wenden sich die ENERGY-Radios und RADIO 105 v.a. an Jugendliche und junge Erwachsene. Das Innerschweizer RADIO CENTRAL wiederum spielt auch volkstümliche Musik, während RADIO GRISCHA gemäss Selbstdeklaration bewusst «kein Formatradio» sein möchte (vgl. Jahresberichte der erwähnten Sender).

---

[24] Diese Grundstruktur hat sich seit der Einführung von Privatradio in den 1980er-Jahren nicht wesentlich verändert. Diesen Schluss lassen zumindest Vergleiche der Resultate von Programmstudien aus den 1980er- und 1990er-Jahren zu, vgl. u.a. Schanne/Diggelmann/Luchsinger (1989), Grossenbacher (1997; 1998), Hänecke (1998).

Einige Radios haben im Verlauf der Jahre ihren Namen und damit zumeist Besitzer und Programmkonzept verändert. Diese Veränderungen sind in der folgenden Tabelle aufgeführt; die momentan aktiven Radios finden sich in Abb. 47.

Abb. 48: Namensänderungen von Privatradios (1983-2012)

Aktueller Name des Programms	Frühere(r) Name(n) des Programms
Radio Energy Bern	Radio BE 1, Radio Förderband
Radio Capital FM	Radio Extra Bern
Radio Neo 1	Radio Emme
Radio Central	Radio Schwyz
Radio 1	Radio Tropic
Radio Energy Züri	Radio Z
Radio Energy Basel	Radio Basel 1, Radio Edelweiss, Radio Raurach
Radio Top	entstanden aus den Radios Eulach, Wil, Thurgau
Radio FM1	Radio Aktuell; in FM1 ist auch das vormalige Radio Ri, früher Radio Gonzen als Programmfenster aufgegangen
Radio Lausanne FM	Radio Acidule
Radio Rouge FM	Radio Framboise
BNJ FM	Unter diesem Dach sind die Programme der Radios RTN, RJB (Radio Jura Bernois) und RFJ (Radio Fréquence Jura) vereint

Eigene Recherche basierend auf BAKOM (2008a)

Organisationsstruktur

Personeller und finanzieller Aufwand: Im Jahr 2010 waren bei den kommerziellen Privatradios im Durchschnitt 15 Personen für Moderation und Programmleitung angestellt (inkl. Stagiaire, berechnet auf Vollzeitstellen); in Administration, Technik und Werbung arbeiteten durchschnittlich etwas weniger als sechs Personen.[25] Je nach Radio weicht die Zahl der Angestellten von diesem Durchschnittswert allerdings stark ab: Beim grössten Radio (RADIO ARGOVIA) arbeiteten über 25 Personen im Bereich Moderation und Leitung, beim kleinsten Radio gerade einmal drei Personen (NEO 1).[26] Die Anzahl freier Mitarbeiter variiert je nach Radio stark. Durchschnittlich waren knapp 13 freie Mitarbeiter für ein Privatradio tätig. Einige Radios greifen jedoch kaum auf freie Mitarbeiter zurück, andere hingegen in hohem Masse (58 bei RADIO MUNOT).

Der finanzielle Gesamtaufwand eines Privatradios betrug im Durchschnitt 4.25 Mio. CHF und war mit 11.28 Mio. CHF bei RADIO ENERGY ZÜRI am grössten, mit 1.75 Mio. CHF bei YES FM am geringsten (eigene Berechnungen basierend auf den Jahresberichten der Veranstalter, vgl. BAKOM 2012d).

Produktion: Während die Jahresberichte einen Einblick in die Rechnung und den Personalbestand der Privatradios geben, liefern die wenigen vertiefenden Studien einen Einblick in die Arbeitsweise bei den Radios (vgl. Hänecke 1997; detaillierter Ehrensperger 2005).[27] Aufgrund ihrer Analyse von sechs unterschiedlich grossen Radiosendern kommt Ehrensperger zum Ergebnis, dass alle Privatradioorganisationen mindestens in Redaktion, Moderation, Verkauf/Werbung, Promotion/Marketing, Technik und Sekretariat unterteilt sind. Redaktion und Moderation sind bei den untersuchten Sendern getrennt. Die Redaktion ist in der Regel für Informationen und Nachrichten zuständig, während die Moderation die Hörer durch das Programm begleitet und unterhält. Die personellen Rollen sind ebenfalls getrennt, d. h. ein Moderator ist nicht gleichzeitig auch Redakteur (Ausnahme bei einem Sender: Verlesen von Abendnachrichten) (vgl. Ehrensperger 2005: 45 f.).

Die Redaktion von Privatradios ist gemäss Ehrensperger (2005: 48 f.) bei allen untersuchten Sendern mindestens in die Ressorts Nachrichten, Sport und Bundeshaus unterteilt. Der Grad der Ressortstrukturierung ist von der Grösse der Lokalradios abhängig: Je weniger Mitarbeiter auf einer Redaktion beschäftigt sind, desto geringer ist die Ressortstrukturierung ausgebildet. Allerdings haben sich bei einigen Radios einzelne Re-

---

[25] In Wirklichkeit dürfte diese Zahl etwas höher sein. Besonders die grösseren Radios liefern keine Angaben, wie viele Personen in der Werbung arbeiten, da sie die Werbeakquisition in eigenständige Firmen ausgelagert haben.

[26] Angaben zu den Stellenprozenten für die Leitung fehlen bei diesem Radio; damit dürfte der Personalbestand leicht höher sein.

[27] Diese Studie ist in der Zwischenzeit zwar älter, ihre Resultate dürften in den Grundzügen nach wie vor gültig sein, wie der Blick auf die Organigramme von Privatradios zeigt.

daktionsmitglieder auf bestimmte Themen oder redaktionelle Aufgabenbereiche spezialisiert (z.B. Gerichtsberichterstattung, Sozial- und Gesundheitsthemen, Lifestyle etc.) (vgl. Ehrensperger 2005: 49).

Diese Befunde über die schweizerischen Privatradios entsprechen den Resultaten einer Studie über Privatrundfunk in Nordrhein-Westfalen (DE) von Altmeppen/Donges/Engels (1999). Deren Ergebnisse zeigen, dass auch dort die Ressortstrukturierung nur rudimentär in die Stammbereiche Nachrichten, Musik und Sport ausgebildet sind. Die Schlussfolgerung von Altmeppen et. al. (1999: 150) dürfte deshalb auch für schweizerische Privatradios zutreffend sein:

«Eine kosten- und personalintensive Organisation wie in Tageszeitungen oder wie in Teilen des öffentlich-rechtlichen Hörfunks existiert bei den untersuchten privaten Sendern nicht. Etatvolumen und Quotenmessungen bilden die Grundlage redaktioneller Organisation eines Hörfunks, der als »Begleitmedium« gilt, innerhalb umkämpfter Märkte agiert und prinzipiell ebenso an der Unterhaltungsfunktion anknüpft wie an der Informationsfunktion. Dies führt zu einer nur noch grob gegliederten formalen Organisation. Daraus resultiert die alltagssprachlich als »jede/r macht vieles« formulierte Produktionsweise der Radiostationen, womit die ausserordentlich grosse Verantwortung aller Journalistinnen und Journalisten für die von ihnen produzierten Programmteile zum Ausdruck kommt.»

Besitzerstruktur: Über vier Fünftel aller Privatradios sind in der Form einer Aktiengesellschaft institutionalisiert, der Rest als Verein oder Stiftung. Die Besitzerstrukturen variieren, wobei die folgenden drei Grundtypen zu erkennen sind (gemäss Lüthi 2007):
- *Verlegerbeteiligung:* Besonders in der deutsch- und italienischsprachigen Schweiz, kaum jedoch in der Westschweiz, halten die regionalen Verlagshäuser Beteiligungen an regionalen Privatsendern. In den Regionen Aargau, Graubünden, Luzern, Schaffhausen und St. Gallen führt dies zu einer starken crossmedialen (medienübergreifenden) Konzentration, weil dort dasselbe regionale Medienunternehmen nicht nur die regionale Tageszeitung herausgibt, sondern auch am regionalen Privatradio und Privatfernsehen beteiligt ist. Allerdings haben in einigen Regionen die dort ansässigen Tageszeitungsunternehmen ihre Beteiligungen am Privatradio und Privatfernsehen verkauft, womit gesamthaft gesehen, die crossmediale Konzentration leicht abgenommen hat (insbesondere im Raum Zürich und Basel). Dies lässt auch Rückschlüsse auf die Unterneh-

mensstrategie zu: Während die zur NZZ-MEDIENGRUPPE gehörenden Medienunternehmen, die AZ MEDIENGRUPPE und die SÜDOSTSCHWEIZ MEDIENGRUPPE am Privatrundfunk beteiligt sind, hat sich TAMEDIA von diesem Geschäft verabschiedet und ist ausschliesslich im Print- und Onlinebereich tätig.

Abb. 49: Unternehmensbeteiligungen an Presse, Privatradio und Privatfernsehen

Unternehmen	Tageszeitung	Privatradio	Privat-TV
Meier + Cie	Schaffhauser Nachrichten (SH)	Radio Munot (SH)	Schaffhauser Fernsehen (SH)
Tagblatt Medien / NZZ-Mediengruppe	St. Galler Tagblatt (SG, AA, AI)	Radio FM1 (SG, AA, AI)	TVO (SG, AA, AI)
LZ Medien Holding / NZZ-Mediengruppe	Neue Luzerner Zeitung (Inner-CH)	Radio Pilatus, Radio Sunshine[28] (Inner-CH)	Tele 1 (Inner-CH)
Südostschweiz Medien	Südostschweiz, Bündner Tagblatt (GR bis SZ)	Radio Grischa/ Engiadina (GR)	Tele Südostschweiz (GR)
AZ Medien / BT Holding	az Aargauer Zeitung und Regionalausgaben (AG, SO, BL, BS)	Radio Argovia (AG), Radio 24 (ZH)	Tele M1 (AG), TeleBärn (BE), TeleZüri (ZH)
Ringier AG	Blick, Blick am Abend	Energy Züri, Energy Bern, Energy Basel[28]	Sat.1 CH,[28] PresseTV,[28] Teleclub[28]
Rotten Verlag/Mengis Druck + Verlag	Walliser Bote (VS)	Radio Rottu (VS)[28]	
Zürichsee Medien	(Zürichsee-Zeitung an tamedia verkauft)	Radio Zürisee (ZH, SZ), Capital FM (BE)	
Radio Central AG/ Triner Medien Holding	Bote der Urschweiz	Radio Central, Radio Sunshine	
Gassmann AG	Bieler Tagblatt, Journal du Jura	Canal 3, Radio 32 (SO)	Tele Bielingue
Timedia Holding SA	Corriere del Ticino	Radio 3iii	(Tele Ticino)[28]

Angaben der Unternehmen, Handels- und Firmenregistereinträge

---

[28] Minderheitsbeteiligung (und z. T. personelle Verbindungen).

- *Beteiligung unabhängiger Unternehmer/Radiopioniere:* Einige Radios sind vollständig oder teilweise im Besitz von Unternehmern, die sich seit der Zulassung der Privatradios als Radiopioniere betätigen. Zu erwähnen sind u.a. Günter Heuberger (RADIO TOP), Alfons Spirig (RADIO CENTRAL, RADIO SUNSHINE), Pierre Steulet (RADIO BNJ), Roger Schawinski (RADIO 1).
- *Regionales Mischaktionariat:* Insbesondere bei Radios in ländlichen Regionen ist das Aktionariat oft breit gestreut und setzt sich aus Privatpersonen, lokalem Gewerbe und Vereinen zusammen.

7.3 Alternative Privatradios

Neben den privat-kommerziellen Radios existieren in der Schweiz wie in den meisten demokratischen Ländern auch, alternative Privatradios. Dieser Organisationstyp zeichnet sich durch drei Hauptmerkmale aus (vgl. Peissl/Tremetzberger 2008: 127 f.):

- *Beteiligung der Hörerinnen und Hörer an der Programmproduktion:* Einzelpersonen und soziale Gruppen produzieren eigene Radioprogramme. Damit sind auch politische Zielsetzungen verbunden: Die Themen- und Medienvielfalt soll vergrössert und die Bürger sollen zu einer aktiven Teilnahme am gesellschaftlichen Leben animiert werden.
- Die Radios sind *nichtkommerziell*, d. h. sie streben nicht nach finanziellem Gewinn. Die wichtigsten Finanzierungsquellen sind freiwillige Beiträge von Hörern, Spenden, Zuschüsse von Verbänden, Parteien oder anderen sozialen Gruppen. In vielen Ländern werden alternative Radios zu einem grossen Anteil mit öffentlichen Geldern finanziell unterstützt; selten generieren sie Werbeeinnahmen.
- Die Radios sind *lokal gebunden* und haben meistens nur einen kleinen Senderadius.

Alternative Radios werden auch «community channels» oder in Deutschland «Offene Kanäle» genannt; im schweizerischen Radio- und Fernsehgesetz findet sich der Begriff «Komplementärradios».

In der Schweiz wurden neun alternative Radios in grösseren Städten und Agglomerationen konzessioniert (vgl. Abb. 47). Daneben sind mehrere Alternativradios ohne Konzession tätig und strahlen ihre Programme über Internet oder im Kabelnetz aus (z. B. das Lausanner Studentenradio RADIO BANANE).

Der durchschnittliche finanzielle Aufwand der konzessionierten, alternativen Radios ist mit 972 000 CHF um einiges kleiner als jener der kommerziellen Privatradios. Den geringsten Betriebsaufwand verbuchte im Jahr 2010 RADIO LORA mit 538 000 CHF, den höchsten RADIO CITÉ mit 2.75 Mio. CHF. Da ein zentrales Merkmal dieser Radios die freiwillige Mitarbeit ist, sind mit durchschnittlich 5.5 Personen in der Moderation und knapp zwei Personen in Technik/Administration relativ wenige Personen fest angestellt. Den grössten Personalbestand im Bereich Moderation/Leitung hat RADIO X mit knapp 10 Personen, den kleinsten mit knapp einer Person RADIO RASA. Umso grösser ist mit 121 die Anzahl unentgeltlich arbeitender Radiomacher. Mit 275 Personen engagieren sich bei RADIO LORA am meisten Personen (eigene Berechnungen basierend auf den Jahresberichten der Veranstalter, vgl. BAKOM 2012d). Die beiden wichtigsten Typen alternativer Radios sind:

1. *Gemeinschaftsradios:* Radiosendungen werden von unterschiedlichen gesellschaftlichen Gruppen unentgeltlich produziert, die auch für den Inhalt ihrer Sendungen verantwortlich sind. Ein Beispiel für einen solchen Sender ist RADIO LORA (Zürich): Eine «Sendekommission» koordiniert die verschiedenen Sendungen und weist verschiedenen Gruppen mit spezifischen politischen oder kulturellen Interessen (z. B. Feminismus, Migranten, Neue Soziale Bewegungen, Studenten etc.) einen Sendeplatz von zumeist einer Stunde pro Woche zu. Total produzieren rund 300 Freiwillige solche Radiosendungen. Lediglich eine «Betriebsgruppe» von sieben Personen ist fest angestellt und kümmert sich um Technik, Administration, Organisation der Freiwilligen etc. (vgl. Radio LoRa 2012a). RADIO LORA entstand im Umfeld der Jugendbewegung der 1980er-Jahre (vgl. Radio LoRa 2012b)
2. *Ausbildungs-/Studentenradios:* Diese Sender werden hauptsächlich von Schülern, Studenten oder Personen betrieben, die sich über «learning by doing» zu Radiojournalisten oder -moderatoren ausbilden lassen. TOXIC.FM in St. Gallen bezeichnet sich beispielsweise explizit als «Ausbildungsradio», während RADIO 3 FACH in Luzern von Schülern gegründet wurde.

Es ist zu betonen, dass sich nicht alle alternativen Radios diesen beiden Typen zuordnen lassen. Einige alternativen Radios stellen Mischformen dar oder setzen bestimmte programmliche Schwerpunkte, etwa über ein alternatives Musikprogramm oder den Versuch, lokales Kulturschaffen besonders zu berücksichtigen (z. B. RADIO KAISEREGG). Weitergehende Aussagen zu den organisatorischen Abläufen dieser Radios lassen sich leider nicht machen, da entsprechende wissenschaftliche Studien fehlen.

7.4 Kommerzielles Privatfernsehen

13 Privatsender sind als Regionalfernsehen konzessioniert, ein Sender als sprachregionales Programm. Daneben sind 99 Privatfernsehprogramme gemeldet, die ohne Konzession tätig sind. Diese grosse Zahl täuscht darüber hinweg, dass nur wenige Privatfernsehsender gemessen am Zuschauererfolg und Umsatz von Bedeutung sind. Die wichtigsten privaten Fernsehprogramme sind die konzessionierten Regionalsender, die hauptsächlich regionale Informationsprogramme bieten. Auf sprachregionaler Ebene konnten sich bislang nur wenige Privatsender in der Form von Unterhaltungs-, Sparten- oder Pay-TV-Programmen etablieren.

Kommerzielle, sprachregionale Fernsehprogramme

Die meisten der grösseren, sprachregionalen Privat-TVs sind Spartenkanäle ohne Informationsangebot, wie aus untenstehender Darstellung ersichtlich ist. Der grösste dieser Privatsender ist 3+. Dieser Unterhaltungskanal produziert mit einem durchschnittlichen Budget von rund 30 Mio. CHF ein täglich aktualisiertes Fernsehprogramm, das zu einem grossen Teil aus eingekauften amerikanischen Serien und Spielfilmen besteht. Das Programm wird jedoch durch Eigenproduktionen von zumeist im Ausland erfolgreichen Formaten ergänzt. Damit werden eigene Programmakzente gesetzt und versucht, eine Zuschauerbindung herzustellen. Diese Strategie scheint zu funktionieren: Formate wie ‹Bauer, ledig, sucht…› und ‹Der Restauranttester› erreichen ansehnliche Marktanteile von bis zu 15 %.

Erwähnenswert ist auch TELEZÜRI. Dieser Privatsender wurde als regionales Informationsprogramm gegründet. Nachdem der Sender bei der Neukonzessionierung 2008 keine Konzession mehr erhalten hatte, entschied sich der damalige Besitzer TAMEDIA, das Programm ohne Konzession weiterzubetreiben. Dies erlaubte es, das Sendegebiet in die Ost- und Innerschweiz auszudehnen und damit teilweise sprachregional tätig zu sein.

Mit TVM3, ROUGE TV und JOIZ existieren in der Deutsch- und Westschweiz mehrere private Musik- und Jugendkanäle, die über Eigenproduktionen gewisse Programmakzente setzen. JOIZ (seit 2011) versucht als crossmedialer Fernsehkanal die jüngere Zielgruppe über den Einbezug per Handy und auf sozialen Netzwerken zu erreichen. Das SCHWEIZER SPORTFERNSEHEN (SSF, seit 2009), hat sich auf die Nische spezialisiert, Sportanlässe aus den unteren Ligen oder Breitensport zu übertragen. SCHWEIZ 5 soll hier lediglich Erwähnung finden, da es nach seiner Gründung aus der Konkursmasse von TV 3 und verschiedenen Besitzerwechseln, nebst Volksmusik und Esoterik sporadisch politische Sendungen von SVP-nahen Kreisen ausstrahlt (z. B. ‹Schweizerzeit-Magazin›).

Abb. 50: Sprachregionale Privatfernsehsender

Sprachregion	TV-Sender	Merkmale
Deutschschweiz	3+, 4+	Unterhaltung
	TeleZüri	Regionale Information
	Joiz	Musik, Jugend
	Schweizer Sportfernsehen	Sport
	Teleclub	Kinder / Comedy / Sport
	Nickelodeon / Comedy Central Schweiz	Pay-TV, umfasst mehrere Sport- und Spielfilmsender
	Schweiz 5	Unterhaltung, Fensterprogramme
Westschweiz	TVM3	Musik
	Rouge TV	Musik

eigene Darstellung

Neben diesen Privatsendern existieren zahlreiche weitere private Nischenkanäle, wie Religionssender, Musikclipsender (105TV) oder eine ganze Reihe von Wetterinformationskanälen. Viele dieser privaten Programme senden jedoch kein täglich aktualisiertes oder selbstproduziertes Programm und erreichen nur eine geringe Anzahl an Zuschauern.

Kommerzielle, private Regionalinformationsprogramme

Bei den konzessionierten, regionalen Informationsprogrammen arbeiten durchschnittlich knapp 19 Personen in Moderation und Leitung (inkl. Stagiaire), rund 16 Personen arbeiten in Technik, Administration und Werbung. Die Unterschiede zwischen den Sendern sind wiederum gross: Der kleinste Sender TELEBIELINGUE hat für Moderation/Leitung neun Personen angestellt, während bei TELEBASEL über 31 Personen arbeiten. Die durchschnittlichen Kosten zum Betrieb eines solchen Senders betragen 6 Mio. CHF. Am geringsten sind die Kosten mit 3.4 Mio. CHF bei TELEBIELINGUE, mit 9.5 Mio. CHF bei TELE M 1 am höchsten (eigene Berechnungen basierend auf den Jahresberichten der Veranstalter, vgl. BAKOM 2012b).

Abb. 51: Konzessionierte, private Regionalfernsehsender

Sprachregion	Regionales Privat-TV	Konzessionsgebiet
Deutschschweiz	Tele Top	Zürich-Nordostschweiz
	Tele M1	Aargau-Solothurn
	Tele Ostschweiz (TVO)	Ostschweiz
	TeleBärn	Bern
	TeleBasel	Basel
	Tele 1	Innerschweiz
	Tele Südostschweiz (TSO)	Graubünden – Glarus – Rheintal
Westschweiz	TeleBielingue	Biel
	Canal 9 / Kanal 9	Wallis
	Canal Alpha	Jurabogen
	Léman bleu	Genf
	la télé (Zusammenschluss von ICI-TV, TVRL, Canal NV, maxtv)	Waadt – Fribourg
Tessin	Tele Ticino	Tessin

eigene Darstellung basierend auf BAKOM (2012b)

Das Programmkonzept der regionalen Informationssender ist ähnlich. Täglich wird ein Programm von einer Stunde ausgestrahlt und laufend wiederholt. Die erste Hälfte des einstündigen Programms besteht aus einer zweiteiligen Nachrichtensendung, die zweite Hälfte aus einer Talk- oder Unterhaltungssendung (Lifestyle, Kochen etc.).

Das inhaltliche Schwergewicht der Nachrichtensendung liegt auf regionaler Aktualität. Das Programmkonzept dieser Sender hat Bigi (2004: 33 f.) für den Sender TELEZÜRI prägnant umschrieben: «Boulevardesk in Themenstruktur und Präsentationsform setzte der Sender von Anfang an auf die Kombination von Aktualität und Mensch. [...] Das Personalisieren der Aktualität ist Programm. Immer. Der Kern der Berichterstattung ist der einzelne Mensch, sein Verhalten, seine Leistung, sein Schicksal. Mit Vorliebe wird das Besondere, das Überraschende hervorgehoben. News ist, wenn gewöhnliche Leute Aussergewöhnliches leisten. Oder wenn ihnen Aussergewöhnliches widerfährt.»

Mit der Gründung dieser regionaler Informationssender Mitte der 1990er-Jahre kam auch eine neue Produktionsweise auf. Die Nachrichtenbeiträge wurden nicht mehr wie bis zu diesem Zeitpunkt üblich von einem Dreierteam erstellt (Reporter, Kameramann und Tonoperateur), sondern von einem einzelnen Videojournalisten (VJ). Der VJ recherchiert das Thema, filmt mit einer im Handel erhältlichen Kamera, ist für den Ton verantwortlich und schneidet oft auch noch den Beitrag selbst. Ein VJ muss damit journalistische, technische und gestalterische Kompetenzen besitzen und diese teilweise gleichzeitig anwenden können (vgl. Wintsch 2006: 195).

Der Produktionsprozess von Fernsehnachrichten verläuft bei den privaten Regionalfernsehsendern ähnlich und wurde von Wintsch (2006) ethnografisch untersucht. Die Arbeit des VJs beginnt mit der Lektüre von Nachrichten und Rundfunksendungen. In der Redaktionssitzung am Morgen (i.d.R. zwischen 09:00-10:00 Uhr) werden mögliche Themen besprochen und verteilt. Dabei wird u.a. auf eine ausgewogene Mischung unterschiedlicher Beiträge und eine fernsehadäquate Umsetzung der Themen geachtet. Danach beginnt die Recherche. Ziel ist es, mittels Bild, Ton und Text im Rahmen eines Fernsehbeitrags eine Geschichte von wenigen Minuten zu zeigen. Eine Geschichte sollte aus einem Ereignis oder Thema und einem Aussagewunsch bzw. einer Bildidee bestehen. Ton und Bild dienen dazu, diese Idee zu versinnbildlichen sowie Stimmungen und Emotionen zu erzeugen. Dazu muss der VJ an die entsprechenden Schauplätze fahren und Personen für Kurzinterviews gewinnen. Um ca. 17:00 Uhr ist der Beitrag zu schneiden, damit er um 18:00 Uhr in der Nachrichtensendung ausgestrahlt werden kann. Da der Grundsatz «ein Beitrag pro VJ und Tag» gilt, müssen sich die Videojournalisten wie die Nachrichtenredakteure beim Privatradio stets mit unterschiedlichen Themen befassen und haben wenig Gelegenheit, sich thematisch zu spezialisieren (vgl. Wintsch 2006: 170-196).

Alternatives Privatfernsehen

Viele nichtkonzessionierte Privat-TVs sind ebenfalls auf der regionalen Ebene tätig und können als «alternatives Lokalfernsehen» bezeichnet werden. Die Programme werden ähnlich wie bei den alternativen Privatradios von freiwilligen Programmmachern hergestellt und über Spenden, Zuschüsse von Gemeinden und ev. zu einem kleinen Teil durch lokale Werbung finanziert. Eine Reihe solcher Sender weist eine geringe Sendetätigkeit auf: Sie produzieren halbwöchentlich oder wöchentlich neue Sendungen, die mehrfach wiederholt werden. Beispiele solcher Privatsender sind das AROLFINGER LOKALFERNSEHEN oder TELE D (Tele Diessenhoffen). Das Programm von TELE D wird von Freiwilligen unentgeltlich produziert und besteht hauptsächlich aus Gesprächssendungen und Berichterstattung über Regionalsport (vgl. Tele D 2012).

7.5 Online-Nachrichtenportale

Wie in Kapitel 4 dargestellt, existiert eine ganze Reihe von Onlinemedien mit äusserst unterschiedlichen Funktionen. Im Folgenden wird auf Nachrichtenportale fokussiert, da solche Onlineportale die Eigenschaften publizistischer Massenmedien besitzen: Sie sind an Aktualität orientiert, bieten journalistische Inhalte und werden nicht von Einzelpersonen, sondern von Journalisten innerhalb einer Organisation hergestellt. Obwohl es gänzlich an wissenschaftlichen Untersuchungen schweizerischer Online-Nachrichtenportale fehlt, lassen sich auf Basis von Interviews und Berichten in Branchenzeitschriften Aussagen über Organisationsstrukturen und Produktionsprozesse machen.

Die von ihrem Bekanntheitsgrad und den Nutzerzahlen her wichtigsten Online-Nachrichtenportale werden von den etablierten Tageszeitungen unter der Marke des jeweiligen Zeitungsmantels herausgegeben. Bei den Medien der NZZ-MEDIENGRUPPE und TAMEDIA geht die redaktionelle Zusammenarbeit über die Zeitungsmäntel hinaus. Alle Onlineauftritte der zu TAMEDIA gehörenden Tageszeitungen in der Deutsch- und Westschweiz sind in das gemeinsame Onlineportal ‹Newsnet› (früher: ‹Newsnetz›) integriert. Zusätzlich ist an dieses Portal die Onlineausgabe der ‹Basler Zeitung› angeschlossen. Auch die NZZ-GRUPPE hat die Onlineauftritte des ‹St. Galler Tagblatt› und der ‹Neuen Luzerner Zeitung› in die Plattform von ‹NZZ Online› integriert. Die Onlineausgaben der beiden Regionalzeitungen übernehmen Inhalte der ‹NZZ Online›-Redaktion und liefern gleichzeitig regionale Nachrichten zu (Persoenlich.com 2010a).

Obwohl Tageszeitung und Online-Nachrichtenportale meistens unter demselben Namen auftreten[29] und zum selben Unternehmen gehören, waren bis vor kurzem die Onlineredaktionen in vielen Fällen eigenständig. ‹NZZ Online› (15 Vollzeitstellen), ‹Newsnet› (60 Stellen in der D-CH) und ‹20 Minuten Online› (40 Stellen in der D-CH) waren als eigenständige Redaktionen organisiert (die Zahlen beziehen sich auf das Jahr 2011) (vgl. Persoenlich.com 2011j). Allerdings haben ‹20 Minuten›, die NZZ und der Tages-Anzeiger im Jahr 2012 begonnen, ihre Online- und Printredaktion zusammenzulegen. RINGIER verfolgte diese Strategie seit längerem: Die Inhalte für die verschiedenen Print- und Onlineversionen des ‹Blicks› werden in einem zentralen Newsroom produziert.

Die Print- und Onlineinhalte sind bei vielen Medienmarken jedoch nicht völlig identisch. Beispielsweise übernimmt ‹Newsnet› täglich nur eine vorgegebene Anzahl von Artikeln des ‹Tages-Anzeigers› und produziert die anderen Inhalte selber. Erwähnenswert ist das Onlineportal ‹Ticinonews›: Es führt Inhalte des Privatradios RADIO 3I, des Privatfernsehens TELETICINO und Textinhalte zu einem multimedialen Angebot zusammen (vgl. Ticinonews 2010). Ein bemerkenswerter Fall stellt auch das Wirtschaftsportal ‹Cash› dar, das im Besitz von RINGIER ist. ‹Cash› wurde als wöchentliche Wirtschaftszeitung gegründet und später in eine tägliche Gratiszeitung umgewandelt. Seit 2009 existiert es ausschliesslich als Online-Nachrichtenportal und als Fernsehprogrammfenster (vgl. Persoenlich.com 2009b).

Der Journalismus ist bei allen Nachrichtenportalen stark auf Aktualität ausgerichtet, das Arbeitstempo ist sehr hoch. Wie beim Privatrundfunk muss ein Journalist täglich mindestens einen Artikel liefern. Die gewählten Recherchemethoden dürfen zeitlich nicht aufwändig sein. Die Redaktion von ‹Newsnet› hat deshalb einen sogenannten «Web-Scouting-Dienst» von rund acht Personen eingerichtet, der u.a. auf

---

[29] Das 2008 gegründete Newsnet umfasst in der Deutschschweiz alle Onlineportale, der zu Tamedia gehörenden Tageszeitungen (u.a. Berner Zeitung, Bund, Tages-Anzeiger) sowie die Basler Zeitung. In der Westschweiz vereint diese Plattform 24 heures, Tribune de Genève und Le Matin.

sozialen Netzwerken Geschichten aufstöbert und Artikel aus anderen Medien (u.a. ‹Spiegel›, ‹New York Times›, ‹Zeit›, ‹NZZ›) zusammenfasst und publiziert (vgl. Persoenlich.com 2011a; Worni 2011a). Allerdings scheinen manche Nachrichtenportale vom reinen Streben nach Aktualität und Klickraten teilweise abzurücken. ‹20 Minuten Online› hat begonnen, mehr Hintergrundinformationen anzubieten, da solche Informationen auf Suchmaschinen nachgefragt werden. Dadurch lassen sich die mittelfristigen Klickraten erhöhen (vgl. Büsser 2010). Die meisten, jedoch nicht alle Onlineportale können kostenlos genutzt werden, da sie sich über Werbung finanzieren (vgl. Kapitel 11.1).

Neben Online-Nachrichtenportalen, die im Besitz etablierter Medienunternehmen sind, existieren einige unabhängige Onlineportale, die sich entweder an ein regionales oder sprachregionales Publikum richten. Schon seit 1998 existiert ‹Onlinereports› dessen inhaltlicher Schwerpunkt die Region Basel bildet, jedoch auch Berichte zum nationalen und internationalen Geschehen enthält. Zu den älteren unabhängigen Nachrichtenportalen gehört auch ‹News.ch›. Dieses Nachrichtenportal richtet sich an ein Ostschweizer Publikum, bietet jedoch ebenfalls nationale und internationale Nachrichten an.

Eine Reihe neuer, unabhängiger Nachrichtenportale wurde in jüngster Zeit gegründet. Das grösste Projekt ist die ‹TagesWoche› aus Basel, die seit 2011 eine tagesaktuelle Website betreibt und einmal pro Woche auch in gedruckter Form erscheint. Dieses Projekt ist als Reaktion auf politisch motivierte Investoren bei der ‹Basler Zeitung› entstanden und hat grossen Zuspruch in dieser Region erfahren. Zu erwähnen sind auch ‹Journal 21› (seit 2010) und ‹Infosperber› (seit 2011). Beide Portale sind gemeinnützig ausgerichtet und bieten täglich aktualisierte Nachrichten und Hintergrundinformationen (vgl. Persoenlich.com 2011b; Journal21 2012).

In der französischsprachigen Schweiz ging ‹Les Observateurs› Online, das Informationen und Kommentar bietet und politisch rechtsbürgerlich ausgerichtet ist (vgl. Persoenlich.com 2011c). Daneben sind u.a. mit ‹Neuland› und ‹Clack› Onlinejournale entstanden, die stärker Hintergrundberichte und Magazinartikel bieten (vgl. Zimmermann 2010). Weitere Projekte zur Gründung von Newsportalen sind in Planung (‹M.M.V.› in der Zentralschweiz, ‹Berner Onlinemedien› in Bern, ‹öffentliche Zeitung› in Basel).

Abb. 52: Online-Nachrichtenportale

Medienunternehmen	Online-Portal
In Besitz eines etablierten Medienunternehmens	Blick Online
	Newsnet (inkl. Partnerseiten Der Bund, Berner Zeitung, Tages-Anzeiger, Der Landbote, Basler Zeitung etc.)
	20 Minuten Online
	NZZ Online (inkl. Partnerseiten Neue Luzerner Zeitung Online, St. Galler Tagblatt Online)
	Az Online
	Südostschweiz
	Schaffhauser Nachrichten
	Ticino Online
	Tio.ch
	SRG-Onlineangebote
Unabhängig	TagesWoche
	Onlinereports
	News.ch
	Journal 21
	Infosperber
	Les Observateurs

eigene Darstellung

Fazit: Die bedeutendsten Privatradios und Privatfernsehsender sind konzessioniert und auf der lokal-regionalen Ebene tätig. Die Privatradios bieten ein Musikunterhaltungsprogramm mit regionalen Nachrichten. In Städten und Agglomerationen finden sich alternative Lokalradios. Die regionalen Privat-TVs produzieren täglich ein einstündiges Programm, das aus einer Informationssendung mit regionalen Nachrichten und einer Talk- oder Unterhaltungssendung besteht. Die Nachrichtenbeiträge werden von Videojournalisten produziert. Weil die finanziellen Ressourcen der Privatradios und -TVs trotz Gelder aus dem Gebührensplitting begrenzt sind, ist das Arbeitstempo i.d.R. hoch und eine Spezialisierung auf Ressorts nur eingeschränkt möglich.

Auf sprachregionaler Ebene sind hauptsächlich Spartensender tätig (Musik, Unterhaltung, Sport), die kein Vollprogramm mit Nachrichten bieten. Daneben existiert eine ganze Reihe weiterer nichtkonzessionierter, privater Radio- und TV-Sender, deren Reichweiten gering sind und von denen einige nicht täglich ein neues Programm produzieren.

Im Onlinebereich bieten die Tageszeitungen eigene Nachrichtenportale an, die in manchen Fällen von einer eigenen Onlineredaktion produziert werden. Daneben sind mehrere, unabhängige, innovative journalistische Onlineangebote entstanden, die sich entweder an ein regionales oder sprachregionales Publikum richten.

Weiterführende Literatur

Wintsch, Dani (2006): Doing News – Die Fabrikation von Fernsehnachrichten. Eine Ethnografie videojournalistischer Arbeit. Wiesbaden.

→ *Analyse der privaten, regionalen Informationssendern und des Berufs des VJ auf Grundlage einer teilnehmenden Beobachtung*

BAKOM (2012): Informationen über Radio- und Fernsehveranstalter.

→ *Website der Regulierungsbehörde BAKOM mit zahlreichen Informationen über Privatradios und Privat-TVs*

8 Medienangebot und Mediennutzung

Heute reden zwar Christoph Blocher und Toni Brunner noch immer von ‹Gleichschaltung› und (linkem) ‹Einheitsbrei›. Das ist aber bloss Marketing. In Tat und Wahrheit sehen wir eine Meinungsvielfalt, wie es sie letztmals vielleicht zur Zeit der Parteipresse gab.
Patrick Müller (2011)

> *Ich wünsche mir mehr Meinungsvielfalt in der Presse, harte, aber faire Debatten mit sorgfältiger Analyse, wo Fragwürdiges sachlich, unparteiisch auf den Punkt gebracht wird.*
> Chris von Rohr (2012)

> Mediennutzer haben oft bestimmte Vorstellungen über die Qualität und politische Ausrichtung der Medien. Deshalb fragt dieses Kapitel danach,
> - welche Leistungen die Medien erbringen, und wie vielfältig sie sind
> - welche Medien überhaupt genutzt werden.

Obwohl die Frage nach den inhaltlichen Leistungen der Medien zentral ist, ist die Anzahl Studien, welche Zeitungen, Radio- und Fernsehprogramme in ihrer Gesamtheit untersuchen, bisher überschaubar geblieben. Dies dürfte daran liegen, dass solche umfassenden Analysen schwierig operationalisierbar sind und der Forschungsaufwand gross ist. Allerdings existieren eine ganze Reihe von Einzelstudien, die spezifische Teilaspekte analysieren (z. B. Kinderprogramme: Bonfadelli et al. 2007; Sportberichterstattung: Beck 2006; Wirtschaftsberichterstattung: Sommer et al. 2010; Europaberichterstattung: Tresch 2008).

Aufschluss über die inhaltliche Struktur der SRG-Fernseh- und Radioprogramme geben die jährlich von der MEDIAPULSE AG (früher SRG-FORSCHUNGSDIENST) veröffentlichten Studien. Daten zum Angebot der konzessionierten Privatsender und einem Teil der SRG-Sender liefern die seit 2008 im Auftrag der Regulierungsbehörde BAKOM durchgeführten Programmanalysen (vgl. Grossenbacher/Trebbe 2009; Trebbe et al. 2008; Allemann et al. 2010; Publicom AG et al. 2010d; 2010c; 2010b; 2010a; Kolb/Schwotzer 2010) (zu den rechtlichen Grundlagen vgl. Kapitel 12.2). Einen Überblick über die Leistungen der Presse bietet eine inhaltsanalytische Studie, die ebenfalls vom BAKOM zur Beantwortung eines Postulats in Auftrag gegeben wurde (vgl. SwissGIS 2011). Analysen zur Qualität von Presse, Radio, Fernsehen und Online-Nachrichtenportalen finden sich im «Jahrbuch Qualität der Medien», das seit 2010 von einem an der Universität Zürich angesiedelten Institut jährlich herausgegeben wird (vgl. fög 2010, 2011).

Die Aussagen zu den Leistungen der Medien in den folgenden Unterkapiteln basieren auf den Ergebnissen der erwähnten, vom BAKOM in Auftrag gegebenen Studien. Die Daten für die privaten und öffentlichen Radioprogramme beziehen sich auf das Jahr 2009, jene für die privaten Fernsehsender und die Presse auf 2010.

8.1 Inhaltsstruktur

Radio

Die drei ersten, sprachregionalen SRG-Radioprogramme und die Programme der konzessionierten Privatradios unterscheiden sich in ihrer Struktur deutlich: Während die SRG-Radios über die Hälfte der Sendezeit zwischen 06:00-22:00 Uhr mit Wortbeiträgen bestreiten, liegt der Wortanteil der Privatradios in diesem Zeitraum zwischen 22 % und 44 % (vgl. Publicom AG et al. 2010a: 31, 102, 123, 148; 2010c: 42, 60, 77, 94, 111, 130, 147).[30] Die Moderation findet in der Deutschschweiz bei den SRG- und den Privatradios hauptsächlich auf Schweizerdeutsch statt. Der Dialektanteil ist beim öffentlichen RADIO SRF 1 (60 %) jedoch geringer als bei den Privatradios (je nach Sender zwischen 75 %- 96 %) (vgl. Publicom AG et al. 2010a; 2010c: 42, 61, 77, 95). In der französisch- und italienischsprachigen Schweiz wird hingegen weder bei den öffentlichen noch den privaten Radios auf Dialekt moderiert (0.2 % auf RETE UNO) (vgl. Publicom AG et al. 2010a: 32, 124, 150).

Popmusik in verschiedenen Varianten ist bei allen Radios der mit Abstand am häufigsten gespielte Musikstil. Der Anteil an Popmusik ist bei den ersten SRG-Radios jedoch in allen Sprachregionen geringfügig nied-

---

[30] Die Aussagen über die Privatradios basieren auf der Analyse von Radios in den Kantonen Bern (BeO, Energy Bern, Canal 3, Capital FM, Neo1), Fribourg (Canal 3) und Tessin (Radio Fiume Ticino, Radio 3iii).

riger (zwischen 60 %-80 %) als bei den Privatsendern (zwischen 72 %-85 %). Bei den öffentlichen Radios werden häufiger Musiktitel gespielt, die nicht in den Chartlisten platziert sind, während dies bei den meisten Privatradios umgekehrt ist (über 90 % Charttitel).[31] Allerdings gibt es Ausnahmen: BEO spielt nur zu 60 % Charttitel und einige Sender profilieren sich mit bestimmten Musikstilen: CANAL 3 (d, f) und ENERGY BERN spielen beispielsweise mehr Black Soul/Funk/Hiphop (16 %, 12 %, 13 %) als andere Sender (vgl. Publicom AG et al. 2010c: 39-41, 57-59, 74-76, 91 f., 108-110, 124 f., 144 f., 161 f.).

Musik von schweizerischen Interpreten nimmt bei RADIO SRF 1 und RADIO RUMANTSCH einen breiten Raum ein (20 % bzw. 25 % der gespielten Titel), bei LA PREMIÈRE und RETE UNO ist dieser Anteil geringer (10 % bzw. 3 %). Eine Spezialität von RADIO RUMANTSCH ist der hohe Anteil an Musik in rätoromanischer Sprache. Privatradios berücksichtigen Schweizer Musik hingegen seltener. In der Deutschschweiz liegt der Anteil schweizerischer Interpreten zwischen 8 % und 18 %, in der Romandie bei rund 5 % (vgl. Publicom AG et al. 2010a: 58, 119, 147, 175).

Fernsehen

Unterhaltungssendungen nehmen in den Fernsehprogrammen der SRG in allen drei Sprachregionen den grössten Anteil ein (52 % bei SRF, 41 % bei RTS, 35 % bei RSI), gefolgt von Informationsprogrammen (23 % bei SRF, 30 % bei RTS, 32 % bei RSI). Damit ist der Anteil an Unterhaltungsprogrammen bei SRF vergleichbar mit jenem beim öffentlichen, deutschen Fernsehen ARD (47 %) (vgl. Allemann et al. 2010: 102-105).[32]

Diese Ergebnisse beziehen sich jedoch auf 24 Stunden. Programmfüller in zuschauerschwachen Randzeiten (zumeist Wiederholungen und Unterhaltungssendungen) verzerren die Analyse. Tatsächlich ist der Anteil an Nachrichtensendungen bei SRF 1 in der Hauptsendezeit (18:00-23:00 Uhr) um 15 % (14 %)[33], bei SRF ZWEI um 6 % (6 %) höher als im gesamten Tagesprogramm. In der französisch- und italie-

---

[31] Der Anteil an Charttiteln ist bei den französisch- und italienischsprachigen Privatsendern tief. Diese Werte lassen sich jedoch nicht interpretieren, da viele populäre Songs aus diesen Sprachräumen den Sprung in die internationale Chartliste nicht schaffen.

[32] Wird das Programm von SRF info in der Analyse mit berücksichtigt, ist der Informationsanteil wesentlich höher (rund 35%).

[33] Die erste Prozentzahl bezieht sich auf die Frühjahrs-, die zweite auf die Herbststichprobe.

nischsprachigen Schweiz sind die Programmanteile auf den ersten Fernsehkanälen hingegen gleich gross wie im Tagesdurchschnitt, während die zweiten Programme von RTS und RSI zur Hauptsendezeit mehr Unterhaltungssendungen ausstrahlen (RSI: 25 % / 33 %; RTS: 15 % / 29 % mehr) (vgl. Allemann et al. 2010: 78 f.). Der Dialekt hat im Deutschschweizer SRG-Fernsehen einen etwas geringeren Stellenwert als im Radio. In etwas über einem Drittel der Beiträge (nicht der Sendungen) wird auf SRF 1 Schweizerdeutsch gesprochen (vgl. Allemann et al. 2010: 174).

Presse

Gemäss den Inhaltsanalysen der SwissGIS-Studie schwankt die redaktionelle Gesamtleistung der Tageszeitungen zwischen durchschnittlich 15 und 29 Seiten pro Ausgabe. Den umfangreichsten redaktionellen Teil besitzen die ‹NZZ› und ‹Basler Zeitung› (beide 29 S.), gefolgt vom ‹Tages-Anzeiger› (27.4 S.). Bei vielen regionalen Abonnementszeitungen ist der Umfang des redaktionellen Teils jedoch geringer und beträgt im Durchschnitt etwas über 20 Seiten (‹Berner Zeitung›, ‹Neue Luzerner Zeitung›, ‹Thurgauer Zeitung›, ‹Le Nouvelliste›, ‹Tribune de Genève›) (vgl. SwissGIS 2011: 24, 56, 65 f., 71, 151).

8.2 Journalistische Formen

Radio

Die in den Informationsprogrammen am häufigsten verwendeten journalistischen Formen sind bei RADIO SRF 1 das Interview (32 %), bei RADIO RUMANTSCH der Bericht (31 %), bei LA PREMIÈRE und RETE UNO das Studiogespräche (32 %, bzw. 24 %) (vgl. Publicom AG et al. 2010a: 39, 106, 129, 156). Die Privatradios gestalten ihre Informationsprogramme hingegen meistens in der Form eines Berichts oder einer Meldung (37 %-59 %). Bei den am zweithäufigsten verwendeten Genres zeigen sich sprachregionale Unterschiede: Die Deutschschweizer Privatradios setzen eher auf Statements (17 %-20 %), die französisch- und italienischsprachigen Privatradios auf Interviews (25 %-41 %) (vgl. Publicom AG et al. 2010c: 28, 46, 64, 80, 98, 114, 135, 152).

Fernsehen

Die Nachrichtensendungen aller SRG-Fernsehsender werden zu rund vier Fünftel als Filmbeitrag oder als Nachricht im Film gestaltet. Am zweithäufigsten wird bei SRF und RSI die eigenständige Moderation, bei TSR das Interview als journalistische Form verwendet (vgl. Allemann 2010: 177 f.).

8.3 Themen der Informationsangebote

Radio

Bei der Themenwahl in den Nachrichtensendungen zeigen sich zwischen den SRG-Radios sprachregionale Unterschiede. Gesellschaftliche Themen nehmen in den Nachrichtensendungen von RADIO SRF 1 und LA PREMIÈRE den grössten Stellenwert ein (31 % bzw. 26 %). Das zweitwichtigste Thema bei LA PREMIÈRE ist Kultur (25 %), bei RADIO SRF 1 hingegen Politik (23 %). Politik ist bei RETE UNO und RADIO RUMANTSCH das wichtigste Thema (23 % bzw. 27 %), gefolgt von Gesellschaft (19 % bzw. 24 %). In den italienischsprachigen Nachrichtensendungen ist der Sportanteil mit 15 % im Vergleich zu den deutsch- und französischsprachigen SRG-Sendern höher (vgl. Publicom AG et al. 2010a: 40, 108, 131, 158).

In den Nachrichtensendungen der Privatradios nimmt Politik den höchsten Stellenwert ein (zwischen 26 % und 37 %). Zwei Ausnahmen stellen FIUME TICINO und ENERGY BERN dar, bei denen Kultur (29 %), bzw. Gesellschaft (25 %) die am häufigsten berücksichtigten Themengebiete sind. Sport geniesst bei den Deutschschweizer Privatradios mit einem Anteil zwischen 16 % und 29 % eine grössere Beachtung als bei den SRG-Radios (vgl. Publicom AG et al. 2010a: 40, 108, 131, 158; 2010c: 48, 66, 81, 99, 115, 136, 153).

Fernsehen

Die SRG-Fernsehsender widmen rund die Hälfte ihrer Nachrichtensendungen den Themen Politik und Wirtschaft; die andere Hälfte den restlichen Themenbereichen (v.a. Gesellschaft, nichtpolitische Sach- und Human-Touch-Themen). Die Autoren der Programmanalysen ziehen den Schluss, «dass die Nachrichtengefässe der SRG-Sender nicht minuziös und gemäss fester, vordefinierter Anteile mit Politik, Human-Touch- und Sport-Nachrichten abgefüllt werden, sondern dass sich die Themenagenda dieser Sendungen am Ereigniskontext orientieren» (vgl. Allemann et al. 2010: 92).

Bei den konzessionierten Privatfernsehsendern nehmen gesellschaftlichen Themen den grössten Zeitumfang ein, gefolgt von Politik und Human-Touch. Ein paar Sender setzen allerdings besondere Schwerpunkte. TELE TICINO weist den höchsten Anteil an politischen Themen (45.4 %), dafür einen geringen Anteil an gesellschaftlichen Themen auf (13.3 %) auf. Human-Touch-Themen werden bei TELE BÄRN (24.7 %) und TELE M1 (47.7 %) überdurchschnittlich viel Zeit eingeräumt. Die französischsprachigen Privatsender LÉMAN BLEU, CANAL 9, CANAL ALPHA widmen die halbe Nachrichtensendung gesellschaftlichen Themen (vgl. Kolb et al. 2010: 6).

Presse

Die Analyse der Inhaltsstruktur verschiedener kostenpflichtiger Tageszeitungen aus allen Sprachregionen zeigt, dass der Anteil an Zeitungsartikeln mit einem politischen Fokus hoch ist (72 %). Davon weisen 38 % der Artikel einen engen politischen Fokus auf (Erwähnung institutioneller politischer Akteure) und 33 % der Artikel sind von gesellschaftspolitischer Relevanz. Lediglich 29 % der Artikel behandeln Themen aus Alltag, Freizeit, Kultur und Folklore (vgl. SwissGIS 2011: 75 f.).

8.4 Politische Tendenz

Radio

In der Öffentlichkeit und bei Politikern wird die Frage stets kontrovers diskutiert, ob einzelne Medien eine bestimmte politische Tendenz aufweisen; entweder indem sie Stellung für bestimmte politische Positionen beziehen, oder indem sie intensiver über eine bestimmte politische Partei berichten. Insbesondere die politische Rechte argwöhnt oft, die SRG sei «linksunterwandert».

Die Radioprogrammstudien liefern einige wissenschaftliche Hinweise zu diesem Vorwurf. Parteien kommen als Handelnde in den Nachrichtensendungen der ersten SRG-Radioprogramme relativ selten vor. Falls dies der Fall ist, wird die politische Linke lediglich bei LA PREMIÈRE am häufigsten erwähnt. In den anderen Sprachregionen finden hingegen die bürgerlichen Parteien SVP, FDP und im Tessin die CVP die grösste Aufmerksamkeit (vgl. Publicom AG et al. 2010a: 51, 115, 140, 168).

Bei den Privatradios zeigt sich ein disparates Bild. Während CAPITAL FM und CANAL 3 (frz.) der politischen Linken etwas mehr Gewicht einräumen, berücksichtigt BE 1 die SVP etwas stärker. Bei NEO 1 hingegen finden die Parteien an den politischen Polen (SP und SVP), kaum aber die Mitteparteien Erwähnung (vgl. Publicom AG et al. 2010c: 34, 53, 87, 122; über einige Sender lassen sich aufgrund der kleinen Fallzahlen keine Aussagen treffen).

Diese Ergebnisse lassen den Schluss zu, dass die SRG-Radioprogramme zumindest in der Deutschschweiz keineswegs eine Linkstendenz aufweisen, sondern im Gegenteil den bürgerlichen Parteien etwas mehr Beachtung schenken. Bei den Privatradios zeigt sich keine einheitliche Tendenz: Je nach Sender werden andere Parteien etwas stärker berücksichtigt.

Allerdings müssen diese Ergebnisse äusserst vorsichtig interpretiert werden. Parteien werden in allen Informationsprogrammen selten als Handelnde thematisiert, deshalb ist die analysierte Stichprobe klein. Zudem zeigt ein Vergleich mit den Analysen des Vorjahrs (2008) für die SRG-Programme, dass die Aufmerksamkeitsverteilung umgekehrt war. Deshalb ist zu vermuten, dass die Beachtung der Parteien in den Radioprogrammen eher von Ereignissen und Zufällen als von einer politischen Linie der Programmmacher abhängig ist (vgl. Publicom AG et al. 2010a: 52).

Presse

Die meisten Pressetitel verstehen sich heutzutage als «Forumszeitungen», die politisch unabhängig sind und alle politischen Strömungen abbilden. Tatsächlich weisen 58 % aller Artikel in regionalen Tageszeitungen eine politisch neutrale Grundstimmung auf (vgl. SwissGIS 2011: 77, 229).

Trotzdem ist es nicht vollständig von der Hand zu weisen, dass Tageszeitungen zu gewissen politischen Tendenzen neigen können. Der Medienwissenschaftler Roger Blum hatte 2004 die schweizerischen Tageszeitungen erstmals aufgrund seiner persönlichen Erfahrung innerhalb des Links-rechts-Schemas positioniert. Aufgrund von zwei Aktualisierungen in den Jahren 2007 und 2011 stellt Blum eine gewisse Rechtstendenz fest. Insbesondere der ‹Blick›, ‹Der Bund› und die ‹Basler Zeitung› seien nach rechts gerutscht. Aktuell teilt Blum die Zeitungen den politischen Strömungen folgendermassen zu (vgl. Blum 2004: 16 f.; aktualisiert, vgl. dazu Moser/von Matt 2011):

- *Links-liberal:* ‹Tages-Anzeiger›, ‹24 heures›, ‹Tribune de Genève›, ‹La Liberté›, ‹La Regione›
- *Mitte:* ‹Blick›, ‹Der Bund›, ‹Mittelland-Zeitung›, ‹Berner Zeitung›, ‹Le Matin›, ‹Le Temps›, ‹Le Nouvelliste›
- *Rechts-liberal:* ‹NZZ›, ‹Neue Luzerner Zeitung›, ‹St. Galler Tagblatt›, ‹Basler Zeitung›, ‹Corriere del Ticino›.

Diese Einschätzung wurde mit dem Argument kritisiert, dass Unterschiede zwischen den einzelnen Ressorts innerhalb einer Zeitung berücksichtigt werden müssten. Allerdings hat eine empirische Überprüfung mittels einer Inhaltsanalyse von Kommentaren zu verschiedenen Abstimmungen im Zeitraum von 2002 bis 2004 Blums Resultate zumindest für fünf untersuchte Tageszeitungen bestätigt. Die Analyse kommt zum Ergebnis, dass der ‹Tages-Anzeiger› tendenziell als linksliberal, die ‹NZZ›, ‹Berner Zeitung› und ‹Neue Luzerner Zeitung› als rechtsliberal einzustufen sind. Noch etwas stärker rechtsliberal positionierte sich die ‹Mittellandzeitung› (heute ‹Die Nordwestschweiz›). Alle untersuchten Zeitungen weisen eine Tendenz zu einer ökologischen Position auf. Allerdings zeigt die Studie auch, dass der Grad der Abweichungen zwischen den politischen Positionen der Zeitungen klein ist (vgl. Vontobel 2005: 38-42, 75). Bislang existiert keine Replikation dieser Untersuchung.

Nur wenige Zeitungen nehmen bewusst eine bestimmte politische Position ein und sind dem Typ der Gesinnungszeitung zuzuordnen. Es handelt sich dabei um die ‹NZZ›, ‹Le Courrier›, ‹schaffhauser az›, ‹Schaffhauser Nachrichten›, ‹WOZ›, ‹Weltwoche› und die ‹Basler Zeitung›.[34] Die ‹NZZ› definiert den Zweck ihrer Gesellschaft in den Statuten u.a. damit, «ein von Sonderinteressen unabhängiges politisches, wirtschaftliches und kulturelles Organ von hoher Qualität und freisin-

---

[34] Der Chefredakteur der Schaffhauser Nachrichten benennt klar, inwiefern und in welchen Genres eine politische Tendenz gepflegt wird: «Wir waren einst ein freisinniges Parteiblatt, haben uns dann geöffnet und lassen jede Meinung zu. Doch in unseren eigenen Kommentaren und Wahlempfehlungen setzen wir auf das Wertepaar ‚Freiheit und Verantwortung.' Wir stehen dem liberalen Gedankengut nahe, sind dabei für die soziale und nicht für ungezügelte Marktwirtschaft, für die direkte Demokratie und für den Föderalismus» (Büsser 2011a). Die Basler Zeitung scheint seit dem Einstieg des SVP-Politikers Christoph Blocher und der Einsetzung von Chefredaktor Markus Somm stärker (rechts-) bürgerliche Ideen zu vertreten und weist damit eine Tendenz zur Gattung der Gesinnungszeitung auf.

nig-demokratischer Grundhaltung herauszugeben» (zit. nach Dubs/Wieser 2009: 54). Ein Aktionär darf maximal 1 % der Aktien ins Aktienbuch eintragen, sollte Schweizer Bürger und Mitglied der FDP sein oder sich zu einer «freisinnig-demokratische[n] Grundhaltung» bekennen (vgl. NZZ Mediengruppe 2011b: 78). Der 2011 als Verwaltungsratspräsident gewählte Konrad Hummler (Amt im Februar 2012 niedergelegt) hat in seinen «Zehn Regeln im journalistischen Alltag» konkretisiert, was dies inhaltlich bedeuten soll. Die Redakteure sollen im Zweifel «für das Individuum und gegen das Kollektiv» und «für das Vertrauen in Märkte und gegen obrigkeitliche Eingriffe infolge angeblichen Marktversagens» eintreten (Hummler 2011: 23). Die ‹Weltwoche› pflegt seit dem Kauf durch Roger Köppel 2006, der auch das Amt des Chefredaktors innehat, eine rechtsbürgerliche, SVP-nahe Redaktionslinie (vgl. auch Weltwoche 2012).

Auf der politisch linken Seite steht hingegen die ‹WOZ – Die Wochenzeitung›: Sie versteht sich als «unabhängige, überregionale linke Zeitung der Deutschschweiz», die «einen kritischen und hintergründigen Qualitätsjournalismus» garantieren will (vgl. WOZ 2012). Die Zeitung wurde 1981 im Umfeld der Zürcher Jugendbewegung gegründet und brachte im Verlaufe ihres 30-jährigen Bestehens immer wieder renommierte Autoren hervor. Ihre Qualität ist anerkannt, weshalb sie scherzhaft als «linke NZZ» bezeichnet wird (vgl. Seibt 2006: 4).

Dass die politische Positionierung einer Zeitung auch Probleme mit sich bringen kann, zeigt das Beispiel der ‹schaffhauser az›. Nach ihrem eigenen Selbstverständnis will diese Wochenzeitung für Positionen eintreten, die «links der Mitte» stehen. Ihre Aktionäre sollten Mitglieder oder Sympathisanten der SP sein (vgl. schaffhauser az 2012). Gemäss Aussage von Redakteuren erwarte die Parteispitze der SP, dass über sie wohlgesinnt berichtet wird. Diese Erwartung wolle und könne man allerdings nicht immer erfüllen, da man kein Parteiblatt sein und eine gewisse journalistische Unabhängigkeit beibehalten wolle (vgl. SwissGis 2011: 95 f.).

Fernsehen

Parteien finden in den SRG-Informationssendungen gesamthaft wenig Erwähnung (zwischen rund 6 % und 24 %, je nach Stichprobe). Am meisten werden SVP und SP erwähnt (vgl. Allemann et al. 2010: 188). Dies lässt sich dahingehend interpretieren, dass die politisch am stärksten profilierten Parteien stärkere mediale Aufmerksamkeit als die politische Mitte geniessen. Letztlich dürfte die Erwähnung von Parteien stark von aktuellen Ereignissen abhängen. Wie beim Radio werden Parteien in der Frühjahrs- und Herbststichprobe unterschiedlich häufig erwähnt. Die privaten Fernsehsender erwähnen die SP durchschnittlich am häufigsten, gefolgt von SVP und FDP (vgl. Kolb et al. 2010: 11).

8.5 Geografischer Bezug

Radio

Den höchsten Anteil an Themen, die sich mit dem Ausland oder der Schweiz im internationalen Kontext beschäftigen, weisen RADIO SRF 1 und LA PREMIÈRE auf (60 % bzw. 65 %). Etwas geringer ist der Anteil der Auslandberichterstattung bei RETE UNO und RADIO RUMANTSCH (beide 46 %). Der Anteil an Themen mit nationalem Bezug beträgt in den Informationssendungen der SRG-Radios aller Sprachregionen zwischen 16 % und 24 %. Sprachregionale, regionale, kantonale und lokale Themen nehmen bei RADIO SRF 1 eine untergeordnete Bedeutung ein (7 %). In den anderen Sprachregionen ist der Anteil solcher Themen jedoch höher (zwischen 19 %-30 %) (vgl. Publicom AG et al. 2010a: 46, 112, 136, 164).

Bei den Privatradios ist der Anteil der Auslandberichterstattung (17 %-49 %) kleiner als bei den SRG-Radios. Nationale Themen werden am zweithäufigsten berücksichtigt (zwischen 11 % und 53%). Dafür liegt ein Schwergewicht bei der Lokal- (zwischen 9 % und 29 %) und Kantonsberichterstattung (zwischen 3 %-41 %).

Der prozentuale Anteil an Auslands-, nationaler, regionaler und lokaler Berichterstattung variiert von Privatradio zu Privatradio. Dies macht deutlich, dass die Privatradios bei den Nachrichten unterschiedliche Schwerpunkte setzen und sich dadurch voneinander abgrenzen. Besonders deutlich lässt sich dies am Beispiel der Tessiner Privatradios zeigen: RADIO FIUME TICINO berichtet hauptsächlich über das Ausland (49%) sowie lokale und regionale Gegebenheiten (23%). RADIO 3I hingegen informiert hauptsächlich über kantonale (41%) und nationale Themen (28%). Im Kanton Bern bietet CAPITAL FM mit Abstand am meisten nationale Berichterstattung (53 %), während CANAL 3 (dt.) jener Privatsender mit dem höchsten Anteil an Internationalem ist (38 %). Den höchsten Anteil an Lokalinformation weist BEO auf (29 %) (vgl. Publicom AG et al. 2010c: 33, 51, 69, 85, 103, 119, 139, 157).

Fernsehen

In den Fernsehnachrichtensendungen von SRF nimmt die Auslandberichterstattung einen höheren Anteil (20 %-48 %) als Inlandspolitik ein (13 %-15 %). Genau umgekehrt verhält es sich bei den SRG-Fernsehprogrammen in den beiden anderen Sprachregionen (Schweizer Politik: 22 %-26 %, Ausland: 11 %-17 %) (vgl. Allemann et al. 2010: 92 f.).

Zentren erhalten bei Themen mit Bezug zur Schweiz in allen drei sprachregionalen SRG-Nachrichtenprogrammen höhere Aufmerksamkeit als andere Gebiete. SRF berücksichtigt Zürich am häufigsten (16 %), gefolgt von Bern (8 %) und Graubünden (4.8 %, Frühjahrsstichprobe 2009). Bei RTS UN finden Genf und Waadt (15.8 % bzw. 14.4 %) die grösste Aufmerksamkeit, gefolgt vom Wallis (7.4 %). RSI LA 1 berücksichtigt oft das gesamte Sottoceneri (südlicher Teil des Tessins) (10 %), Lugano (9.7 %) und Bellinzona (8.1 %) (vgl. Allemann et al. 183 f.).

Bei den konzessionierten Privatfernsehsendern ist der Regionalbezug äusserst stark ausgeprägt – was ganz dem Leistungsauftrag dieser Programme entspricht. Im Durchschnitt haben 92 % der Beiträge einen Bezug zum jeweiligen Sendegebiet. Mit 72.3 % ist dieser Bezug bei TELE M1 am geringsten, mit 96.1 % bei KANAL 9 am stärksten (vgl. Kolb et al. 2010: 13).

Presse

Bei den überregionalen Qualitätszeitungen ‹NZZ› und ‹Le Temps› nimmt die Auslandberichterstattung den grössten Raum ein – gemessen an der absoluten Anzahl Seiten (4.5 bzw. 3.7) und dem prozentualen redaktionellem Anteil (15.5 % bzw. 18.5 %). Bei den regionalen Abonnementszeitungen ist der Stellenwert der Auslandberichterstattung hingegen geringer (zwischen 4.5 % und 9.3 %, mit Ausnahme des Tessiner ‹Giornale del Popolo› (13 %)), derjenige der Berichterstattung über kantonale und regionale Themen hingegen hoch. Der Anteil an Regionalberichterstattung variiert jedoch je nach Titel.

Abb. 53: Anteil regionaler und kantonaler Berichterstattung am redaktionellen Teil (in %)

Anteil in %	Zeitungstitel
25-49	Tages-Anzeiger, Tribune de Genève, L'Impartial, Basler Zeitung, Neue Luzerner Zeitung
50-90	Zürcher Oberländer, Schaffhauser Nachrichten, Thurgauer Zeitung, Berner Zeitung, Bieler Tagblatt, Walliser Bote, Corriere del Ticino, La Regione, Giornale del Popolo, L'Express, La Côte

Darstellung basierend auf den Daten von SwissGIS (2011: 24, 56, 65 f., 71, 151)

Die lokale und regionale Berichterstattung weist die Tendenz zu einer Fokussierung auf das Zentrum der jeweiligen Region auf. Im Durchschnitt werden Zentren zu rund einem Drittel berücksichtigt, je nach Zeitungstitel beträgt dieser Wert zwischen 18 % und 62 %. Gemäss einer Befragung besitzen einige Redaktionen eine Prioritätenliste zur Berücksichtigung der verschiedenen Orte, die auf den Kriterien Einwohner- und Abonnementszahl beruht (vgl. SwissGIS 2010: 65 f., 71, 99, 151).

Themenvielfalt im Medienvergleich: Befunde aus älteren Studien

Ergänzend soll an dieser Stelle auf die Hauptergebnisse von Inhaltsanalysen eingegangen werden, welche den Vergleich der Themenvielfalt verschiedener Medien zum Gegenstand hatten.

Bonfadelli et al. (2003a; 2003b) kommen in ihrer Untersuchung der Themenvielfalt von Medien in mehreren Deutschschweizer Regionen zum Schluss, dass Printmedien eine breitere Themenauswahl bieten als Radio und Fernsehen. Die Rundfunkmedien wählen Themen stärker selektiv aus und fokussieren tendenziell auf wenige Schwerpunkte. Allerdings vermögen es Radio und Fernsehen, die gesamte Themenpalette aller Medien zu erweitern (vgl. Bonfadelli et al. 2003b: 112). Ebenfalls zeigte es sich, dass im privaten Rundfunk die einzelnen Themen tendenziell etwas kürzer und stärker unterhaltungsorientiert behandelt werden als bei den SRG-Sendern. Die Werte unterscheiden sich aber je nach Region (vgl. Bonfadelli et al. 2003b: 93, 202; Schwarb/Bonfadelli 2006: 169-171).

Der Vergleich von Räumen mit einem Pressemonopol (Aargau, St. Gallen, Luzern) gegenüber einem Raum ohne Monopol (Zürich) zeigte, dass in den Monopolräumen die Themen-, Format- und Perspektivenvielfalt etwas geringer war. Möglicherweise sind diese Befunde nicht ausschliesslich auf Medienkonzentration, sondern auf die Grösse der Lokalräume zurückzuführen (vgl. Schwarb/Bonfadelli 2006: 169-173). Dennoch darf der Einfluss von Medienkonzentration auf die Berichterstattung nicht gänzlich negiert werden. Darauf lassen die Befunde einer Inhaltsanalyse schliessen, welche die Berichterstattung über die Vergabe von Radio- und Fernsehkonzessionen in der Region Zürich in verschiedenen Medien untersuchte. Die Berichte in jenen Medien, die einem Konzern gehörten, der sich in der Region Zürich für eine Konzession beworben hatte, waren deutlich vom Unternehmensinteresse gefärbt. Insbesondere die Zeitungen ‹Blick› und ‹Blick am Abend› setzten sich vehement dafür ein, dass RADIO ENERGY ZÜRI, welches wie beide Zeitungen in Besitz von RINGIER ist, eine Konzession erhält. Etwas schwächer war diese interessenorientierte Tendenz in der Berichterstattung von Medien ausgeprägt, die in Besitz von TAMEDIA waren (vgl. Puppis et al. 2009).

Gesamthaft lassen sich diese Resultate dahingehend interpretieren, dass eine Vielfalt an unterschiedlichen Mediengattungen (Presse, Radio und Fernsehen) und Anbietertypen (öffentlicher und privater Rundfunk) zu Themenvielfalt führen. Die verschiedenen Medien scheinen sich funktional ausdifferenziert zu haben. Während die Presse über eine breite Palette an Themen berichtet, greifen Fernsehen und Radio eher einzelne Themen auf und verdichten sie (vgl. auch Graf/Kradolfer 1997: 147-152). Medienkonzentration wird vor allem dort einen negativen Einfluss auf die Vielfalt der Berichterstattung haben, wo das Unternehmerinteresse unmittelbar tangiert ist.

8.6 Nutzung von Presse, Fernsehen und Radio

Presse

Wird zunächst die Reichweite (also der Anteil Personen, die mit einem Medium oder Medienprodukt erreicht werden) verschiedener Pressetypen analysiert, zeigt es sich, dass knapp vier Fünftel der Bevölkerung in der Schweiz eine Tageszeitung nutzen. Etwas weniger als die Hälfte der Bevölkerung nutzt eine regionale Wochen- und Sonntagszeitung sowie eine illustrierte Zeitschrift; knapp ein Zehntel einen Finanz- und Wirtschaftstitel. Diese Grössenverhältnisse sind im Verlaufe der Jahre ungefähr stabil geblieben, wie aus nachfolgender Abbildung ersichtlich ist. Einzig die Sonntagszeitungen konnten im Verlaufe der Jahre ihre Reichweite etwas steigern, während jene der regionalen Wochenpresse und der illustrierten Zeitschriften leicht zurückging.

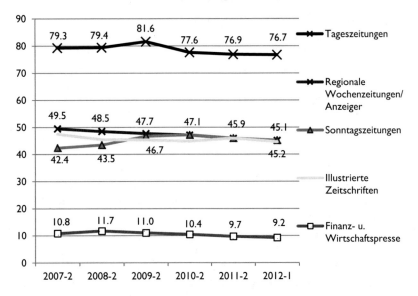

Abb. 54: Reichweite verschiedener Pressetypen im Durchschnitt aller Sprachregionen (2007-2012, in %)

eigene Darstellung basierend auf WEMF Mach Basic (2007-2012)

Pendler-, Boulevardzeitungen (‹20 Minuten›, ‹Blick›, ‹Blick am Abend›, ‹Le Matin›) und Sonntagszeitungen besitzen in der deutschen- und französischen Sprachregion die grösste Leserschaft, gefolgt von den kostenpflichtigen Regionalzeitungen. Die Titel der überregionalen Qualitätspresse (‹NZZ›, ‹Le Temps›) liegen in beiden grossen Sprachregionen im Mittelfeld.

Abb. 55: Leserschaft der grössten Deutschschweizer Tages- und Sonntagszeitungen (2012)

Titel D-CH	Leser gesamte CH	davon Leser in F-CH	I-CH
20 Minuten	1 379 000	6 000	
Blick	651 000	11 000	8 000
Blick am Abend	630 000	3 000	
Tages-Anzeiger	508 000		
Die Nordwestschweiz	384 000		
Berner Zeitung /Bund	353 000		
Neue Zürcher Zeitung	297 000	9 000	
Neue Luzerner Zeitung ges.	269 000		
St. Galler Tagblatt	261 000		
Zürcher Regionalzeitungen	247 000		
Die Südostschweiz	240 000		
Basler Zeitung	161 000		
SonntagsBlick	1 005 000	18 000	18 000
SonntagsZeitung	746 000	4 000	
NZZ am Sonntag	510 000	16 000	
Zentralschweiz am Sonntag	110 000		
Südostschweiz am Sonntag	157 000		
Sonntag	97 000		

eigene Darstellung basierend auf WEMF (2012a)

Wie aus der oben- und der untenstehenden Abbildung ersichtlich ist, werden Tageszeitungen aus anderen Sprachregionen kaum wahrgenommen; eine gewisse Ausnahme stellen die überregionalen Qualitäts-, Boulevard- und Sonntagzeitungen dar. Die überregionalen Sonntagszeitungen besitzen eine grössere Leserschaft als die Tageszeitungen aus demselben Medienunternehmen («SonntagsBlick», «SonntagsZeitung», «NZZ am Sonntag»). Die regionalen Sonntagszeitungen, die als siebte Ausgabe der Tageszeitung erscheinen, weisen hingegen weniger Leser als die Ausgaben an den Werktagen aus (‹Sonntag›, ‹Zentralschweiz am Sonntag›, ‹Südostschweiz am Sonntag›).

Wie in der Deutschschweiz besitzen auch in der Romandie die Pendler- und Boulevardzeitungen die grösste Leserschaft, gefolgt von den regionalen Abonnementszeitungen. Die überregionale Qualitätszeitung (‹Le Temps›) liegt auch in dieser Sprachregion im Mittelfeld. Die grösste Leserschaft erreicht ‹Le Matin Dimanche› am Sonntag.

Abb. 56: Leserschaft der grössten Westschweizer Tages- und Sonntagszeitungen (2012)

Titel D-CH	Leser gesamte CH	davon Leser in D-CH
20 Minutes	480 000	7 000
Le matin	260 000	4 000
24 heures	241 000	
le temps	130 000	18 000
Tribune de Genève	136 000	
Arc Presse	113 000	8 000
Le Matin dimanche	518 000	8 000

eigene Darstellung basierend auf WEMF (2012a)

Abb. 57: Leserschaft der italienisch- und rätoromanischsprachigen Tages- und Sonntagszeitungen (2012)

Titel I-CH	Leser gesamte CH
Corriere del Ticino	129 000
La Regione	112 000
Giornale del Popolo	50 000
La Quotidiana	k. A.
Il Caffè della domenica	114 000
Mattino della Domenica	83 000

eigene Darstellung basierend auf WEMF (2012a)

Die absolute Anzahl Leser eines Zeitungstitels gibt jedoch keine Auskunft über den Erfolg einer Zeitung in einem regionalen Verbreitungsgebiet. Wird die Reichweite der Pressetitel in den Regionen gemessen, zeigt es sich, dass über die Hälfte der Bevölkerung in einer Region von einer regionalen Abonnementszeitung, ein Drittel von der Gratiszeitung ‹20 Minuten› erreicht wird. Die Boulevardzeitung ‹Blick› und ihre Gratisausgabe erreichen in den Regionen etwas weniger als 15 % Bevölkerung. Die überregionale Qualitätszeitung ‹NZZ› wird hingegen von lediglich rund 6 % der Einwohner in einer Region wahrgenommen. Ausserhalb ihrer Stammgebiete erreichen Regionalzeitungen nur wenige Leser (die Reichweite liegt im tiefen einstelligen Prozentbereich).

Abb. 58: Reichweite verschiedener Zeitungstypen in den verschiedenen Deutschschweizer Regionen (2012)

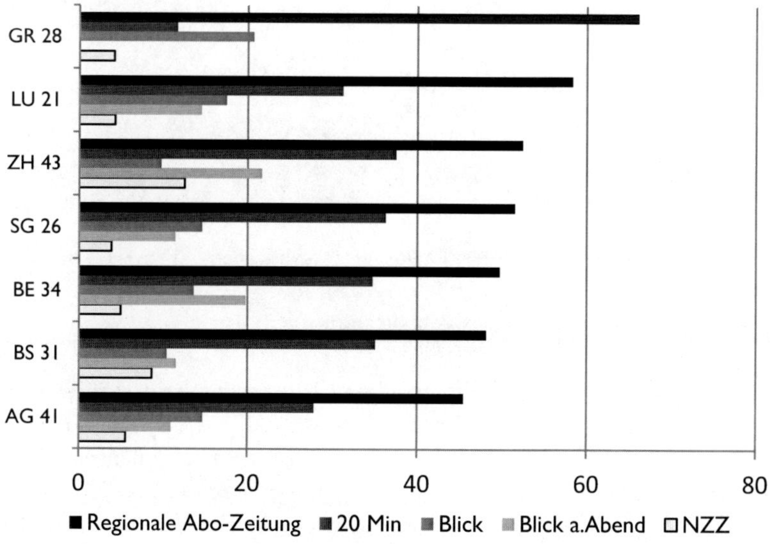

eigene Darstellung basierend auf WEMF (2012a)

Fernsehen

Das Fernsehen wird in der Schweiz hauptsächlich am späteren Abend genutzt. Über ein Drittel der Deutschschweizer Bevölkerung schaut unter der Woche zwischen 20:00 und 22:00 Uhr fern (ein höherer Wert wird am Sonntag erreicht). Das Radio wird hingegen vor allem am

Morgen und Mittag, etwas weniger intensiv am frühen Abend genutzt. Gelesen wird hauptsächlich am Morgen und über die Mittagszeit. Im Internet wird im Verlaufe des Morgens und Nachmittags, etwas weniger intensiv auch nachts gesurft (vgl. Abb. 59).

Abb. 59: Mediennutzung im Tagesablauf in der Deutschschweiz (Reichweite in %, Mo-Fr, 2011)

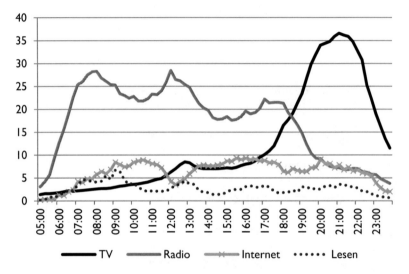

eigene Darstellung basierend auf Mediapulse (2012: 4 f.)

Die Bevölkerung in allen Sprachregionen setzt zwei Drittel ihrer Fernsehnutzungszeit für den Konsum von ausländischen Programmen, zu rund einem Drittel für den Konsum von SRG-Programmen ein. Allerdings werden die SRG-Sender in der Hauptsendezeit (18:00-23:00 Uhr) in allen Sprachregionen stärker genutzt. Die Marktanteile der schweizerischen Privatsender sind hingegen tief (im einstelligen Prozentbereich, vgl. Abb. 60) (vgl. IP/RTL Group 2011: 519, 535, 543).

Die SRG-Fernsehsendungen mit den durchschnittlich höchsten Marktanteilen (um die 50 %) sind in allen drei Sprachregionen die Hauptausgaben der Tagesschau (im Tessin ‹Il Quotidiana›). Eigenproduzierte Unterhaltungssendungen sind bei den Zuschauern ebenfalls sehr beliebt (z. B. ‹Happy Day›, ‹Kampf der Chöre›, ‹Benissimo›). Den höchsten Marktanteil vermögen sporadisch aussergewöhnliche Sportereignisse wie Spiele der schweizerischen Fussballnationalmannschaft zu erzielen (bis zu 68 %). Dem Schweizer Privatsender 3+ gelingt es mit eigenproduzierten Adaptionen international erfolgreicher Unterhaltungssendungen immer wieder, ansehnliche Marktanteile zu generieren (z. B. mit ‹Bauer, ledig, sucht...› 8.9 %, ‹Bumann der Restauranttester› 5 % mit Spitzenwerten bis zu 15 %) (vgl. IP/RTL Group 2011: 531).

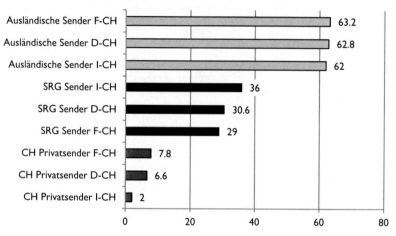

Abb. 60: Marktanteil verschiedener Kategorien von TV-Sendern (in %, Mo-So, 2011)

eigene Darstellung basierend auf Mediapulse (2012: 26)

Bei den ausländischen Privatsendern werden hingegen Unterhaltungsshows, Serien und Filme am häufigsten genutzt (vgl. IP/RTL Group 2011). Damit bestätigen sich die Resultate älterer Befragungen schweizerischer Mediennutzer, welche zeigen, dass SRG-Programme hauptsächlich zur Information, ausländische Privatsender zur Unterhaltung genutzt werden (vgl. gfs-zürich/Bonfadelli 2007).

Viele schweizerische Privatfernsehsender sind auf lokal-regionaler Ebene tätig. Um Aussagen über den Publikumserfolg dieser Sender zu treffen, ist es deshalb sinnvoll, die Reichweite im regionalen Konzessionsgebiet zu analysieren. Im Durchschnitt erreichen die regionalen Privatfernsehsender in der Deutschschweiz in ihrem Verbreitungsgebiet 103 000 Personen und damit 14 % der Bevölkerung in diesem Gebiet (eigene Berechnung basierend auf Mediapulse 2012: 27 f.). Der stärkste Privatsender ist TELEZÜRI: Er erreicht die grösste Anzahl Zuschauer und schöpft das Zuschauerpotenzial im Verbreitungsgebiet am besten aus. Die schwächsten regionalen Privatfernsehsender in Bezug auf die absolute und prozentuale Anzahl Zuschauer sind die Ostschweizer Privatsender. Die restlichen Sender liegen im Mittelfeld, wie aus folgender Abbildung ersichtlich ist.

Abb. 61: Reichweite regionaler Deutschschweizer Privatfernsehsender (in Tausend und in %, 2011)

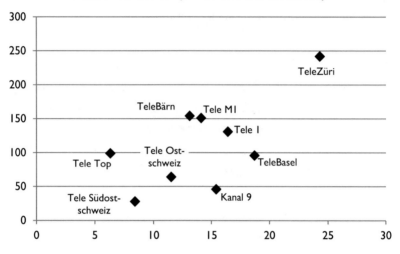

eigene Darstellung basierend auf Mediapulse (2012: 27 f.)[35]

In den kleineren französischen- und italienischen Sprachregionen erreichen die regionalen Fernsehsender im Durchschnitt 47 000 Personen, was 12.5 % der Bevölkerung im Verbreitungsgebiet entspricht (eigene Berechnung basierend auf Mediapulse 2012: 27 f.). Zu den stärksten Privatsendern gemessen an der absoluten und prozentualen Reichweite gehören in der West- und Südschweiz TELE TICINO und CANAL 9.

---

[35] Die Daten für TeleZüri beziehen sich lediglich auf dessen Kerngebiet in Zürich.

Abb. 62: Reichweite regionaler Westschweizer Privatfernsehsender (in Tausend und in %, 2011)

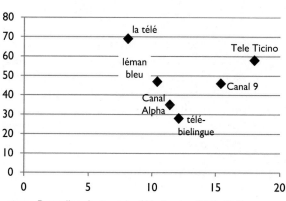

eigene Darstellung basierend auf Mediapulse (2012: 27 f.)

Radio

Anders als beim Fernsehen nutzen die Radiohörer hauptsächlich schweizerische Programme. Die SRG-Radios erreichen in allen Sprachregionen den grössten Marktanteil (rund zwei Drittel, im Tessin gar vier Fünftel), gefolgt von den schweizerischen Privatradios.

Abb. 63: Marktanteil verschiedener Kategorien von Radiosendern (in %, Mo-So, 2011)

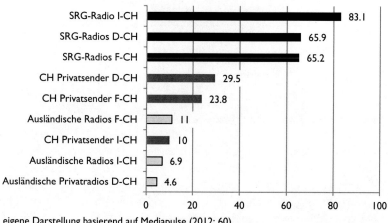

eigene Darstellung basierend auf Mediapulse (2012: 60)

Die verschiedenen Privatradios sind in ihren Konzessionsgebieten unterschiedlich erfolgreich. Die kommerziellen Privatradios erreichen durchschnittlich 90 500 Hörer und damit knapp jede fünfte Person im Konzessionsgebiet (Reichweite: 18 %). Wie untenstehende Abbildung zeigt, gibt es einige Sender, die in absoluten Zahlen eine grosse Hörerschaft erreichen, das prozentuale Hörerpotenzial in ihrem Gebiet jedoch schlechter nutzen als andere Sender (z. B. ‹Radio Top›, ‹Energy›-Radios). Daneben existieren Privatsender, die vergleichsweise wenige Hörerinnen und Hörer haben, das Potenzial im Konzessionsgebiet jedoch gut ausschöpfen (z. B. BEO, RADIO ROTTU). Am wenigsten Hörer erreichen die alternativen Lokalradios.

Abb. 64: Reichweite regionaler Deutschschweizer Privatradios (in Tausend und in %, 2011)

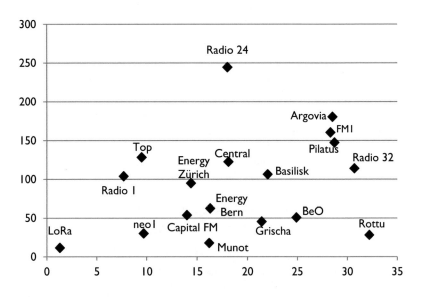

eigene Darstellung basierend auf Mediapulse (2012: 62 f.)

In der französischsprachigen Schweiz ist die Situation der Privatradios ähnlich wie in der Deutschschweiz: Einige grosse Sender vermögen zwar vieleHörer zu erreichen, schöpfen ihr prozentuales Hörerpotenzial jedoch weniger gut aus als einige kleine Sender (CHABLAIS, RHÔNE, FRIBOURG). Die erfolgreiche Ausnahme stellt BNJ dar: Der Sender schöpft das absolute und prozentuale Hörerpotenzial gut aus.

Abb. 65: Reichweite regionaler Deutschschweizer Privatradios (in Tausend und in %, 2011)

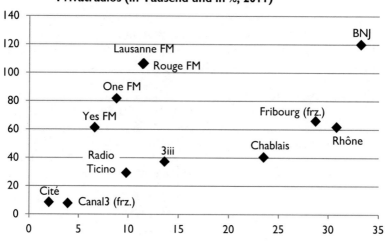

eigene Darstellung basierend auf Mediapulse (2012: 62 f.)

8.7 Nutzung von Onlinemedien

Wie in Abb. 16 dargestellt, existieren ganz unterschiedliche Formen von Onlinemedien. Allerdings bietet nur ein kleiner Teil aller Onlinemedien publizistische General-Interest Inhalte an, die von einer Redaktion produziert werden. Solche publizistischen Inhalte sind jedoch äusserst populär und werden von drei Viertel der Internetnutzer nachgefragt (75 %). Lediglich die Nutzung von Suchmaschinen (93 %), der Abruf von E-Mails (97 %) oder die Suche nach Produktinformationen (79 %) und Wortbedeutungen (79 %) ist noch beliebter. Weniger häufig werden Radiosender online gehört (44 %), Fernsehen live (35 %) oder zeitversetzt (37 %) übers Internet geschaut.[36]

‹20 Minuten›, ‹Blick Online›, ‹Newsnet› und NZZ-Online sind jene publizistischen Angebote, die in der Deutschschweiz täglich am meisten Nutzer erreichen. In der Westschweiz sind die Portale von ‹Le Matin›, ‹24 heures›, ‹Tribune de Genève› und ‹Le Temps› am erfolgreichsten. Bei den Radio- und Fernsehangeboten erreichen die Online-Angebote der

---

[36] Die zitierten Befunde basieren auf einer im Jahr 2011 durchgeführten repräsentativen Befragung, die in der Studie von Latzer et al. (2012: 14-23) veröffentlicht wurden. Die Ergebnisse dieser Studie decken sich in ihrer Tendenz mit einer Befragung die vom Bundesamt für Statistik 2010 durchgeführt wurde (vgl. BFS 2012c).

SRG mit Abstand die meisten Internetnutzer. Die Onlineangebote von ausländischen Privatsendern und Internetfernsehportalen wie ‹Zattoo› verzeichnen dagegen eine vergleichsweise bescheidene Anzahl täglicher Nutzer. Diese Daten machen deutlich, dass im Onlinebereich jene Unternehmen die grösste Anzahl Nutzer erreichen, die auch in der Presse und dem Rundfunk erfolgreich sind.

Abb. 66: Online-Nachrichtenportale Deutschschweiz: Durchschnittliche Anzahl Nutzer pro Tag (1. Hälfte 2012)

Name der Onlineportale	Anzahl Nutzer
20minuten.ch	414 000
Blick Online	411 000
Newsnet D-CH	237 000
tagesanzeiger.ch	173 000
baslerzeitung.ch	35 000
bernerzeitung.ch	32 000
derbund.ch	14 000
NZZ-Netz	172 000
NZZ-Online	137 000
luzernerzeitung.ch	27 000
St. Galler Tagblatt	16 000
Radio SRF	50 000
SRF (TV)	253 000
energy.ch	17 000
Sat1.ch	15 000
Pro7.ch	6 000
wilmaa.com	69 000
Zattoo	42 000
MyVideo.ch	20 000

eigene Darstellung basierend auf NET-Metrix AG (2012: 9 f.)

Abb. 67: Online-Nachrichtenportale Westschweiz: Durchschnittliche Anzahl Nutzer pro Tag (1. Hälfte 2012)

Name der Onlineportale	Anzahl Nutzer
LeMatin.ch	61 000
24heures.ch	40 000
Tribune de Genève	39 000
Le temps	17 000
Le Nouvelliste	10 000
Tsr.ch	92 000
RSI.ch	15 000
Rsr.ch	18 000
tio.ch	40 000
ticinonews.ch	17 000

eigene Darstellung basierend auf NET-Metrix AG (2012)

Die Online-Nachrichtenportale gehören zu den erfolgreichsten Onlineangeboten überhaupt. Sie werden täglich von gleichviel oder zum Teil mehr Personen genutzt als nichtpublizistische Onlineangebote und Dienstleistungen wie E-Mail-Dienste, lokale Suchmaschinen oder Kleinanzeigenportale.

Abb. 68: Nichtpublizistische Onlineangebote und Dienstleistungen: Anzahl Nutzer pro Tag (1. Hälfte 2012)

Name der Onlineportale	Anzahl Nutzer	Name der Onlineportale	Anzahl Nutzer
Bluewin	711 000	homegate.ch	96 000
search.ch	269 000	AutoScout24	82 000
local.ch	242 000	JobScout24	23 000
GMX.ch	205 000	FriendScout24	21 000
doodle.ch	79 000	ImmoScout24	67 000

eigene Darstellung basierend auf NET-Metrix AG (2012)

> **Fazit:** Inhaltsanalysen zeigen, dass die verschiedenen Mediengattungen je unterschiedliche Leistungen erbringen. Während bei Tageszeitungen die Themenvielfalt mit einem hohen Anteil an Politik am grössten ist, fokussieren sich Radio und Fernsehen stärker auf einzelne Themen. Privatradio- und Privatfernsehprogramme beschäftigen sich in den Nachrichtenprogrammen hauptsächlich mit lokal-regionalen Themen, die SRG-Sender hingegen hauptsächlich mit dem In- und Ausland. Bei der Presse zeigen sich Unterschiede: Insbesondere die überregionalen und grösseren Tageszeitungen bieten einen höheren Anteil an Aus- und Inlandberichterstattung als viele, oft auch kleinere Regionalzeitungen.
>
> Damit wird die Bevölkerung in den Regionen auf unterschiedliche Art und Weise mit aussen-, innenpolitischen und regionalen Themen versorgt. Die Nutzungsforschung zeigt, dass ein Grossteil der Bevölkerung hauptsächlich jene Abonnementszeitung liest, die für die jeweilige Region herausgegeben wird, jedoch kaum eine aus einer anderen Region. Daneben wird relativ häufig auf eine Gratis- oder Boulevardzeitungen zurückgegriffen. Die privaten Rundfunksender werden je nach Region unterschiedlich intensiv genutzt. Insbesondere in ländlichen Regionen erreichen die lokalen Radiosender einen vergleichsweise grossen Teil der Bevölkerung. Im Onlinebereich werden hauptsächlich die Nachrichtenportale der etablierten Medienunternehmen nachgefragt.

Weiterführende Literatur

Allemann, Jessica / Fiechtner, Stephanie / Trebbe, Joachim (2010): Nahaufnahme: Die Fernsehprogramme der SRG SSR idée suisse. Ergebnisse der kontinuierlichen Programmanalyse 2009. Unter Mitarbeit von Suzanne Lischer. Zürich, Chur.

Kolb, Steffen / Schwotzer, Bertil (Hrsg.) (2010): Die Regionalfernsehsender in der Schweiz. Bestandesaufnahme und Struktur der Programme mit Leistungsauftrag. Zürich, Chur.

→ *Fernsehprogrammanalysen. Jährlich aktualisierte Daten werden auf der Homepage des Bakoms veröffentlicht*

Publicom AG / USI / UNIGE (2010): Analyse der Programme privater Radioveranstalter 2009/2010: Kantone Bern und Tessin. Schlussbericht. Kilchberg, Lugano, Genf.

Publicom AG / USI / UNIGE (2010): Analyse der Radioprogramme der SRG SSR idée suisse 2009/2010. Schlussbericht. Kilchberg, Lugano, Genf.

→ *Radioprogrammanalysen. Jährlich aktualisierte Daten werden auf der Homepage des Bakoms veröffentlicht*

SwissGIS (2011): Pluralismus und Vielfalt in Regionalzeitungen. Auswirkungen von Medienkonzentration und Medienkrise auf die Lokalberichterstattung in ausgewählten Regionen in der Schweiz. Schlussbericht an das Bundesamt für Kommunikation (Bakom). Zürich.

→ *Inhaltsanalyse verschiedener Tages- und Wochenzeitungen*

fög - Forschungsbereich Öffentlichkeit und Gesellschaft (Hrsg.) (2012): Qualität der Medien Schweiz – Suisse – Svizzera: Jahrbuch 2012. Basel.

→ *Umfassende Inhalts- und Strukturanalyse publizistischer Pressetitel, Radio-, Fernsehprogramme und Online-Nachrichtenportale. Jährlich aktualisiert*

9 Strukturwandel der Presse

«Das Erscheinungsbild [der Zeitungen] wandelte sich in kurzen Intervallen radikal. Die langen Leitartikel auf der ersten Seite, die den Charakter politischer Sonntagspredigten hatten, verschwanden. Ein luftiges Layout wurde wichtig, und die Beiträge hatten sich diesem Layout zu fügen. Wer mithalten wollte, musste sich positiv und freundlich präsentieren. Die Zeit der parteinahen Presse ging zu Ende und mit ihr eine Tradition, die lange die öffentliche Diskussion strukturiert hatte.»
Otmar Hersche (2008)

> Die Presselandschaft hat sich über Jahrzehnte massiv verändert: Zahlreiche Zeitungstitel sind verschwunden, wenige neue wie ‹20 Minuten› in den Markt eingetreten. Mit dieser Entwicklung veränderten sich die Leistungen der Presse und die Aufgaben des Journalismus grundlegend. Deshalb wird in diesem Kapitel analysiert,
> - wie sich die Presse langfristig verändert hat
> - welche Pressetypen entstanden und wieder verschwunden sind
> - zu welchen neuen Konzepten von Journalismus der Pressewandel geführt hat.

Die Entwicklung der Presse in den letzten 200 Jahren ist eng mit der Entwicklung der Demokratie verbunden und vollzog sich in mehreren Etappen. Einen Vorschlag zur Identifizierung dieser Etappen hat Jürgen Habermas (1990[1962]) mit seiner Habilitationsschrift «Strukturwandel der Öffentlichkeit» vorgelegt. Seine drei Phasen wurden von Imhof (2006: 199 f.) um eine Vierte ergänzt:
1. *Repräsentative Öffentlichkeit* (bis Ende 18. Jh.): Herrschaft wird über Anlässe (Versammlungen von Adeligen), Attribute (Insignien, Kleidung, Anrede/Rhetorik) öffentlich, vor dem Volk repräsentiert.
2. *Bürgerliche Öffentlichkeit* (ab 18./19. Jh.): Privatpersonen debattieren öffentlich über politische Angelegenheiten und schaffen als Institution für solche Debatte u.a. die Gesinnungspresse.

3. *Medialisierte Öffentlichkeit* (19./20. Jh.): Öffentlichkeit wird vorwiegend über Massenmedien hergestellt. Allerdings haben sich diese Medien von der politischen Gesinnung des Publikums losgelöst und orientieren sich stärker an wirtschaftlichen und anderen organisierten Privatinteressen. Habermas spricht deshalb von «vermachteter» Öffentlichkeit.
4. *Öffentlichkeit in kommerzialisiertem Umfeld* (Ende 20.Jh.): Die Öffentlichkeit wird grösstenteils von kommerzialisierten Medien, die als Investitionsobjekte dienen, in einem deregulierten Medien- und Politiksystem hergestellt.

Habermas hat diese Phasen auf Grundlage einer historischen Untersuchung des Wandels der Öffentlichkeit in Grossbritannien, Deutschland und Frankreich gebildet. Die Phasen weisen in hohem Mass den Charakter von Idealtypen auf, worauf Saxer (1994: 73) aufmerksam gemacht hat. Die vier Phasen von Öffentlichkeit werden deshalb als Heuristik benutzt, um die wichtigsten Entwicklungen der facettenreichen schweizerischen Pressegeschichte darzustellen. Ein solches Vorgehen ist legitim, da in der Schweiz zeitversetzt ähnliche Entwicklungen wie in den von Habermas untersuchten Ländern stattgefunden haben (vgl. Donges/Imhof 2010: 201; Hölscher 1997: 17).

9.1 Pressezensur im Ancièn Régime (bis 1798/1830)

Politischer und gesellschaftlicher Kontext der Frühen Neuzeit

Die meisten Staaten auf dem europäischen Kontinent wurden in der Frühen Neuzeit (16.-18. Jahrhundert) aristokratisch oder absolutistisch regiert. Fürsten und Könige fällten politische Entscheidungen nach eigenem Gutdünken im Geheimen (im sogenannten «Arkanbereich»). Die Untertanen sollten über Politik weder informiert werden, geschweige denn darauf Einfluss nehmen. Schliesslich waren die Herrschenden bzw. ihre Vorfahren von Gott in ihr Amt eingesetzt worden und folglich nur ihm gegenüber rechenschaftspflichtig (vgl. Im Hof 1982: 20).

Auf dem Gebiet der Alten Eidgenossenschaft war die Situation nicht wesentlich anders, trotz ein paar gewichtiger struktureller Unterschiede gegenüber den umliegenden Ländern. Hier gab es eine Vielfalt an unterschiedlichen territorialen Herrschaften (grosse, kleine, städtische Gebiete mit Handwerk und Handel; landwirtschaftlich geprägte Gebiete, Untertanengebiete etc.) mit unterschiedlichen Regierungsformen. Die Adeligen waren bereits im Verlauf des Mittelalters vertrieben oder entmachtet worden. Die meisten eidgenössischen Orte waren deshalb Republiken, deren Staatsgeschäfte in den Räten der Städte oder auf Landsgemeinden (Versammlung der stimm- und wahlberechtigten Bürger) ausgehandelt wurden (vgl. Kästli 1998: 23).

In den Stadt- und Landkantonen zeigten sich im Verlauf der Frühen Neuzeit jedoch absolutistische Herrschaftstendenzen. Es kam zu einer immer stärkeren Schliessung des Bürgerrechts. Die wichtigsten Staatsämter wurden von einem immer kleineren Kreis begüterter Familien ausgeübt. Jene, die daran beteiligt waren, wurden Patrizier genannt. Diese aristokratischen Familien begannen die Staatsämter als vererbbar zu betrachten und zeigten ihre besondere Stellung auch symbolisch. Beispielsweise residierten die Berner Patrizier im Sommer in ihren prachtvoll ausgestalteten Vogteischlössern in den Untertanengebieten, führten ein eigenes Geburtsregister («Rotes Buch von Bern») und erstellten Familienstammbäume, um ihre besondere Stellung zu legitimieren (vgl. Böning 1998: 9-11; Kästli 1998: 24 f.). Die Abstimmungen an den Landsgemeinden tendierten ebenfalls dazu, die Herrschaft der dortigen Patrizierfamilien zu repräsentieren. Beschlüsse wurden oft einstimmig gefällt und hatten eher den Charakter von periodisch erneuerten Gesellschaftsverträgen zwischen Sippenverbänden, als dass sie den Willen des Einzelnen ausdrückten (vgl. Kölz 1992: 11, 14 f.).

Wie in den Monarchien der umliegenden Länder vollzogen sich die Regierungsgeschäfte auch in den eidgenössischen Orten im Geheimen: Die Grossen und Kleinen Räte der Stadtorte (erstere äquivalent zum Parlament, letztere zur Regierung) fällten ihre Entscheidungen hinter verschlossenen Türen. Die Bevölkerung sollte auf die Regierungsgeschäfte keinen Einfluss mehr nehmen. «Volksanfragen», bei denen die Obrigkeit von Zürich, Bern und Luzern ihre Untertanen bei wichtigen Problemen wie Steuererhöhung, Kriegsbeteiligung etc. angehört hatte, wurden ab dem 17. Jahrhundert nicht mehr durchgeführt.

Pressezensur

Die aristokratische Staats- und Regierungsform hatte Auswirkungen auf den Umgang mit Druckerzeugnissen jeglicher Art, was sich exemplarisch am Beispiel Zürich zeigen lässt. Dort mussten alle Druckschriften einer Zensurkommission vorgelegt werden, die aus sieben Mitgliedern der Zürcher Geistlichkeit und der Zürcher Regierung bestand. Die Vorzensur dieser Kommission konnte inhaltliche Änderungen verlangen oder bestimmte Inhalte ganz verbieten. Verstösse ahndete sie mit Busse, Haft oder Verbannung aus der Stadt (vgl. Guggenbühl 1996: 35-44). Mit Einfuhrverboten für Zeitungen aus anderen Kantonen und dem Verbot des Hausierens mit Kalendern und fremden Büchern (so auch im Kanton Bern) wurde zu verhindern versucht, dass die Zensur mit Schriften von ausserhalb umgangen werden konnte (vgl. Böning 1998: 35-37).

Die Zürcher Zensurkommission kontrollierte nicht nur Schriften, sondern betrieb auch gewerbliche Strukturpolitik. Sie überwachte den Berufsstand, indem sie den Druckereid abnahm und das Privileg vergab, eine Druckerei einzurichten. Sie hielte die Anzahl städtischer Druckereien absichtlich klein (bis 1798 ca. 5), um die Druckschriften besser kontrollieren und die bestehenden Druckereien vor zu starker wirtschaftlicher Konkurrenz schützen zu können (vgl. Guggenbühl 1996: 47-49).

Die Pressezensur wirkte sich auf Inhalt und Stil der Zeitungen aus. Über die Politik des jeweiligen Orts und der Eidgenossenschaft durfte in der Regel nicht berichtet werden; Parteinahme und subjektive Kommentierung wurden zumeist nicht toleriert. Noch 1767 vereinbarten die Städte Zürich, Bern und Schaffhausen, dass Publikationen, die in ihren Orten erscheinen, keine Berichte über politische Angelegenheiten der jeweils anderen Städte enthalten dürfen. Deshalb bestanden die Meldungen in den Zeitungen jener Epoche weitgehend aus merkwürdigen Begebenheiten (z. B. Naturkatastrophen oder Todesfälle) und Meldungen aus dem Ausland (vgl. Guggenbühl 1996: 55).

Pressestruktur

Bereits zu Beginn des 17. Jahrhunderts hatten sich Zeitungen von Deutschland aus in ganz Europa ausgebreitet. Ihre Vorläufer waren zum einen Flugblätter, mit denen eine breitere Öffentlichkeit durch Vorlesen über Neuigkeiten informiert wurde und zum anderen Publikationen, die regelmässig zu den grossen Handelsmessen in Köln, Frankfurt, Leipzig und Strassburg herauskamen (sogenannte «Messrelationen»). Nach 1600 wurde in wirtschaftlich bedeutenden Städten begonnen, Zeitungen in kürzeren Abständen, d. h. mindestens ein- oder gar mehrere Male pro Woche zu veröffentlichen. Um 1640 erschienen bereits 60 Zeitungen.

Diese neue Entwicklung hielt auch auf dem Gebiet der Eidgenossenschaft in Orten wie Basel (1610) und Zürich (1623) früh Einzug (vgl. Pürer/Raabe 2007: 43 f.). Im Verlauf der nächsten hundert Jahre differenzierte sich das Zeitungsgewerbe in die folgenden Typen aus (vgl. Stöber 2005: 53-82; Bollinger 1995: 33-63; Pürer/Raabe 2007: 45-57):

- *Nachrichtenblatt («Ordinari Zeitungen»):* Diese Zeitungen erschienen oft ohne Titel oder lediglich mit den Überschriften ‹Aviso› bzw. ‹Relation›. Beispiele solcher Zeitungen waren die ‹Ordinari-Mittwochen-Zeitung (Zürich 1679), ‹Donnerstägliche Post- und Ordinari-Zeitung› (Bern 1687) oder die ‹Neue Ordinari-Mittwochs-Zeitung› (Schaffhausen 1703). Diese Publikationen enthielten Nachrichten über Kuriositäten und Vorgänge im Ausland. Die Meldungen wurden kaum nach inhaltlichen Kriterien gewichtet, sondern nach der Reihenfolge ihres Eingangs abgedruckt. Quellen waren ausländische Zeitungen oder Briefe von Personen vor Ort.
- *Avis- und Intelligenzblatt:* Dabei handelt es sich um Anzeigenblätter, die hauptsächlich Inserate und amtliche Meldungen veröffentlichten.[37] Ein Beispiel dafür sind die 1730 in Zürich gegründete ‹Donnstags-Nachrichten›. Anfänglich opponierten vor allem Handwerker gegen diese Zeitung, da sie eine Bedrohung ihres Gewerbes befürchteten. Dieser Widerstand fruchtete nichts, die Zeitung wurde bald kommerziell sehr erfolgreich. Gegen Ende des 18. Jahrhunderts verdreifachte sich ihr Volumen, so dass sie ab 1801 zweimal pro Woche erschien. Noch heute existiert die Publikation unter dem Titel ‹Tagblatt der Stadt Zürich› (vgl. Bollinger 1995: 55).
- *Moralische Wochenschriften:* Dieser Pressetyp entstand im 18. Jahrhundert und wollte mit der Darstellung aufklärerischer Normen und Werte die Menschen erziehen und belehren. Eines der berühmtesten Beispiele dieses Zeitschriftentyps sind die von Johann Jakob Bodmer und Johann Jakob Breitinger in Zürich herausgegebenen ‹Discourse der Mahlern›. In literarisch-kritischem Stil wurden Gedanken der Aufklärung verbreitet, jedoch nur für eine kurze Zeit: Wegen Problemen mit der Pressezensur musste die Zeitschrift bald wieder eingestellt werden.
- *Fach-, literarische und historisch-politische Zeitschriften:* Im 18. Jahrhundert kamen Zeitschriften für ein gelehrtes Fachpublikum auf und enthielten ähnlich wie die heutigen Fachzeitschriften Abhandlungen, kritische Diskussionen oder Rezensionen. Viele dieser Publikationen existierten allerdings nur für kurze Zeit.

---

[37] Der Begriff «Intelligenzblatt» leitete sich aus der lateinischen Bedeutung des Worts ab und meint «Einsicht nehmen...», also Einsicht in Inserate nehmen. Die ‹Schaffhauser Nachrichten› verwenden die Bezeichnung in ihrem Untertitel ‹Schaffhauser Intelligenzblatt› noch heute.

9.2 Die Entstehung der Gesinnungspresse (bürgerliche Öffentlichkeit)

Gesellschaftlicher und politischer Kontext

Im Zuge der europäischen Aufklärung des 18. Jahrhunderts entwickelten Staatsdenker, Literaten und Philosophen neue Staatsvorstellungen. Das Denken dieser Gelehrten war vom Humanismus, der englischen und holländischen Naturrechtsschule (ab Ende des 16. Jh.) und dem Rationalismus geprägt.

Die Aufklärer gingen davon aus, dass der Mensch ein vernunftbegabtes Wesen ist. Die autonome, menschliche Vernunft sei deshalb die letzte Instanz, um Erkenntnis zu gewinnen und über Normen, soziales und politisches Handeln zu entscheiden. Gleichzeitig sei der Mensch hilfsbedürftig und besitze einen Hang, in Gesellschaft zu leben. Deshalb würden die Menschen gewisse Funktionen, die zum Wohl und Gedeihen der Gemeinschaft notwendig seien, in die Hände von Geeigneten legen und Macht an sie delegieren. Die wichtigste Aufgabe des Staates sei es deshalb, zunächst die unveräusserlichen und unverzichtbaren Rechtsgüter des Menschen im Naturzustand, also Leben, Freiheit und Eigentum zu schützen (vgl. Haller/Kölz 2004: 59; Kölz 1992: 27-29).

Die Quelle aller staatlichen Macht ist in dieser neuen Vorstellung das Volk und nicht Gott. Staatliche Angelegenheiten wurden nun als «öffentliche» Angelegenheit betrachtet und sollten deshalb auch öffentlich verhandelt werden. Dieser Gedanke wurde besonders von der ökonomisch erstarkten Bürgerschaft getragen, da sie die Auswirkungen politischer Entscheidungen u.a. bei der Ausübung ihrer Wirtschaftstätigkeit direkt spürte und deshalb an staatlicher Herrschaft beteiligt sein wollte (vgl. Habermas 1990: 80-82).

Öffentlichkeit als unabdingbare Voraussetzung einer funktionierenden Demokratie

Mit der Etablierung von Demokratien im 19. und 20. Jahrhundert wurden die normativen Prinzipien der Aufklärung in die Realität umgesetzt. Damit eine auf diesen normativen Prinzipien basierende Demokratie funktionieren kann, müssen bestimmte Voraussetzungen erfüllt werden (vgl. Habermas 2006: 412; Haller/Kölz 2004: 66-76):

- *Schutz der Grundrechte, Privatautonomie und des Privateigentums* aller Individuen durch das Recht und gleichen Zugang zu Gerichten
- die *Teilung der Staatsgewalten* und ihre Bindung an das Recht, um durch gegenseitige Kontrolle Machtmissbrauch zu verhindern
- die *Durchführung allgemeiner, freier, geheimer und gleicher Wahlen* zur Wahrung des Willens der Bürger und der periodischen Legitimierung der Politiker. Manche Staatsphilosophen forderten darüber hinaus eine direkte Beteiligung der Bürger an der Staatsgewalt durch Abstimmungen über Sachfragen. Dieses Prinzip wurde in der Schweiz auf Bundesebene im Verlauf der Zeit ausgebaut, insbesondere mit der Verfassungsrevision von 1874 (vgl. Kästli 1998: 359-375);
- die *Schaffung und Sicherung einer Öffentlichkeit*, in der die vielfältigen politischen Positionen repräsentiert, begründet und diskutiert werden (vgl. Schulz 2000: 69-73; Zimmermann 2000: 41).

Mit der Anforderung, Öffentlichkeit zu schaffen und abzusichern, wird ein *direkter Zusammenhang zwischen Demokratie und Medien* hergestellt: Demokratie funktioniert nur, wenn die unterschiedlichen politischen Meinungen in der Öffentlichkeit geäussert und diskutiert werden. Die Öffentlichkeit ist der Ort, wo sich die verschiedenen, in der Gesellschaft vorhandenen Meinungen und Interessen begegnen, darüber gestritten aber auch eine Verständigung erreicht wird. Aufgrund von Information, Diskussionen, Kritik und Deliberation setzt sich das bessere Argument durch. Erst so kann eine Entscheidung gefällt werden, der durch ein rationales Abwägen verschiedener Argumente und unter Gebrauch der eigenen Vernunft zustande kommt (vgl. Schulz 2000: 69; Zimmermann 2000: 41).

Diese Annahme ist in Politik und Wissenschaft bis heute breit akzeptiert. Für die Wissenschaft liefert sie zwei grundlegende Fragestellungen:
- *Inwiefern leisten die Medien ihren Beitrag zur Herstellung von Öffentlichkeit?* Diese Frage zielt auf die Analyse der Medienleistung ab. So leitet beispielsweise das Jahrbuch «Qualität der Medien» die Kriterien zur Messung der Qualität schweizerischer Medien aus den normativen Anforderungen der Demokratietheorie ab (vgl. Imhof 2010). Ein solches Vorgehen ist auch in der internationalen Kommunikationsforschung üblich (einen guten Überblick über den Forschungsstand liefern Trappel/Maniglio 2009).
- *Wie wird das normative Öffentlichkeitsmodell in der Realität umgesetzt* und wie wird versucht, die Medien auf dieses Öffentlichkeitsmodell

zu verpflichten? Diese Frage zielt stärker auf eine Analyse mediengeschichtlicher Entwicklungen und medienpolitischer Modelle ab (z. B. Jarren et al. 2002).

Rationale, vernünftige Entscheidungen können allerdings nur in einem öffentlichen, herrschaftsfreien Raum gefällt werden – so die Annahme der Aufklärer. Deshalb setzten sie sich für Meinungs-, Informations-, Redefreiheit, ein Zensurverbot und Pressefreiheit ein. Pressefreiheit wurde zum Synonym politischer Partizipation und gilt bis heute als Grundpfeiler eines modernen, demokratischen Staatswesens (vgl. Schulz 2000: 69, 71). Im Verlauf der Zeit haben sich allerdings die Ansichten verändert, mit welchen Instrumenten eine öffentliche Sphäre hergestellt und abgesichert werden kann.

Bis ins 19. Jahrhundert wurde davon ausgegangen, dass Pressefreiheit automatisch zu Medien- und Meinungsvielfalt führt, indem der Marktmechanismus den Wettbewerb der Ideen und Argumente beflügelt. Diese Annahme wurde im 20. Jahrhundert u.a. aufgrund der zunehmenden Medienkonzentration und des Erfolgs rein kommerziell ausgerichteter Presseprodukte infrage gestellt. Bei der Einführung von Radio und Fernsehen wurde Medienfreiheit allein nicht mehr für ausreichend gehalten, um Meinungsvielfalt zu garantieren. Es wurde erkannt, dass die Medien zusätzlich auch frei von wirtschaftlichem Einfluss sein sollten. Deshalb wurde auf das neue Modell des öffentlichen Rundfunks gesetzt und auch im Pressebereich mit Medienkonzentrationsregulierung und Presseförderung versucht, eine Vielfalt an unabhängigen Medien sicherzustellen (vgl. u.a. Keane 1991: 45, 164-166).

Die Entstehung und Entwicklung der Gesinnungspresse

Pressefreiheit: Ende des 18. und anfangs des 19. Jahrhunderts, als in der Schweiz die moderne Presse entstand, war der Glaube an die Pressefreiheit freilich noch ungebrochen. Mit dem Einmarsch der Franzosen 1798 und der Schaffung des zentralen Einheitsstaats «Helvetik» (1798-1803) wurde die Pressefreiheit auf dem Gebiet der Eidgenossenschaft eingeführt. Sofort wurde eine grosse Anzahl Zeitungen und Zeitschriften neu gegründet (mit Daten vgl. Klages 1945: 28). Die neue Freiheit der Presse war allerdings noch nicht genügend abgesichert, und die politischen Wirren taten ihr Übriges, um sie schon bald wieder zu beschränken. Im Gefolge der militärischen Niederlagen Napoleons kamen die alten Herrscher in der Phase der Restauration 1815 wieder an die Macht – mit ihnen auch die Zensur.

Erst in der Phase der Regeneration (ab 1830), als die liberalen-radikalen Kräfte die Oberhand gewannen und in zahlreichen Kantonen demokratische Verfassungen einführten (u.a. in Zürich, St. Gallen), wurde wieder Pressefreiheit gewährt. Mit der Gründung des Bundesstaates im Jahr 1848 wurde auf dem Gebiet der gesamten Schweiz die Pressefreiheit garantiert. Damit war der Weg für die Gründung neuer Zeitungen geebnet.

Viele neue Zeitungen wurden von einer Gruppe politisch Gleichgesinnter gemeinsam mit einem Drucker herausgegeben, um die Wähler und später Stimmbürger für die eigenen politischen Anliegen zu mobilisieren. Dies war notwendig, da die Bürger immer weniger über eine mündliche Gesprächskultur erreicht werden konnten und die Alphabetisierungsrate stieg. Im Entscheidungsprozess begann die Chance jener politischen Kräfte zu steigen, welche die Bevölkerung über die aufkommenden Massenmedien erreichen konnten. Damit wurden Zeitungen in der ersten Hälfte des 19. Jahrhunderts Kristallisationspunkte, um die sich erst allmählich parteiähnliche Formationen gruppierten (vgl. Hosang 1974: 56-59, 63). Der Abonnentenstamm einer Zeitung bildete eine Gesinnungsgruppe und stellte oftmals die Vorform einer Partei dar. Im Kanton Baselland wurden beispielsweise die Rechtsfreisinnigen noch am Ende des 19. Jahrhunderts als «Lüdinpartei» bezeichnet, da die Familie «Lüdin» Besitzerin der ‹Basellandschaftlichen Zeitung› war (vgl. Blum 1996: 203).

Definition Gesinnungspresse: Mit der Entwicklung der Pressefreiheit entstand ein neuer Pressetypus, der in der Schweiz bis in die 1960er-Jahre vorherrschend war: die Gesinnungspresse (auch: «parteinahe Presse»). Der Begriff «Gesinnungspresse» wird hier u.a. von Habermas (1990[1962]) und Hosang (1974) übernommen. Damit wird eine Zeitung oder Zeitschrift bezeichnet, die sich in ihrer redaktionellen Grundhaltung eindeutig zu einer partei- oder staatspolitischen Gesinnung bekennt und im Umfeld einer bestimmten Partei zu verorten ist (vgl. Hosang 1974: 37 f., 40). Eine Gesinnungszeitung ist somit Trägerin einer politischen Meinung und einer bestimmten staatsbürgerlichen Haltung und versucht nicht, überparteilich in der Landschaft zu stehen. Das Ziel eines solchen Presseprodukts ist vielmehr, die Welt aus einer bestimmten politischen Sichtweise, einer politischen Grundhaltung heraus darzustellen, zu erklären und die eigene politische Position zu propagieren (vgl. Frei 1987: 21, 35).

Andere Autoren verwenden für diese Zeitungen den Begriff «Meinungspresse» oder «Parteipresse» (so z. B. Frei 1987). Allerdings sind diese beiden Begriffe verfänglich: Zum einen finden sich in Presseprodukten, die sich als politisch neutral verstehen, durchaus Meinungen, z. B. in Form von Kommentaren oder Darstellung der verschiedenen politischen Strömungen (vgl. Schaller 1974: 47). Zum anderen standen Gesinnungszeitungen Parteien zwar nahe, waren aber zumeist keine Parteizeitungen in dem Sinn, dass sie in direktem Besitz einer politischen Partei waren oder direkt von Parteiorganen gesteuert wurden (vgl. Frei 1987: 35).

Struktur der Gesinnungspresse: Die Pressefreiheit hat in der zweiten Hälfte des 19. Jahrhunderts tatsächlich zur Entstehung einer aussenpluralen Pressevielfalt geführt (vgl. Rager/Weber 1992: 12). Eine einzelne Zeitung war zwar parteiisch, alle Zeitungen in ihrer Gesamtheit brachten jedoch die vielfältigen, kontroversen politischen Meinungen und Sichtweisen zum Ausdruck. In den meisten Kantonen existierten mehrere, konkurrierende Zeitungen, die je einer der drei grossen politischen Strömungen nahe standen (vgl. Hosang 1974: 64; Blum 1993: 33-37):

- *Presse der radikalen, freisinnigen und liberalen Kräfte* (heute: FDP.Die Liberalen, SVP); entsteht um die Mitte des 19. Jahrhunderts
- *Presse der katholisch-konservativen Strömungen* (heute CVP); ein Grossteil entsteht in der zweiten Hälfte des 19. Jahrhunderts, teilweise im Gefolge des Kulturkampfs
- *Presse der Arbeiterbewegung* (heute SP); entsteht gegen Ende des 19. Jahrhunderts im Gefolge der zunehmenden Industrialisierung und des Aufkommens der Arbeiterbewegung.

Damit hatte sich anfangs des 20. Jahrhunderts eine Pressestruktur ausgebildet, die in dieser Form bis zu Beginn der 1970er-Jahre Bestand hatte (vgl. Abb. 69). Noch Mitte der 1960er-Jahre waren rund zwei Drittel aller Zeitungen Gesinnungszeitungen (gemessen an der Anzahl Titel und der Auflage). Lediglich ein Drittel der Zeitungen verstand sich als politisch neutral (vgl. Abb. 70). Damit war die Gesinnungspresse in der Schweiz viel länger der vorherrschende Pressetypus als beispielsweise in Deutschland. Dort waren 1923 bereits 60 % der Zeitungstitel der politisch unabhängigen Presse zuzuordnen (vgl. Stöber 2005: 235).

Abb. 69: Zuordnung von Tageszeitungen zu politischen Strömungen in einigen Kantonen (1960er-Jahre)

Kanton	freisinnig / liberal	katholisch-konservativ	Arbeiterbewegung	neutral (Generalanzeiger)
AG	Aargauer Tagblatt	Aargauer Volksblatt	Freie Aargauer (AZ Freier Aargauer)	-
BE	Der Bund (freisinnig) Neue Berner Zeitung (BGB)	Neue Berner Nachrichten	Berner Tagwacht	-
BS	National-Zeitung (freisinnig) Basler Nachrichten (liberal)	Die Nordschweiz	Basler Arbeiterzeitung (AZ Abendzeitung)	-
LU	Luzerner Tagblatt	Vaterland	Der freie Innerschweizer (Zentralschweizer AZ)	Luzerner Neuste Nachrichten
GR	Der freie Rätier (freisinnig) Bündner Zeitung (BGB)	Bündner Tagblatt	-	-
SG	St. Galler Tagblatt	Die Ostschweiz	Die Volksstimme (Ostschweizer AZ)	-
ZH	Neue Zürcher Zeitung	Neue Zürcher Nachrichten	Volksrecht (Zürcher AZ)	Tages-Anzeiger

Abb. 70: Anteil Gesinnungspresse und politisch neutrale Presse an Titel und Auflage (1965)

	Zeitungstitel (Anzahl / %)	Auflage (Anzahl / %)
Gesinnungspresse	188 / 62%	1 463 900 / 68%
politisch neutrale Presse	117 / 38%	683 599 / 32%

eigene Darstellung nach Jäger (1967: 28, 33) und Padrutt (1977: 34). Die Daten weichen bei beiden Autoren leicht voneinander ab.

Eine ältere, statistische Zusammenstellung belegt, dass alle Parteien mittels der Institution Presse Zugang zur Öffentlichkeit hatten – allerdings nicht in gleichem Mass. Die beiden grossen Parteien FDP, KCS (katholisch-konservativ, heute CVP) sowie die beiden kleineren Parteien «Liberale» und «Demokraten» waren gemessen an Anzahl Titel und Auflage ihrer Wählerstärke äquivalent in der Presse vertreten (zur Zeit der Nationalratswahlen 1963). Medial stark untervertreten waren hingegen die «Sozialdemokratische Partei», die «Bauer-, Gewerbe- und Bürgerpartei» (BGB, heute SVP) und der «Landesring der Unabhängigen» (LdU) (vgl. Jäger 1967: 33).

Abb. 71: Auflage und Anzahl Titel von Gesinnungszeitungen im Vergleich zu den Wähleranteilen (1963, in %)

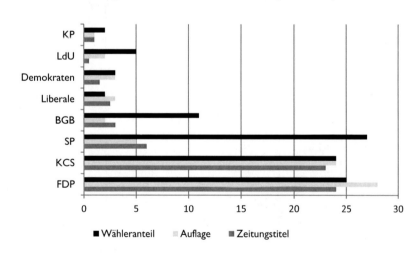

eigene Darstellung basierend auf Jäger (1967: 33)

Redaktionelle Zielsetzung: Die Zielsetzung der Gesinnungszeitungen war es nicht, objektiv, neutral zu berichten, sondern ganz im Gegenteil, politische und gesellschaftliche Entwicklungen aus einer bestimmten politischen Grundhaltung heraus zu erklären und zu kommentieren. Beispielhaft lässt sich diese Journalismuskonzeption an der Luzerner Tageszeitung ‹Vaterland› aufzeigen, da deren Geschichte gut aufgearbeitet ist (von Schaller 1974 und Luginbühl 2007).[38] Die Zeitung wurde 1871 gegründet, zum Zeitpunkt des von Deutschland ausgehenden «Kulturkampfs». In vielen europäischen Ländern rückten zu dieser Zeit die katholischen Kräfte kämpferisch zusammen, was sich nicht nur in der Proklamation der Unfehlbarkeit des Papstes (1869/70) am ersten Vatikanischen Konzil manifestierte, sondern auch an der Gründung von Vereinen, Parteien und Zeitungen. In Luzern gewannen die katholisch-konservativen Kräfte nach über 20 Jahren die politische Macht zurück. Die Verlegerfamilie Räber, konservativ gesinnte Finanzleute und der katholische Klerus gründeten 1871 die Tageszeitung ‹Vaterland›. Sie trug den Untertitel «konservatives Zentralorgan für die deutsche Schweiz». Die Zeitung sollte für konservative Anliegen und gegen die politisch-gesellschaftliche Entmachtung der Katholiken eintreten, war allerdings dem technischen Fortschritt und der republikanischen Staatsform gegenüber aufgeschlossen. Der Untertitel macht deutlich, dass die Zeitung eine sprachregionale Ausstrahlung beanspruchte und sich als deutschschweizerische Plattform für die Konservativen verstand. Den Zeitungen ‹Bund› und ‹NZZ›, die der radikalen, bzw. liberalen Bewegung nahe standen und eine gewisse nationale Ausstrahlung besassen, sollte damit eine konservative Stimme entgegengestellt werden (vgl. Luginbühl 2007: 18).

Einer der beiden Redaktoren erläuterte in der ersten Ausgabe der Zeitung dieses Programm: «In rein politisch Fragen wird das ‹Vaterland› konservativ sein, insofern es das Gute der jetzigen Zustände zu erhalten und zu bewahren trachten wird. Verteidigt wird aber der Fortschritt, den jede Wissenschaft auf ihren Gebieten erzeugt [...]. In rein religiösen Fragen wird das ‹Vaterland› unumwunden konservativ sein» (zit. nach Schaller 1974: 153).

Die Zielsetzungen einer Gesinnungszeitung kommen beispielhaft auch in einem Leitartikel aus dem Jahr 1912 zum Umbau der 1906 gegründeten und der Arbeiterbewegung nahe stehenden Zeitung ‹Der

---

[38] Weitere Einzelstudien zu den Gesinnungszeitungen im Aargau, Sarganserland, Wallis und in Basel haben Müller (1998), Müller (2002) Pfiffner/Pfiffner (1998), Lugon (2008), Imhof (1971), Rüegg (2012) vorgelegt.

Freie Aargauer› zum Ausdruck: «Der Arbeiter [...] wird von nun an durch das eigene Blatt über alles, was auf unserem Erdball passiert, täglich informiert. [...] Dadurch, dass nun kein bürgerliches Nachrichtenblatt mehr im Hause gehalten werden muss, wird nun auch der Familienkreis der Moral der Kapitalisten und Reaktionäre entrückt und mit der sozialistischen Weltanschauung bekannt gemacht» (zit. nach Müller 2002: 136).

Organisations-/Redaktionsstruktur: Die Verbindung zwischen Gesinnungszeitung und nahestehender Partei war auf struktureller Ebene eng und manifestier sich in der Zusammensetzung des Aktionariats, der Aufsichtsgremien, Unternehmensleitung und in der Biografie der Journalisten. In der Regel konnte jemand nur Aktionär oder Genossenschafter einer Gesinnungszeitung werden, wenn er Mitglied der nahestehenden Partei war. Beispielsweise mussten die Genossenschafter des ZÜRCHER VOLKSRECHTS/ZÜRCHER AZ Mitglied der «Sozialdemokratischen Partei» sein (vgl. Frei 1987: 35-37). Ganz ähnlich bestand der Kreis der Aktionäre der VATERLAND AG aus Personen, die der CVP nahe standen. Die Partei selbst hielt bis 1971 jedoch lediglich eine einzige Aktie. Die Aktionäre verstanden ihre Beteiligung weniger als finanzielles Investment, denn als politisches Engagement von Gesinnungsfreunden. Defizite, spärliche und unregelmässige Dividendenzahlungen wurden hingenommen (vgl. Luginbühl 2007: 35).

Auch im Verwaltungsrat und der Direktion von Gesinnungszeitungen waren oft namhafte Parteimitglieder vertreten; beim ‹Vaterland› waren dies stets Persönlichkeiten der katholisch-konservativen Parteielite. Zwischen 1950 und 1991 waren je acht amtierende National- und Ständeräte und zwei Bundesräte (Hans Hürlimann, Alphonse Egli) im Verwaltungsrat vertreten. Allerdings besass die CVP keinen schriftlich fixierten Anspruch auf Vertretung in diesem Aufsichtsgremium; vielmehr war es ein tradiertes Recht, das sich aus dem Selbstverständnis der Zeitung ergeben hatte. Dabei wurde auf innerparteiliche Spannungen Rücksicht genommen, u.a. indem ab Ende der 1950er-Jahre stets zwei Vertreter des christlich-sozialen Flügels im Verwaltungsrat repräsentiert waren (vgl. Luginbühl 2007: 38).

Die enge Verflechtung von Zeitung und Partei widerspiegelt sich auch in den Biografien vieler Redaktoren. Bis Ende der 1960er-Jahre waren Journalisten oft gleichzeitig als Parlamentarier tätig. So arbeitete Karl Wick von 1926-1965 als Redaktor des ‹Vaterlands› (ab 1954 Chefredaktor) und sass von 1931-1963 zugleich im Nationalrat. Ein ähnliches politisches Profil hatte sein Nachfolger Karl Zust. Er war von 1931-1970 Redaktor, ab 1965 Chefredaktor beim ‹Vaterland›. 1931 wurde er in den Grossrat des Kantons Luzern gewählt, 1943 in den Ständerat (bis 1955). Der von 1935 bis 1972 als Bundeshauskorrespondent amtierende Martin Rosenberg war von 1941 bis 1968 gleichzeitig Generalsekretär der Landespartei. Dadurch konnte er erfolgreich Einfluss auf die eidgenössische Politik ausüben; etwa als er sich für die Einführung der «Zauberformel» oder einer parlamentarischen Untersuchungskommission zur Aufarbeitung der Mirage-Affäre einsetzte (vgl. Luginbühl 2007: 46 f.).

Eine ähnliche Personalpolitik findet sich auch bei anderen Gesinnungszeitungen, beispielsweise bei der ‹Basler Arbeiterzeitung›. Deren Chefredaktor Helmut Hubacher wurde 1963 Chefredaktor der Zeitung (bis 1972), im selben Jahr wurde er als Vertreter der «Sozialdemokratischen Partei» in den Nationalrat gewählt (bis 1997) (vgl. Schibler 2008).

Bis in die 1960er-Jahren waren die Redaktionen der Gesinnungszeitungen personell schlecht ausgestattet: Beim ‹Vaterland› arbeiteten 1963 sieben, beim ‹Aargauer Tagblatt› 1959 vier und beim ‹Aargauer Volksblatt› 1962 zwei Redakteure (davon einer als Hilfsredakteur, der für Buchhaltung und Vertrieb zuständig war) (vgl. Hersche 2008: 22; Müller 2002: 599). Nur wenige Redaktionen wie jene der ‹NZZ› waren personell gut ausgestattet: 1939 arbeiteten bei ihr 26 Redakteure, 1968 bereits 59 (vgl. Meyer 2005: 171).

Erscheinungsbild und Inhalt: Der Zeitungskopf mit dem Titel war meistens verziert und enthielt einen Untertitel, welcher die politische Ausrichtung der Publikation unmissverständlich darlegte. Auf der Titelseite fand sich in der Regel ein Leitartikel, in grösseren Zeitungen auch eine Inhaltsübersicht. Über die Zeitung verteilt waren Berichte über Bundes-, Kantons-, Gemeindepolitik, das Ausland, manchmal gab es ein Feuilleton. Viele Zeitungen begannen erst in den 1960er-Jahre auch über Sport, Gesellschaft und Wirtschaft zu berichten. Eine Vermischung von Information und Kommentar war üblich. In Wahl- und Abstimmungskämpfen wurde zumeist für die Kandidaten und Voten der nahestehenden Partei Stellung bezogen. Die grafische Gestaltung war spärlich, Bilder waren selten vorzufinden (vgl. Padrutt 1968: 8; Luginbühl 2007: 69-82). Leider mangelt es an wissenschaftlichen, inhaltsanalytischen Studien über die publizistischen Leistungen dieser Zeitungen.

Erscheinungsfrequenz: Aus heutiger Sicht bemerkenswert ist, dass einige Tageszeitungen mehrmals pro Tag erschienen. Dies war in den 1960er-Jahren bei den ‹Basler Nachrichten›, der ‹National-Zeitung›, dem ‹Bund›, ‹St. Galler Tagblatt› und der ‹NZZ› der Fall. Einige Tageszeitungen veröffentlichten auch eine Sonntagsausgabe (u.a. ‹NZZ›, ‹La Suisse›) (vgl. Padrutt 1977: 20 f.; Custer 1990: 10). Diese hohe Erscheinungsfrequenz verminderte sich Ende der 1960er-Jahre. Die ‹NZZ› stellte 1968 ihre seit 1843 erscheinende siebte Ausgabe ein, indem sie die Samstags- und Sonntagsausgabe zu einem «Sonntagsblatt» zusammenfasste. Ein Jahr später reduzierte sie die Anzahl der täglichen Ausgaben von drei (seit 1894) auf zwei.

Die Erscheinungsfrequenz wurde nicht freiwillig reduziert: Die Post hatte 1964 aus finanziellen Gründen, einem Mangel an Arbeitskräften und auf Druck des Personals die dritte Postaustragung am Abend und wenige Jahre später auch die Wochenendverteilung eingestellt. Die ‹NZZ› versuchte zunächst über einen kostspieligen Eigenvertrieb an der dritten täglichen Ausgabe festzuhalten, was auch auf Wunsch der Redaktion geschah. Die Produktionsabläufe waren eingespielt, jede Ausgabe erfüllte eine bestimmte Funktion und Bankenkreise schätzten die aktuelle Börsenberichterstattung. Allerdings wuchsen die Schwierigkeiten im Vertrieb, auch viele Leser wünschten sich eine Reduktion der Anzahl täglicher Ausgaben. Als die Post in der Region Zürich 1973 ihre zweite Zustellung während des Tages einstellte und sich gleichzeitig die Wirtschaftskrise auf den Geschäftsgang der Zeitung auswirkte, wurde 1974 auf eine tägliche Ausgabe umgestellt. Damit ging eine Änderung des Redaktionskonzepts einher: Die Funktion der Tageszeitung verschob sich von der Vermittlung reiner Information hin zu einer stärkeren Bewertung und Kommentierung der Ereignisse (vgl. Meyer 2005: 192-197).

9.3 Politisch neutrale, kommerzielle Zeitungen (vermachtete Öffentlichkeit)

Die Entstehung des politisch neutralen Generalanzeigers

Ein neues Zeitungsprodukt eroberte aufgrund ausländischer Vorbilder am Ende des 19. Jahrhunderts den schweizerischen Pressemarkt mit grossem Erfolg: der Generalanzeiger. 1879 wurde die ‹Tribune de Genève› als erste Zeitung dieses Typs in Genf von einem US-Amerikaner nach dem Vorbild von Zeitungen aus seinem Heimatland gegründet. In der Deutschschweiz wurde der Generalanzeiger 1894 mit dem ‹Tages-Anzeiger› eingeführt. Die neue Zeitung war in Zürich vom deutschen Zeitungsverleger Wilhelm Girardet nach Vorbild seiner Generalanzeiger in Essen gemeinsam mit einem früheren NZZ-Redaktor gegründet worden (vgl. Kaufmann/Stieger 1993: 201). Ein weiterer Generalanzeiger kam 1917 in Luzern auf den Markt (‹Luzerner Tages-Anzeiger›, später in ‹Luzerner Neuste Nachrichten› umbenannt).

Unternehmerische und redaktionelle Zielsetzung: Generalanzeiger beruhen auf einem diametral anderen Konzept als Gesinnungszeitungen. Die Generalanzeiger waren als kommerzielle Produkte konzipiert, mit denen ein Gewinn erwirtschaftet werden sollte. Dafür musste eine möglichst grosse, heterogene Leserschaft gewonnen werden. Um diese Zielsetzung zu erreichen, wurden gezielt Massnahmen der Leserbindung eingesetzt. Sie bestanden u.a. aus unterhaltenden Elementen (z. B. einem Fortsetzungsroman) und einer Leserbriefspalte, in der sich auch Frauen zu Themen, die sie bewegten, öffentlich äussern konnten – was zur damaligen Zeit eine Neuheit war (vgl. Padrutt 1968: 6; Kaufmann/Stieger 1993: 203; Coninx 1993: 3).

Eine weitere, wichtige Voraussetzung, um eine grosse Leserschaft zu gewinnen, war es, unterschiedlichen politischen Meinungen ein Forum zu bieten. Die neuen Tageszeitungen verstanden sich deshalb als politisch «neutral» und «unparteiisch». Der ‹Tages-Anzeiger› trug denn auch den Untertitel «Unparteiisches Organ für Jedermann und Hauptanzeigenblatt für die Nordostschweiz». Neutralität konnte nur durch ein neues Journalismuskonzept erreicht werden, das in der ersten Ausgabe des ‹Tages-Anzeigers› erläutert wurde: «Wir wollen in erster Linie ein vollständig unparteiisches Blatt sein, das Thatsachen rein sachlich und objektiv berichtet, niemandem zu lieb und niemandem zu leid. Wir hoffen dadurch in der hiesigen Tagespresse eine Lücke auszufüllen, welche je länger, je mehr von den Anhängern der verschiedensten Parteirichtungen als bestehend anerkannt wurde» (zit. nach Kaufmann/Stieger 1993: 200). Damit begann sich das Objektivitätspostulat als neue journalistische Norm zu verbreiten: In Berichten wurden unterschiedliche Standpunkte berücksichtigt sowie Informationen und Kommentare getrennt (vgl. Kiefer 2010: 193-195).

Diesem redaktionellen Konzept war sehr rasch ein riesiger Publikumserfolg beschieden. 1896 lagen die Auflagen des ‹Tages-Anzeigers› und der ‹Tribune de Genève› bereits bei 30 000 bzw. 28 000 Exemplaren, während die meisten Gesinnungszeitungen zu dieser Zeit lediglich einige Tausend Exemplare aufwiesen. Selbst die grösseren Gesinnungszeitungen ‹NZZ› und ‹National-Zeitung› erreichten nur eine Auflage von 11 000 bzw. 15 000 Exemplaren (vgl. Padrutt 1968: 8). Mit ein Grund für den Erfolg der Generalanzeiger war ihre Preisgestaltung. Die neuen Zeitungen enthielten vergleichsweise viele Inserate, dadurch konnten sie die Abonnementspreise tief halten (vgl. Kaufmann/Stieger 1993: 201).

Allerdings dauerte es mehrere Jahrzehnte, bis sich die Generalanzeiger zu Forumszeitungen entwickelten, wie wir sie heute kennen. Ein paar Jahrzehnte nach seiner Gründung wirkte der ‹Tages-Anzeiger› farblos-neutral. Erst als 1963 Walter Stutzer zum Chefredaktor ernannt wurde und mit seinen Mitarbeitern zahlreiche Neuerungen nach angelsächsischem Vorbild einführte, erhielt die Zeitung jene Elemente, die heutzutage selbstverständlich sind.

Die Zeitung wurde neu nach Ressorts in Bünde gegliedert (Lokales, Kultur, Inland, Sport, Ausland), um Orientierung zu schaffen und den Familienmitgliedern die Möglichkeit zu geben, gleichzeitig die Zeitung zu lesen, indem sie sich des ihnen passenden Bundes behändigen konnten. Inhaltlich wurde statt auf reine Information stärker auf recherchierte Hintergrundberichte und Reportagen gesetzt. Dies führte zur Kritik der Konkurrenz. So beschwerten sich Vertreter der Wochenzeitung ‹Weltwoche› darüber, dass der ‹Tages-Anzeiger› in ihre Domäne eindränge, indem er ein oder zwei Tage nach einem Ereignis einen Hintergrundbericht bringe. Gleichzeitig wurde die Berichterstattung des ‹Tages-Anzeigers› stärker personenbezogen und öffnete sich für neue gesellschaftliche Strömungen und politische Bewegungen der damaligen Zeit. Die Redaktoren begannen sich in ihren Kommentaren profiliert zu äussern, allerdings stets nach dem Gebot der Trennung von Bericht und Kommentar. Die Zeitung entwickelte sich zum überparteilichen Meinungsblatt, das während der nächsten Jahrzehnte gesellschaftliche Trends wie Umweltschutz aufgriff.

Eine weitere Neuerung war die Schaffung eines Stellenanzeigers als separaten Anzeigenbund 1966. Dieser Schritt löst damals in der Branche Kopfschütteln aus. Es wurde angenommen, dass Inserate nur in Zusammenhang mit dem redaktionellen Teil gelesen werden. Die Kritiker wurden bald eines Besseren belehrt: Die Beilage entwickelte sich zur Goldgrube, andere Zeitungen kopierten das Konzept (vgl. Catrina 1993: 335-343).

Boulevardzeitung

Der Vorläufer: Mit der Gründung der Boulevardzeitung ‹Actualis› kam 1940 ein weiterer, kommerzieller Zeitungstyp in der Schweiz auf den Markt, der nicht parteigebunden war. Diese Zeitung wurde allerdings zu einem denkbar schlechten Zeitpunkt lanciert: Ihre Probenummer erschien 1939, ein Jahr später nahm sie den definitiven Betrieb auf. ‹Actualis› war als illustrierte Zeitung mit vielen Bildern und hoher Aktualität konzipiert; die Schlagzeilen waren reisserisch und Agenturmeldungen wurden aufgebauscht. Die branchenfremden Herausgeber hielten dieses Segment für eine Marktlücke, da ausländische, illustrierte Wochenzeitschriften wie ‹Paris Match› sich zu dieser Zeit grosser Beliebtheit erfreuten.

Gegen den neuen Stil des «Sensationsblatts» polemisierten die etablierten Zeitungen. Die widrigen wirtschaftlichen Umstände während des Zweiten Weltkriegs, das geringe Inserateaufkommen und die Militärzensur taten ihr Übriges: Nach einem halben Jahr wurde der Titel aus wirtschaftlichen Gründen eingestellt (vgl. Bollinger 1996: 122-127).

Definitive Einführung: Definitiv wurde die Boulevardzeitung in der Schweiz 1959 mit dem ‹Blick› eingeführt. Der grosse Erfolg der 1952 in Deutschland lancierten ‹Bild-Zeitung› liess bei den deutschen Verlegern Franz Burda, Axel Springer, Helmut Kindler und den schweizerischen Verlegern Max Frey und der Familie Ringier die Idee aufkommen, eine ähnliche Zeitung auch in der Deutschschweiz herauszugeben. Schliesslich gründeten Helmut Kindler (Herausgeber der Zeitschriften ‹Bravo›, ‹Revue›), Max Frey und RINGIER die Tarnfirma AG FÜR PRESSEERZEUGNISSE, die 1959 den ersten BLICK herausgab (allerdings wurde rasch publik, wer dahinter steckte). Der deutsche Verleger Kindler stieg nach kurzer Zeit aus dem Projekt aus und verkaufte seine Anteile an RINGIER. Es wird vermutet, dass ihm als Reaktion auf das bei der Politik unbeliebte Projekt mit dem Entzug der Aufenthaltsbewilligung gedroht worden war. Die Zeitung wurde rund 20 Jahre lang von der JEAN FREY AG (u.a. ‹Weltwoche›) gedruckt, da diese Firma zu jener Zeit als einzige während der Nachtstunden freie Druckkapazitäten hatte. Erst als Ringier die Druckerei C. J. BUCHER in Luzern übernahm (Herausgeberin der ‹LNN›), ging die Verantwortung für den Druck zu RINGIER über (vgl. Lüönd 2008: 236-238; Meier/Häussler 2010: 578 ff.).

Erscheinungsbild und Inhalt: Die neue Zeitung löste bei Politik, Medienbranche und der Bevölkerung einen riesigen Wirbel aus. Der Grund dafür lag in inhaltlichen und formalen Merkmalen, die zur damaligen

Zeit in der Schweiz ungewöhnlich waren. Die Zeitung erschien mit grossen Überschriften, vielen Bildern, Textkasten, unterschiedlichen Schriftgrössen, setzte Farbe und weitere grafische Elemente ein. Nicht minder gewagt waren die Inhalte. Der ‹Blick› wies einen hohen Anteil an unterhaltenden Elementen und Themen aus den Bereichen Freizeit, Alltags-, Populärkultur und Sport auf. Die Zeitung brachte Einblicke in das Privatleben prominenter Personen, was damals als unschicklich galt. Eine weitere Neuerung war, dass über Aktualität nicht nur berichtet, sondern diese gleich selbst geschaffen wurde; etwa durch das Patronieren von Miss-Wahlen. Ein weiteres inhaltliches Element war die Emotionalisierung von Ereignissen und das Aufstellen von politischen Forderungen (z. B. dass überarbeitete Bundesräte durch Stellvertreter zu entlasten sind) (vgl. Lüönd 2008: 232-237; Saxer et al. 1979: 206-209).

Organisations-/Redaktionsstruktur: Diese neue Inhaltsstruktur erforderte eine neue Form von Journalismus und redaktioneller Organisation. Während bei den meisten Zeitungen, die Redaktoren in Einzelbüros arbeiteten, richtete der ‹Blick› nach dem Vorbild amerikanischer Newsrooms einen «Desk» in einem Grossraumbüro ein, an dem sich Nachrichtenredaktoren, Gestalter (Produzenten, Layouter) und der Tageschef versammelten. Sie entschieden, welche der eingehenden Meldungen weiterverfolgt werden, ob Recherchen zu überarbeiten sind und wie die Seiten gestaltet werden. Zwischen Nachrichtenredaktoren und Reportern auf der einen Seite sowie der Produktionsabteilung auf der anderen Seite herrschte Arbeitsteilung. Die Reporter lieferten Informationstexte in unterschiedlicher Länge und teilweise in unterschiedlicher Sprache. Die Produktionsabteilung schrieb diese Rohtexte auf die vorgeschriebene Zeichenzahl um und formulierte Schlagzeilen.

Viele Journalistinnen und Journalisten hatten eine besondere berufliche Herkunft: Während die Nachrichtenredakteure oftmals Agenturjournalisten waren, welche die rasche Bearbeitung von Themen in kurzen Texten beherrschten, waren viele Reporter Quereinsteiger, «schräge Typen, ehemalige Fremdenlegionäre, entlaufene Priester, aber auch nicht wenige später bekannte Namen» (Lüönd 2008: 248 f.).

Reaktionen von Politik und Konkurrenz: Die neue Zeitung hatte bei den Leserinnen und Leser rasch grossen Erfolg. Die Auflage wuchs stetig und überstieg 1970 jene des ‹Tages-Anzeigers›, der bis zu diesem Zeitpunkt grössten Zeitung. Dennoch dauerte es neun Jahre, bis der ‹Blick› zum ersten Mal Gewinn abwarf und ein weiteres Jahrzehnt verstrich, bis die Zeitung zur Cashcow des Verlags wurde (vgl. Lüönd 2008: 262 f.).

Der Publikumserfolg mag darüber hinwegtäuschen, dass der politische und gesellschaftliche Widerstand gegen das neue Presseprodukt erheblich waren. Die traditionelle Presse hielt die Zeitung für «geschmacklos» und «unschweizerisch», Wissenschaftler warnten vor der Gefahr einer Wertverschiebung im Journalismus. Der Präsident des Zeitungsverlegerverbands versuchte bei den SCHWEIZERISCHEN BUNDESBAHNEN den Vertrieb der Zeitung zu verhindern. Die damals staatliche PTT (Post, Telefon, Telegraf) entzog RINGIER den Druckauftrag für Telefonbücher. Wiederholt wurde ‹Blick›-Journalisten die Akkreditierung zum Bundeshaus entzogen. Zu öffentlichen Zeitungsverbrennungen kam es 1963, als der ‹Blick› den Tod des Papstes zu früh verkündigte. Fälschlicherweise wurde ein Teil der Auflage mit einer Druckplatte produziert, die eine vorgefertigte Meldung enthielt, um auf den absehbaren Tod rasch reagieren zu können (vgl. Bollinger 1996: 128-133).

Konkurrenzprodukten des ‹Blicks› war bis heute kein Erfolg beschieden, sie verschwanden nach kurzer Zeit wieder vom Markt. 1967 gründete der TAGES-ANZEIGER-VERLAG, gemeinsam mit dem Verlag der Basler ‹National-Zeitung›, die ‹neue presse›. Diese war als gehobenes Boulevardblatt konzipiert. Wegen Schwierigkeiten bei der Umsetzung dieses Konzepts und beim Vertrieb wurde sie 1969 wieder eingestellt. Ein weiterer Grund dürfte auch die mangelnde Identifizierung der Verleger ihrem neuen Zeitungsprodukt gewesen sein.

Nur ein kurzes Leben als Boulevardzeitung war auch der Tageszeitung TAT beschieden. Diese Zeitung war 1939 vom MIGROS-Gründer Gottlieb Duttweiler als Gesinnungszeitung lanciert worden und stand dessen Partei «Landesring der Unabhängigen» nahe. Der neue Chefredaktor Roger Schawinski, der beim Deutschschweizer Fernsehen das Konsumentenmagazin ‹Kassensturz› eingeführt und mehrere Jahre moderiert hatte, positionierte 1977 die TAT als aggressives, «kritisches Konsumentenblatt» neu. Die Zeitung hielt sich auch vor Kritik an der Migros nicht zurück. Dieser Stil kam bei der alten Leserschaft nicht gut an, gleichzeitig wurden zu wenig neue Leser gewonnen. Die Millionendefizite bei stagnierender Auflage führten dazu, dass die Zeitung eingestellt wurde (vgl. Bollinger 1996: 140 f.).

Einzig in der Westschweiz war die allmähliche Umwandlung der Ende des 19. Jahrhunderts gegründeten Tageszeitung ‹La Tribune de Lausanne› in eine Boulevardzeitung erfolgreich. Wichtige Schritte dieses Umbaus waren der Ausbau des Sportteils nach dem Zweiten Weltkrieg und die Positionierung weg von einer regionalen hin zu einer sprachregionalen Zeitung nach 1968. Seit 1984 erscheint die Zeitung unter dem Namen ‹Le Matin› (vgl. Bollinger 2008).

Von der Gesinnungspresse zur Forumspresse

Am Wendepunkt der 1960er- zu den 1970er-Jahren begannen sich viele Gesinnungszeitungen von ihren politisch-weltanschaulichen Bindungen zu lösen und wandelten sich in politisch neutrale Forumszeitungen um. Diese Entwicklung war mit einem massiven Strukturwandel der Presselandschaft verbunden. Der Wandel führte zur Einstellung oder Fusion zahlreicher Tageszeitungen, zugleich aber zum personellen Ausbau der Redaktionen und zu einer zunehmenden Orientierung des Journalismus am Objektivitätspostulat.

Renovation bestehender Zeitungen: Der Wandel in Richtung Forumszeitung vollzog sich zunächst eher sanft. Viele Gesinnungszeitungen versuchten in den 1960er-Jahren für ihre Leser attraktiver zu werden, indem sie neue Ressorts einführten (u.a. Sport und Wirtschaft). Dieser Wandel lässt sich aufgrund der guten Quellenlage wiederum exemplarisch am Beispiel der CVP-nahen Presse illustrieren.

Der ehemalige Journalist, Radio- und Fernsehdirektor Otmar Hersche beschreibt die Veränderung des Journalismus in seinen Memoiren. Er war gemeinsam mit zwei Kollegen als junger Redaktor 1962 beim ‹Aargauer Volksblatt› angestellt worden und führte dort ein neues publizistisches Programm ein: «Für uns war die Richtung klar: Wir wollten eine der konservativ-christlichsozialen Partei nahe Zeitung machen, die aber auch für Aussenstehende, Unpolitische, für Frauen und Jugendliche interessant sein sollte. In diesem Sinne wurden einzelne Ressorts neu eingeführt oder um- und ausgebaut, recht üppig der Sportteil, deutlich der Kantonal- und Lokalteil. Wir pflegten journalistische Formen, die in jener Zeit in dieser Art Presse nicht üblich waren: Reportagen, Interviews, Befragungen von Experten und Betroffenen, Kolumnen, kurze Glossen» (Hersche 2008: 23).

Als Hersche 1970 zum Chefredaktor des ‹Vaterlands› gewählt wurde, öffnete er auch diese Zeitung gegenüber verschiedenen Meinungen. Zwar sollte sich das ‹Vaterland› politisch weiterhin am Programm der CVP orientieren, dieses Programm sollte jedoch nicht mehr als alleinige Wahrheit dargestellt werden. Bei Wahlen und Abstimmungen kamen nun unterschiedliche politische Standpunkte zu Wort. Dieser stärkere Pluralismus entsprach den gesellschaftlichen Veränderungen und war

Wunsch eines grossen Teils der Leserschaft, wie aus firmeninternen Studien hervorgeht. Dem Verwaltungsrat schien eine solche Öffnung auch aus kommerziellen Gründen angebracht, da er den Verlust von jungen Lesern und ein weiteres Wachstum der politisch neutralen ‹LNN› befürchtete (vgl. Luginbühl 2007: 75-85; gleiche Entwicklungen machten auch andere Gesinnungszeitungen durch, vgl. Müller 2002: 225).

Zusammenarbeit und Untergang: Der Strukturwandel der Presse ging ab den 1970er-Jahren über die sanfte Öffnung der Gesinnungszeitungen für andere politische Positionen hinaus: Viele Gesinnungszeitungen schlossen sich zusammen, fusionierten und wandelten sich dabei in politisch neutrale Zeitungen um oder verschwanden ganz vom Markt.

Ein Beispiel, wie Gesinnungszeitungen durch Zusammenarbeit zu überleben versuchten, ist die Gründung des ‹AZ-Rings› 1970. Zehn Deutschschweizer Zeitungen, die der Sozialdemokratie nahe standen, schlossen sich zusammen. Jede der angeschlossenen Zeitungen produzierte einen eigenen Lokal-/Regionalteil, übernahm den in Zürich redigierten Mantelteil und trug im Titel die Bezeichnung ‹AZ›. Dieser Zusammenarbeit war jedoch nur ein kurzes Leben beschieden. Die Beibehaltung aller zehn Druckorte verteuerte die Produktion und stellte eine technische Herausforderung dar. Das Inseratevolumen blieb klein und es gab Differenzen um Kurs und Inhalt der Zeitung. Finanzielle Probleme führten zum Auseinanderbrechen der Zusammenarbeit; mehrere beteiligte Zeitungen (‹Zürcher AZ›, ‹Freier Innerschweizer›) mussten Ende 1973 ihren Betrieb einstellen (vgl. Müller 2002: 232-235). Anderen SP-nahen Zeitungen gelang es hingegen, sich bis Mitte der 1980er-Jahre (z. B. ‹Freier Aargauer›) oder gar bis Ende der 1990er-Jahre auf dem Markt zu halten (u.a. das wiederbelebte ‹Volksrecht›).

Ein Beispiel für die Umwandlung in einer Gesinnungszeitung in eine Forumszeitung ist das Aargauer Tagblatt. Es war bereits 1847 gegründet worden und stand der freisinnigen Partei nahe. In den 1960er-Jahren wuchs es durch die Übernahme kleinerer Zeitungen in der Umgebung und deren Integration als Lokalteil. Mit diesen Übernahmen öffnete sich die Aargauer Zeitung politisch bis zu einem gewissen Grad und begann auch linksliberale Stimmen zu Wort kommen zu lassen (vgl. Müller 2002: 295, 614).

In einigen Regionen der Schweiz konnten sich Gesinnungszeitungen bis in die 1990er-Jahre halten. Mit der Einstellung der ‹Ostschweiz› (St. Gallen), des ‹Vaterlands› (Luzern) und der ‹Berner Tagwacht› (Bern) verschwanden fast alle letzten Ausläufer dieses Zeitungstyps.

Gründe: Die Gründe für den Wandel der Gesinnungs- in Forumszeitungen sind in gesellschaftlichen, technischen und wirtschaftlichen Faktoren zu suchen. Im Gefolge der 1968er-Bewegung löste sich die Bevölkerung von starren, sozialen Milieus los. Das Abonnement einer Zeitung war bei vielen Lesern immer weniger ein Bekenntnis zu einer bestimmten politischen Haltung und zur Zugehörigkeit zu einer sozialen Schicht. Dies zeigt sich am Beispiel der Abonnentenwerbung des ‹Vaterlands›. Anfang der 1960er-Jahre fanden gut koordinierte Kampagnen statt, bei der die Zeitung, Partei, Kirche und das katholische Vereinswesen zusammenarbeiteten. Aufgrund eines Vergleichs von Mitglieder- und Abonnentenlisten wurden Nicht-Abonnementen identifiziert und von geschulten Werbern kontaktiert. Allerdings wurde es zunehmend schwieriger, die Vereine für solche Aktionen zu gewinnen. Die letzte Aktion fand in Luzern 1975 statt (vgl. Luginbühl 2007: 118-121).

Nicht nur der soziale Wandel stellte die Presse zu dieser Zeit vor grosse Herausforderungen, sondern auch der technische. Zum einen erwuchs den Zeitungen durch die zunehmende Verbreitung des Fernsehens neue Konkurrenz. Zum anderen veränderten sich die Produktion und der Druck. Die Satztechnik modernisierte sich, indem ab Mitte der 1960er-Jahre Texte auf elektrischen Schreibmaschinen verfasst werden konnten. Mit der Ablösung des Bleisatzes durch den Fotosatz und den Offsetdruck konnte der Setzvorgang massiv beschleunigt werden. Möglich wurde nun auch der Einsatz von Farbe, was ein Bedürfnis der Werbekunden war. Dies erforderte die Beschaffung neuer, grösserer und kapitalintensiver Maschinen. Manche Zeitungsverlage mussten neue Druckzentren erstellen – was den Konzentrationsprozess begünstigte (vgl. Bachem 1987: 158; Padrutt 1977: 6d-9). Neue Erfindungen für den Transport und Bündelung der frisch gedruckten Zeitungsseiten ermöglichten es, zielgruppengerechte und vorproduzierte Beilagen in die Zeitung zu integrieren. Damit erschlossen sich neue Einnahmequellen (vgl. dazu die Geschichte der Firma Ferag von Lüönd 2010).

Folgen: Mit den Zeitungsrenovationen ging ein Generationenwechsel in den Redaktionen einher. Viele Journalisten waren ins Pensionsalter gekommen. Nun stellte sich heraus, dass es schwierig war, Redaktoren zu finden, die politisch profiliert, gleichzeitig die notwendige journalistische Eignung mitbrachten und vergleichsweise niedrige Löhne akzeptierten. Freiwerdende und neue Stellen wurden deshalb vermehrt mit Journalisten ohne oder mit zum Teil abweichenden politischen Positionen besetzt. Journalisten, die gleichzeitig als hochrangige Politiker tätig waren, wurden auch bei den Gesinnungszeitungen mehr und mehr zur Ausnahme (vgl. Schaller 1974: 166 f.; Luginbühl 2007: 52 f., 57-59).

Mit der Lösung der Zeitungen von politischen Bindungen veränderte sich auch das berufliche Selbstverständnis der Journalistinnen und Journalisten. Zunehmend wurde ein Journalismus zum Ideal, der sich stärker am Objektivitätspostulat und an eigenständigen, professionellen Kriterien orientierte. Die Journalistenverbände begannen Ende der 1960er-Jahre, über die Einführung eines Presserats und eines Ethikkodex für ihren Berufsstand zu diskutieren. 1972 erliess ein Journalistenverband die «Erklärung der Pflichten und Rechte des Journalisten», 1977 wurde der Presserat gegründet (vgl. Puppis 2009a: 242-245). Für über ein Jahrzehnt blieb der Presserat relativ unbedeutend, begann nach einer Reorganisation in den 1990er-Jahren jedoch einige wegweisende Entscheidungen zu fällen (vgl. Kapitel 13.3).

Sonntagszeitungen

Einige Tageszeitungen erschienen bis in die 1960er-Jahre auch am Sonntag, wie oben bereits erwähnt. Diese Sonntagsausgaben wurden in der Deutschschweiz mit Ausnahme des ‹Berner Tagblatts› (1967-1982) jedoch abgeschafft, in der Westschweiz blieben sie hingegen bestehen (bei ‹Le Matin› und der 1994 eingestellten ‹La Suisse›). Die Ära der Sonntagszeitung leitete 1969 RINGIER mit dem ‹SonntagsBlick› wieder ein. Das neue Produkt war als Magazin konzipiert, das im Gegensatz zum ‹Blick› die heiteren Seiten des Lebens aufzeigen wollte und mit ausführlicheren, länger recherchierten Berichten aufwartete. Der Erfolg stellte sich allerdings erst nach rund zehn Jahren ein, aus drei Gründen: Mit der Einweihung eines neuen Druckzentrums konnten die massiven Probleme mit dem Farbdruck gelöst werden, die Redaktion wurde verselbstständigt und mit der Verschiebung vieler Sportereignisse vom Sonntag auf den Sonntag eröffnete sich eine Marktlücke für eine gut ausgebaute Sportberichterstattung am Sonntag (vgl. Lüönd 2008: 265).

Neben dem ‹SonntagsBlick› gab es temporär weitere Sonntagszeitungen: ‹Null 58› im Kanton Glarus (1985-1986) und die lokale Winterthurer Wochenzeitung ‹Stadtblatt›, die von 2008 bis zu ihrem Konkurs 2009 als Sonntagszeitung erschien (vgl. Tages-Anzeiger 2009). Die nachhaltig erfolgreichste Neugründung gelang dem TAGES-ANZEIGER-VERLAG (heute TAMEDIA) mit der Einführung der ‹SonntagsZeitung› 1987. Dem Start dieser Zeitung ging eine längere Projektphase voran, die 1985 begann und Konkurrenten herausforderte, ebenfalls eine Sonntagszeitung zu produzieren. Das Konkurrenzprodukt ‹SonntagsBlatt› kam tatsächlich einen Monat früher auf den Markt (Dezember 1986) und wurde von einem Konsortium des ‹St. Galler Tagblatts›, ‹Vaterlands›, der ‹Züri-Woche›, ‹Berner Zeitung›, ‹Basler Zeitung› und des Unternehmers Curt Schweri getragen. Nach einem Jahr verschwand diese Zeitung allerdings bereits vom Markt (vgl. Anderes/Schefer 1990: 39 f.). Die ‹SonntagsZeitung› entwickelte sich hingegen erfolgreich und gewann stetig Leser und Werbekunden dazu.

Nicht zuletzt dieser Erfolg inspirierte die ‹NZZ›, 2002 ebenfalls eine Sonntagszeitung einzuführen. Die neue Zeitung wurde gestalterisch und inhaltlich bewusst etwas anderes als die ‹NZZ› positioniert: Sie wies einen höheren Bildanteil und ein breiteres Repertoire an journalistischen Formen auf (insbesondere Interviews, Porträts). Dadurch sollte nebst der Stammleserschaft ein weiteres Publikum gewonnen werden (vgl. Swissinfo/SRI 2002).

Mit der Lancierung der ‹Südostschweiz am Sonntag› (SoSo) (2006), des ‹Sonntags› (2007), der ‹Zentralschweiz am Sonntag› (ZaS) (2008), der ‹BaZ am Sonntag› (2012) und der ‹Ostschweiz am Sonntag› (geplant für 2013) wurde in der Deutschschweiz die regionale Sonntagszeitung als siebte Ausgabe einer Tageszeitung wieder eingeführt. Themen, die zwischen Freitag und Sonntag aktuell sind, lassen sich damit auf zwei Ausgaben verteilen (vgl. Südostschweiz 2006: 8; Wyss 2008b).

Die neue siebte Ausgabe der regionalen Tageszeitungen wird in das Abonnement zu einem leicht höheren Preis integriert. Dieses Konzept weist betriebswirtschaftlich mehrere Vorteile auf: Die Zeitung lässt sich ohne grosse Marketingkosten lancieren und von Anfang an wird eine für die Werbekunden attraktive Reichweite generiert (vgl. Imwinkelried 2008). Der ‹Sonntag› wurde allerdings von einer siebten Ausgabe der ‹az Aargauer Zeitung› bzw. ‹Nordwestschweiz› in Richtung einer eigenständigen, überregionalen Sonntagszeitung weiterentwickelt, indem das inhaltliche Angebot ausgebaut und die Zeitung auch ausserhalb des Kerngebiets in der Frühe zugestellt wird (in den Regionen Zürich, Bern und Basel) (vgl. Custer 2008b).

Gratiszeitungen

Der jüngste, eingeführte Zeitungstyp ist die tägliche Gratiszeitung (auch «Pendlerzeitung»). Bei den Diskussionen über Pendlerzeitungen wird oft vergessen, dass ein älterer Typ von Gratiszeitungen, die lokal-regionalen Gratisanzeiger, bereits seit Langem auf dem Markt ist.

Lokal-regionale Gratisanzeiger: Zu einer ersten Gründungswelle von Gratiszeitungen kam es anfangs der 1960er-Jahre. Bis zu diesem Zeitpunkt existierten zwar Gratisanzeiger, der Verlegerverband hatte jedoch in den 1920er-Jahren die Gründung neuer Anzeiger aus Angst vor Konkurrenz der Tageszeitungen untersagt. Als es Ende der 1950er-Jahre nicht gelang, diese Regelung im Kartellgesetz festzuschreiben (vgl. Dense 1974: 49-54),[39] traten eine Reihe von lokal-regionalen Wochenzeitungen mit redaktionellen Inhalten in den Markt, die gratis vertrieben wurden; so z. B. ‹GHI› (in Genf), die zweisprachige ‹Biel/Bienne› oder der ‹Thurgauer Wochen Anzeiger› (vgl. Walther 2006: 34). Letzterer wurde vom Druckereiunternehmer Rolf-Peter Zehnder gegründet, der diesen Zeitungstyp im Ausland kennengelernt hatte und mit dem neuen Produkt die Auslastung seiner Druckerei steigern wollte. Damit legte er den Grundstein für den Aufbau eines Lokalzeitungsimperiums, das gegenwärtig 25 Titel umfasst (vgl. Büsser 2004; Zehnder AG 2012).

Gegen die neuen Gratiszeitungen formierte sich Widerstand. Die etablierten Verleger sahen sich und ihre Informationsleistung durch die neue Konkurrenz bedroht. Zuweilen wurde der Ton der Diskussion gehässig, etwa als im Bulletin des Verleger-Verbands ein Gratisanzeiger-Verleger als «bauernschlauer st. gallischer Gratisanzeiger-Fritze» bezeichnet wurde (Schweizerischer Zeitungsverleger-Verband 1970: 81). Die Politik zeigte sich ebenfalls besorgt und intervenierte u.a. auf parlamentarischer Ebene (vgl. Schweizerischer Zeitungsverleger-Verband 1970: 74-76). Mit der Zeit beteiligten sich die etablierten Verlage allerdings selbst an regionalen Gratiszeitungen oder gründeten solche. Ein Beispiel aus jüngster Zeit ist die Lancierung mehrerer wöchentlicher Gratisanzeiger mit Lokalinformationen im Kanton Glarus durch die «Südostschweiz Medien» in den Jahren 2007 und 2008 (vgl. Persoenlich.com 2008c).

Tägliche Gratiszeitung/Pendlerzeitung: Ein neuer Typ Gratiszeitungen kam mit der täglichen Gratiszeitung (auch: «Pendlerzeitung») um das Millennium auf den Markt. Diese Zeitungen bieten wie die Abonnementszeitungen ein universelles Themenangebot, jedoch in kürzeren Texten und einem kleineren Format. Mitte Dezember 1999 wurde ‹20 Minuten›, einen Monat später ‹Metropol› im Ballungsraum Zürich zum ersten Mal verteilt. Beide Gratiszeitungen wurden von den beiden sich konkurrierenden, schwedischen Konzernen KINNEVIK/MODERN TIMES

---

[39] Diesen Hinweis verdanke ich Katia Dähler.

GROUP und SCHIBSTED lanciert. SCHIBSTED hatte die tägliche Gratiszeitung 1995 in Stockholm erstmals eingeführt.

Die Schweizer Zeitungsverleger TAMEDIA und die NZZ GRUPPE reagierten auf die neue ausländische Konkurrenz, indem sie Layout und Format ihres Gratisanzeigers ‹Tagblatt der Stadt Zürich› modernisierten und unter dem Namen ‹Züri Express› gratis vertrieben. Der Konkurrenzdruck und die verschärfte Wirtschaftslage zeigten Wirkung: Im Februar 2002 stellte ‹Metropol› den Betrieb ein. Die Renditeerwartungen der Investoren innerhalb des anvisierten Zeitraums waren nicht erfüllt worden. Mit ein Grund dürfte eine verfehlte Strategie gewesen sein: Die Zeitung wollte sich höherwertig positionieren. Ihre Aufmachung wirkte allerdings eher billig und die lokale Verankerung fehlte. ‹20 Minuten› gelang es hingegen mit seinen Inhalten, geschickten Marketingaktionen und einem gut ausgebauten Online-Nachrichtenportal die werbeattraktive Zielgruppe der jungen Erwachsenen zu gewinnen.

2003 konnte TAMEDIA diese Gratiszeitung dank eines Drohszenarios aufkaufen: Der Konzern kündigte an, die Redaktion des ‹Züri Express› stark auszubauen und den Titel auch in anderen Regionen zu etablieren (u.a. in Bern, gemeinsam mit der ‹Berner Zeitung›). Dieser Schritt hätte die Rendite von ‹20 Minuten› erheblich geschmälert. Die Investoren entschieden sich zum Verkauf. Nach der erfolgreichen Übernahme der Gratiszeitung gab TAMEDIA das ‹Züri Express›-Projekt auf und wandelte die Zeitung wieder in den wöchentlich erscheinenden Gratisanzeiger ‹Tagblatt der Stadt Zürich› um (vgl. Haller 2009: 106-111).

Mit ‹20 Minuten› hatte TAMEDIA auf dem Werbe- und Lesermarkt durchschlagenden Erfolg. Dies löste einen temporären Boom an Gratiszeitungen aus. TAMEDIA versuchte das Konzept in die Westschweiz zu übertragen. Als Reaktion auf den angekündigten Markteintritt brachte der Westschweizer Medienkonzern EDIPRESSE im Herbst 2005 ‹Le Matin Bleu› als Gratis-Version von ‹Le Matin› auf den Markt; ‹20 Minutes› folgte ein halbes Jahr später.

In der Deutschschweiz wurden in der Folge drei weitere Gratiszeitungen lanciert, davon zwei durch RINGIER, dessen Boulevardzeitung ‹Blick› immer mehr Leser an ‹20 Minuten› verlor. RINGIER brachte ‹Heute› als Nachrichten-Abendzeitung heraus, da dieser Markt bisher unbesetzt war. Im selben Jahr wandelte der Konzern auch seine wöchentlich erscheinende Wirtschaftszeitung ‹Cash› zur täglich erscheinenden Wirtschafts-Gratiszeitung ‹Cash Daily› um. 2007 lanciert eine Gruppe von Investoren aus branchenfremden und -nahen Kreisen die Gratiszeitung ‹Punkt.ch›. Über die Inhalte und mit einem etwas anderen

Vertriebskonzept bei Hauseingängen sollte diese Zeitung etwas anspruchsvoller positioniert werden. Die drei Verlage TAMEDIA, ESPACE MEDIA GROUPE (u.a. ‹Berner Zeitung›) und NATIONAL-ZEITUNG UND BASLER NACHRICHTEN AG («Basler Zeitung») reagierten auf den neuen Konkurrenten mit der Gratiszeitung NEWS, die viel Agenturmeldungen, Stoff aus den Hauptzeitungen und wenig Eigenleistung enthielt (vgl. Haller 2009: 114-122).

Diese Marktverdrängungsstrategie ging auf. Mitte 2009 stellte ‹Punkt.ch› den Betrieb ein, Ende desselben Jahres nahmen die anderen Verlage ‹News› vom Markt (vgl. Persoenlich.com 2009c; 2009h). Im selben Jahr wurde der Konkurrenzkampf der zwei Westschweizer Gratiszeitungen mit der Einstellung von ‹Matin Bleu› aufgegeben, nachdem die Wettbewerbskommission TAMEDIA erlaubte hatte, EDIPRESSE zu übernehmen (vgl. Persoenlich.com 2009a). 2009 stellte auch RINGIER ‹Cash Daily› ein und positionierte den Wirtschaftstitel als reines Online-Nachrichtenportal. Bereits ein Jahr früher hatte der Konzern ‹Heute› in den ‹Blick am Abend› umgewandelt. Die neue Abend-Gratiszeitung übernahm mit dem Namen auch Layoutelemente und den Boulevardstil des ‹Blicks›. Dahinter stand eine neue Unternehmensstrategie: RINGIER etablierte den ‹Blick› als «Medienplattform», zu der alle anderen ‹Blick›-Titel (inkl. Onlineangebot) gehören und die in einem gemeinsamen Newsroom produziert werden (vgl. Ringier AG 2008).

Eine weitere Reaktion der Schweizer Verlage auf die Pendlerzeitungen war die Anpassung des Zeitungsformats. So erschienen sowohl die kostenpflichtige Version des ‹Blicks› als auch die Regionalteile der ‹Aargauer Zeitung› ab 2004 im kleineren Tabloidformat. Allerdings machten die Zeitungen diese Massnahme nach fünf Jahren wieder rückgängig (vgl. Hitz 2004; 2009). Es scheint so, als ob sich der Gratiszeitungsmarkt mit ‹20 Minuten› und ‹Blick am Abend› konsolidiert hat.

Die Entwicklung der Leserschaft macht deutlich, dass Pendlerzeitungen das erfolgreichste, neu eingeführte Presseprodukt des letzten Jahrzehnts sind. Zwischen dem Jahr 2000 und 2009 erreichten diese Zeitungen immer mehr Deutsch- und Westschweizerinnen aus allen Altersschichten, während die kostenpflichtigen Zeitungen bei allen Altersschichten, ausser den über sechzigjährigen, Leserinnen und Leser verloren. Diese Entwicklung ist bei der jungen Generation am stärksten ausgeprägt, wie aus den nachfolgender Abbildungen deutlich wird.

Abb. 72: Nutzung von Kauf- und Gratis-Tageszeitungen nach Altersgruppen in der D-CH (2000-2010, Nettoreichweite in %)

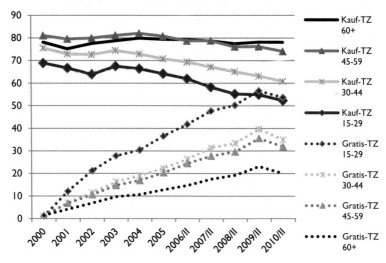

Abb. 73: Nutzung von Kauf- und Gratis-Tageszeitungen nach Altersgruppen in der F-CH (2000-2010, Nettoreichweite in %)

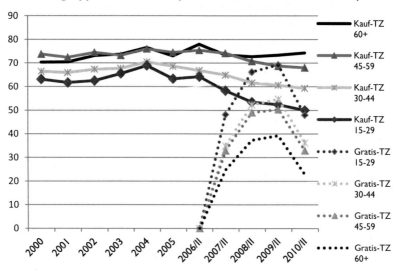

Künzler/Kradolfer (2012: 27) basierend auf WEMF Mach Basic (2000-2010)

In Anbetracht dieser Entwicklung stellt sich die Frage, ob die Gratiszeitungen Schuld am Rückgang der Reichweite von kostenpflichtigen Tageszeitungen tragen. Aufschluss auf diese Frage liefert der Blick nach Deutschland. Dort verhinderten die etablierten Verleger, dass Pendlerzeitungen in den Markt eintraten (vgl. Pürer/Raabe 2007: 392 f.). Trotzdem sank die Auflage der kostenpflichtigen Tageszeitungen zwischen 2001 und 2011 um über 20 % (Daten basierend auf BDZV 2012). Im selben Zeitraum ging die Auflage kostenpflichtiger Zeitungen in der Schweiz um eine ähnliche Grössenordnung (17 %) zurück.[40] Da dieser Rückgang kostenpflichtiger Zeitungen in der Schweiz trotz Gratiszeitungen nicht stärker ausfiel als in Deutschland, ist anzunehmen, dass die kostenpflichtigen Tageszeitungen in der Schweiz auch ohne den Markteintritt täglicher Gratiszeitungen Leser verloren hätten. Gratiszeitungen verstärken diesen Effekt, sie haben ihn jedoch nicht ausgelöst (so das Fazit einer ländervergleichenden Studie von Haller 2009: 201).

Werden in der schweizerischen Auflagenstatistik die Gratiszeitungen mit berücksichtigt, zeigt es sich, dass die Gesamtauflage der Presse bis ins Jahr 2008 stieg (vgl. Abb. 75). Weil die kostenpflichtigen Zeitungen auch ohne den Eintritt von Gratiszeitungen Leser verloren hätten (was aus den deutschen Erfahrungen anzunehmen ist), lässt sich der Anstieg der Gesamtauflage deshalb so interpretieren, dass tägliche Gratiszeitungen zumindest zu einem Teil eine neue Leserschaft hinzugewinnen konnten und den Lesermarkt erweitertet haben. Rund ein Drittel der Nutzer von Gratiszeitungen sind Neuleser, die zuvor keine Zeitung genutzt haben (vgl. Haller 2009: 204). Bei diesen Neulesern handelt es sich hauptsächlich um jüngere Personen, wie die Entwicklung der Reichweiten zeigt (vgl. folgende Abb. 72, 73).

Allerdings ist anzunehmen, dass dieser Erfolg der Pendlerzeitungen nur von beschränkter Nachhaltigkeit ist. Deutlich zeigt sich dies am Beispiel der Westschweiz. Mit dem Eintritt zweier Pendlerzeitungen 2006/2007 stieg dort die Nettoreichweite der Presse insgesamt (vgl. Abb. 74). Als 2009 eine der beiden Gratiszeitungen wieder eingestellt wurde («Matin Bleu») ging die Gesamtleserschaft der Zeitungen zurück. Die von den Gratiszeitungen neu gewonnen Leserinnen und Leser stiegen also nicht auf die vorhandenen Kauftitel um (vgl. Künzler/Kradolfer 2012: 28).

---

[40] Der Rückgang der Auflagenzahlen lässt sich nicht vollständig vergleichen, da bei den deutschen Daten nur Tageszeitungen, bei den schweizerischen alle Kaufzeitungen berücksichtigt sind.

Abb. 74: Nettoreichweite nach Pressetypen in der Westschweiz (2000-2010, in %)

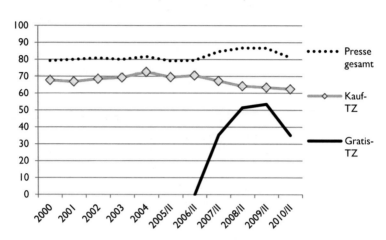

Künzler/Kradolfer (2012) basierend auf WEMF Mach Basic (2000-2010)

Neuste Entwicklungen: Pressekonzentration und politisch motivierte Investoren

In der letzten Dekade ist es zu weiteren Konzentrationsprozessen gekommen. Zwischen 2000 und 2012 sind rund zehn publizistische Einheiten verschwunden. In den Redaktionen der Tageszeitungen wurden zwischen 2008 und 2010 knapp 500 redaktionelle Stellen abgebaut (vgl. Künzler/Kradolfer 2012: 19).

Konzentrationsprozesse sind jedoch keineswegs ein neues Phänomen, wie aus der nachfolgenden Abbildung ersichtlich ist. Im Verlauf der Jahrzehnte ist die Anzahl Zeitungstitel stetig zurückgegangen, während die Auflage zugenommen hat. Weniger Titel vereinigen also eine immer höhere Auflage. Besonders ausgeprägt war dieser Konzentrationsprozess anfangs der 1970er-Jahre und in den 1990er-Jahren, als die Gesinnungspresse niederging. Seit dem Jahr 2000 befindet sich die Gesamtauflage kostenpflichtiger Titel im Rückgang. Dafür hat die Auflage an täglichen Gratiszeitungen bis 2008 zugelegt.

Abb. 75: Entwicklung Anzahl Titel und Auflage von Zeitungen (1939-2011)

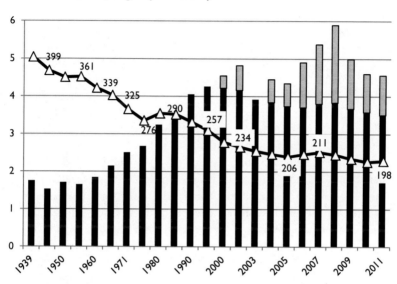

eigene Darstellung basierend auf Verband Schweizer Medien (2012b), WEMF (2000-2011). Die schwarzen Balken stellen die Auflagenhöhe der kostenpflichtigen Zeitungen dar (in Millionen), die grauen Balken die Auflagenhöhe der täglichen Gratiszeitungen. Die Linie markiert die Entwicklung der Anzahl Titel.[41]

Konzentrationsprozesse in der jüngsten Zeit haben öffentliche Aufmerksamkeit generiert. Der «Zürcher Zeitungskrieg» macht exemplarisch die Strategien von Medienunternehmen in solchen Prozessen deutlich. 2004 wollte die Werbevermarkterin PUBLIGROUPE ihre Beteiligung an der ‹Zürichsee-Zeitung› verkaufen. Gleichzeitig wollte TAMEDIA seine Position im Zürcher Regionalmarkt verstärken (vgl. Persoenlich.com 2004b). Während sich der Landbote entschied, TAMEDIA eine Minderheitsbeteiligung zu gewähren, kooperierten die ‹Zürichsee-Zeitung›, der ‹Zürcher Oberländer› und der ‹Zürcher Unterländer› mit der NZZ-GRUPPE (vgl. Persoenlich.com 2004a). TAMEDIA reagierte darauf, indem sie die ‹Zürcher Regionalzeitungen› mit NZZ-Beteiligung durch Splittausgaben des ‹Tages-Anzeigers› angriff und dafür im Verlauf des Jahres 2005 eigenständige Lokalredaktionen aufbaute (vgl. Kleinreport

---

[41] Diese Statistik berücksichtigt alle kostenpflichtigen Zeitungen (also auch Wochenzeitungen) und zählt Nebenausgaben und Tochterzeitungen mit.

2004). Nur fünf Jahre später änderte sich die Situation grundlegend: Die Besitzerfamilie der ‹Zürichsee-Zeitung› verkaufte ihr Unternehmen an TAMEDIA, gleichzeitig konnte TAMEDIA sich auch bei den anderen zwei Regionalzeitungen beteiligen. Per Ende 2010 schloss der ‹Tages-Anzeiger› seine Lokalredaktionen und stellte die Splittausgaben ein (vgl. Persoenlich.com 2010b). TAMEDIA einigte sich mit der NZZ-MEDIENGRUPPE und verkaufte ihr die ‹Thurgauer Zeitung›. Dies erlaubte es der NZZ-MEDIENGRUPPE diese Zeitung in den Mantel des ‹St. Galler Tagblatts› zu integrieren (vgl. Persoenlich.com 2010i). Beide Medienkonzerne konnten damit ihre Gebiete arrondieren und Konkurrenzkonstellationen in Zürich und der Ostschweiz aufheben.

Eine weitere Entwicklung, die hohe Wellen schlug, war der Verkauf der ‹Basler Zeitung› an private Investoren durch die Besitzerfamilie im Jahr 2010. Nach mehreren Handänderungen und der Einsetzung eines neuen, politisch rechtsstehenden Chefredaktors wurde 2011 bekannt, dass der rechtsbürgerliche Politiker Christoph Blocher an der ‹Basler Zeitung› beteiligt ist (vgl. Persoenlich.com 2010f; 2011c; 2011f; 2011i). Dies führte zu Kündigungen von Abonnements und zur Gründung des neuen, unabhängigen Online-Nachrichtenportals ‹TagesWoche› (vgl. Kapitel 7.5) (vgl. Persoenlich.com 2011e). Gleichzeitig verstärkte AZ MEDIEN ihre Präsenz im Raum Basel, indem sie mit ‹bz Basel› eine neue Splittausgabe für die Stadt Basel schuf, um die geschwächte ‹Basler Zeitung› anzugreifen (vgl. Persoenlich.com 2011d).

Fazit: Die Entwicklung der Presse war eng mit der Entwicklung der Demokratie verbunden. Eine Demokratie benötigt unabhängige Medien, die eine Öffentlichkeit herstellen, in der die vielfältigen politischen Positionen repräsentiert, begründet, diskutiert werden und Kritik an Missständen geübt wird.

Mit der Einführung demokratischer Verfassungen in den Kantonen und der Gründung des Bundesstaats entwickelte sich die Gesinnungspresse. Gesinnungszeitungen bekannten sich redaktionell eindeutig zu einer politischen Strömung und waren personell mit den jeweiligen Parteien eng verbunden. Erst mit der Pressekrise der 1970er-Jahren verschwanden viele Gesinnungszeitungen oder wandelten sich in Forumszeitungen um, die sich stärker am Objektivitätspostulat orientierten und unterschiedliche politische Standpunkte berücksichtigten. In den meisten Regionen führte dies zu Pressekonzentration: Statt mehrerer kleiner Zeitungen, die bestimmten politischen Strömungen zuzuordnen waren, existierte nur noch eine Tageszeitung in Form einer Forumszeitung. Diese Forumszeitungen besitzen grössere Redaktionen mit einem breit ausgebauten inhaltlichen Angebot. Zugleich gewannen in der zweiten Hälfte des 20. Jahrhunderts auch kommerziellere Pressetypen an Bedeutung; zu erwähnen sind insbesondere Boulevardzeitungen und seit dem Jahr 2000 tägliche Gratiszeitungen (Pendlerzeitungen).

Mit dem Niedergang der Gesinnungspresse hin zu einer Forumspresse veränderte sich Ende der 1960er-Jahre auch das journalistische Selbstverständnis: Journalismus und politische Tätigkeit wurden zunehmend für unvereinbar gehalten. Die Journalisten entwickelten professionelle Berufsnormen und schufen mit dem Presserat ein Selbstregulierungsorgan, welches bis heute die Einhaltung dieser Normen fördert.

Weiterführende Literatur

Bollinger, Ernst (1995): Pressegeschichte I. 1500-1800: Das Zeitalter der allmächtigen Zensur. Fribourg.
Bollinger, Ernst (1996): Pressegeschichte II. 1840-1930: Die goldenen Jahre der Massenpresse. Fribourg.

→ *Überblick über die Pressegeschichte aus schweizerischer Perspektive*

Catrina, Werner / Blum, Roger / Toni, Lienhard (Hrsg.): Medien zwischen Geld und Geist. Zürich
Luginbühl, David (2007): Vom «Zentralorgan» zur unabhängigen Tageszeitung? Das ‹Vaterland› und die CVP 1955-1991. Fribourg.
Lüönd, Karl (2008): Ringier bei den Leuten: 1833-2008. Die bewegte Geschichte eines ungewöhnlichen Familienunternehmens. Zürich.
Meier, Peter / Häussler, Thomas (2010): Zwischen Masse, Markt und Macht. Das Medienunternehmen Ringier im Wandel 1833-2009. Zürich. [2 Bände]
Müller, Andreas (1998): Geschichte der politischen Presse im Aargau. Das 19. Jahrhundert. Aarau.
Rüegg, Walter (Hrsg.) (2012): Herausgefordert: Die Geschichte der Basler Zeitung. Basel.

→ *Einzelstudien über unterschiedliche Pressetypen und Verlage*

Hersche, Otmar (2008): Erinnerungen an den Journalismus. Zürich.

→ *Autobiografischer Rückblick auf die Entwicklung des Journalismus; als Quelle zur Presse- und Rundfunkentwicklung gut geeignet*

10 Strukturwandel von Radio und Fernsehen

[Fernsehen] hat Opposition geweckt, hat vehemente Kämpfer gegen das neue Medium auf den Plan gerufen, hat aber auch Personen aktiviert, die unbedingt Fernsehen machen wollten, die glänzende Augen bekamen, wenn es nur flimmerte, die Kopf und Krage riskierten und noch heute unter den Folgen ihres totalen Engagements leiden.
Anton Schaller (2003)

> Radio und Fernsehen haben sich über die Jahrzehnte stark verändert. Die Liberalisierung des Rundfunkbereichs hat zur Entstehung von neuen Anbietern und neuen Angeboten geführt. Zugleich prägen vergangene Entwicklungen die Rundfunkstruktur noch heute. Deshalb untersucht dieses Kapitel,
> - weshalb Radio und Fernsehen in Form des öffentlichen Rundfunks eingeführt wurden und wie sich die SRG entwickelt hat
> - weshalb der Radio- und Fernsehbereich liberalisiert wurde und welche Privatsender entstanden sind.

10.1 Die Entwicklung des öffentlichen Rundfunks SRG bis zum Zweiten Weltkrieg

Grundlage für die Erfindung des Mediums Radio bildete die Entdeckung elektromagnetischer Felder und die praktische Anwendung der neuen Erkenntnisse in der zweiten Hälfte des 19. Jahrhunderts durch Wissenschaftler wie Heinrich Hertz, Aleksander Stepanowitsch Popow und Guglielmo Marconi. Anfänglich war nur die drahtlose Übermittlung von Morsezeichen möglich (1896 erhielt Marconi dafür ein Patent), dank weiteren Erfindungen ab 1906 auch die drahtlose Übertragung von Sprache und Musik. Die Anwendungsmöglichkeit der neuen Technologie wurde zunächst in der herkömmlichen Punkt-zu-Punkt-Kommunikation im Sinn des «drahtlosen Telefons» gesehen. Mit dem Ausbruch des Ersten Weltkriegs wurde das Radio vorwiegend für militärische Zwecke genutzt (vgl. Stuiber 1998: 49-51; Dussel 2004: 20 f.).

Kampf um die Verwendung des neuen Mediums Radio in den 1920er-Jahren

In der Schweiz erklärte sich der Bund bereits 1911 für die «drahtlose Telegrafie» zuständig, indem er die neue Technologie wie die drahtgebundene Telegrafie, Telefonie und die Post dem Transportbereich zuordnete (bis 1924 ohne explizite Rechtsgrundlage). Wie in anderen westeuropäischen Ländern war dieser Bereich traditionell eine staatliche Domäne. Der Staat hatte dafür zu sorgen, dass entsprechende Leistungen erbracht wurden.

Der schweizerische Bundesrat verfolgte zunächst eine restriktive Politik und vergab nur wenige Konzessionen für den Empfang von Radiosignalen. Erst ab 1921 erlaubte er den Bau kommerzieller Radiotelegrafiestation. Das Radio wurde vorerst zum Versand von Telegrammen und für die Koordination des Flugverkehrs eingesetzt. Sogenannte «Radioamateure» begannen sich ab 1921 in der Westschweiz in Klubs zu organisieren und verbreiteten ohne Erlaubnis 1922 erstmals ein Radiokonzert über den Lausanner Flugplatzsender. Der politische Druck wuchs, den Markt für Unterhaltungs- und Informationsrundfunk zu öffnen. In der Westschweiz wurden gar liberale Verhältnisse wie in den USA gefordert. Solche Forderungen wurden von der Geräteindustrie unterstützt, die sich von dem neuen Angebot einen höheren Absatz erhoffte (vgl. Schade 2000a: 19-24).

Die Bundesbehörden kamen den Forderungen der Amateure teilweise nach, indem sie ab Januar 1923 auf den Flugplatzsendern in Genf, Lausanne und Zürich Rundfunkversuche zuliessen. Damit begann «das Zeitalter des Unterhaltungs- und Informationsrundfunks» (Schade 2000a: 24). Als Rahmenbedingung forderten Parlament und Bundesrat eine nichtkommerzielle Verwendung der neuen Technologie und eine behördliche Aufsicht, allerdings ohne staatliche Mitwirkung an der Programmproduktion. Diese medienpolitischen Forderungen entstanden auch aus einer negativen Beurteilung der US-amerikanischen Verhältnisse heraus, wo wegen einer fehlenden staatlichen Regulierung unkontrolliert gesendet worden und es zu einem «Chaos im Äther» gekommen war (vgl. Schade 2000c: 25 f.).

Die Rundfunkversuche führten in Lausanne und Genf zur Gründung von Radiogesellschaften, die rasch auf Sendung gingen. In der Deutschschweiz dauerte der Aufbau von Programmgesellschaften hingegen eineinhalb Jahre länger: Mehrere Projekte wurden wegen ihrer kommerziellen Ausrichtung von den Bundesbehörden abgelehnt. 1924 erhielt schliesslich die «Radiogenossenschaft Zürich» eine Konzession. Ihre Trägerschaft war aus Fabrikanten, Rechtsanwälten, einem NZZ-Redaktor, Vertretern der Tourismusbranche, Gemeindepräsidenten und dem «Radioklub Zürich» breit zusammengesetzt. Diese Zürcher Radiogesellschaft baute als Erste eine eigene Sendeanlage, die ausschliesslich zur Verbreitung von Radioprogrammen diente und brauchte damit zeitlich keine Rücksicht mehr auf den Flugverkehr zu nehmen. Ambitioniert war der Anspruch, für die gesamte Deutschschweiz Programme zu veranstalten. Gegen diesen Plan stemmten sich nicht nur die Bundesbehörden, welche das Radio als lokal-regionales Medium institutionalisieren wollten, sondern auch Initianten in Bern und Basel, die in der Zwischenzeit ihre eigenen Radiogesellschaften gegründet und einen eigenständigen Sendebetrieb aufgenommen hatten (vgl. Schade 2000c: 26-29). Die Finanzierung der Radioprogramme erfolgte über die von den Bundesbehörden eingezogenen Empfangskonzessionen und die Herausgabe von Programmzeitschriften. Die Radioklubs unterstützten die Gebührenfinanzierung, indem sie alle Besitzer von Empfangsgeräten aufforderten, ihre Geräte anzumelden (vgl. Schade 2000b: 139).

Vom lokal-regionalen zum sprachregionalen Radio: die Gründung der SRG

Das Regionalradio geriet schon bald in Schwierigkeiten: Die Einnahmen der Radiostationen blieben knapp, da die Anzahl gelöster Radiokonzessionen bald stagnierte. Darunter litten besonders die finanziell schwächeren Organisationen in Basel und Bern. Die Presse fürchtete die neue Konkurrenz und wollte deshalb die Informationsprogramme im Radio einschränken. Nicht zuletzt beeinträchtigte der Bau immer grösserer Sendeanlagen im Ausland den Empfang der schweizerischen Regionalsender. Nach anfänglichem Zögern schlossen sich die Behörden der internationalen Entwicklung an und wollten drei sprachregionale Grosssender aufbauen (vgl. Schade 2000b: 206-210).

Die Entwicklung hin zu je drei sprachregionalen Programmen erforderte jedoch eine Reorganisation der Programmproduktion. Zwei Möglichkeiten wurden von den Radiogesellschaften kontrovers diskutiert: die Bildung einer Einheitsgesellschaft oder die Vereinigung der bestehenden Gesellschaften in einer Dachgesellschaft. Da eine Entscheidung politisch heikel war, setzte das zuständige Bundesdepartement eine Kommission ein, die einen Konsens finden sollte. Diese entschied sich schliesslich für die Variante «Dachgesellschaft», die tatsächlich umgesetzt wurde.

1931 schlossen sich die bestehenden Radiogesellschaften unter dem nationalen Dach der SCHWEIZERISCHEN RUNDSPRUCHGESELLSCHAFT (SRG) zusammen. Die fünf bestehenden Radiostudios blieben weiterhin für die Programmproduktion und gewisse administrative Aufgaben zuständig. Allerdings produzierten sie kein eigenständiges (Voll-) Programm mehr, sondern lieferten den sprachregionalen Gesamtprogrammen einzelne Sendungen zu. Damit traten die Radiogesellschaften einen Teil ihrer Kompetenzen an den Vorstand des neuen Dachverbands ab und ordneten sich dessen Oberleitung unter.

Die vom SRG-Vorstand gewählte Geschäftsstelle war gleichzeitig das Bindeglied zu den Bundesbehörden. Diese vergaben nur noch eine einzige Konzession an den Dachverband SRG. Die Behörden wiesen sich die Kompetenz zu, einen gewissen Einfluss auf die Personalpolitik zu nehmen und der SRG verschiedene Auflagen zu machen (u.a. eine gemeinnützige Zielsetzung zu verfolgen) (vgl. Schade 2000c: 49 f.). Der Bundesrat begründete diese Massnahmen damit, dass das Radio ein «öffentlicher Dienst» geworden sei und einen «Dienst am Volk» leisten soll (Scherrer 2000: 59).

Das Problem der Finanzierung der verschiedenen Radiogesellschaften wurde dadurch gelöst, dass der Westschweiz einen Gebührenanteil von 40 Prozent zugesprochen wurde und in der Deutschschweiz die Einnahmen nach einem bestimmten Verteilschlüssel den Studios in Basel, Bern und Zürich zugeteilt wurden (vgl. Schade 2000c: 47-50). Der Finanzausgleich zwischen den Sprachregionen wurden damit bereits in der Anfangsphase der SRG institutionalisiert und stellt bis heute eine lange Tradition dar.

Die PTT-Verwaltung (Post, Telefon, Telegrafie) baute drei grosse Landessender in Sottens, Beromünster und auf dem Monte Ceneri. Damit kam es zu einer Arbeitsteilung zwischen dem Bund und der SRG, die bis 1988 Bestand hatte: Die SRG war für die Produktion der Programminhalte zuständig, während der Bund mit seinen PTT-Betrieben alle technischen Anlagen (inklusive Studioeinrichtungen) beschaffte (vgl. Müller 2006: 188 f., 228 f.; Schade 2000b: 263 f.).

An der Wende zu den 1930er-Jahren entstanden in der Ostschweiz und dem Tessin weitere Radiogesellschaften. Die Ostschweizer Radiogesellschaft verzichtete auf den Bau eines eigenen Studios und setze sich vor allem für eine angemessene Vertretung in der SRG und eine möglichst flächendeckende Verbreitung der Programme in ihrem Gebiet ein (vgl. Schade 2000c: 43). Im Tessin gründete der Kanton 1930 eine Radioanstalt und errichtete in Lugano ein Studio. Damit wollte der

Kanton privater Initiative zuvorkommen und einen möglichen Verlust an Einfluss über das Radio verhindern. Nach Problemen und einer Untersuchung durch die Konzessionsbehörde wurde die staatsnahe Gesellschaft jedoch aufgelöst und 1938 die CORSI als Genossenschaft nach dem Vorbild der Radiogesellschaften in den anderen Landesteilen gegründet (vgl. Scherrer 2000: 63-69).

Umstrittene Nachrichten- und Musiksendungen

In den Anfangszeiten des Radios bereitete nicht nur die Organisationsstruktur medienpolitische Probleme. Auch die Frage, welche Programminhalte ausgestrahlt werden dürfen, führte zu kontroversen Diskussionen. Insbesondere die Zeitungsverlage und die Schallplattenindustrie fürchteten die Konkurrenz des neuen Mediums. Nach einem Ausstrahlungsverbot konnten sich die Industrie und die SRG 1937 über die Modalitäten einer eingeschränkten Ausstrahlung von Schallplatten einigen. Um genügend Musik ausstrahlen zu können, blieben die eigenen Radioorchester und der Austausch von Aufnahmen mit ausländischen Radiogesellschaften von Bedeutung (vgl. Scherrer 2000: 79-81).

Stark umstritten waren Nachrichtensendungen und Sendungen über politische Themen. Die Zürcher Radiogesellschaft konnte in den 1920er-Jahren zwar ein eigenständiges Nachrichtenangebot ausstrahlen, weil die Presse frühzeitig ins Radioprojekt involviert worden war. In Bern waren die Verleger hingegen nicht am Radioprojekt beteiligt worden, massiver Widerstand gegen die Einführung von Radionachrichten war die Folge. Zugleich strebte die von den Verlegern kontrollierte SCHWEIZERISCHE DEPESCHENAGENTUR (SDA) an, alleinige Nachrichtenlieferantin der Radiostationen zu werden.

Nun schalteten sich die Bundesbehörden als Vermittlerin in den Konflikt ein. Dies führte 1926 zu einem Abkommen zugunsten der Presse: Die SDA wurde zur einzigen Nachrichtenlieferantin bestimmt. Täglich durften lediglich zwei Nachrichtenbulletins ohne Kommentare und ohne vertiefende Hintergrundinformationen ausgestrahlt werden. Der Presse war es weitgehend gelungen, «das eigentlich schnellere Medium Radio bei der Nachrichtenverbreitung aus[zu]bremsen» (Schade 2000c: 34; vgl. auch Schade 2000b: 184-188). Damit war der Grundstein für eine Aufgabenteilung gelegt, die bis Ende der 1960er-Jahre Bestand hatte. Auch nach der Gründung der SRG 1931 wurde die Beschränkung der Nachrichtenproduktion beibehalten. In den Folgejahren konnte die SRG zwar erreichen, pro Tag mehr Nachrichtenbulletins auszustrahlen, im Gegenzug musste sie aber auf Radiowerbung verzichten (vgl. Scherrer 2000: 69-73; Reymond 2000: 107 f.; Egger 2000: 137). Erst 1966 begannen die SRG-Radios regelmässig, neben den SDA-Bulletins eigene Kurznachrichten auszustrahlen. 1970 übernahmen die SRG-Sender schliesslich die Gestaltung der Hauptnachrichten (vgl. Valloton 2006: 54 f.; Schade 2006b: 298 f.).

Das Abkommen liess jedoch gewisse Informationsnischen zu. Dazu gehörte die Sportberichterstattung oder die Übertragung von Vorträgen zu aktuellen Themen. Um die vom Bundesrat geforderte Unparteilichkeit zu erreichen, bildete sich ein neuer Stil der politischen Diskussion heraus: Die Vortragsmanuskripte wurden so redigiert, dass sie relativierend und sich selbst hinterfragend waren. Inhaltlich wiesen sie eine gewisse Regierungsnähe auf (vgl. Scherrer 2000: 82-86).

Vor und während des Zweiten Weltkriegs profilierte sich das Radio schliesslich im Dienste der Geistigen Landesverteidigung. Armee und Politik waren bemüht, das Radio in organisatorischer Hinsicht unter ihre Kontrolle zu bringen. Dazu wurde die SRG reorganisiert. In jeder Sprachregion wurde eine Programmkommission geschaffen, welche die Gebührengelder auf die einzelnen Studios aufteilte und redaktionelle Richtlinien festlegte. Die Radiostudios wurden stärker der zentralen Leitung unterstellt. Die Behörden setzen die Vertreter der Programmkommission ein, die aus unterschiedlichen Gesellschaftsbereichen stammten (Musik, Kunst, Wissenschaft etc.) und konnte die Mehrheit des Vorstands ernennen. Die Mitgliedgesellschaften verloren dadurch Kompetenzen (vgl. Scherrer 2000: 89-91). Trotzdem bestanden über die Programminhalte bei den Behörden keine konkreten Vorstellungen. Deshalb kam es zu keinem Bruch in der Programmgestaltung und die Programmmacher behielten Spielraum. Allerdings veränderte sich die Themengewichtung, indem beispielsweise Sendungen über Schweizer Geschichte einen höheren Stellenwert erhielten. Der Zusammenhalt der Bevölkerung wurde durch die Produktion von Sendungen für Kinder und Jugendliche, für Kranke und Frauen zu stärken versucht (vgl. Scherrer 2000: 104).

10.2 Die Einführung des Fernsehens und die Entwicklung der SRG 1945-1980

Modernisierung des Radios nach 1945

Bereits gegen Ende des Zweiten Weltkriegs wandelten sich die Hörerbedürfnisse. Die neuen, ausländischen Radiostationen drohten zu einer ernsthaften Konkurrenz zu werden. Die SRG reagierte darauf, indem sie einerseits Unterhaltungssendungen ausbaute und mehr «swingende» Klänge am Radio sendete (vgl. Egger 2000: 115 f.). Andererseits weitete sie das Informationsangebot aus, u.a. indem aktuelle politische Fragen im ‹Gespräch am Runden Tisch› und in der 1945 eingeführten, weltpolitischen Tagessendung ‹Echo der Zeit› behandelt wurden (zur Geschichte dieser Sendung vgl. Gschwend 2005). In den 1960er-Jahren gelang es der SRG schliesslich, sich von den Einschränkungen im Nachrichtenbereich zu lösen (wie oben erwähnt). Es wurde eine eigenständige Nachrichtenredaktion und ein Auslandkorrespondentennetz aufgebaut.

Auch auf organisatorischer Ebene wurden Veränderungen gefordert, insbesondere musste das Verhältnis zum Staat neu austariert werden. Um dem Föderalismus Rechnung zu tragen, wurden die bisherigen Radiostudios erhalten und zwei neue Mitgliedgesellschaften gegründet («SRG Zentralschweiz», «SRG SSR Svizra Rumantscha»). Der Einfluss des Staates wurde reduziert, indem der Bundesrat darauf verzichtete, die Mehrheit der Vorstandsmitglieder und der Programmkommission zu wählen. Die oberste Programmleitung wurde in die Hände des Generaldirektors gelegt (vgl. Aziz/Piattini 2006: 159-161).

Reorganisation aufgrund der Einführung des Fernsehens in den 1950er-Jahren

Mit der Fernsehtechnologie hatten sich die PTT und die SRG zwar bereits in den 1940er-Jahren auseinandergesetzt, zur Einführung eines regelmässigen Programms war es jedoch nicht gekommen. Wenige Jahre nach dem Ende des Zweiten Weltkriegs stieg jedoch der Druck, schweizerische Fernsehprogramme anzubieten, da das neue Medium im Ausland grosse Erfolge feierte. Bald bestand Konsens, dass die SRG für das neue Medium zuständig sein soll, obwohl auch andere Varianten diskutiert worden waren (vgl. Danuser/Treichler 1993: 10 f.).

Um Erfahrungen mit dem neuen Medium zu sammeln, beschlossen das Parlament und der Bundesrat, die SRG mit einem Fernseh-Versuchsbetrieb zu betrauen. Dieser Versuch wurde zu einem grossen Teil aus Bundesmitteln und zu einem kleineren Teil von der SRG finanziert. Dagegen regten sich Proteste: Da die SRG für ihre Radioprogramme ebenfalls neuen Finanzbedarf hatte, wurde mit dem Slogan «Keinen Radiofranken fürs Fernsehen» gegen das neue Medium opponiert. Trotzdem konnte der reguläre Versuchsbetrieb 1953 in der Deutsch- und 1954 in der Westschweiz aufgenommen werden. Den Fernsehversuchen war grosser Erfolg beschieden, so dass die SRG 1957 eine definitive Fernsehkonzession erhielt und 1958 den regulären Fernsehbetrieb in der Deutsch- und der Westschweiz aufnahm. Im Tessin wurden vorerst diese deutsch- und französischsprachigen Programme mit italienischen Kommentaren ausgestrahlt. Erst 1961 wurde auch dort eine eigenständige Programmproduktion aufgenommen (vgl. Danuser/Treichler 1993: 22-24; Aziz/Piattini 2006: 144).

Auf Ebene der Organisation stellte sich die Frage, wie der Fernsehbetrieb in die Struktur der SRG eingebunden werden soll: bei den dezentralen Radiostudios oder zentral? Um dem Föderalismus Rechnung zu tragen und trotzdem zu hohe Produktionskosten zu vermeiden, wurde beschlossen, das Fernsehen sprachregional zu organisieren. In jedem der drei Landesteile wurde in den Folgejahren je ein Fernsehstudio aufgebaut.

Dies brachte jedoch das fragile Verhältnis von föderaler und zentraler Struktur der SRG durcheinander; ein erneuter Umbau der Gesellschaft wurde notwendig. Unter anderem auf Druck des Bundesrats wurden 1964 sprachregionale Dachgesellschaften («Regionalgesellschaften») geschaffen. Die bestehenden Mitgliedgesellschaften mussten sich in diesen Dachgesellschaften vereinen und an diese neue sprachregionale Ebene gewisse Kompetenzen abtreten. Neu gab es in jeder Sprachregion je einen Radio- und Fernsehdirektor, der dem Generaldirektor auf nationaler Ebene unterstand (vgl. Danuser/Treichler 1993: 59; Mäusli/Steigmeier 2006: 16 f.).

Kooperation mit den Verlegern zur Einführung von Fernsehwerbung in den 1960er-Jahren

Der Fernseh- und Radiobetrieb wurde bis Ende der 1960er-Jahre kontinuierlich ausgebaut: Das Fernsehen vervierfachte sein Angebot, das Radio verdoppelte es. Gleichzeitig mussten die Funktionen beider Medien zueinander abgegrenzt und aufeinander abgestimmt werden. Orientierte sich die Programmgestaltung beim Fernsehen in der Anfangsphase zunächst am Radio, gelang es bald, das publizistische und optische Potenzial des neuen Mediums besser auszuschöpfen und das Fernsehen als eigenständiges Medium zu positionieren. Allerdings musste auch das Radio seine Rolle neu finden. Der Aufbau eines zweiten Programms über die damals neue Verbreitungstechnik UKW bot hierzu neue Möglichkeiten. Auf den ersten Programmen wurde das Angebot an aktueller Information markant ausgebaut und leichtere Musik gespielt, während das zweite Programm einen Schwerpunkt auf ernste Musik setzte (vgl. Schade 2006b: 320, 338, 347-355).

Das neue Medium Fernsehen verschlang grosse finanzielle Mittel. Fernsehwerbung schien eine vielversprechende Einnahmenquelle zu sein, der Verlegerverband fürchtete jedoch die neue Konkurrenz. SRG und Verleger einigten sich 1958 in einem Vertrag: Die SRG erhielt von den Verlegern und einer Annoncenagentur jährlich einen Beitrag für den Fernsehbetrieb, im Gegenzug verzichtete die SRG auf Werbung. Dieser Vertrag sollte für maximal zehn Jahre oder bis zum Erreichen von 180 000 Fernsehkonzessionären bestehen bleiben. Allerdings wurde diese Zahl an Konzessionären bereits 1961 erreicht. Dies ermöglichte 1965 die Einführung von Fernsehwerbung, allerdings in Kooperation mit den Verlegern: Die SRG verzichtete auf die Forderung nach Radiowerbung. Die Verleger wurden an der neuen AG FÜR WERBEFERNSEHEN und damit an den finanziellen Gewinnen der neuen Werbeform beteiligt (vgl. Schneider 2006: 86 f.). Diese Kooperation hatte rund 25 Jahre Bestand. Erst anfangs der 1990er-Jahre übernahm die SRG die Werbeakquisitionsfirma fast vollständig und taufte sie 1994 in PUBLISUISSE um (vgl. Valsangiacomo 2012: 196).

Umbau statt Ausbau der Programme in den 1970er-Jahren

Mit dem raschen Programmausbau stiegen die Anforderungen an die interne Ressourcensteuerung, zugleich führte der Gesellschaftswandel zur Ausbildung von gegensätzlichen Publikumserwartungen. Programme mit (gesellschafts-)politischen Inhalten wurden von parteipolitisch links- und rechtsstehenden Kreisen zunehmend kritisiert. Besonders das Fernsehen stand unter dem Verdacht, entweder «herrschaftsstabilisierend» oder «linksunterwandert» zu sein (vgl. Saxer 1979: 68 f.; Frei 2003: 100; AKP 1973: 160-162; Valloton 2006: 63-67; Schneider 2006: 98-101).

Angesichts dieser Probleme konzentrierte sich die SRG in den 1970er-Jahren auf einen Programmumbau und eine Reorganisation ihrer Struktur. Die SRG begann in eine forschungsbasierte Programmplanung zu investieren und gestaltete das Programm publikumsattraktiver. Im Radioprogramm wurden abrupte Stilwechsel zunehmend vermieden, um eine stärkere Durchhörbarkeit zu erzielen. Das Fernsehen richtete die Programmstruktur und die Sendezeiten vermehrt an den Bedürfnissen und dem Tagesablauf der Zuschauer aus. Allerdings kam es zu keiner strikten Orientierung an Publikumsattraktivität: Beim Radio wurde auf eine durchgehende Formatierung verzichtet und beim Fernsehen das Informationsangebot stärker ausgebaut als das noch beliebtere Unterhaltungsangebot (vgl. Schade 2006b: 352-356).

Die Unternehmensberatungsfirma HAYEK ENGINEERING AG wurde angestellt, um Vorschläge für eine Reorganisation auszuarbeiten. Die Umsetzung dieser Vorschläge nahm mehrere Jahre in Anspruch und wurde 1980 vorerst abgeschlossen. Trägerschaft und Programmproduktion wurden nun stärker getrennt. In der Westschweiz wurden die beiden bestehenden Mitgliedgesellschaften in sieben kantonale umgewandelt und in der Deutschschweiz zusätzlich eine neue Mitgliedgesellschaft gegründet (Aargau/Solothurn). Die Programmproduktion wurde professionalisiert, u.a. indem eine forschungsbasierte Programmplanung eingeführt wurde, und neue Aus- und Weiterbildungskonzepte entwickelt wurden (vgl. Saxer/Ganz-Blättler 1998: 86-90, 115 f.; Schade 2006b: 356; Mäusli/Steigmeier 2006: 17-19).

Der Reformbedarf der SRG rief auch die Medienpolitik auf den Plan. Der Bundesrat versuchte nach einem gescheiterten Versuch in den 1950er-Jahren erneut, einen Verfassungsartikel einzuführen, um die Grundlage für die Neuordnung des Rundfunks zu schaffen. Der Verfassungsartikel hätte grundsätzlich auch Privatrundfunk ermöglicht, die Vorlage scheiterte jedoch 1976 in der obligatorischen Volksabstimmung. Erfolgreicher verlief die Gründung einer Beschwerdeinstanz, die zunächst als Kommission beim zuständigen Bundesdepartement angegliedert war und später in die «Unabhängige Beschwerdeinstanz» (UBI) umgewandelt wurde. Mit dem RTVG 1991 wurde das Beschwerdewesen durch die Vorschaltung von Ombudsstellen verfeinert (vgl. Künzler 2012: 74).

10.3 Anpassung an ein liberalisiertes Marktumfeld und an neue Medientechnologien ab 1980

Die 1980er- und 1990er-Jahre stellten die SRG vor neue Herausforderungen: Zum einen wurde im In- und Ausland der Rundfunkbereich liberalisiert, zum anderen kamen mit Satellitenfernsehen, Teletext und neuer Studiotechnik Medientechnologien auf, welche die Hör- und Sehgewohnheiten sowie die Produktionsprozesse veränderten.

Die SRG reagierte anfangs der 1980er-Jahre mit einer Offensiv- und Kooperationsstrategie. Im Satellitenrundfunk setzte sie auf internationale Kooperation und beteiligte sich mit anderen öffentlichen Rundfunkgesellschaften an den Satellitenfernsehsendern 3SAT und TV5. Auf Kooperation setzte die SRG auch bei der Einführung von Teletext. Die Verleger wollten das neue Angebot unter ihre Kontrolle bringen, da es in ihren Augen eine Form von elektronischer Zeitung war. Das Problem konnte gelöst werden, indem eine Gesellschaft gegründet wurde, an der beide Partner gemeinsam beteiligt waren. Anfangs der 1990er-Jahre stiegen die Verleger aus diesem Kooperationsprojekt jedoch aus.

Zu Beginn der 1980er-Jahre wurde das inländische Radio- und Fernsehangebot wieder ausgebaut. In allen drei Sprachregionen wurden dritte Radiokanäle eingeführt, die sich an ein jüngeres Publikum richteten. Im Fernsehbereich wurde ein zweiter Kanal als Sportkette genutzt, um grosse Sportereignisse (live) zu übertragen. Zudem wurden die Sendezeiten der ersten Fernsehprogramme stark erweitert (vgl. Scherrer 2012: 142-145; Schade 2012: 294 f., 302 f.).

Zu einem weiteren Programmausbau und einer Reorganisation kam es in den 1990er-Jahren. Eine Strukturreform sollte die SRG «von der Anstalt zum Unternehmen» wandeln und die Effizienz sowie Flexibilität des operativen Bereichs zu erhöhen. Mit Hilfe des Holdingmodells wurden die Kompetenzen von Trägerschaft und Unternehmen noch klarer geteilt. Den Sprachregionen wurde weitere Programmautonomie gewährt, um das Programmangebot an die regionalen Bedürfnisse anzupassen. Die Unternehmensführung wurde hingegen durch ein striktes Finanzcontrolling und eine Personalführung nach einheitlichen Qualifikationskriterien gestrafft (vgl. Valsangiacomo 2012: 188-203).

Die digitale Sendetechnik hielt zunächst in den Radiostudios Einzug; etwas später (Ende der 1990er-Jahre), als die entsprechende Rechnerleistung für Videobilder vorhanden war, auch im Fernsehbereich. Die neuen Produktionsverfahren ermöglichten Effizienzsteigerungen und veränderten die Berufsbilder. Während das Spezialwissen technischer Mitarbeiter teilweise an Bedeutung verlor, verlagerten sich technische Aufgaben in die Redaktionen. Beim Radio ermöglichte es die Einführung von Musikplanungssoftware und von Selbstfahrtechniken, die (Musik-)Profile der einzelnen Sender besser zu kontrollieren und dadurch stärker zu formatieren. Dies führte gleichzeitig zu Verunsicherung und Protesten der Mitarbeiter (vgl. Scherrer 2012: 148-153). Beim Fernsehen wurde durch neue Strategien ebenfalls versucht, die Zuschauer in Zeiten eines wachsenden Angebots von Privatsendern aus dem In- und Ausland zu befriedigen. Massnahmen dazu waren eine klarere Schematisierung der Programmstruktur, die Einführung neuer visueller Gestaltungsprinzipien und die Ausstrahlung von Eigenproduktionen und publikumsattraktiven Sendungen auf das Hauptabendprogramm, um die knappen finanziellen Ressourcen hauptsächlich für Sendezeiten mit hohem Zuschauerpotenzial zu nutzen (vgl. Schellenberg 2003; Studer 2003: 70).

1993 ging S PLUS als zweiter Fernsehkanal auf Sendung. Auf Druck der Politik wurde der neue Kanal als publizistische Alternative unter einer eigenen Programmleitung innerhalb der SRG konzipiert. Dem neuen Sender und seinem Nachfolger SCHWEIZ 4 waren jedoch nur ein geringer Erfolg und viel Misstrauen innerhalb der SRG beschieden. Dies führte 1997 dazu, den zweiten Fernsehkanal unter die Leitung der sprachregionalen Fernsehdirektoren zu stellen, welche so das Programmangebot beider Fernsehkanäle aufeinander abstimmen konnten. Die zweiten Kanäle wurden nun als Komplementärangebot positioniert, welche insbesondere in der Deutschschweiz jüngere Zielgruppen über Spielfilme oder Sportübertragungen ansprechen sollten (vgl. Künzler 2012: 62 f.; Ruppen Coutaz 2012: 98-100).

Nach dieser Phase des Programmausbaus und der Reorganisation folgte in den 2000er-Jahren eine Phase der Konsolidierung, um die Position im Radio- und Fernsehmarkt zu halten. Da insbesondere im Inland private Fernsehkonkurrenz entstand, versuchte sich die SRG, mit der Einführung der Marke «SRG SSR idée suisse» als einheimischer Qualitätsanbieter zu positionieren. Da die Einnahmen stagnierten, mussten neue Investitionen ins Programm aus Rationalisierungsgewinnen finanziert werden (vgl. Schade 2012: 283, 296 f., 304 f.).

In dieser Zeit wurde auch begonnen, Sendungen digital auszustrahlen und online zugänglich zu machen. Eine unternehmensweite Onlinestrategie fehlte jedoch. Bis 2004 galt der Grundsatz, dass die Unternehmenseinheiten das Internet pragmatisch zur Unterstützung ihrer Radio- und Fernsehprogramme einsetzen. Der Plan, SWISSINFO als zentrales Kompetenzzentrum für das Onlineangebot zu etablieren, scheiterte am

Widerstand der Unternehmenseinheiten (vgl. Scherrer 2012: 164 f.). Dieser Plan war keineswegs abwegig, da SCHWEIZER RADIO INTERNATIONAL 1999 vom Kurzwellensender, der eine radiofonische Präsenz der Schweiz im Ausland zum Auftrag hatte, in die mehrsprachige Onlineplattform SWISSINFO umgewandelt worden war. Diese Onlineplattform war als multimediales Informationsportal über die Schweiz konzipiert worden (vgl. Ruppen Coutaz 2012: 116 f.).

Der zunehmende Erfolg der Onlinemedien, die publizistischen Potenziale der Medienkonvergenz (also das Zusammenwachsen verschiedener Medien auf Basis des Internets) und der finanzielle Druck aufgrund von Werbekrise und Mindereinnahmen bei den Rundfunkgebühren lösten innerhalb der SRG eine Debatte aus, wie der öffentliche Auftrag unter den veränderten Rahmenbedingungen noch erfüllt werden könne. Diese Debatte führte zur Initiierung von zwei Reorganisationsprojekten. Ein erstes Projekt, dessen Umsetzung Ende 2007 beschlossen wurde, reformierte die Organisationsstruktur der SRG auf Grundlage von Standards der «Corporate Governance», indem die Verantwortlichkeiten von Trägerschaft und Unternehmen stärker getrennt wurden. Zudem wurde die Autonomie der SRG gegenüber den Bundesbehörden weiter erhöht, indem dem Bundesrat das Recht genommen wurde, Mitglieder in die Gremien der regionalen Trägerschaften zu wählen. Das Projekt konnte anfangs 2010 abgeschlossen werden, als die neuen Statuten der SRG-Gesellschaften in Kraft traten (vgl. Puppis/Künzler 2011: 171 f.).

Gegenstand des zweiten Reorganisationsprojekts, dessen Durchführung 2009 vom Verwaltungsrat genehmigt wurde, war erstens die Zentralisierung administrativer Bereiche, um Einsparungen zu erzielen. Zweitens sollte die Zusammenarbeit zwischen Radio, Fernsehen und Onlinemedien in den Sprachregionen verstärkt werden, um in all diesen Medien eine Vielfalt an Inhalten anzubieten. Dazu wurden zum einen die in der Deutsch- und Westschweiz für Radio und Fernsehen getrennten Unternehmenseinheiten zusammengelegt. Zum anderen wurden die Unternehmenseinheiten dazu angehalten, «konvergent» zu arbeiten, das heisst, thematische, medienübergreifende Ressorts zu schaffen, um Inhalte für alle drei Medien zu produzieren. Allerdings wurde es den sprachregionalen Unternehmenseinheiten überlassen, wie sie diese strategische Vorgabe umsetzen wollten. Einige Unternehmenseinheiten hatten bereits ab 2006 eigene Konvergenzprojekte angestossen.

Die rätoromanische Unternehmenseinheit schuf einen konvergenten Newsroom, der Inhalte für alle drei Medien produziert. Die italienischsprachige Unternehmenseinheit legte ebenfalls Redaktionen medienübergreifend zusammen, ohne jedoch eine der beiden Produktionsstandorte aufzugeben. In der Deutsch- und Westschweiz ging die Zusammenlegung etwas weniger weit. Es wurden einige, medienübergreifende thematische Ressorts geschaffen, in gewissen Bereichen jedoch bewusst an einer Trennung zwischen Radio und Fernsehen festgehalten (vgl. Künzler et al. 2011: 105-107).

10.4 Wunsch nach Privatrundfunk in den 1970er-Jahren

Unzufriedenheit mit dem SRG-Monopol: Das Aufkommen neuer Publikumsbedürfnisse

In den 1970er-Jahren kam es zu technischen, politischen und soziokulturellen Veränderungen in der Umwelt des Mediensystems. Auf technischer Ebene wurde die wichtigste Begründung für das Monopol des öffentlichen Rundfunks – die Frequenzknappheit – unterhöhlt. Einerseits wurde das UKW-Frequenzspektrum zwischen 100-108 MHz, das bislang der militärischen Nutzung vorbehalten war, in den internationalen Funkverwaltungskonferenzen von 1977 und 1979 für die zivile Radionutzung freigegeben (vgl. Meier 1993: 204). Andererseits nahmen anfangs der 1980er-Jahre Rundfunksatelliten für den direkten Radio- und Fernsehempfang ihren Betrieb auf.

Einige Nachbarländer führten Privatradio und -fernsehen in den 1970er-Jahren ein. In Deutschland waren die Kabelnetze ab Mitte der 1970er-Jahre schrittweise ausgebaut worden. Damit kam es auch zur «versuchsweisen» Einführung von Privatrundfunk in Pilotprojekten. Zu Beginn der 1980er-Jahre wurden Privatradio und -fernsehen schliesslich definitiv eingeführt (vgl. Dreier 2003: 257). Bereits früher hatte diese Entwicklung in Italien eingesetzt: Nachdem illegale Privatsender geduldet und durch zwei Entscheide des Verfassungsgerichts Mitte der 1970er-Jahre legalisiert worden waren, entwickelte sich eine blühende Privatrundfunklandschaft, deren Programme insbesondere auch im Tessin empfangen werden konnten (vgl. Krummenacher 1988: 69-75; Tanner 1986: 9).

Für die Medien nicht zu unterschätzen, sind die soziokulturellen Veränderungen im Gefolge der 1968er-Bewegung. Das Wirtschaftswachstum hatte in den westlichen Industrieländern zu Wohlstand aber auch zu einer Orientierungskrise geführt. Insbesondere die Jugend stellte die traditionellen Wertvorstellungen infrage und kämpfte für neue gesellschaftliche Freiräume in allen Lebensbereichen. Die «Neuen Sozialen Bewegungen» in der Schweiz setzten sich für eine Alternativkultur und neue politische Anliegen ein. Dies rief allerdings Gegenreaktionen auf der traditionell-konservativen Seite hervor (vgl. Gilg/Hablützel 1986: 892-900).

Die neuen gesellschaftlichen Vorstellungen betrafen auch die Medien und lösten neue Zuhörer- sowie Zuschauerbedürfnisse aus. Gefordert wurde u.a. die Berücksichtigung des neuen Musikgeschmacks der Jugend, ein neuer Stil in der Ansprache des Publikums oder eine stärkere Partizipation der Bürgerinnen und Bürger in der Programmproduktion (vgl. Bonfadelli/Hättenschwiler 1989: 13-15). Vertreter des politisch rechten und linken Lagers forderten publizistische Alternativen; Unternehmer witterten ein neues Geschäftsfeld (vgl. Schanne 1987: 134 f.; EJPD 1982: 247; Künzler 2012: 42 f.). Die SRG vermochte diese neuen Bedürfnisse nur teilweise zu befriedigen. Zunehmend wurde der Ruf nach der Zulassung von Privatradio und Privatfernsehen lauter.

Radiopiraten entern den Äther

«Radiopiraten» begnügten sich in den 1970er-Jahren nicht damit, medienpolitische Forderungen aufzustellen, sondern setzten ihre Vorstellungen in die Tat um. Sie sendeten in grösseren Städten (v.a. Zürich) illegal ihre eigenen Programme auf wechselnden Frequenzen. Die Piratenradioszene war heterogen (vgl. Tanner 1986: 17 f.). Ein Teil war im Umfeld der Neuen Sozialen Bewegungen angesiedelt. Aktivisten dieser Szene verstanden ihre Programme als Beitrag zur «Gegeninformation» und wollten die Interessen sozialer Gruppen vertreten, die in den konventionellen Medien vermeintlich unterrepräsentiert waren. Eine andere Gruppe von Radiopiraten ging hingegen eher einem Hobby nach und betrieb «Plausch-Sender» mit der von ihnen bevorzugten Musik. Daneben gab es auch Radiopiraten, die professioneller organisiert waren und kommerzielle Absichten hegten. Sie sahen im Radio ein gewinnträchtiges Medium und finanzierten sich über Werbung. Die Resonanz auf die Piratensender blieb lange Zeit jedoch gering.

Erst Roger Schawinski gelang es mit der Gründung von RADIO 24 im Jahr 1979, beim Publikum und der Politik Beachtung zu finden. Mit seinem Formatradio nach dem Vorbild US-amerikanischer Privatsender führte er in der Schweiz eine neue Art von Radio ein. Das Musikprogramm war auf den Geschmack junger Hörerinnen und Hörer ausgerichtet, die Nachrichten kamen in einem unterhaltsameren, kürzeren Stil daher, die Moderation erfolgte im Dialekt und in Talkshows wurden die Gäste im Stil des investigativen Journalismus in die Zange genommen. Das Programm sendete ohne Programmschluss täglich rund um die Uhr, was damals ebenfalls neu war (vgl. Künzler 2012: 45).

Schawinski hatte die Gesetzeslücke in Italien ausgenutzt und von einem Berg an der schweizerischen Grenze in die wirtschaftlich starke Agglomeration Zürich eingestrahlt. Gegen drei Schliessungen auf Intervention der schweizerischen Behörden reagierte er mit damals unkonventionellen Aktionen: Er mobilisierte eine Massenbewegung, die mit Demonstrationen und Unterschriftensammlung die Behörden unter Druck zu setzen versuchte (vgl. Schanne 1993; aus subjektiver Sicht Schawinski 1982: 130, 160, 202-232).

Die Reaktion der Behörden

Die Bundesbehörden, in deren Kompetenz der Rundfunk bis heute liegt, reagierten auf die neuen medienpolitischen Forderungen zum einen mit der Beschlagnahmung von illegalen Sendern und der Bestrafung ihrer Betreiber. Zum anderen versuchten sie, die Rundfunklandschaft neu zu gestalten, wählten in dieser medienpolitisch heiklen Frage jedoch ein behutsames Vorgehen.

Bereits anfangs der 1970er-Jahre setze das für Rundfunk zuständige «Eidgenössische Verkehrs- und Energiewirtschaftsdepartement» eine «Arbeitsgruppe für Fragen der Drahtverteilnetze für Radio und Fernsehen» ein. Diese Arbeitsgruppe empfahl die Erteilung von zeitlich befristeten Versuchskonzessionen in den Kabelnetzen. Der Bundesrat setzte diesen Vorschlag um, indem er eine von 1977 bis 1981 befristete Kabelrundfunkverordnung erliess, welche die Verbreitung lokaler Rundfunkprogramme zu Versuchszwecken erlaubte; Werbung war jedoch verboten (vgl. Hättenschwiler/Jedele 1987: 235 f.; Meier 1993: 204).

1978 wurde die «Expertenkommission für eine Mediengesamtkonzeption» gebildet (nach ihrem Vorsitzenden auch «Kommission Kopp» genannt), die den Auftrag hatte, Vorschläge zur Neugestaltung der Rundfunkordnung im Rahmen einer Mediengesamtkonzeption auszuarbeiten. Die Regierung wollte keine einzelnen medienpolitischen Entscheidungen treffen, sondern zunächst mögliche Auswirkungen solcher Entscheide auf die Gesellschaft, Politik und die Medien umfassend untersuchen (vgl. Loretan/Meier 1993: 10). Dieses Vorgehen widerspiegelte die zu jener Zeit vorherrschende Auffassung, dass die Politik einzelne

Gesellschaftsbereiche auf Grundlage systematischer und rationaler Planung aktiv gestaltet kann (vgl. Saxer 1993: 5).

1982 lieferte die Kommission ihren Bericht ab. Darin stellte sie umfassend den damaligen Ist-Zustand des schweizerischen Mediensystems dar und unterbreitete Vorschläge für eine zukünftige Medienordnung. Die Vorschläge betrafen nicht nur Radio und Fernsehen, sondern auch Presse, Buch und Film. Kernelement des Vorschlags war das «Drei-Ebenen-Modell». Es sah vor, drei verschiedene Rundfunkmärkte voneinander abzugrenzen. Privater Rundfunk sollte auf lokaler-regionaler und über Satellit auf internationaler Ebene zugelassen werden. Die sprachregionale Ebene sollte der SRG vorbehalten bleiben (vgl. EJPD 1982: 313-315).

10.5 Liberalisierung von Radio- und Fernsehen ab 1982

Von der versuchsweisen zur definitiven Einführung von Privatradio und Privatfernsehen

1982 begann der Bundesrat Elemente der Mediengesamtkonzeption umzusetzen und orientierte sich dabei am Dreiebenen-Modell. Er erliess die «Verordnung über lokale Rundfunk-Versuche» (RVO). Im Sinn eines Feldexperiments wurden Privatradio, Privatfernsehen und Teletext auf lokaler Ebene für einen beschränkten Zeitraum von drei bis fünf Jahren «versuchsweise» zugelassen. Die Rundfunkversuche sollten dazu dienen, die Auswirkungen von privatem Lokalrundfunk wissenschaftlich zu erforschen und die zukünftige Gesetzgebung vorzubereiten. Damit wählte die Schweiz ein Vorgehen, das auch in Deutschland im Rahmen der Kabelrundfunkversuche angewandt wurde (vgl. Bonfadelli et al. 1983: 1; Saxer 1983: 6 f.; 1989: iii; Hoffmann-Riem 1991: 52 f.). Mit der Leitung der wissenschaftlichen Begleitforschung beauftragte der Bund Ulrich Saxer, Leiter des publizistischen Seminars der Universität Zürich. Die Berichte der Forschergruppe sind heute eine wertvolle Quelle über den Privatrundfunk der damaligen Zeit (vgl. Künzler et al. 2012: 101 f.; der Abschlussbericht stammt von Saxer 1989: iv).

Während der Versuchsphase bereiteten Bundesrat und Parlament die rechtlichen Grundlagen der neuen Rundfunkordnung vor. 1984 wurde ein überarbeiteter Verfassungsartikel für Radio und Fernsehen in der obligatorischen Volksabstimmung angenommen und damit der Grundstein für die Ausarbeitung eines Radio- und Fernsehgesetzes gelegt. Die

Gesetzesarbeiten zogen sich jedoch hin, der Versuchsbetrieb wurde verlängert. 1991 konnte das neue «Radio- und Fernsehgesetz» (RTVG) schliesslich verabschiedet werden und im darauffolgenden Jahr in Kraft treten (vgl. Künzler 2009: 182-184; 2012a: 182-184).

Das neue Gesetz implementierte das Dreiebenen-Modell definitiv. Deshalb wurden Konzessionen hauptsächlich an lokal-regionale Privatsender in allen Teilen des Landes vergeben. Um Privatradio auch in wirtschaftlich schwachen Gebieten zu ermöglichen, wurde ein «Gebührensplitting» eingeführt. Die Mehrheit der neuen Radiosender strahlte ein moderiertes, musikalisches Begleitprogramm inklusive Nachrichtenbulletins, Talk-, Ratgebersendungen etc. aus. Eine aktive Beteiligung der Bürgerinnen und Bürger war v.a. bei den nichtkommerziellen, alternativen Privatradios möglich.

Etwas länger dauerte es, bis die ersten professionellen Regionalfernsehprojekte verwirklicht wurden. Eine Pionierrolle nahm wiederum Roger Schawinski ein, als er 1994 mit TELEZÜRI auf Sendung ging und ein neues Format und eine neue Produktionsweise einführte. Das Programm besteht bis heute aus zwei halbstündigen Blöcken, die jeweils zur vollen Stunde wiederholt werden. Im ersten Block werden Regionalnachrichten, im zweiten Block Talkshows oder andere Unterhaltungssendungen ausgestrahlt. Die Nachrichtenbeiträge werden aus Kostengründen von Videojournalisten produziert, die recherchieren, mit kleinen, im Handel erhältlichen Kameras filmen, für den Ton verantwortlich sind und die Beiträge meistens auch selbst schneiden. Dieses Sende- und Produktionsprinzip wurde nach kurzer Zeit von ähnlichen Privatfernsehprojekten in anderen Regionen übernommen (vgl. Wintsch 2006: 194, 418; Künzler 2012: 67).

Mit der Gründung von TELEZÜRI führte Schawinski verschiedene, früher diskutierte Programm- und Produktionsideen zu einem konsistenten Konzept zusammen. Die Möglichkeit, regionales Privatfernsehen zu produzieren, war bereits in der Phase der Rundfunkversuchsordnung diskutiert worden. Eine «IG Regionalfernsehen», an der Verleger und die SRG beteiligt waren, hatte in den 1980er-Jahren geplant, regionale Informationsprogramme und ein von der SRG zugeliefertes Rahmenprogramm auszustrahlen, das regelmässig wiederholt wird. Auch das VJ-Prinzip war bei der SRG in einzelnen Sendungen und ab 1993 bei S PLUS bereits umgesetzt worden (vgl. Schuhmacher 1991; Künzler 2012: 48, 67 f.).

Auf der dritten, der internationalen Ebene wurden ein Wirtschaftsfernsehen (EUROPEAN BUSINESS CHANNEL) und ein Pay-TV (TELECLUB) konzessioniert (ersterer ging jedoch Konkurs).

Weitere Liberalisierung als indirekte Folge gescheiterter sprachregionaler Privatfernsehprojekte

Schwieriger gestaltete sich die Einführung von Privatrundfunk auf der sprachregionalen/nationalen Ebene. Gemäss Dreiebenen-Modell sollte dieser Markt ohnehin der SRG vorbehalten bleiben. Der Bundesrat unterstütze deshalb den Plan, innerhalb der SRG mit S PLUS eine publizistische Konkurrenz zu schaffen, die offen für Programmfenster von Privatanbietern war. Mehrere Verlage begannen, solche Programme zu produzieren und bündelten ihre Interessen in PRESSE TV (PTV). PTV liefert bis heute den SRG-Programmen Sendungen zu, die zunächst auf dem zweiten, später auch auf dem ersten Fernsehkanal gezeigt wurden.

Daneben wurden auch mehrere eigenständige, sprachregionale Fernsehprojekte in der Deutsch- und der Westschweiz lanciert (TELL-TV, CINÉVISION). Diese Projekte erhielten zwar Konzessionen, die Investoren scheuten aber das Risiko. Eine Reihe von regionalen Verlegern und andere Investoren bevorzugten es, das Projekt eines Programmfensters auf dem deutschen Privatsender RTL PLUS zu unterstützen. Allerdings scheiterte dieses Vorhaben, da es vom Bundesrat keine Konzession erhielt. So gingen bis Mitte der 1990er-Jahre auf der sprachregionalen Ebene lediglich ein paar kleinere Spartenkanäle auf Sendung (z. B. STAR-TV) (vgl. Künzler 2012: 62-67).

Mit dem optimistischen Wirtschaftsklima aufgrund der Verbreitung des Internets gegen Ende der 1990er-Jahre wurden neue sprachregionale Privatfernsehprojekte in der Deutschschweiz lanciert und tatsächlich umgesetzt. Roger Schawinski leistete wiederum Pionierarbeit, indem er den Privatsender TELE 24 gründete und dabei das Grundkonzept von TELEZÜRI übernahm. Statt regionaler Nachrichten bot der neue Sender nun eine nationale Berichterstattung. Das ehrgeizigste Privatfernsehprojekt war jedoch TV3. Es wurde von TAMEDIA und einem ausländischen Fernsehunternehmen gegründet und bot ein Vollprogramm mit Nachrichten, Spielfilmen, Serien und eigenproduzierten Unterhaltungssendungen. Die deutschen Privatsender RTL/PRO7 und SAT.1, die in der Zwischenzeit Werbefenster eingeführt hatten, reagierten auf die neue einheimische Konkurrenz mit der Einführung schweizerischer Programmfenster.

Den neuen Sendern war jedoch nur ein kurzes Leben beschieden. Mit dem Platzen des Internetbooms 2001 stellten TELE 24, TV3 und die schweizerischen Programmfenster auf den deutschen Privatsendern ihren Betrieb wieder ein (vgl. Künzler 2012: 68-71). Diese schwierige Situation der Privatsender führte zur Forderung nach einer Lockerung der gesetzlichen Vorschriften und einer Ausweitung des Gebührensplittings. Die Medienpolitik reagierte darauf, indem sie das RTVG total revidierte. Die ersten Arbeiten an dieser Totalrevision begannen bereits im Jahr 2000. Bis das revidierte Gesetz jedoch verabschiedet werden konnte, vergingen sechs weitere Jahre.

Mit dem neuen Gesetz wendete sich der Bundesrat vom Dreiebenen-Modell ab und versuchte, die widersprüchlichen Forderungen nach unternehmerischer Freiheit und dem Festhalten an einem Leistungsauftrag gerecht zu werden. Dies führte schliesslich zur in Kapitel 12.2 beschriebenen Schaffung verschiedener Anbieterkategorien. Die Privatsender können nun wählen, ob sie im lokal-regionalen Bereich zum Leistungsauftrag beitragen und damit gewisse Privilegien erhalten möchten, oder ob sie ihre unternehmerischen Freiheiten ausschöpfen und die damit verbundenen Risiken eingehen wollen. Tatsächlich kam es ab 2006 zur Gründung mehrerer sprachregionaler, privater Fernsehsender (3+, 4+, SSF, JOIZ), die sich bislang erfolgreich am Markt halten konnten (vgl. Künzler 2012: 77 f.).

Fazit: Die ersten Radiogesellschaften sind in den 1920er-Jahren auf private Initiative hin als regionale Genossenschaften entstanden. Rasch bestand Konsens, dass der Rundfunk nichtkommerziell, gebührenfinanziert sein und im öffentlichen Dienst stehen soll. Als sich international ein Trend zu Grosssendern zeigte, schlossen sich die regionalen Radiogesellschaften 1931 in der Dachgesellschaft SRG zusammen und lieferten nun einzelne Sendungen dem sprachregionalen Programm zu. Im Verlauf der Jahrzehnte wurde die Organisationsstruktur der SRG mehrere Male verändert, insbesondere galt es, föderalistische und zentralistische Tendenzen sowie den Einbezug des Publikums in der Trägerschaft und eine professionelle Programmproduktion sorgfältig auszutarieren. Insbesondere der Einbezug des in den 1950er-Jahren neuen Mediums Fernsehen stellte in dieser Hinsicht eine Herausforderung dar. Dennoch entwickelte sich die SRG organisch, weshalb sie mit Trägerschaft, privatrechtlicher Institutionalisierungsform und dezentraler Produktion wichtige Kernelemente aus ihrer Gründungszeit beibehalten hat.

In den 1970er-Jahren kam die Forderung nach Einführung von Privatradio und -fernsehen auf, als Folge von neuen Publikumsbedürfnissen, sozialen Veränderungen und erweiterten Distributionskapazitäten. Radiopiraten setzen die neuen Forderungen illegal in die Tat um. Die Bundesbehörden reagierten vorsichtig: Sie liessen Vorschläge zur Neugestaltung des Rundfunk- und gesamten Mediensektors im Rahmen einer «Mediengesamtkonzeption» erarbeiten und führten ab 1983 lokalen Privatrundfunk «versuchsweise» und wissenschaftlich begleitet ein. 1991 wurde Privatrundfunk auf Grundlage des «Dreiebenen-Modells» definitiv eingeführt: Privatsender sollten hauptsächlich auf lokaler und internationaler, die SRG auf sprachregionaler/nationaler Ebene tätig sein. Dieses Prinzip wurde durchbrochen, als ab 1998 grössere sprachregionale Privatsender zugelassen wurden. Das Scheitern der neuen Programme führte schliesslich zu einer Revision des Rundfunkgesetzes (ab 2007 in Kraft) und zu einer weiteren Liberalisierung: Privatsender müssen nicht mehr zwingend einen Leistungsauftrag erfüllen und können ohne Konzession tätig sein.

Weiterführende Literatur

Drack, Markus T. (Hrsg.) (2000): Radio und Fernsehen in der Schweiz. Geschichte der Schweizerischen Rundfunkgesellschaft SRG bis 1958. Baden.

Mäusli, Theo / Steigmeier, Andreas (Hrsg.) (2006): Radio und Fernsehen in der Schweiz. Geschichte der Schweizerischen Radio- und Fernsehgesellschaft SRG 1958-1983. Baden.

Mäusli, Theo / Steigmeier, Andreas / Valloton, François (Hrsg.) (2012): Radio und Fernsehen in der Schweiz. Geschichte der Schweizerischen Radio- und Fernsehgesellschaft SRG 1983-2011. Baden.

→ *Die momentan aktuellsten und umfangreichsten Studien zur schweizerischen Rundfunkgeschichte mit Schwerpunkt SRG, der 3. Band beschäftigt sich auch mit dem Privatrundfunk*

Schweizer Fernsehen DRS (Hrsg.) (2003): 50 Jahre Schweizer Fernsehen. Zum Fernseh'n drängt, am Fernseh'n hängt doch alles... Baden

→ *Aufsätze prominenter Autoren zu unterschiedlichen Aspekten der Fernsehgeschichte*

Saxer, Ulrich (1989): Lokalradios in der Schweiz. Schlussbericht über die Ergebnisse der nationalen Begleitforschung zu den lokalen Rundfunkversuchen 1983-1988. Zürich.

Bonfadelli, Heinz / Meier, Werner A. (2007): Zum Verhältnis von Medienpolitik und Publizistikwissenschaft – am Beispiel Schweiz. In: Jarren, Otfried / Donges, Patrick (Hrsg.): Ordnung durch Medienpolitik? Konstanz. S. 37-58.

→ *Studien über die Rundfunkversuchsordnung*

Teil III:

Interdependenzen

11 Die Finanzierung der Medien

Für eine vielfältige Medienlandschaft braucht es neben dem politischen Willen vor allem auch die wirtschaftlichen Grundlagen. Diese können in unterschiedlicher Weise geschaffen werden.
Roger Schawinski (2002)

> In diesem Kapitel wird analysiert, wie die schweizerischen Medien finanziert werden und welche Folgen die unterschiedlichen Finanzierungsformen für die Produktion von Medieninhalten haben.

Medien lassen sich grundsätzlich über den Markt, öffentliche Mittel oder Zuwendungen/Spenden (inkl. Gratisarbeit) finanzieren (vgl. Puppis et al. 2012: 14-20). Jede dieser Finanzierungsformen hat je unterschiedliche Auswirkungen auf die Medienproduktion.

11.1 Marktfinanzierung

Die Finanzierung über den Markt erfolgt entweder durch Werbung oder Verkaufserlöse. Die wichtigste Finanzierungsform ist jene über Werbung, sie generiert einen Grossteil der Einnahmen von Medien.

Werbefinanzierung

Grundlagen: Die Werbefinanzierung weist die Besonderheit auf, dass nicht die Mediennutzer für den Konsum der Medieninhalte bezahlen, sondern die Werbewirtschaft. Das Verhältnis zwischen Medium, werbetreibender Wirtschaft und Mediennutzern lässt sich als Dreieckstausch darstellen. Die Medien gewinnen mit ihren redaktionellen Inhalten Leser, Zuhörer oder Zuschauer. Diese Mediennutzer werden von den Medien an die werbetreibende Wirtschaft weitervermittelt, u.a. durch die Platzierung von Inseraten oder Werbespots um den redaktionellen Teil herum. Die Werbeindustrie bezahlt dem Medium einen Preis für die erwartete Verbreitungs- und Wirkungswahrscheinlichkeit der Werbebotschaften. Die Mediennutzer zahlen hingegen für die konsumierten Programme, Zeitungs- und Zeitschrifteninhalte nicht direkt oder im Fall von gemischten Finanzierungsmodellen (z. B. Abonnementszeitungen) nur zum Teil. Ihre Zahlung erfolgt indirekt, indem sie die Werbeausgaben über den Kauf der entsprechenden Produkte mitbezahlen oder wegen der Werbung ihre Konsumneigung so verändern, dass sie ein bestimmtes Produkt öfter konsumieren oder bereit sind, dafür mehr zu bezahlen (vgl. Heinrich 1999: 277-279).

Abb. 76: Dreieckstausch zwischen Werbewirtschaft – Medium – Mediennutzer

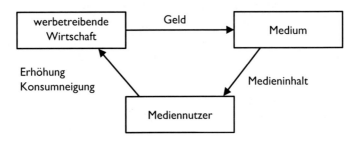

Heinrich (1999: 278)

Diese Besonderheiten der Werbefinanzierung haben verschiedene Folgen für die Produktion von Medieninhalten (vgl. Heinrich 1999: 282-284; Beck 2011: 37-39):
- Die Präferenzen der Werbewirtschaft entsprechen nicht zwingend den Präferenzen der Mediennutzer. Die Werbewirtschaft möchte oft nur bestimmte Zielgruppen bedienen. Deshalb besteht die Tendenz, dass Medien für Zielgruppen, die nicht für werberelevant gehalten werden (z. B. ältere Personen (50+)[42] oder Sprachminderheiten), schlechte Finanzierungschancen haben.
- Die werbetreibende Wirtschaft kann ihre Präferenzen, die aus ihrer Sicht Werbeumfeldpräferenzen sind, gegenüber den Medien klar und operationalisierbar formulieren. Die Rezipienten können dies nicht, da ihre Wünsche heterogen und diffus sind. Allerdings können Rezipientenpräferenzen nicht völlig ignoriert werden, da eine bestimmte Reichweite Bedingung für Werbeerfolg ist.

---

[42] Zur Herkunft dieses Mythos vgl. Stipp (2004)

- Für ein Medium besteht der Anreiz, eine bestimmte Reichweite so kostengünstig zu erzielen wie möglich. Daher wird es eher versuchen, die Effizienz der Produktion zu erhöhen, als Wünsche der Mediennutzer durch eine zusätzliche Erhöhung der Qualität besser zu erfüllen.
- Werbefinanzierung gewährleistet Staatsfreiheit; es sei denn, staatliche Akteure gehören zu den wichtigsten Inseratekunden.
- Bei werbefinanzierten Gratismedien wird kein Rezipient vom Konsum ausgeschlossen, was eine gewisse Grundversorgung ermöglicht. Allerdings ist die Qualität von Gratismedien umstritten, wie die Debatte um Pendlerzeitungen und das Privatfernsehen zeigt.

Werbefinanzierung ist dann besonders problematisch, falls die werbetreibende Wirtschaft versucht, direkten Einfluss auf die Medieninhalte zu nehmen. Dies kommt sporadisch besonders in Form von Inserateboykotten vor. Das bekannteste Beispiel ist der Boykott des ‹Tages-Anzeigers› durch den Autoimporteur und SVP-Politiker Walter Frey. Als Reaktion auf eine autokritische Reportage in einer Wochenendbeilage im Jahr 1979 schaltete er für zwanzig Jahre in dieser Zeitung keine Anzeigen mehr. Für den ‹Tages-Anzeiger› hatte dies auch positive Folgen: Er festigte seinen Ruf als Ort eines unbestechlichen Journalismus (vgl. Mensch 2002).

Auch in jüngerer Zeit scheint es zu Inserateboykotten gekommen zu sein. Laut Branchenberichten haben Grossunternehmen im Jahr 2008 eine Zeit lang nicht mehr im ‹Blick› und ‹SonntagsBlick› inseriert, wegen deren kritischen Berichterstattung über die Abstimmungsvorlage «Unternehmenssteuerreform II» (vgl. Persoenlich.com 2008a; für einen ähnlichen Fall vgl. auch Persoenlich.com 2007). Das Zürcher Warenhaus JELMOLI zog 2011 Inserate beim ‹Tages-Anzeiger› zurück, da die Zeitung den vermeintlichen Sexismus einer Schaufensterdekoration kritisiert hatte (vgl. Kleinreport 2011; Rosenwasser 2012).

Überblick über die Entwicklung des schweizerischen Werbemarkts: Gesamthaft wurden in der Schweiz im Jahre 2011 5.21 Milliarden Franken netto für Werbung ausgegeben. Zwei Drittel dieses Geldes kamen Medien zugute, die potenziell redaktionelle Inhalte anbieten (Presse, Radio, TV, Online, Teletext). Das andere Drittel wurde in Werbeträger ohne redaktionelle Inhalte ausgegeben (v.a. Direktwerbung, Plakate und Adressbücher, vgl. nachfolgende Abbildung). Die Werbestatistik macht deutlich, dass in der Schweiz mehr Geld in Direktwerbung als in Radio und Fernsehen zusammen investiert wird und dass für Plakatwerbung beinahe so viel Geld wie für Internetwerbung ausgegeben wird.

Abb. 77: Nettowerbeumsatze nach Mediengattung (in Mio. CHF und %, 2011)

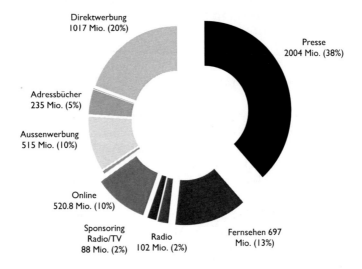

eigene Darstellung basierend auf Stiftung Werbestatistik Schweiz (2012: 3) und für Daten zum Internet auf Media Focus (2011: 3)[43]

Von den publizistischen Massenmedien (Presse, Rundfunk, Online) erhält die Presse den grössten Anteil der Werbegelder (drei Fünftel), gefolgt vom Fernsehen mit einem Anteil von einem Fünftel und von Onlinemedien mit einem Anteil von einem Sechstel (vgl. Abb. 78).

---

[43] Der Übersichtlichkeit halber sind in der Abbildung die kleinsten Werbeträger nicht aufgeführt: Kino (24 Mio. CHF, ~5‰), Teletext (6 Mio. CHF, ~1‰), AdScreen (5 Mio. CHF, ~1‰).

Finanzierung

Abb. 78: Nettowerbeumsätze der Massenmedien (in CHF und %, 2011)

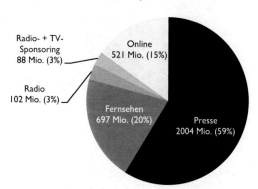

eigene Darstellung basierend auf Stiftung Werbestatistik Schweiz (2012: 3) und Media Focus (2011: 3)

Die langfristige Entwicklung der Werbeausgaben für publizistische Massenmedien zeigt, dass das Volumen der Pressewerbung bis ins Jahr 2000 stieg. Dieser Anstieg verlief jedoch nicht kontinuierlich, sondern war mit Rückschlägen verbunden. Sobald die Konjunktur schwächelte, sanken auch die Ausgaben für Pressewerbung (insbesondere in der Rezession anfangs der 1990er-Jahre). Dies macht deutlich, dass die Presse ein höchst konjunktursensitives Medium ist.

Seit einem Jahrzehnt ist der Pressewerbemarkt am Sinken. Seit dem Höhepunkt im Jahr 2000 schrumpfte er um ein Drittel. Im Gegensatz dazu wuchs der Fernsehwerbemarkt über die Jahrzehnte zwar langsam aber stetig. Seit 2009 ist gar ein stärkerer Anstieg zu verzeichnen. Im Gegensatz dazu verharrte die Radiowerbung auf vergleichsweise tiefem Niveau, immerhin blieb ihr Anteil im Verlauf der Jahre stabil. Das stärkste Wachstum verzeichnete in den letzten paar Jahren die Onlinewerbung.

Abb. 79: Entwicklung der Netto-Werbeausgaben für publizistische Massenmedien (1982-2010)

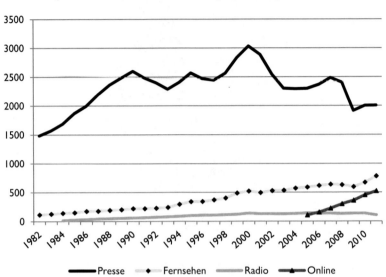

eigene Darstellung basierend auf Stiftung Werbestatistik Schweiz (1983-2012)

Der Pressewerbemarkt: Der Tages-, regionale Wochen- und Sonntagspresse (Sektor 1 000) fliesst der weitaus grösste Anteil an Werbegeldern zu (rund zwei Drittel). Davon profitieren hauptsächlich Tageszeitungen, sie generieren innerhalb dieses Sektors knapp drei Viertel der Werbegelder (73 %). Das restliche Drittel des Pressewerbekuchens müssen sich die übrigen Pressegattungen teilen (vgl. Abb. 80).

Bemerkenswert an diesen Zahlen ist, dass der grösste Teil der Pressewerbegelder nicht in jene Bereiche mit den meisten Titeln fliessen. Im Gegenteil: Obwohl vier Fünftel aller Pressetitel Spezial- oder Fachzeitschriften sind (2 032 von 2 552 Titeln) (vgl. VSW 2012), erhalten diese Pressetypen lediglich etwas mehr als ein Viertel der Pressewerbegelder. Dass sich in diesen beiden Sektoren trotzdem eine so grosse Titelvielfalt findet, hat verschiedene Gründe: Viele Fach- und Spezialzeitschriften werden mit sehr kleinen Redaktionen und kostenlos zugelieferten Artikeln produziert. Oft finanzieren sich solche Titel auch über die Mitgliederbeiträge von Berufsorganisationen oder Vereinen.

Finanzierung

Abb. 80: Werbemarktanteile der verschiedenen Pressegattungen (in CHF und %, 2011)

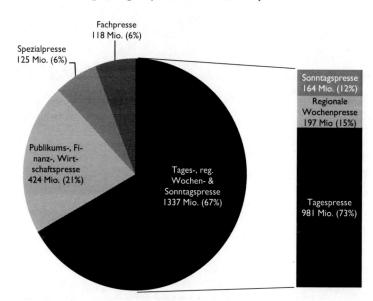

eigene Darstellung basierend auf Stiftung Werbestatistik Schweiz (2012: 6)

Innerhalb des Pressewerbemarkts ist es zwischen 2002 und 2011 zu gewissen Veränderungen gekommen. Die Tages-, Wochen- und Sonntagszeitungen mussten die grössten Einbussen an Werbegeldern hinnehmen (-28 %); Verluste erlitt auch die Fachpresse (-15 %). Das Werbevolumen der Spezialpresse stieg hingegen um knapp 20 %, während jenes der Publikums- und Wirtschaftspresse relativ stabil blieb (vgl. Abb. 81).[44]

Viele Verlage verkaufen Zeitungsinserate über eigene Vertriebsorganisationen direkt. Daneben existieren spezialisierte Werbevermarkter. Der wichtigste Vermarkter im Pressebereich ist die PUBLICITAS AG (Teil der PUBLIGROUPE AG). Sie berät Inseratekunden und verkauft Werbefläche in Zeitungen, Kinos und auf Onlineportalen (vgl. Publicitas 2012). In der Vergangenheit waren ihre Beziehungen zu den Tageszeitungen eng: Das Geschäftsmodell der PUBLICITAS beruhte darauf, bei unterschiedlichen Zeitungen Anzeigeseiten zu pachten und diesen Anzeigeraum wei-

---

[44] Wegen einer Veränderung in der Statistik lassen sich seit 2012 die Werbedaten zur Spezial- und Fachpresse nicht mehr mit den vorhergehenden Jahren vergleichen.

terzuverkaufen. Über Minderheitsbeteiligungen an den Verlagen hatte die PUBLICITAS ihre Verflechtungen mit der Presse intensiviert. In der Zwischenzeit hat die PUBLICITAS jedoch die meisten Beteiligungen veräussert. Ebenfalls sind einige Verlage dazu übergegangen, Inserate selbst zu verkaufen (vgl. Persoenlich.com 2010e).

Abb. 81: Entwicklung der Werbeausgaben nach Pressegattungen (in Mio. CHF, 2002-2012)

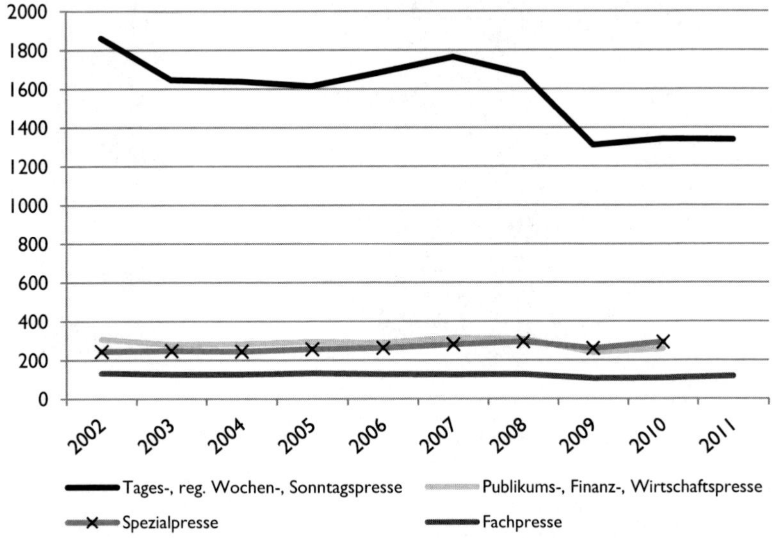

eigene Darstellung basierend auf Stiftung Werbestatistik Schweiz (2003-2012: 21)

Der Fernsehwerbemarkt: Knapp drei Fünftel aller Werbegelder, die ins Fernsehen investiert werden, fliessen den SRG-Sendern, etwas weniger als ein Drittel den ausländischen Privatsendern zu. Die schweizerischen Privatfernsehsender erhalten lediglich 11 % der Fernsehwerbegelder (vgl. Abb. 82). Damit ist die SRG SSR die grösste Anbieterin von Fernsehwerbung. Ihr Werbevolumen wuchs zwischen 1999 und 2010 moderat (+17.5 %). Ein stärkeres Wachstum konnten die schweizerischen Privatsender (+35.8 %) und vor allem die ausländischen Werbefenster (+85 %) verbuchen. Vom gesamten Wachstum des Schweizer Fernsehwerbemarkts haben die ausländischen Privatsender also überdurchschnittlich stark profitiert (vgl. Abb. 83).

Abb. 82: Nettowerbeumsätze Fernsehen ohne Sponsoring (2011)

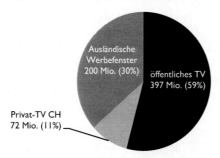

eigene Darstellung basierend auf Stiftung Werbestatistik Schweiz (2012: 19)

Abb. 83: Entwicklung der TV-Nettowerbeumsätze verschiedener Anbietertypen inkl. Sponsoring (in Mio. CHF, 1999-2010)

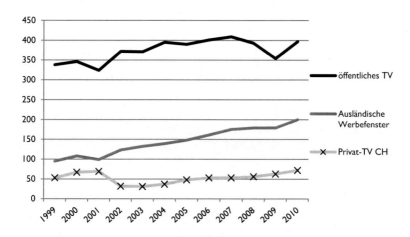

eigene Darstellung basierend auf Stiftung Werbestatistik Schweiz (2000-2011)

Die wichtigsten Anbieter von Fernseh- und Radiowerbung sind die PUBLISUISSE AG, GOLDBACH MEDIA, RINGIER und die Privatsender bzw. deren Vermarktungsgesellschaften. Die PUBLISUISSE AG ist eine SRG-Tochtergesellschaft, die Fernsehwerbung und Radiosponsoring aller SRG-Sender vermarktet. GOLDBACH MEDIA verkauft Werbung auf den schweizerischen Werbefenstern von deutschen und französischen Privatfernsehsendern, auf sprachregionalen Schweizer Privatfernsehsender (u.a. 3+, TVM3) und auf schweizerischen und grenznahen ausländischen Privatradiostationen. RINGIER ist 2011 ebenfalls in das Geschäft mit den Werbefenstern eingestiegen und vertreibt in der französischsprachigen Schweiz Werbung auf TF 1 (vgl. Ringier AG 2011). Um Radio- und Fernsehwerbung in grösseren Gebieten zu verbreiten, haben verschiedene lokal-regionale Privatsender Werbepools gebildet.

Onlinewerbung: Die meisten Online-Nachrichtenportale sind für die Nutzer kostenlos und werden über verschiedene Formen von Onlinewerbung finanziert. Die grossen Onlineportale wie ‹Newsnet›, ‹20 Minuten› und ‹Blick› versuchen durch hohe Reichweiten für die Werbewirtschaft attraktiv zu sein. Dazu dient auch das Zusammenspiel mit sozialen Netzwerken. Die Mediennutzer werden animiert, einzelne Artikel auf sozialen Netzwerken wie FACEBOOK und TWITTER weiter zu empfehlen. Dies lockt wiederum zusätzliche Nutzer auf die Nachrichtenportale (vgl. Büsser 2011c).

Verkaufserlöse

Die zweite Variante der Marktfinanzierung ist der Verkauf der Medieninhalte an die Medienkonsumenten. Diese Finanzierungsform hat folgende Auswirkungen (vgl. Heinrich 1999: 284-290):

- Die Mediennutzer drücken über den Kauf des Medienprodukts ihre Präferenzen aus und enthüllen dadurch eine direkte Zahlungsbereitschaft. Allerdings widerspiegelt diese Zahlungsbereitschaft die Präferenzen für bestimmte Inhalte nur zum Teil: Die Leser oder Zuschauer bezahlen meistens für ein Zeitungsabonnement oder für ein Fernseh-Programmpaket.
- Die Unabhängigkeit der Medien gegenüber der Politik und Wirtschaft ist gegeben.
- Sie schafft einen Anreiz, eine hohe Reichweite zu erzielen, da eine steigende Reichweite steigende Einnahmen bedeutet, die entweder in die Qualität der Inhalte, in Preissenkungen investiert oder aber als Gewinne abgeschöpft werden können. Der Anreiz nach Reichweite kann die Tendenz zur Monopolbildung fördern.
- Es besteht die Gefahr, dass weniger kaufkräftige Bevölkerungsgruppen vom Medienkonsum ausgeschlossen werden und nur Produkte produziert werden, für die eine grosse Nachfrage besteht. Ansonsten lohnt sich die Herstellung des entsprechenden Medienprodukts nicht.

Über Verkaufserlöse werden in der Schweiz hauptsächlich (Tages-) Zeitungen, Zeitschriften und das Pay-TV (TELECLUB) finanziert. Bei der Presse (besonders der tagesaktuellen) ist der Anteil am Einzelverkauf gering, der Verkauf erfolgt hauptsächlich über Zeitungsabonnemente. Trotzdem spielen auch bei kostenpflichtigen Zeitungen Werbeeinnahmen eine wichtige Rolle. Im Durchschnitt finanzierte sich die Presse im Jahr 2011 zu weniger als der Hälfte durch Verkäufe (45.5 %) und zu über der Hälfte durch Werbung (54.4 %) (vgl. Ruedin 2012: 53).

Angesichts sinkender Werbeeinnahmen ist die Presse bestrebt, den Anteil an Verkaufserlösen zu erhöhen. Dies zeigt sich daran, dass die durchschnittlichen Abonnementspreise zwischen 2004 und 2012 um rund 21 % gestiegen sind. 2012 kostete ein Zeitungsabonnement durchschnittlich 375.20 CHF (vgl. Verband Schweizer Medien 2011).[45]

Obwohl im Onlinebereich die meisten Nachrichtenportale werbefinanziert sind, haben wenige Portale begonnen, Bezahlmodelle einzuführen. So ist das Online-Angebot der ‹Schaffhauser Nachrichten› kostenpflichtig (vgl. Büsser 2011a). Teilweise kostenpflichtig sind auch die Onlineangebote der Qualitätszeitungen ‹Le Temps› und ‹NZZ›: Beide Zeitungen haben einen «Metered Paywall» eingerichtet. Registrierte Nutzer können pro Monat eine bestimmte Anzahl an Artikeln gratis anschauen, für weitere Artikel müssen sie bezahlen. Zudem sind die meisten E-Paper-Versionen von Tageszeitungen nur im kostenpflichtigen Abonnement erhältlich.

11.2 Öffentliche Finanzierung

In allen Ländern werden Medien auch mit öffentlichen Mitteln finanziell unterstützt. Die wichtigsten Formen der öffentlichen Finanzierung sind Rundfunkgebühren und Subventionen. Während Rundfunkgebühren meistens von den Steuern getrennt erhoben werden und überwiegend dem öffentlichen Rundfunk zugutekommen, werden Subventionen zumeist direkt aus dem Staatshaushalt bezahlt. Die Finanzierung über Rundfunkgebühren oder Subventionen weist folgende Vor- und Nachteile auf (vgl. Heinrich 1999: 273-276):

---

[45] Die Preise für eine ausschliesslich digitale Version liegen bei vielen Tageszeitungen zwischen 230 und 290 CHF.

- Sie führt zu einer gewissen Unabhängigkeit der Medien von der Wirtschaft und damit von konjunkturellen Entwicklungen. Dies erlaubt es, eine öffentliche Aufgabe («Service public») langfristig in gleichbleibender Qualität wahrzunehmen.
- Es können Medieninhalte hergestellt werden, die sich nicht über den (Werbe-) Markt finanzieren lassen; also z. B. Programme für Minderheiten oder für wirtschaftlich schwache Regionen.
- Kein Rezipient ist von der Nutzung der Programme ausgeschlossen, da die Einnahmen nicht an den individuellen Nutzen gebunden sind.
- Öffentliche Finanzierung kann zu einem gewissen Staatseinfluss und damit zu einer Beeinträchtigung der Medienfreiheit führen. Dieses Problem lässt sich über institutionelle Arrangements jedoch begrenzen (z. B. keine Personalentscheidungskompetenz der Politik). Bereits die Form der Gebührenfinanzierung mindert den Staatseinfluss, da sie unabhängig von der Entwicklung des Staatshaushalts ist.

Rundfunkgebühren

Für das Betreiben von Geräten zum Empfang von Radio- und Fernsehprogrammen wird in der Schweiz, wie in vielen anderen europäischen Ländern auch, eine sogenannte «Empfangsgebühr» erhoben. Als gebührenpflichtige Geräte gelten auch Computer und Handys mit TV-/Radiotunerkarte oder Internetanschluss (vgl. BAKOM 2010d). Allerdings ist nicht pro Anzahl betriebsbereiter Geräte eine Gebühr zu entrichten, sondern pro Haushalt oder Gewerbebetrieb, in dem entsprechende Geräte vorhanden sind. Von der Gebührenpflicht ausgenommen sind AHV- oder IV-Bezüger, die Ergänzungsleistungen erhalten. Mit dem Gebühreneinzug hat der Bund die BILLAG AG (eine Tochtergesellschaft der SWISSCOM) für sieben Jahre (bis Ende 2014) betraut (vgl. BAKOM 2006; 2011b).

Für die Zukunft ist eine Änderung des Gebührensystems geplant. Die Empfangsgebühr soll durch eine geräteunabhängige Abgabe ersetzt werden, die von jedem Haushalt zu bezahlen ist, egal welche Geräte vorhanden sind. Mit dieser Reform soll auf die öffentliche Kritik am Gebühreneinzugssystem und die beinahe nahtlose Verbreitung von Geräten reagiert werden, die audiovisuelle Inhalte empfangen können. Das neue Gebühreneinzugssystem tritt voraussichtlich nicht vor 2017 in Kraft (vgl. BAKOM 2012e).

Finanzierung

Der grösste Anteil der Einnahmen aus den Empfangsgebühren von total 1.3 Mia. CHF kommt dem öffentlichen Rundfunk (SRG SSR) zu Gute. Ein kleinerer Teil von je rund 55 Mio. CHF erhalten verschiedene Privatsender und die Gebühreneinzugsfirma BILLAG. Die restlichen Gebühreneinnahmen werden für die Unterstützung privater Sender zum Einsatz neuer Technologien (insbesondere dem Aufbau digitaler Sendenetze), für Nutzungsforschung und die Verwaltungstätigkeit eingesetzt.

Abb. 84: Verwendung der Gebührengelder (in Mio. CHF und %, 2011)

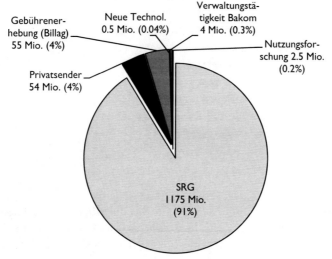

eigene Darstellung basierend auf BAKOM (2012f)

Die Rundfunkgebühr beträgt seit dem Jahr 2011 462.40 CHF jährlich (Radio: 169.15 CHF, TV: 169.15 CHF). Im europäischen Vergleich ist dies ein hoher Betrag. Ähnlich hoch waren die Rundfunkgebühren ein Jahr zuvor nur in Dänemark, Island und Österreich; geringer sind sie in Deutschland (328 CHF), Grossbritannien (255 CHF), Frankreich (179 CHF) oder Italien (163 CHF).[46]

Allerdings sind diese absoluten Zahlen nur bedingt aussagekräftig. Bei einem Vergleich der Preise anderer Güter würde sich wohl ein ähnliches Bild zeigen. Deshalb ist es sinnvoller, die Gebührenhöhe in Relation zur

---

[46] Berechnung basierend auf Puppis (2010: 222). Die Umrechnung erfolgte zum damals gültigen CHF/EUR-Kurs von 1.50.

volkswirtschaftlichen Leistung zu betrachten. Wird die Rundfunkgebühr ins Verhältnis zum Bruttoinlandsprodukt pro Kopf gesetzt, zeigt sich, dass die schweizerischen Rundfunkgebühren im internationalen Vergleich nicht übermässig hoch sind.

Abb. 85: Höhe der Rundfunkgebühr (in % des BIP/Kopf, 2009)

Island	0.88
Österreich	0.82
Dänemark	0.74
Deutschland	0.73
Finnland	0.7
Schweiz	0.64
Schweden	0.62
Grossbritannien	0.58
Irland	0.44
Italien	0.43
Norwegen	0.42
Frankreich	0.39

eigene Darstellung basierend auf Puppis (2010: 222)

Zudem muss bei der Diskussion um die Gebührenhöhe der in Kapitel 2.2 besprochene Aspekt der Kleinstaatlichkeit und Mehrsprachigkeit berücksichtigt werden. In der Schweiz müssen mit den Rundfunkgebühren Radio- und Fernsehprogramme für vier Sprachregionen produziert werden, während in den meisten anderen Ländern die Gebühr für einen einzigen Sprachraum eingesetzt werden kann. Würde die Deutschschweiz nicht 40 % ihrer Erträge im Rahmen des Finanzausgleichs in die anderen Sprachregionen transferieren (vgl. Kapitel 6.5), würde die Rundfunkgebühr 277.40 CHF betragen und wäre damit nur unwesentlich höher als in Grossbritannien.

Subventionen: Presseförderung und andere Zuschüsse

Neben der Rundfunkgebühr werden die Medien über unterschiedliche Formen der Subventionierung direkt und indirekt mit öffentlichen Geldern gefördert.

Im Rundfunkbereich wird die internationale Zusammenarbeit der SRG auf TV5 und 3SAT sowie das publizistische Online-Informationsportal SWISSINFO jährlich mit zwischen 18.6 Mio. und 20 Mio. CHF unterstützt. Diese Unterstützung wurde in einer Leistungsvereinbarung des Bundes mit der SRG vertraglich geregelt. Damit soll der SRG die Wahrnehmung des gesetzlichen Auftrags abgegolten werden, die Auslandschweizer über das Land zu informieren und die mediale Präsenz der Schweiz im Ausland zu fördern (vgl. Schweizerische Eidgenossenschaft 2012).

Die Presse wird indirekt über verschiedene Massnahmen finanziell gefördert. Eine Massnahme ist die finanzielle Unterstützung der Nachrichtenagenturen SDA und ANR, die bei der SDA 2011 rund 3.1 Mio. CHF betrug (vgl. Bruppacher 2012). Die beiden wichtigsten Formen der indirekten Presseförderung sind jedoch die Verbilligung der Posttaxen für den Zeitungstransport und der reduzierte Mehrwertsteuersatz. Im Postgesetz ist verankert, dass die Posttaxen zur Erhaltung einer vielfältigen Presse für die Verteilung von Regional- und Lokalzeitungen mit einer Auflage von bis zu 40 000 Exemplaren mit jährlich 20 Mio. CHF und für die Verteilung von Zeitungen/Zeitschriften von nicht gewinnorientierten Organisationen (also hauptsächlich Mitgliederzeitschriften) mit 10 Mio. CHF verbilligt werden. Für das zweite Halbjahr 2012 ist einer Erhöhung dieses Betrags auf 50 Mio. CHF geplant (30 Mio. CHF für abonnierte Lokal- und Regionalzeitungen, 20 Mio. für die Mitgliedschaftspresse). Neu soll nicht mehr die Post entscheiden, wer von dieser Verbilligung profitiert, sondern das BAKOM. Voraussetzung für verbilligte Posttaxen sollen bestimmte Auflagengrenzen, der Erscheinungsrhythmus und ein redaktioneller Anteil von 60 % sein (vgl. Brügger 2012).

Für die Presse und das Buchwesen ist der Mehrwertsteuersatz reduziert und beträgt 2.5 % statt 8 %. Diese Mehrwertsteuerreduktion machte im Jahr 2009 73 Mio. CHF aus. Wird zusätzlich der Gross- und Detailhandel mit Presseprodukten berücksichtigt, betrug die Reduktion 155 Mio. CHF (eigene Berechnung basierend auf ESTV 2011).[47] Eine weitere Form der indirekten Presseförderung ist das Schalten von Inseraten durch Behörden (besonders auf lokaler Ebene).

---

[47] Diese Berechnung basiert auf der Differenz des reduzierten zum regulären Mehrwertsteuersatz und berücksichtigt aus der Mehrwertsteuerstatistik die Kategorien «Drucken von Zeitungen», «Verlegen von Zeitungen», «Verlegen von Zeitschriften», «Grosshandel mit Schreibwaren, Büchern und Zeitungen», «Detailhandel Zeitungen, Zeitschriften, Kioske».

Eine direkte Presseförderung, also die direkte Unterstützung von Zeitungen und/oder Redaktionen über Subventionen, kennt die Schweiz nur auf der lokalen Ebene. Dort unterstützen einige Gemeinden oder Bezirke Amtsanzeiger oder andere Lokalzeitungen. Eine direkte Förderung von regionalen oder nationalen Tageszeitungen existiert hingegen nicht. In der Vergangenheit ist es zwar immer wieder zu politischen Vorstössen gekommen, eine direkte Presseförderung einzuführen (erstmals 1972). Die Medienbranche (insbesondere die mittleren und grossen Verleger) wehrte sich mit dem Argument des unerwünschten staatlichen Einflusses jedoch stets erfolgreich gegen die Einführung entsprechender Massnahmen (für eine Analyse der Debatte vgl. Schade 2006a).

11.3 Stiftungs- und Spendenfinanzierung

Eine in jüngster Zeit vermehrt diskutierte Möglichkeit zur Finanzierung von Medien sind Stiftungen und Spenden. Grundsätzlich lassen sich zwei Formen der Stiftungs- und Spendenfinanzierung unterscheiden: eine mediengebundene, bei der eine Stiftung eine eigene Medienorganisation gründet oder ein bestimmtes Medium finanziell fördert, und eine nicht mediengebundene Form, bei der mit Stiftungs- oder Spendengeldern verschiedene Medien unterstützt werden. Das unentgeltliche Erstellen von Inhalten kann als eine besondere Form der Spendenfinanzierung gesehen werden.

Die Vorteile dieser Finanzierungsformen sind in der Unabhängigkeit von staatlichen und wirtschaftlichen Eingriffen und einer zusätzlichen Einnahmequelle für den Journalismus zu sehen. Allerdings dürfen die Risiken nicht unterschätzt werden: Es besteht die Gefahr, dass Mäzene Einfluss auf die Medien nehmen, ein langfristiges Engagement nicht gewährleistet ist und kommerzielle Medien in den Redaktionen weitere Stellen abbauen, da ihnen qualitativ hochwertige Inhalte kostenlos zugeliefert werden.

In der Schweiz wurden in jüngerer Zeit mehrere mediengebundene, stiftungs- und spendenfinanzierte Projekte umgesetzt. Das momentan ambitionierteste Projekt ist die Basler ‹TagesWoche› (vgl. Kapitel 7.5). Dieses Onlineportal mit wöchentlicher Printausgabe wird für die nächsten paar Jahre von einer Basler Mäzenin über ihre «Stiftung für Medienvielfalt» finanziert (vgl. Büsser 2011d). Die «Schweizerische Stiftung zur Förderung unabhängiger Information» (SSUI) unterstützt hingegen das Onlineportal ‹Infosperber›. Das Onlineportal ‹Journal 21› finanziert sich über eine besondere Form der Spende: über die Gratisarbeit von rund 80 erfahrenen, zumeist pensionierten Journalistinnen und Journalisten. Teilweise in Gratisarbeit wird auch die zweimal pro Monat erscheinende Zeitung ‹La Cité› produziert (vgl. Brügger 2011).

Andere Stiftungen finanzieren einzelne Inhalte. Beispielsweise unterstützen die «Gebert Rüf Stiftung» und die «Stiftung Mercator Schweiz» seit 2009 ein spezialisiertes Journalistenbüro finanziell, damit es für die Gratiszeitung ‹20 Minuten› eine Wissenschaftsseite erstellt. Damit soll bei jungen Leuten das Interesse an Wissenschaft geweckt werden (vgl. Stiftung Mercator Schweiz 2012). Der Förderverein «ProWOZ» unterstützt die WOZ mit einem Recherchefonds und weiteren Spenden. Teilweise spendenfinanziert sind auch die alternativen Lokalradios.

Weniger verbreitet ist die medienunabhängige spenden- und stiftungsfinanzierte Förderung von Publizistik. So besitzt z. B. der «Klub der Wissenschaftsjournalisten» einen Recherchierfonds. Ein neues Projekt ist ‹maiak.info›. Es produziert Hintergrundberichterstattung aus Russland, Weissrussland und der Ukraine und stellt die Artikel verschiedenen Zeitungen kostenlos zur Verfügung. ‹Maiak› wird finanziell von Privatpersonen und schweizerisch-russischen Organisationen gefördert (vgl. Martens 2010).

Fazit: Medien generieren den grössten Teil ihrer Einnahmen über die marktfinanzierten Formen Werbung und Verkauf. Innerhalb der publizistischen Medien fliessen der Presse – insbesondere den Tageszeitungen – nach wie vor am meisten Werbegelder zu. Allerdings ist der Pressewerbemarkt innerhalb der letzten zehn Jahre zurückgegangen, während Fernseh- und besonders Onlinewerbung hohe Wachstumsraten aufwiesen. Verkaufserlöse werden v.a. durch (Zeitungs-)Abonnemente generiert.

Im Radio- und Fernsehbereich ist die öffentliche Finanzierung über Rundfunkgebühren für die SRG und einen Teil der konzessionierten Privatsender von grosser Bedeutung. Die Presse wird indirekt v.a. über verbilligte Posttaxen und einen reduzierten Mehrwertsteuersatz gefördert; auf lokaler Ebene z.T. auch über direkte Zuschüsse. Die Stiftungsfinanzierung hat etwas an Bedeutung gewonnen: Mehrere neue, journalistische Onlineportale konnten dank der Finanzierung durch Stiftungen gegründet werden.

Jede der unterschiedlichen Finanzierungsformen hat ihre Vor- und Nachteile in Bezug auf die Unabhängigkeit von der Konjunktur, der (Werbe-)Wirtschaft, dem Staat oder den Einzelinteressen von Mäzenen. Von der Art der Finanzierung hängt auch die Möglichkeit ab, eine Grundversorgung oder Inhalte für Minderheiten anzubieten. Nicht zuletzt setzen die verschiedenen Finanzierungsformen je andere Anreize zur (Unternehmens-) Konzentration oder Steigerung der Qualität.

Weiterführende Literatur

Heinrich, Jürgen (2001): Medienökonomie. Band 1: Mediensystem, Zeitung, Zeitschrift, Anzeigenblatt. Wiesbaden. 2., überarbeitete und aktualisierte Auflage.

Heinrich, Jürgen (1999): Medienökonomie. Band 2: Hörfunk und Fernsehen. Opladen/Wiesbaden.

→ *Aufsätze prominenter Autoren zu unterschiedlichen Aspekten der Fernsehgeschichte*

Stiftung Werbestatistik Schweiz (1982-2012): Werbeaufwand Schweiz. Zürich.

→ *Wichtigste, jährlich erscheinende Quelle mit Daten zur Presse, Rundfunk und Internetwerbung*

Media Focus (2011): Online-Werbestatistik Report. Auf: http://www.mediafocus.ch/de/news-presse/werbeforschung/semester-report-online/

→ *Regelmässig aktualisierte Onlinequelle mit Informationen v.a. zu Onlinewerbung aber auch zu anderen Werbeträgern*

12 Regulierung von Radio und Fernsehen

Medienpolitik ist ferner geprägt durch die Dialektik von Vereinnahmung und Distanz: Medienpolitik tritt einerseits regelmässig mit einem Geltungsanspruch auf, der stets auch die Gefahr einer Indienstnahme der Medien durch staatliche Akteure birgt. Sie soll andererseits [...] zugleich Staats- und Politikferne garantieren, die für einen freien Diskurs nötig sind.
Martin Dumermuth (2007)

> Über medienpolitische Massnahmen wird versucht, Radio und Fernsehen auf bestimmte publizistische Leistungen zu verpflichten. In diesem Kapitel wird analysiert,
> - welche Pflichten der schweizerische Gesetzgeber den unterschiedlichen Typen von Rundfunkveranstaltern auferlegt
> - welche Rechte mit diesen Pflichten verbunden sind
> - wie sich die Regeln internationaler Organisationen auf die schweizerische Rundfunkordnung auswirken.

Von Radio und Fernsehen verlangt die Politik besondere Leistungen, die in einem spezifischen Verfassungsartikel und einem Gesetz eingefordert werden. Ein Pressegesetz existiert hingegen nicht. Bestimmungen, die für die Presse rechtlich relevant sind, finden sich in verschiedenen Gesetzen, die unterschiedliche Rechtsbelange umfassen (vgl. dazu folgendes Kapitel 13).

12.1 Regulierung von Radio und TV: Rechtsgrundlagen

Von Radio und Fernsehen wird erwartet, einen «Leistungsauftrag» zu erfüllen. Die rechtlichen Grundlagen für diesen Leistungsauftrag und weitere Anforderungen an die Radio- und Fernsehanbieter in der Schweiz finden sich in den folgenden Rechtsdokumenten:
- *Bundesverfassung (BV), Art. 93 «Radio und Fernsehen»:* Darin wird dem Staat das Recht zugesprochen, den Rundfunksektor zu gestal-

ten. Radio und Fernsehen werden verpflichtet, einen Leistungsauftrag wahrzunehmen.
- *Bundesgesetz über Radio und Fernsehen (RTVG)* vom 24. März 2006 (am 1. April 2007 in Kraft getreten, Revision seit Mitte 2012 laufend): Es stellt u.a. Anforderungen an die SRG SSR und die Privatanbieter, regelt die Finanzierung der Rundfunkanbieter und die rechtliche Aufsicht.
- *Radio- und Fernsehverordnung (RTVV)* vom 5. Oktober 2007 (Revision vom 15.06.2012): Sie enthält Detailregelungen zum RTVG und wird vom Bundesrat erlassen.
- *Konzessionen* für die SRG SSR und einen Teil der privaten Rundfunkveranstalter: Darin werden weitere spezifische Anforderungen an die einzelnen Sender gestellt. Nicht alle Privatsender benötigen jedoch eine Konzession (=Lizenz).

Art. 93 der Bundesverfassung bildet die Grundlage der Rundfunkregulierung in der Schweiz:

«[1]Die Gesetzgebung über Radio und Fernsehen sowie über andere Formen der öffentlichen fernmeldetechnischen Verbreitung von Darbietungen und Informationen ist Sache des Bundes. [2]Radio und Fernsehen tragen zur Bildung und kulturellen Entfaltung, zur freien Meinungsbildung und zur Unterhaltung bei. Sie berücksichtigen die Besonderheiten des Landes und die Bedürfnisse der Kantone. Sie stellen die Ereignisse sachgerecht dar und bringen die Vielfalt der Ansichten angemessen zum Ausdruck. [3]Die Unabhängigkeit von Radio und Fernsehen sowie die Autonomie in der Programmgestaltung sind gewährleistet. [4]Auf die Stellung und die Aufgabe anderer Medien, vor allem der Presse, ist Rücksicht zu nehmen. [5]Programmbeschwerden können einer unabhängigen Beschwerdeinstanz vorgelegt werden.»

Der Wortlaut dieses Verfassungsartikels macht deutlich, dass die Kompetenz für die Rundfunkregulierung beim Bund, nicht den Kantonen liegt. Der *zweite Absatz umschreibt* den eigentlichen *Leistungsauftrag*.[48] Er verpflichtet den Staat, dafür zu sorgen, dass Radio und Fernsehen insgesamt zur Bildung, Kultur, Meinungsbildung und Unterhaltung beitragen. Dabei haben Radio- und Fernsehprogramme insbesondere das

---

[48] Die Absätze sind im Zitat des Art. 93 mit hochgestellten Nummern markiert. Im Folgenden werden (Gesetzes-)Artikel und Absätze mit einem Punkt voneinander getrennt (Art. 15.4 bedeutet also Artikel 15, Absatz 4).

Gebot der Sachgerechtigkeit zu erfüllen. Unter Sachgerechtigkeit wird nach der gängigen Rechtsprechung nicht Objektivität im Sinn einer qualitativ und quantitativ gleichwertigen Darstellung aller Standpunkte verstanden, sondern die Einhaltung journalistischer Sorgfaltspflichten. Dem Zuschauer soll u.a. verdeutlicht werden, ob und inwiefern eine Aussage umstritten ist (vgl. Nobel/Weber 2007: 102, 106; Weber 2008: 6 f., 55 f.). Bemerkenswert ist, dass der Verfassungsartikel zwischen Presse und Rundfunk eine Art Hierarchie postuliert: Auf die Stellung und Aufgabe der Presse müsse Rücksicht genommen werden. Allerdings wird die Stellung und Aufgabe der Presse weder in der Bundesverfassung noch in Gesetzen und Verordnungen weiter umschrieben.

12.2 Grundzüge des Radio- und Fernsehgesetzes (RTVG) und der Radio- und Fernsehverordnung (RTVV)

Im Radio- und Fernsehgesetz und der dazugehörigen Verordnung werden die allgemein gehaltenen Anforderungen des Verfassungsartikels näher ausgeführt.

Technologieneutrale Definition von Radio und Fernsehen

Die technische Konvergenz, also das Verschmelzen von bisher getrennten Medien, macht es schwierig Radio und Fernsehen von anderen audiovisuellen Inhalten abzugrenzen (z. B. Internetradio und -TV, Podcast, Webcam). Im RTVG musste diese Frage geklärt werden, damit bekannt ist, für wen das Gesetz gültig ist.

Das RTVG löst dieses Problem, indem es den Begriff «Programmrundfunk» einführt. Programmrundfunk wird definiert
- als eine Folge von formalen und in sich geschlossenen Sendungen,
- die kontinuierlich angeboten werden,
- zeitlich angesetzt sind (d. h. das Publikum hat keinen Einfluss auf den Ausstrahlungszeitpunkt und die Reihenfolge der Sendung),
- fernmeldetechnisch übertragen werden und
- für die Allgemeinheit bestimmt sowie publizistisch relevant sind (RTVG 2006, Art. 1, 2a; RTVV Art. 1; vgl. auch Weber 2008: 27 f.). Als publizistisch relevant gelten Rundfunkangebote, die von mehr als 1 000 Geräten gleichzeitig empfangen werden können und redaktionell bearbeitete Informationen wiedergeben. Als redaktionell unbearbeitet Informationen gelten die Wiedergabe von Not-

fallnummern, Zeitangaben, stehende und bewegte Wetter- und Meteobilder oder Hinweise auf Dienstleistungen der öffentlichen Hand (RTVV 2007, Art. 1).

Nur wenn alle diese Merkmale auf ein audiovisuelles Angebot zutreffen, fällt es in den Geltungsbereich des RTVG. Dazu ein paar Beispiele: Eine Internetkamera, die Bilder von der Kappelbrücke in Luzern ausstrahlt, gilt nicht als Programmrundfunk, da die publizistische Relevanz fehlt. Die Live-Ausstrahlung der Pressekonferenz eines Unternehmens erfüllt die Kriterien ebenfalls nicht: Zwar kann dieses Angebot publizistisch relevant sein, die Pressekonferenz wird jedoch nicht regelmässig ausgestrahlt. Teletext[49] und Video-on-Demand-Angebote gelten nicht als Programmrundfunk, da die Bestandteile dieser Angebote vom Publikum aktiv ausgewählt werden können (sind also nicht zeitlich angesetzt). Ein Internetradio hingegen, das kontinuierlich ein Programm sendet und auf dessen Server mindestens 1 000 Personen gleichzeitig zugreifen können, erfüllt die Kriterien von Programmrundfunk. Folglich muss sich das Internetradio an die im RTVG vorgeschriebenen Vorschriften halten. Auch Pay-TV fällt in den Geltungsbereich des RTVG, sofern jeder zum Erwerb eines Decoders berechtigt ist (vgl. Nobel/Weber 2007: 410).

Inhaltliche Anforderungen an die verschiedenen Anbietertypen von Programmrundfunk

In der Verfassung ist festgehalten, dass Radio und Fernsehen insgesamt einen Leistungsauftrag erfüllen müssen. Das RTVG verpflichtet jedoch nicht alle Anbieter dazu, den Leistungsauftrag auf dieselbe Art und Weise zu erfüllen. Vielmehr unterscheidet das Gesetz zwischen drei Typen von Radio- und Fernsehanbietern, die unterschiedliche Leistungen erbringen müssen und deshalb mit unterschiedlichen Rechten und Pflichten ausgestattet sind:
- Die «Schweizerische Radio- und Fernsehgesellschaft» (also der öffentliche Rundfunk; RTVG 2006, 2. Kapitel)
- «Andere Veranstalter mit Leistungsauftrag» (also konzessionierte Privatsender; RTVG 2006, 3. Kapitel)
- nicht-konzessionierte Privatsender.

---

[49] In Deutschland auch als «Videotext» bezeichnet

Diese Unterscheidung beruht auf dem Kerngedanken, dass zwischen dem öffentlichen und dem konzessionierten Privatrundfunk eine Aufgabenteilung herrschen soll: Die SRG SSR soll auf sprachregional-nationaler Ebene, die Privatsender sollen auf lokal-regionaler zum Leistungsauftrag beitragen (vgl. BAKOM 2007a: 2). Daneben soll es auch möglich sein, Privatrundfunk zu betreiben, ohne zum Leistungsauftrag beizutragen. In den folgenden Abschnitten werden die Rechte und Pflichten der drei Anbieterkategorien dargestellt.

Öffentlicher Rundfunk SRG SSR: Die SRG SSR soll «das Rückgrat des Service public im Rundfunkbereich» bilden (vgl. Schweizerischer Bundesrat 2002: 1601). Der öffentliche Rundfunk hat also den in der Verfassung festgeschriebenen Leistungsauftrag zu garantieren. Deshalb soll die SRG SSR einen umfassenden Programmauftrag erfüllen (u.a. zur Meinungsbildung beitragen, das Kulturschaffen fördern) und ihre Organisationsstruktur entsprechend ausgestalten (u.a. die Produktion an qualitativen und ethischen Standards ausrichten, das Publikum in die Organisation einbeziehen) (RTVG 2006, Art. 23-40).

Als Gegenleistung für diese Verpflichtungen geniesst die SRG SSR einige Privilegien. Sie erhält den grössten Teil der Radio- und Fernsehgebühren (ca. 92 %) und die Kabelnetzbetreiber sind verpflichtet, ihre Programme in allen Sprachregionen aufzuschalten (sogenannte «must-carry-rule»). In der nachfolgenden Abbildung sind die wichtigsten in Gesetz und Konzession genannten Anforderungen an den öffentlichen Rundfunk aufgelistet.

Abb. 86: Rechte und Pflichten der SRG SSR

Programm-inhalt	• zur freien Meinungsbildung des Publikums durch umfassende, vielfältige, sachgerechte Information insbesondere über politische, wirtschaftliche, soziale Zusammenhänge beitragen (RTVG 2006, Art. 24.4) • zur kulturellen Entfaltung, Stärkung kultureller Werte durch Berücksichtigung Schweizer Literatur-, Musik-, Filmschaffens beitragen (RTVG 2006, Art. 24.4) • das Verständnis, den Zusammenhalt und Austausch unter den Landesteilen, Sprachgemeinschaften, Kulturen, gesellschaftlichen Gruppierungen fördern (RTVG 2006, Art. 24.1) • Eigenheiten des Landes und Bedürfnisse der Kantone berücksichtigen (RTVG 2006, Art. 24.1) • bildende Inhalte ausstrahlen (RTVG 2006, Art. 24.4) • unterhalten (RTVG 2006, Art. 24.4) • angemessenen Anteil an Sendungen für hör- und sehbehinderte Menschen anbieten (spezifiziert im RTVV 2007, Art. 7) • allgemeine Programmanforderungen erfüllen, die für alle Anbieter gelten (z. B. sachgerechte Darstellung von Ereignissen) (RTVG 2006, Art. 4) • engere Verbindung zwischen Auslandschweizern und Heimat schaffen (RTVG 2006, Art. 24.1) • die Präsenz der und das Verständnis für die Schweiz im Ausland fördern (RTVG 2006, Art. 24.1)
Produktions-prozess	• Programme überwiegend in jener Sprachregion produzieren, für die sie bestimmt sind (RTVG 2006, Art. 27) • hoher Anteil an vielfältigen und innovativen Eigenproduktionen erbringen und damit einen Beitrag zur schweizerischen Identität leisten • angemessenen Anteil von Aufträgen an unabhängige Produzenten vergeben • enge Zusammenarbeit mit schweizerischem Filmschaffen und der schweizerischen Musikbranche • hohe qualitative und ethische Anforderungen erfüllen, die sich durch Glaubwürdigkeit, Verantwortungsbewusstsein, Relevanz, journalistische Professionalität auszeichnen • hohe Akzeptanz bei verschiedenen Zielpublika erreichen, wobei Akzeptanz «nicht in erster Linie in Marktanteilen» bestimmt werden soll (K SRG 2007, Art. 2.6.g)
Organi-sation	Die SRG ist so zu organisieren, dass (RTVG 2006, Art. 31) • ihre Unabhängigkeit vom Staat, einzelnen gesellschaftlichen, wirtschaftlichen und politischen Gruppen gewährleistet ist • sie wirtschaftliche geführt und nach aktienrechtlichen Prinzipien geleitet und kontrolliert werden kann • die Anliegen der Sprachregionen berücksichtigt werden • redaktionelle und wirtschaftliche Tätigkeiten getrennt sind • das Publikum in der Organisation vertreten ist
Finanzie-rung	• «zur Hauptsache durch Empfangsgebühren. Weitere Finanzierungsquellen stehen ihr offen» soweit diese nicht durch rechtliche Vorgaben beschränkt werden (RTVG Art. 34)
Distribution	• Mindestens je ein Radio- und ein Fernsehprogramm in jeder der drei Amtssprachen in der gesamten Schweiz verbreiten, Kabelnetzbetreiber sind zur Aufschaltung verpflichtet (RTVG 2006, Art. 30)

Konzessionierte Privatsender: Private Radio- und Fernsehanbieter können sich ebenfalls konzessionieren lassen und auf lokal-regionaler Ebene zum Leistungsauftrag beitragen. Mit dieser Regelung wird dem Umstand Rechnung getragen, dass terrestrische Frequenzen nach wie vor knapp sind (insbesondere beim Radio im UKW-Bereich) und diese knappen Frequenzen zur Erfüllung des Leistungsauftrags genutzt werden sollen (vgl. Nobel/Weber 2007: 418 f.).

Der Leistungsauftrag von konzessionierten, lokal-regionalen Privatsendern besteht darin, über das regionale Geschehen zu informieren, zur kulturellen Entfaltung in der Region beizutragen und im Gesamtprogramm die Vielfalt der Ereignisse und Ansichten angemessen zum Ausdruck zu bringen, indem nicht einseitig einzelne Meinungsführer bevorzugt und Minderheitenmeinungen in angebrachtem Umfang berücksichtigt werden (vgl. auch Studer/Mayr von Baldegg 2011: 213, 232 f.). Mittels eines Qualitätssicherungsverfahren wird überwacht, ob diese Leistungen eingehalten werden (dazu ausführlich den Abschnitt «Qualitätssicherungsverfahren», S. 289). Konzessionierte Privatsender müssen auch gewisse Rechenschaftspflichten erfüllen, indem sie beispielsweise verpflichtet sind, einen Jahresbericht nach gewissen Vorgaben zu erstellen oder zu melden, falls Unternehmensanteile übertragen werden (RTVV 2007, Art. 24-27). Diese Sender unterliegen zusätzlichen Massnahmen gegen die Medienkonzentration: Ein Veranstalter darf maximal an zwei konzessionierten Radio- und zwei konzessionierten Fernsehsendern beteiligt sein (RTVG 2006, Art. 44.3). Falls der Missbrauch einer marktbeherrschenden Stellung vorliegt (RTVG 2006, Art. 75.2), kann die Regulierungsbehörde die «Einräumung von Sendezeit für Dritte» oder «Massnahmen gegen Konzernjournalismus» (u.a. «Erlass eines Redaktionsstatuts») verlangen. Allerdings dürfte der Missbrauch einer marktbeherrschenden Stellung kaum nachzuweisen sein.

Als Gegenleistung erhalten die konzessionierten Privatsender verschiedene Privilegien: Zum einen dürfen sie in Bereichen mit Frequenzknappheit tätig sein (im UKW-Bereich oder einem Teil des digitalen Frequenzspektrums) und die Programme müssen in den Kabelnetzen im jeweiligen Konzessionsgebiet verbreitet werden. Zum andern können sie finanzielle Unterstützung erhalten.

Diese finanzielle Unterstützung kann entweder aus einer Unterstützung der privaten Radio- und Fernsehsender durch Gebührengelder bestehen (vgl. dazu ausführlich Abschnitt «Gebührensplitting», S. 280) oder aus Investitionsbeiträgen für Kosten, die wegen der Einführung neuer Technologien entstanden sind (insbesondere für den Aufbau digitaler Sendernetze). Diese Investitionsbeiträge werden aus den Konzessionsabgaben und falls diese nicht ausreichen, aus den Empfangsgebühren (maximal 1 %) finanziert (RTVG 2006, Art. 58). Sprachregionale Privatsender und alternative Lokalradios können ebenfalls konzessioniert werden, falls sie zum Leistungsauftrag beitragen (RTVG 2006, Art. 38.1.b, 43.1.b). In der folgenden Abbildung sind die wichtigsten Rechte und Pflichten der konzessionierten Sender zusammengefasst.

Abb. 87: Rechte und Pflichten konzessionierter Privatsender

Programm- inhalt	- lokale und regionale Eigenheiten durch umfassende Informationen über politische, wirtschaftliche, soziale Zusammenhänge berücksichtigen (RTVG 2006, Art. 38.1.a, 43.1) - zur Entfaltung des kulturellen Lebens im jeweiligen Versorgungsgebiet beitragen (RTVG 2006, Art. 38.1.a, 43.1) - komplementäre Radios: zur Erfüllung des verfassungsrechtlichen Leistungsauftrag beitragen, indem sie sich thematisch, kulturell, musikalisch von anderen konzessionierten Radioprogrammen im Empfangsgebiet unterscheiden (RTVG 2006, Art. 38.1.b, RTVV 2007, Art. 36) - sprachregionale Programme: in besonderem Mass zur Erfüllung des verfassungsrechtlichen Leistungsauftrags in Sprachregion beitragen (RTVG 2006, Art. 43.1.b) - in der Gesamtheit der redaktionellen Sendungen die Vielfalt der Ereignisse und Ansichten angemessen zum Ausdruck bringen (RTVG 2006, Art. 4.4)
Produkti- onsprozess	- Qualitätsmanagement implementieren - Rechenschaftspflicht: Jahresberichte liefern - In der Hauptsendezeit ausgestrahlte Programme müssen überwiegend im Versorgungsgebiet produziert werden (RTVV 2007, Art. 42)
Organi- sation	- keine Gewinnausschüttung bei Programmveranstaltern, die Gebührengelder erhalten; Veranstaltung des gebührenunterstützten Programms ist in der Buchhaltung von anderen wirtschaftlichen Aktivitäten zu trennen (RTVG 2006, Art. 41.2) - redaktionelle Tätigkeit von wirtschaftlichen Aktivitäten trennen (RTVG 2006, Art. 44.1.e)
Distribution	- terrestrisch; im Konzessionsgebiet Pflicht zur Aufschaltung in den Kabelnetzen

Private Programmveranstalter ohne Konzession: Privatradios und Privatfernsehsender können auch ohne Konzession tätig sein. Solche Sender müssen sich lediglich registrieren, minimale Rechenschaftspflichten und inhaltliche Mindestanforderungen erfüllen, die auch für die konzessionierten Sender gelten (RTVG 2006 Art. 4, 5):

- *Achtung der Grundrechte* (u.a. Menschwürde) und Verbot von Rassenhass, Gefährdung öffentlicher Sittlichkeit, Verharmlosung von Gewalt
- *sachgerechte Darstellung* von Tatsachen und Meinungen in redaktionellen Sendungen mit Informationsgehalt; Ansichten und Kommentare erkennbar machen (das Vielfaltsgebot gilt jedoch nur für konzessionierte Privatsender)
- *Jugendschutz* sicherstellen.

Weitergehende Verpflichtungen können jedoch an nichtkonzessionierte Fernsehsender mit nationalem oder sprachregionalem Angebot gestellt werden (RTVG 2006, Art. 7):
- *schweizerische und europäische Werke* sowie bei der Programmproduktion unabhängige Produzenten berücksichtigen
- eine *Filmförderungsabgabe* zugunsten Schweizer Filme von 4 % der Bruttoeinnahmen bezahlen, falls im Programm Filme ausgestrahlt werden
- einen angemessenen Anteil der Sendungen für *hör- und sehbehinderte Menschen* aufbereiten.

Nichtkonzessionierte Anbieter unterliegen lockeren Werberegeln. Sie müssen sich weder an Obergrenzen für die tägliche Werbedauer oder die Anzahl Werbeunterbrechungen halten (mit wenigen Ausnahmen, vgl. nächster Abschnitt). Dafür erhalten diese Sender keine Privilegien: Weder können sie mit Gebührengeldern unterstützt werden, noch können sie Verbreitungsprivilegien (also Zugang zu knappen Frequenzen wie UKW) erhalten. Kabelnetzbetreiber sind folglich nicht verpflichtet, solche Sender aufzuschalten (Ausnahmen sind jedoch möglich).

Regulierung von Werbung und Sponsoring

Für alle Radio- und Fernsehanbieter gelten bei Werbung und Sponsoring folgende Grundsätze: Werbung und Sponsoring für Tabakwaren, hochprozentige Alkoholika, rezeptpflichtige Medikamente, für Politik und Religion, Schleich- und unterschwellige Werbung sind verboten (RTVG 2006, Art. 10). Werbung muss vom Programm deutlich getrennt und klar erkennbar sein (RTVG 2006, Art. 9). Beim Sponsoring von Sendungen oder Sendereihen müssen die Sponsoren am Anfang oder am Schluss der Sendung genannt werden (RTVG 2006, Art. 12).

Sponsoring in Form von Produktplatzierung (Product Placement) ist erlaubt (Ausnahme Kindersendungen) (RTVV 2007, Art. 21).

Je nach Anbietertyp gelten hingegen andere Regeln in Bezug auf die Werbedauer und die Anzahl der Werbeunterbrechungen:

1. *SRG-Programme:* Werbung ist beim öffentlichen Rundfunk stärker beschränkt als bei den privaten Sendern. Radiowerbung ist der SRG ganz verboten, Sponsoring von Radiosendungen ist hingegen erlaubt. Fernsehwerbung ist zulässig und darf maximal 15 % der täglichen Sendezeit betragen, wobei pro Stunde nicht mehr als 12 Minuten Werbung ausgestrahlt werden darf. Werbeunterbrechungen sind in der Hauptsendezeit (18:00-23:00 Uhr) nur bei Sendungen erlaubt, die länger als 90 Minuten dauern, ausserhalb der Hauptsendezeit jedoch alle 30 Minuten. Die Unterbrechung von Kindersendungen und Gottesdiensten (RTVG, Art. 14; RTVV, Art. 22.1, 2) ist allerdings ebenso verboten wie Verkaufssendungen, Werbung auf einem geteilten Bildschirm oder virtuelle Werbung (mit Ausnahme von Sportanlässen) (RTVV, Art. 22.3, 4).

2. *Konzessionierte Veranstalter* dürfen maximal 15 % der täglichen Sendezeit und maximal 20 % pro Stunde (also 12 Minuten) für Werbung einsetzen. Filme und Nachrichtensendungen dürfen alle 30 Minuten unterbrochen werden, Übertragungen von Anlässen mit Pausen zusätzlich in den Pausen (was v.a. bei Sportanlässen der Fall ist). Bei Serien, Reihen und Dokumentarfilmen ist die Anzahl Werbeunterbrechungen unbegrenzt. Einzig Kindersendungen und Gottesdienstübertragungen dürfen nicht unterbrochen werden (RTVG 2006, Art 11; RTVV 2007, Art. 18). Werbung auf geteilten Bildschirmen ist unter bestimmten Bedingungen zulässig (RTVV 2007, Art. 13).

3. *Programme ohne Konzession* unterliegen keinerlei Beschränkung der täglichen Werbezeit und der Anzahl Werbeunterbrechungen, solange sie nicht im Ausland empfangen werden können oder es sich nicht um Kindersendungen und Übertragungen von Gottesdiensten handelt (vgl. RTVV 2007, Art. 18.7, 19.2).

Gebührensplitting

Gewisse konzessionierte Privatradios und Privatfernsehsender werden mit Rundfunkgebühren unterstützt. Voraussetzung dafür ist, dass ein Privatsender nur auf lokal-regionaler Ebene tätig ist, in seinem Gebiet keine «ausreichende[n] Finanzierungsmöglichkeiten» vorhanden sind, oder dass es sich um ein alternatives Lokalradio handelt (RTVG 2006, Art. 38.1.a).

Für dieses sogenannte «Gebührensplitting» werden 4 % des gesamten Gebührenvolumens eingesetzt (RTVG 2006, Art. 40.1), was im Jahr 2011 einen Betrag von 54 Mio. CHF ausmachte (vgl. BAKOM 2011a). Ein einzelner kommerzieller Radiosender darf maximal 50 % seiner Betriebskosten mit Gebührengeldern decken. Die regionalen Fernsehsender und alternativen Privatradios dürfen sich zu maximal 70 % mit Rundfunkgebühren finanzieren (RTVV 2007, Art. 39.1).

Der Bundesrat hat nach Konsultation der «Eidgenössischen Kommunikationskommission» Versorgungsgebiete definiert, in denen Privatsender Gelder aus dem Gebührensplitting erhalten: In 13 Gebieten werden privat-kommerzielle Radiosender, in weiteren 13 Gebieten private Fernsehsender und in 9 Gebieten alternative Lokalradios unterstützt (vgl. BAKOM 2011c, RTVG 2006, Art. 39.1).

Programmanbieter, die vom Gebührensplitting profitieren, müssen sich zum einen an alle Pflichten halten, die für konzessionierte Veranstalter gelten. Zum anderen müssen sie zusätzlich folgende Bedingungen erfüllen: über die gebührenfinanzierte und kommerzielle Tätigkeit getrennt Buch führen sowie eine Geschäftsordnung, ein Redaktionsstatut und ein Leitbild zur Beschreibung des Leistungsauftrags erlassen (vgl. RTVG 2006, Art. 41; RTVV 2007, Art. 41). Weitere Anforderungen werden in den Konzessionen festgelegt und dienen der Berücksichtigung spezifischer Gegebenheiten des Versorgungsgebiets. Beispielsweise legt die Konzession für das Gebiet des Jurabogens fest, dass das entsprechende Privatradio je ein Fensterprogramm für die drei Regionen Neuenburg, Kanton Jura und die französischsprachigen Bezirke im Kanton Bern anbieten muss. In der Konzession für das alternative Radio in der Stadt St. Gallen ist vorgeschrieben, dass es zur Ausbildung von Medienschaffenden beitragen soll (vgl. BAKOM 2010b).

Abb. 88: Rechte und Pflichten verschiedener Typen von Rundfunkanbietern im Überblick

	Öffentlicher Rundfunk: SRG	Konzessionierte Privatsender ohne Gebühren	Konzessionierte Privatsender mit Gebühren	Nicht-konzession. Privatsender
Leistungs-auftrag	umfassend: sprachregionale-nationale Ebene	mittel: lokal-regionale Ebene		keiner
Gebühren-anteil	> 90 % des Gebührenvolumens	Keine	4 % des Gebührenvolumens: • TV- und alternative Lokalradio-Anbieter: max. 70 % des Budgets eines Anbieters • Kommerzielles Radio: max. 50 % des Budgets eines Anbieters	Keine
Subventionen	18-20 Mio. CHF für den Auslanddienst Swissinfo	Investitionsbeitrag zur Einführung neuer Technologien (aus Konzessionsabgaben und max. 1 % der Rundfunkgebühren)		Keine
Werbung	• max. 15 % der täglichen Sendezeit, max. 12 Min./Std. • Unterbrechung: 1x bei Sendungen über 90 Min. (18-23 Uhr); alle 30 Min. (23-18 Uhr)	• max. 15 % der täglichen Sendezeit; max. 12 Min./Std. • Unterbrechung: alle 30 Min. bei Filmen und Informationssendungen; keine Beschränkung bei Serien, Reihen und Dokumentarfilmen		Keine (falls nicht grenzüberschreitend)
Sponsoring	• TV: verboten • Radio: erlaubt	TV und Radio erlaubt		TV + Radio erlaubt
Verbreitungspflicht	Terrestrisch und in (Kabel-) Netzen	terrestrisch und in (Kabel-) Netzen im jeweiligen Konzessionsgebiet		Keine, Ausnahmen möglich

12.3 Behördenzuständigkeit

Für die Regulierung von Radio und Fernsehen sind verschiedene Behörden zuständig.

Der Bundesrat

Das RTVG 2006 überträgt dem Bundesrat (also der schweizerischen Bundesregierung) verschiedene Kompetenzen im Rundfunkbereich. Er
- erteilt der SRG SSR die *Konzession*, ernennt bis zu einem Viertel der Mitglieder ihres Verwaltungsrats (Art. 33) und legt die Höhe der Empfangsgebühren (Art. 70) fest;
- bestimmt nach Konsultation der ComCom[50] die *Versorgungsgebiete* (Art. 39) von Privatsendern mit Gebührensplitting und kann solchen Sendern weitere Pflichten auferlegen (Art. 41);
- stellt *Kriterien für die finanzielle Unterstützung* der drahtlos-terrestrischen Verbreitung von Radioprogrammen in Bergregionen und Investitionen für neue Technologien auf (Art. 57.2, Art. 58.4);
- kann Regeln erlassen, um Rundfunkwerbung zum Schutz von Minderjährigen, der Gesundheit und Jugend einzuschränken (Art. 10.1.b, 10.5, Art. 13);
- legt die Höchstzahl an Programmen fest, die in *(Kabel-) Netzen* übertragen werden müssen (Art. 59, 60); kann den Einsatz offener Schnittstellen zur Aufbereitung von Programmen verlangen und Vorschriften zur Kanalbelegung und Entbündelung von Programmen erlassen (Art. 62, 64, 65);
- *wählt* die Mitglieder der *Unabhängigen Beschwerdeinstanz* (UBI) und bestimmt deren Präsidenten (Art. 82);
- kann Fernsehveranstalter *zur Produktion und Ausstrahlung schweizerischer und europäischer Produktion verpflichten* (Art. 7); Vorschriften zur Berichterstattung in Jahresberichten und -rechnungen, zur Erstellung einer Medienstatistik (Art. 18) und zur Archivierung von Programmen erlassen (Art. 21).

---

[50] Die ComCom (Eidgenössische Kommunikationskommission) ist als unabhängige Konzessions- und Regulierungsbehörde u.a. für die Vergabe von Telekommunikationsfrequenzen zuständig.

Das Eidgenössische Departement für Umwelt, Verkehr, Energie und Kommunikation (UVEK)

Das «Eidgenössische Departements für Umwelt, Verkehr, Energie und Kommunikation» (UVEK) hat die Aufgabe, die Grundversorgung mit öffentlichen Dienstleistungen (inkl. Kommunikationsbereich) in liberalisierten Märkten sicherzustellen (vgl. UVEK 2012). Die wichtigsten Aufgaben des UVEK im Rundfunkbereich sind gemäss RTVG 2006:

- *Konzessionen für private Rundfunkveranstalter* aufgrund einer öffentlichen Ausschreibung und einer Anhörung interessierter Kreise vergeben (Art. 43, 45); die Übertragungen von Konzessionen prüfen und genehmigen (Art. 48); Konzessionen einschränken, suspendieren oder entziehen, falls gegen Gesetzes- und Konzessionsbestimmungen in schwerwiegender Weise verstossen wurde (Art. 50);
- *Aufsicht über den öffentlichen Rundfunk*, insbesondere Überprüfung des Finanzhaushalts der SRG, Kenntnisnahme der Jahresberichte, Nachforschungen bei ungenügender Berichterstattung anstellen (Art. 36); die SRG-Konzession einschränken oder teilweise suspendieren, falls die Pflichten beim Finanzhaushalt und Rechnungslegung wiederholt schwer verletzt wurden (Art 25.6); SRG-Statuten (RTVG Art. 31), Beteiligungen, Zusammenarbeitsverträge der SRG mit anderen Programmveranstaltern (Art. 25, 37) und ihre regionalen Radioprogrammfenstern genehmigen (Art. 26); Auflagen zur Geschäftstätigkeit, Finanzierung, organisatorischer oder buchhalterischer Trennung von nichtkonzessionierten Aktivitäten der SRG erlassen (Art. 29);
- *Gebührensplitting:* den Anteil an Gebührengeldern festlegen, die ein konzessionierter Privatsender erhalten kann (Art. 40);
- *Diverse Massnahmen:* Eine Liste internationaler und nationaler Ereignisse von erheblicher gesellschaftlicher Bedeutung führen, die im frei empfangbaren Rundfunk zugänglich sein müssen (Art. 73); Massnahmen gegen Medienkonzentration ergreifen, falls eine Gefährdung der Angebots- und Meinungsvielfalt vorliegt (Art. 74, 75); die Stiftung für Nutzungsforschung überwachen (Art. 78) und deren Stiftungsrat wählen (Art. 80).

Das Bundesamt für Kommunikation (BAKOM)

Das Bundesamt für Kommunikation (BAKOM) wurde mit der Inkraftsetzung des Radio- und Fernsehgesetzes (RTVG) 1992 gegründet und ist Teil des UVEK. Das Bundesamt ist gegenüber dem UVEK und der für Telekommunikation zuständigen «Kommunikationskommission» (ComCom) weisungsgebunden. Die wichtigsten Aufgaben des BAKOM im Rundfunkbereich sind Folgende (vgl. BAKOM 2012c):

- *Anlaufstelle des Bundes* und der privaten Rundfunkveranstalter für rechtliche, finanzielle und frequenztechnische Fragen sein und Konzessionsgesuche zuhanden des Departements oder des Bundesrats prüfen
- *Aufsicht und Kontrolle* über die Einhaltung der rechtlichen Regeln ausüben (z. B. Kontrolle der Werbe- und Sponsoringrichtlinien, Kontrolle des Rundfunkgebühreneinzugs, Kontrolle der Einhaltung des Leistungsauftrags)
- *Forschungsbeiträge* an die Wissenschaft und Unterstützungsbeiträge an die Aus- und Weiterbildung von Medienschaffenden vergeben, eine Medienstatistik erstellen und Gebührengelder verteilen
- *Konzessionen für Rundfunkprogramme vergeben,* die drahtlosterrestrisch verbreitet werden und von kurzer Dauer sind (die maximal 30 Tage senden) (RTVV 2007, Art. 44)
- *Telekommunikations- und Rundfunkfrequenzen* überwachen (z. B. Analyse von Störquellen) und planen
- *Informationen beschaffen und Entscheidungen* für den Bundesrat und die Kommunikationskommission (ComCom) *vorbereiten*
- *Strategien in Bezug auf die «Informationsgesellschaft» entwickeln* (u.a. Vergabe des Preises «Ritter der Kommunikation» oder Vorbereitung des Weltgipfels der Informationsgesellschaft 2003 in Genf)
- die *Schweiz in internationalen Gremien vertreten,* u.a. im «Governmental Advisory Committee» der globalen Verwaltungsstelle ICANN für Internetadressen
- *Internet-Domain-Namen* mit der Endung «.ch» vergeben und verwalten. Allerdings hat das BAKOM diese Aufgabe in einem seit 2003 bestehenden Vertrag an die Stiftung «SWITCH» delegiert, die u.a. von den Hochschulen und dem Bund getragen wird und Kommunikationstechnologien zugunsten der Hochschulen fördert (vgl. BAKOM 2012a).

Die Unabhängige Beschwerdeinstanz (UBI)

Die «Unabhängige Beschwerdeinstanz» (UBI) ist eine gerichtsähnliche Behörde, die administrativ beim UVEK angesiedelt ist. Die UBI ist nicht an die Weisungen von Regierung, Verwaltung oder Parlament gebunden, sie muss dem Departement jedoch jährlich einen Tätigkeitsbericht abliefern (RTVG 2006, Art. 84). Aufgabe der UBI ist es, Beschwerden gegen redaktionelle Sendungen zu beurteilen, die zuvor von den Ombudsstellen behandelt, von den Beschwerdeführern aber weitergezogen wurden (vgl. dazu ausführlich S. 291 f.).

Die UBI besteht aus neun nebenamtlichen Mitgliedern, die vom Bundesrat gewählt werden, wobei die Geschlechter und verschiedenen Sprachregionen angemessen vertreten sein sollen (RTVV 2007, Art. 75). Parlamentarier, Angestellte im Dienst des Bundes und der schweizerischen Programmveranstalter dürfen nicht in die Behörde gewählt werden (RTVG 2006, Art. 82). Die Behörde wird von einem selbstständigen Sekretariat unterstützt, die Beratungen sind öffentlich (vgl. UBI 2012b).

Die Wettbewerbskommission (WEKO)

Die Wettbewerbskommission (WEKO) ist eine unabhängige Regulierungsbehörde, die administrativ dem «Eidgenössischen Volkswirtschaftsdepartement» (EVD) zugeordnet ist. Die WEKO hat die Anwendung des Kartellgesetzes zur Aufgabe und soll einen wirksamen wirtschaftlichen Wettbewerb fördern und schädliche Auswirkungen von Wettbewerbsbeschränkungen eindämmen. Da das Kartellgesetz alle Wirtschaftsbereiche betrifft, entscheidet die WEKO auch über die Zulässigkeit von Unternehmenszusammenschlüssen im Medienbereich. Allerdings überprüft die WEKO nur Unternehmenszusammenschlüsse, bei denen ein Umsatz von mindestens 2 Mia. CHF oder einen auf die Schweiz entfallenden Umsatz von 500 Mio. CHF erreicht wird und mindestens zwei der beteiligten Unternehmen in der Schweiz einen Umsatz von jeweils mindestens 100 Mio. CHF erzielen (vgl. Puppis 2006: 239 f.). Da die meisten Medienunternehmen in der Vergangenheit diese Schwellenwerte nicht erreichten, hat die WEKO die Medienkonzentration bisher kaum eingeschränkt. Die WEKO ist auch zu konsultieren, falls die im RTVG vorgesehenen Massnahmen gegen Medienkonzentration ergriffen werden sollen.

Bundesgericht und Bundesverwaltungsgericht

Während Entscheidungen der UBI (RTVG 2006, Art. 99) oder Urteile tiefer liegender Instanzen mit Bezug auf Medien (z. B. Persönlichkeitsschutz) beim Bundesgericht angefochten werden können (vgl. Nobel/Weber 2007: 460), kann gegen Entscheidungen des UVEK (z. B. gegen Konzessionsentscheide) beim Bundesverwaltungsgericht rekurriert werden.

12.4 Verfahren zur Konzessionierung, Qualitätssicherung und für Zuschauerbeschwerden

Konzessionierungsverfahren

Mit der Totalrevision des RTVG gingen eine Neukonzessionierung der Radio- und Fernsehveranstalter und in verschiedenen Regionen eine Veränderung der Konzessionsgebiete einher. Bei der Festlegung der Konzessionsgebiete wurde mehrheitlich die bestehende Situation übernommen. In einigen Gebieten kam es jedoch zu Anpassungen (z. B. Vereinheitlichung der Konzessionsgebiete im Genferseeraum, Zusammenlegung der beiden Konzessionsgebiete im Kanton Graubünden) (vgl. Weber 2008: 278).

Während in manchen Versorgungsgebieten mehrere Radiokonzessionen vergeben wurden, wurde jeweils nur ein regionaler Privatfernsehsender pro Versorgungsgebiet zugelassen und Gebietsüberschneidungen nach Möglichkeit vermieden. Dafür erhält jeder konzessionierte Fernsehsender Gebührengelder. Dahinter stand die Überlegung, dass Fernsehen ein teures Medium ist, welches sich auf regionaler Ebene kaum über den Markt finanzieren lässt und deshalb eine Verzettelung der knappen Gelder verhindert werden soll (vgl. BAKOM 2007b: 22).

Eine Person oder Firma, die sich um eine Konzession bewirbt, muss gewisse Voraussetzungen erfüllen (z. B. darlegen, dass die erforderlichen Investitionen getätigt werden können und der (Wohn-)Sitz in der Schweiz liegt, vgl. RTVG 2006, Art. 44). Zur Beurteilung der Konzessionsgesuche stellte das dafür zuständige Departement UVEK drei Kriterien auf, mit denen der Leistungsauftrag operationalisiert wurde (vgl. BAKOM 2007a: 6-10):

- *Input* (Gewichtung 40 %): Dieses Kriterium bezieht sich auf die Produktionsbedingungen als Voraussetzung für die Herstellung qualitativ hochwertiger Inhalte. Beurteilt werden die geplanten organisatorischen Strukturen der Qualitätssicherung (z. B. institutionalisierte Sendekritik), Arbeitsbedingungen, Orientierung an professionellen Standards oder die Förderung von Aus- und Weiterbildung der Programmschaffenden.

- *Output* (Gewichtung 40 %): Dieses Kriterium bezieht sich auf die Programminhalte. Von den Gesuchstellern wird erwartet, dass die während der Hauptsendezeit ausgestrahlten Programme überwiegend im Versorgungsgebiet produzieren werden und dass sich die Informationsangebote thematisch lokal-regionalen Nachrichten aus Politik, Wirtschaft, Kultur, Gesellschaft und Sport widmen und vielfältig sind. Gewisse Sendungen wie die Ausstrahlung von Publikumsgewinnspielen, Werbung für erotische Inhalte oder Radarwarnungen werden in den Konzessionen gar untersagt.
- *Verbreitung* (Gewichtung 20 %): Die Verbreitung des Programms muss im ganzen Versorgungsgebiet gewährleistet sein.

Die Konzessionen wurden im Herbst 2007 ausgeschrieben, danach ein Anhörungsverfahren durchgeführt und das rechtliche Gehör eingeräumt. Im Sommer und Herbst 2008 wurden die Konzessionen für 10 Jahre vergeben. In mehreren Gebieten kam es zu Beschwerden gegen die Konzessionsentscheidung. Drei Konzessionsentscheidungen wies das Bundesverwaltungsgericht zur Neubeurteilung an das UVEK zurück (vgl. BAKOM 2010b). In Graubünden und dem Aargau klagte je ein neuer Anbieter (an beiden ist der Radiopionier Roger Schawinski beteiligt) gegen die Vergabe der Konzession an die bestehenden Privatradios (RADIO GRISCHA und RADIO ARGOVIA), die teilweise im Besitz der regionalen Verlage sind. In der Ostschweiz klagte der neue Anbieter TELE SÄNTIS (an dem TELE TOP beteiligt ist) gegen die Vergabe der Konzession an den bestehenden Fernsehsender TVO, der im Besitz des regionalen Verlags ist.

Auch in anderen Regionen führte die Konzessionsvergabe zu Missstimmung. In der Region Zürich verlor das zu RINGIER gehörende RADIO ENERGY seine Konzession an einen neuen Anbieter. Daraufhin benutzte RINGIER v.a. seine Gratiszeitung ‹Blick am Abend›, um mit einer Medienkampagne gegen die Konzessionsentscheidung zu opponieren (Puppis et al. 2009). RINGIER löste das Problem schliesslich, indem es einen neuen Radiosender kaufte, der sich erfolgreich um eine Konzession beworben hatte (Gleiches geschah im Raum Genf) (vgl. Newsnetz/Tages-Anzeiger 2009b; Persoenlich.com 2009d). Das dazumal noch zu

TAMEDIA gehörende, quotenstarke Privatfernsehen TELEZÜRI unterlag mit seinem Konzessionsgesuch gegen den Winterthurer Sender TELE TOP. TAMEDIA entschied sich, TELEZÜRI ohne Konzession weiterzubetreiben. Dies gab dem Sender die Möglichkeit, seinen Senderadius auf die Ost- und Innerschweiz auszudehnen (vgl. Newsnetz/Tages-Anzeiger 2009a).

Qualitätssicherungsverfahren für private, konzessionierte Radio- und Fernsehsender

Die konzessionierten lokal-regionalen Privatsender (mit oder ohne Gelder aus dem Gebührensplitting) müssen einen Leistungsauftrag auf der lokal-regionalen Ebene erbringen. Um zu überprüfen, ob der Leistungsauftrag tatsächlich erfüllt wird, hat die Konzessionsbehörde ein Qualitätssicherungssystem eingeführt. Dieses Qualitätssicherungssystem setzt beim *Input (dem Produktionsprozess)* und dem *Output (den Programminhalten)* an.

Abb. 89: Überprüfung der Leistungsaufträge konzessionierter Privatsender

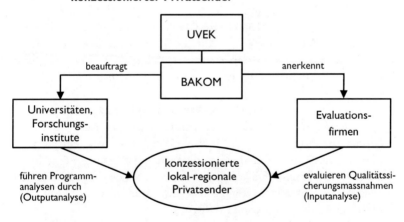

eigene Darstellung basierend auf Regnotto (2010)

Der erste Pfeiler dieses Qualitätssicherungssystem setzt beim *Produktionsprozess (Input)* an. Das UVEK verpflichtet Privatsender in der Konzession, ein Qualitätssicherungssystem einzurichten, das sich auf zwei Aspekte des Produktionsprozesses bezieht (vgl. BAKOM 2008b: 4):

- *Inhaltliche und formale Qualitätsziele und -standards etablieren:* Festlegung von journalistischen Standards und Prozessen zur Programmproduktion in Leitbildern, Redaktionsstatuten oder Handbüchern, Erlass von Massnahmen für angemessene Arbeitsbedingungen, Möglichkeit zur Aus- und Weiterbildung der Redakteure schaffen.
- *Prozesse zur regelmässigen Überprüfung, ob die festgelegten Qualitätsziele erfüllt werden:* Es sind Mechanismen zu etablieren, die zur kontinuierlichen Sicherung und Verbesserung der Programmqualität dienen, indem Prozesse zur Abnahme von Sendungen festgelegt und Feedback-Systeme wie institutionalisierte Sendekritik etc. eingerichtet werden.

Das UVEK schreibt damit den konzessionierten Privatsendern zwar vor, bestimmte Qualitätssicherungsmassnahmen zu implementieren, allerdings erlässt es keine Vorschriften, *wie* diese Massnahmen inhaltlich auszugestalten sind. Die Privatsender können ihre Qualitätskriterien in Leitbildern oder Redaktionsstatuten selbst definieren. Damit soll die Autonomie der Veranstalter gewährleistet und den Sendern die Möglichkeit gegeben werden, ihr Qualitätssicherungssystem an ihrem je spezifischen Programmprofil auszurichten. Das Qualitätssicherungssystem wird nicht vom BAKOM selbst evaluiert, sondern durch Firmen, die von der Aufsichtsbehörde akkreditiert wurden. Die Veranstalter können frei wählen, von welcher Firma sie sich evaluieren möchten. Die Evaluatoren berichten ihre Ergebnisse ans BAKOM (vgl. BAKOM 2008b: 5).

Momentan sind vier Firmen anerkannt, die mit teilweise unterschiedlichen Methoden Evaluationen durchführen. In der Regel sind zwei Personen der Evaluationsfirma für zwei bis drei Tage beim entsprechenden Sender vor Ort und analysieren die Qualitätssicherungsmassnahmen mittels Beobachtung, Fragebögen, Gesprächen oder Auswertung der vorhandenen Dokumente. Eine solche Evaluation muss alle zwei Jahre wiederholt werden (vgl. Regnotto 2010).

Der zweite Pfeiler des Qualitätssicherungssystems besteht aus einer Analyse der *Programminhalte (Output).* Das BAKOM beauftragt Universitäten und private Forschungsinstitute jährlich, Programmanalysen durchzuführen. Diese Analysen werden im Gegensatz zur Evaluation des Qualitätssicherungssystems veröffentlicht. Auch die Programme des öffentlichen Rundfunks SRG SSR werden evaluiert (vgl. BAKOM 2010a).

Verfahren für Zuschauerbeschwerden

Das RTVG 2006 regelt auch das Verfahren zur Behandlung von Beschwerden gegen Radio- und Fernsehsendungen. Eine Beschwerde gegen eine redaktionelle Sendung muss zuerst bei einer Ombudsstelle eingereicht werden. Der öffentliche Rundfunk ist verpflichtet, pro Sprachregion je eine Ombudsstelle einzurichten. Die Ombudsstellen für die privaten Rundfunksender (je eine für die drei Sprachregionen) werden von der UBI bestimmt (RTVG, Art. 91). Die Ombudsstellen behandeln Beschwerden wegen Verstössen gegen die Mindestanforderungen an die Programminhalte, gegen den Jugendschutz oder gegen die Verweigerung des Zugangs zum Programm schweizerischer Veranstalter (Art. 91.3). Eine Beschwerde muss 20 Tage nach Ausstrahlung der Sendung bei der Ombudsstelle eingehen. Danach hat die Ombudsstelle 40 Tage Zeit, den Beteiligten schriftlich die Ergebnisse ihrer Abklärungen mitzuteilen (Art. 92.1, Art. 93.3).

Geht eine Beschwerde ein, prüft die Ombudsstelle die Angelegenheit und vermittelt zwischen den Beteiligten. Die Ombudsstelle kann die Angelegenheit mit dem Rundfunkveranstalter besprechen, für eine direkte Begegnung der Beteiligten sorgen, Empfehlungen an den Programmveranstalter abgegeben oder die Beteiligten über die Rechtslage informieren. Eine direkte Weisungsbefugnis besitzen die Ombudsstellen gegenüber den Programmveranstaltern nicht (Art. 93.1,2).

Ist ein Beschwerdeführer mit der Entscheidung der Ombudsstelle nicht einverstanden, kann er seine Beschwerde an die «Unabhängige Beschwerdeinstanz» (UBI) weiter ziehen (vgl. S. 283). Beschwerden können von juristischen Personen (also Unternehmen, Verbände etc.) oder natürlichen Personen ab 18 Jahren mit schweizerischem Bürgerrecht, einer Niederlassungs- oder Aufenthaltsbewilligung an die UBI weitergezogen werden. Falls der Beschwerdeführer keine enge Beziehung zum Gegenstand der beanstandeten Sendungen hat, muss er von mindestens 20 Personen unterstützt werden. Auch das Departement kann eine Beschwerde bei der UBI einbringen (Art. 94).

Die UBI überprüft, ob die eingegangene Beschwerde zulässig und begründet ist. Danach berät sie darüber öffentlich und entscheidet, ob die angefochtene Sendung nationale oder internationale Bestimmungen verletzt hat. Falls eine Rechtsverletzung festgestellt wird, stellt die UBI dem betroffenen Veranstalter eine Frist, um den Mangel zu beheben und um Massnahmen zu treffen, damit ähnliche Verletzungen in Zukunft vermieden werden. Falls die UBI die getroffenen Massnahmen für ungenügend hält, kann sie beim Departement beantragen, weitere Massnahmen zu ergreifen, welche von Auflagen für die Sendetätigkeit bis hin zu einem Verbot des Programms reichen können. Bei wiederholten Verstössen gegen gewisse Bestimmungen (z. B. Jugendschutz, Beachtung der Grundrechte) können Verwaltungssanktion (z. B. Busse) angedroht oder verfügt werden. Gegen Entscheidungen der UBI kann beim Bundesgericht rekurriert werden (vgl. UBI 2012a).

Es ist darauf hinzuweisen, dass sich die UBI mit Beschwerden gegen redaktionelle Sendungen befasst, während Verstösse gegen Werbe- und Sponsoringregeln vom BAKOM überprüft werden (vgl. BAKOM 2007c).

12.5 Bedeutung internationaler Organisationen für die schweizerische Rundfunkordnung

Die schweizerische Rundfunkordnung wird nicht nur durch die nationale Gesetzgebung gestaltet. Auch die Regelwerke inter- und supranationaler Organisationen sowie die Rechtsprechung der Gerichtshöfe internationaler Organisationen wirken sich auf die Rundfunk- und Medienordnung aus.

Europarat

Die Hauptzielsetzung des Europarats ist es, den Schutz und die Achtung der Menschenrechte, Demokratie und Rechtsstaatlichkeit sicherzustellen und das Bewusstsein um die kulturelle Identität und Vielfalt Europas zu fördern. Den Medien schreibt der Europarat eine hohe Bedeutung für den Meinungs- und Willensbildungsprozess in Demokratien und für die Sozialisation der Bevölkerung zu. Er will die politischen und kulturellen Funktionen der Medien fördern, indem er auf die Sicherung von Vielfalt und Unabhängigkeit der Medien, die Förderung von Ausbildung und guten Arbeitsbedingungen für Medienschaffenden hinwirkt (vgl. Holtz-Bacha 2011: 15, 19).

Für die Umsetzung dieser Zielsetzungen im Medienbereich sind drei Regelwerke von besonderer Bedeutung, die in den nächsten Abschnitten dargestellt werden. Diese Regelwerke wirken sich auch auf die schweizerische Medienordnung aus, da die Schweiz gemeinsam mit 46 weiteren Staaten Mitglied des Europarats ist (vgl. Europarat 2012).

Konvention zum Schutze der Menschenrechte und Grundfreiheiten (EMRK): Grundlage der Aktivitäten des Europarats ist die «Konvention zum Schutz der Menschenrechte und Grundfreiheiten» (EMRK). Diese Konvention garantiert das Recht auf freie Meinungsäusserung und die Freiheit, Informationen ohne Rücksicht auf Staatsgrenzen zu empfangen und weiterzuleiten. Die Konvention schränkt allerdings die Möglichkeit der Staaten nicht ein, eine Genehmigungspflicht für Rundfunk oder Kinounternehmen vorzuschreiben oder die Medienfreiheit zugunsten des Jugendschutzes oder anderer basaler Grundrechte einzuschränken (vgl. Holtz-Bacha 2011: 53 f.).

Die Menschenrechtskonvention entfaltet ihre praktischen Auswirkungen auf die Medienordnung vor allem durch die Rechtsprechung des «Europäischen Gerichtshofs für Menschenrechte» (EGMR). Er stützt sich bei seinen Urteilen auf die Menschenrechtskonvention und hat mehrere wegweisende Urteile gefällt. Eines dieser Urteile war der Fall «Autronic». Ein schweizerischer Elektronikhändler hatte in der ersten Hälfte der 1980er-Jahre von der Postbehörde (PTT) keine Genehmigung für den Empfang eines Fernsehprogramms auf einem Fernmeldesatelliten erhalten. Nachdem das Bundesgericht nicht auf die Klage eingetreten war, zog der Kläger den Fall an den EGMR weiter. Der EGMR entschied 1990, dass der Empfang von ausländischen Rundfunkprogrammen über Satellit von der Menschenrechtskonvention geschützt ist (vgl. Koschnick 1990). In einem Urteil von 1993 schützte der EGMR auch das Recht, Privatrundfunk zu veranstalten. Der EGMR hielt das Monopol des öffentlichen Rundfunks in Österreich mit der EMRK für unvereinbar, da dafür keine zwingenden Gründe wie Frequenzknappheit mehr vorgelegen wären (vgl. Dörr 2009: 43 f.). Weitere wichtige Urteile des EGMR betrafen den Persönlichkeitsschutz (vgl. Holtz-Bacha 2011: 70 ff.).

Europäisches Übereinkommen über das grenzüberschreitende Fernsehen (EÜGF): Diese Konvention hat auf den schweizerischen Rundfunkmarkt direkte Auswirkungen. Das EÜGF wurde 1989 unterzeichnet (1997 überarbeitet) und stellte eine Reaktion auf das damals aufgekommene Satellitenfernsehen dar. Die Konvention sollte den freien Fluss von Fernsehprogrammen auf Grundlage einiger gemeinsamer Standards ermöglichen und dadurch den Austausch von Informationen und Ideen in Europa fördern. Die Verbreitung von Fernsehprogrammen, welche die Minimalstandards der Konvention einhalten, in andere

Länder und deren Empfang dürfen nicht behindert werden.[51] Die Minimalstandards für grenzüberschreitende Fernsehprogramme beziehen sich auf (vgl. Puppis 2010: 245 f.)

- *Programminhalte:* u.a. Schutz der Menschenwürde, der Jugend und des Rechts auf Gegendarstellung garantieren
- *Fernsehwerbung:* Werbe- und Teleshopping-Spots dürfen 20 % der täglichen Sendezeit (ohne Teleshopping max. 15 %) und 20 % innerhalb eines Einstundenzeitraums nicht überschreiten, Werbeunterbrechung sind je nach Art der Sendung alle 20 bis 45 Minuten erlaubt; Tabakwerbung, Werbung für rezeptpflichtige Medikamente, gewisse alkoholische Getränke etc. sind verboten
- *Berücksichtigung europäischer Produktion in der Hauptsendezeit*
- *Übertragung von Grossereignissen:* Die Nationalstaaten können Massnahmen ergreifen, damit zum einen Veranstaltungen von erheblicher gesellschaftlicher Bedeutung nicht ausschliesslich im Pay-TV verbreitet werden und zum anderen eine Kurzberichterstattung über solche Ereignisse bei Programmveranstaltern möglich ist, welche nicht im Besitz der Exklusivrechte sind.
- *Zugang für Hör- und Sehbehinderte,* indem die Nationalstaaten darauf einwirken, dass Sendungen entsprechend aufbereitet werden (mittels Untertitelung, Blindenfassung etc.).

Die EÜGF hat mehrere Auswirkungen auf die schweizerische Rundfunkordnung:
1. Werbefenster auf ausländischen Sendern, die sich an schweizerische Konsumenten wenden, sind ausdrücklich erlaubt. Sie können im Ursprungsland konzessioniert werden (d. h., ein Werbefenster auf einem deutschen Privatsender wird in Deutschland konzessioniert), müssen jedoch die schweizerischen Werbevorschriften einhalten (bzw. die Werbevorschriften jenes Lands, an die sich die Werbung richtet). Deshalb war beispielsweise Alkoholwerbung in schweizerischen Werbefenstern zu jener Zeit verboten, als das RTVG von 1991 in Kraft war.
2. Das RTVG 2006 macht nichtkonzessionierten Privatsendern keine Vorschriften mehr, wie lange sie täglich werben und wie viele Wer-

---

[51] Eine überarbeitete Version der Richtlinie unter der neuen Bezeichnung «Europäisches Übereinkommen über grenzüberschreitende audiovisuelle Mediendienste» (EÜGAM) von 2009 konnte wegen einer Intervention der Europäischen Kommission (der EU) nicht verabschiedet werden (vgl. BAKOM 2010c). Der Anwendungsbereich des Abkommens wäre von klassischen Fernsehsendern auf Video-on-Demand-Angebote erweitert worden.

beunterbrechungen sie platzieren dürfen. Diese lockere Werberegelung gilt jedoch nur für private Fernsehsender, die ausschliesslich in der Schweiz empfangen werden. Grenzüberschreitende Sender müssen die strengeren Mindeststandards des EÜGF einhalten.
3. Im RTVG behält sich die Konzessionsbehörde vor, nichtkonzessionierten Fernsehveranstaltern zusätzliche Vorschriften in Bezug auf europäische Produktionen etc. zu machen. Dieser Vorbehalt soll es ermöglichen, die entsprechenden Vorschriften des EÜGF oder der für die Schweiz relevanten Teile der AVMD (siehe nächster Abschnitt) gegebenenfalls durchzusetzen.
4. Die Regelungen bezüglich Minimalstandards, Anteil europäischer Werke etc. sind ebenfalls im RTVG implementiert.

Europäische Charta der Regional- und Minderheitensprachen: Dieses Abkommen wurde 1992 zur Unterzeichnung aufgelegt und dient dazu, Minderheitensprachen zu schützen und zu fördern. Die Unterzeichnerstaaten sollen u.a. Radio-, Fernsehkanäle und Zeitungen in den Minderheitensprachen unterstützen und darauf hinwirken, dass Rundfunksender mit einer öffentlichen Aufgabe, Sendungen in den entsprechenden Minderheitensprachen anbieten (vgl. Kogoj 1998: 15).

Die Schweiz hat dieses Abkommen ratifiziert. Der SRG-Finanzausgleich ermöglicht es, ein eigenständiges Programmangebot in den drei Landessprachen zu produzieren, ein rätoromanischsprachiges Radioprogramm und ein rätoromanisches Fernsehprogrammfenster auszustrahlen. Im Pressebereich unterstützen Bund und Kantone die rätoromanischsprachige Nachrichtenagentur AGENTURA DA NOVITADS RUMANTSCHA (ANR) finanziell. Andere, von ausländischen Bevölkerungskreisen gesprochene Sprachen werden indirekt gefördert, indem alternative Lokalradios, die oft Sendungen in verschiedenen Sprachen ausstrahlen, Gelder aus dem Gebührensplitting erhalten (vgl. Signer et al. 2011).

Europäische Union

Die Europäische Union hat wie der Europarat eine Regelung zum Fernsehbereich erlassen. Dabei handelt es sich um die «Richtlinie für audiovisuelle Mediendienste» (AVMD) aus dem Jahr 2007, die eine Überarbeitung der Richtlinie «Fernsehen ohne Grenzen» (auch: «EG-Fernsehrichtlinie») von 1989 darstellt. In weiten Teilen stimmt die

AVMD-Richtlinie mit der Konvention des Europarats über grenzüberschreitendes Fernsehen überein, indem sie ebenfalls Minimalstandards bezüglich Werbung, Inhalt und Empfangsmöglichkeiten von Fernsehprogrammen aufstellt. Ziel ist die Harmonisierung nationaler Regulierungen und die Förderung eines europäischen Markts für audiovisuelle Dienstleistungen.

Allerdings gibt es ein paar gewichtige Unterschiede zur Europaratskonvention: Die Minimalstandards der AVMD gelten nicht nur für grenzüberschreitende Fernsehprogramme, sondern für alle, also auch rein inländische Fernsehsender. Den Mitgliedsländern steht es allerdings frei, für ihre einheimischen Programmanbieter härtere Standards zu setzen (sogenannte Inländerdiskriminierung) (vgl. Dörr 2009: 54-56).

Obwohl die Schweiz weder Mitglied der EU noch des EWR ist (für EWR-Länder ist die AVMD ebenfalls verpflichtend), wirkt sich die EU-Richtlinie auf die schweizerische Rundfunkpolitik aus. Im Rahmen der Verhandlungen über ein bilaterales Abkommen zur Teilnahme am EU-Filmförderungsprogramm «MEDIA 2007» verlangte die EU von der Schweiz

1. *die Übernahme der Quotenvorgaben,* indem zusätzlich zu den Bestimmungen der Europaratsrichtlinie 10% der Sendezeit oder des Programmbudgets für Produktionen von unabhängigen Produzenten eingesetzt werden (vgl. Puppis 2010: 247, 251; UVEK 2005).
2. *die Übernahme des Herkunftslandprinzips:* Dies bedeutet, dass Fernsehsender, die von einem EU-Land aus in die Schweiz einstrahlen, ausschliesslich die regulatorischen Bestimmungen des EU-Lands einhalten müssen. Diese Forderung hat Auswirkungen auf die Werbefenster: Diese müssen sich nicht mehr an die schweizerische Gesetzgebung halten (wie dies die Europaratskonvention vorgesehen hat), sondern an jene des Herkunftslands (z. B. Deutschland, Frankreich). Dies führte dazu, dass Werbefenster Alkoholwerbung senden durften, sprachregionale Schweizer Privatsender jedoch nicht, da das RTVV 2007 Alkoholwerbung nur auf lokal-regionalen Fernsehsendern zuliess. Um eine solche Diskriminierung inländischer Privatsender zu verhindern, wurde das RTVV gelockert und Werbung für leichten Alkohol auf allen Privatsendern erlaubt (vgl. Bundesrat 2008: 6-10).

In Nachverhandlungen konnte erreicht werden, dass das in der AVMD-Richtlinie vorgesehene Schlichtungsverfahren auch für die Schweiz zur Anwendung kommt. Falls ein ausländisches Werbefenster gegen schweizerische Werbebestimmung verstiesse, führten der Sendestaat und die Europäische Kommission ein solches Verfahren durch. In der Praxis dürfte dies dazu führen, dass Politik-, Religions- und Spirituosenwerbung verboten bleiben.

Andere EU-Regulierungen betreffen die schweizerische Rundfunkpolitik momentan nicht. Insbesondere unterliegt die Schweiz nicht dem EU-Beihilferecht, welches die öffentliche Finanzierung von Radio und Fernsehen als Beihilfe sieht und eine solche Finanzierung nur zulässt, wenn gewisse Regeln zur Verhinderung von Wettbewerbsverzerrung eingehalten werden (u.a. Definition eines öffentlichen Auftrags, Überwachung des Auftrags durch eine unabhängige Instanz, Buchführung von kommerzieller und öffentlicher Tätigkeit trennen).

Es ist davon auszugehen, dass die Schweiz einen Teil der Beihilferegeln bereits einhält: Für die gebührenfinanzierte SRG und mit Gebühren unterstützten Privatsender wird ein Leistungsauftrag definiert und beide Sendertypen müssen über ihre öffentliche und kommerzielle Tätigkeit getrennt Buch führen. Um allen EU-Bestimmungen zu genügen, müssten jedoch zusätzliche Regelungen eingeführt werden: Zum einen müsste der Leistungsauftrag der SRG von einer unabhängigen Kontrollinstanz überprüft werden. Zum anderen müsste ein öffentliches Konsultationsverfahren durchgeführt werden, falls die SRG neue Dienste (z. B. neuer Digitalkanal oder neues Onlineangebot) einführen möchte. Bei einem solchen Verfahren müsste der gesellschaftliche Nutzen gegen die Auswirkungen auf den Markt abgewogen werden. Die meisten EU-Staaten haben in der Zwischenzeit solche Verfahren unter dem Begriff «Public-Value-Test», «Amsterdamer-Test» oder «Dreistufen-Test» eingeführt (vgl. dazu ausführlich Moe 2009: 193 f.; Dörr 2009: 49-54; Puppis 2010: 133-136; Donders/Moe 2011).

WTO und UNESCO

Die «World Trade Organization» (WTO) und die «United Nations Educational, Scientific and Cultural Organisation» (UNESCO) wirken sich momentan kaum auf die Medienordnungen der Schweiz und anderer Länder aus. Dies könnte sich in der Zukunft jedoch ändern.

Die WTO treibt die Liberalisierung des Welthandels voran. Dazu hat sie je ein Handelsabkommen für Güter (GATT) und eines für Dienstleistungen (GATS) etabliert. Das GATT fördert einen offenen Marktzugang für ausländische Waren und verbietet die Diskriminierung ausländischer Produkte gegenüber inländischen. Dieses Abkommen ist für den grenzüberschreitenden Handel mit Büchern, Zeitungen und Zeitschriften von Bedeutung. In der Schweiz wurde mit Verweis auf das GATT und das Freihandelsabkommen mit der EU im Jahr 2004 die Beschwerde eines Verlags gegen die Post gut geheissen. Die Post hatte höhere Vertriebstarife für eine Programmbeilage verrechnet, weil diese Beilage bei einer ausländischen Druckerei produzierte wurde (vgl. Eidgenössische Rekurskommission für Infrastruktur und Umwelt 2005).[52]

Dem GATS unterliegen audiovisuelle Dienstleistungen und Telekommunikationsdienstleistungen. Das Abkommen sieht vor, dass der Zugang ausländischer Dienstleistungen und Anbieter zum Markt nicht verhindert werden darf, und dass ausländische Anbieter nicht ungünstiger behandelt werden dürfen als inländische. Filmförderungsprogramme, Quotenregelungen, Must-Carry-Rules in Kabelnetzen und die Gebührenfinanzierung widersprechen diesem Prinzip der Nichtdiskriminierung. Bislang hat dies keine Folgen gehabt, da nur wenige Länder entsprechende Verpflichtungen im Bereich des audiovisuellen Sektors eingegangen sind. Es ist jedoch nicht auszuschliessen, dass sich dies eines Tages ändert (vgl. Graber 2003; Puppis 2010: 154-157).

Um die kulturelle Bedeutung des Rundfunks zu schützen, hat die UNESCO die «Convention on the Protection and Promotion of the Diversity of Cultural Expression» erarbeitet, die 2007 in Kraft trat. Darin verpflichten sich die Unterzeichnerstaaten, Massnahmen zu ergreifen, um die kulturelle und mediale Vielfalt zu fördern und zu schützen, wozu u.a. Subventionen (Förderprogramme) oder die Unterstützung des öffentlichen Rundfunks gehören. Da diese Konvention vermutlich im Widerspruch zu den GATS-Regeln steht, bleibt es vorderhand unklar, was in einem Konfliktfall geschehen würde (vgl. Puppis 2010: 148-161).

---

[52] Diesen Hinweis verdanke ich Manuel Puppis.

Fazit: Die Verfassung verpflichtet den Staat, dafür zu sorgen, dass Radio und Fernsehen einen Leistungsauftrag erfüllen (umfasst u.a. die Verpflichtung, zur Bildung, Kultur, Meinungsbildung, Unterhaltung beizutragen und das Gebot der Sachgerechtigkeit einzuhalten). Mit dem Radio und Fernsehgesetz (RTVG) sowie der zugehörigen Verordnung (RTVV) wird diese Verpflichtung umgesetzt. Dabei wird zwischen drei Typen von Radio- und Fernsehveranstaltern mit je anderen Rechte und Pflichten unterschieden:

- Der öffentliche Rundfunk hat am Stärksten zum Leistungsauftrag beizutragen. Dafür wird er über Rundfunkgebühren finanziert und seine Programme müssen in der gesamten Schweiz verbreitet werden.
- Konzessionierte Radio- und Fernsehveranstalter haben auf lokal-regionaler Ebene einen Leistungsauftrag zu erbringen. Als Gegenleistung dürfen sie in knappen Frequenzbereichen tätig sein. Die konzessionierten Regionalfernsehprogramme, Regionalradios in wirtschaftlich schwachen Gebieten und alternative Lokalradios werden zusätzlich mit Rundfunkgebühren (Gebührensplitting) unterstützt. Die Einhaltung des Leistungsauftrags wird über ein Qualitätssicherungsverfahren überprüft, das den Produktionsprozess und die Inhalte umfasst.
- Nichtkonzessionierte Privatsender müssen keinen Leistungsauftrag erbringen, sondern lediglich ein paar Mindeststandards einhalten. Sie unterliegen im Gegensatz zu den beiden anderen Veranstaltertypen nur wenigen Werbebeschränkungen. Dafür können sie weder in knappen Frequenzbereichen tätig sein, noch vom Gebührensplitting profitieren.

Für die Aufsicht der SRG und der privaten Rundfunksender sind hauptsächlich das Bundesdepartement UVEK, das Bundesamt für Kommunikation (BAKOM) und für gewisse Belange (z. B. Konzessionierung der SRG) der Bundesrat zuständig.

Abkommen internationaler Organisationen und die Rechtsprechung deren Gerichtshöfe prägen die schweizerische Medienordnung ebenfalls. Von direkter Bedeutung sind der Europarat und die EU, indem deren Regelwerke ausländische Werbefenster ermöglichen und Mindeststandards für Programminhalte und Werbung festlegen.

Weiterführende Literatur

Weber, Rolf H. (2008): Rundfunkrecht. Bundesgesetz vom 24. März 2006 über Radio und Fernsehen (RTVG). Unter Mitarbeit von Orsolya Fercsik Schnyder und Mirina Grosz. Bern.

→ *Ausführlicher Kommentar zum Rundfunkrecht, auch für Nicht-Juristen gut verständlich*

Dörr, Dieter (2009): Die europäische Medienordnung. In: Hans-Bredow-Institut (Hrsg.): Internationales Handbuch für Hörfunk und Fernsehen 2008/2009. Baden-Baden. 28. Auflage. S. 41-63.

→ *Einführende Überblicksdarstellung über die Aktivitäten von Europarat und EU im Medienbereich*

BAKOM – Bundesamt für Kommunikation: Radio und Fernsehen. http://www.bakom.admin.ch/themen/radio_tv/index.html?lang=de

→ *Regelmässig aktualisierte Informationen der Regulierungsbehörde über ihre Tätigkeit und Revisionen des Rundfunkrechts*

13 Medienrecht und Medienethik: Rechte und Pflichten von Journalisten und Medien

Medienleute stossen täglich an die Grenzen von Medienethik und Medienrecht – oder überschreiten sie –, ohne sich dessen bewusst zu sein.
Peter Studer / Rudolf Mayr von Baldegg (2011)

> Medienrecht und medienethische Richtlinien setzen den Medienschaffenden bei der Ausübung ihres Berufs nicht nur Grenzen, sondern ermöglichen ihnen gewisse privilegierte Zugänge zu Informationen und schützen ihre Unabhängigkeit. Dieses Spannungsverhältnis wird in diesem Kapitel ausgelotet, indem in Grundzügen folgende Fragen beantworten werden:
> - Welche Freiheiten besitzen Medien und Journalisten?
> - Welchen Einschränkungen unterliegen Medien und Journalisten?
> - An welchen medienethischen Standards will sich die Medienbranche selbst orientieren?

Für alle Medien existieren rechtliche Bestimmungen, welche die Rolle der Medien in der Gesellschaft regeln. Diese Vorschriften sind in der Schweiz in unterschiedlichen Gesetzen verteilt und betreffen verschiedene Rechtsbereiche (z. B. zivil- und strafrechtlichen Persönlichkeitsschutz, Urheber-, Datenschutz-, Wettbewerbs- und Lauterkeitsrecht) (vgl. Zölch/Zulauf 2007: 36-38). Nebst diesen vom Staat erlassenen Vorschriften hat die Medienbranche selbst medienethische Regeln aufgestellt.

Die medienrechtlichen und medienethischen Bestimmungen schaffen ein schwieriges Spannungsfeld: Sie sichern die Freiheit und Autonomie der Medien, setzen den Medien gleichzeitig gewisse Grenzen, um andere Grundrechte zu schützen (z. B. Schutz der Ehre) (vgl. Zölch 2010: 2 f.). Im Folgenden werden selektiv die wichtigsten medienrechtlichen und medienethischen Normen dargestellt.

13.1 Rechte des Publikums und der Medien: Meinungs-, Informations- und Medienfreiheit

Die Meinungs-, Informations- und Medienfreiheit sind Grundrechte in demokratischen Staaten und werden auch durch die Europäische Menschenrechtskonvention (EMRK) des Europarats geschützt.

Die *Meinungs- und Informationsfreiheit* schützt jede Person darin, ihre Meinung frei zu bilden, sich aus allgemein zugänglichen Quellen zu informieren und selbst Meinungen zu verbreiten (vgl. Zölch/Zulauf 2007: 33 f.). Das Recht auf Informationsfreiheit wurde mit dem im Juli 2006 in Kraft getretenen «Bundesgesetz über das Öffentlichkeitsprinzip der Verwaltung» (BGÖ) ausgedehnt. Umfasste die Informationsfreiheit zuvor lediglich das Recht des Einzelnen, sich aus allgemein zugänglichen Quellen zu informieren, wurde neu der Grundsatz verankert, dass allen Bürgerinnen und Bürger das durchsetzbare Recht zusteht, sich aus amtlichen Dokumenten zu informieren, ohne ein besonderes Interesse nachweisen zu müssen. Damit wurde die früher gültige Geheimhaltungspraxis umgekehrt, die Vorgänge innerhalb der Staatsverwaltung als «interne Vorgänge» und damit als vertraulich taxierte. Vom Öffentlichkeitsprinzip ausgenommen sind Beratungen und Sitzungsunterlagen parlamentarischer Kommissionen, Delegationen, die Nationalbank und die Eidgenössische Bankenkommission. Weitere Einschränkungen zum Zugang zu amtlichen Dokumenten sind möglich, u.a. wenn die Privatsphäre Dritter beeinträchtigt wird (vgl. Zölch/Zulauf 2007: 39 f.; Nobel/Weber 2007: 76-79).[53]

Die *Medienfreiheit* als weiteres Grundrecht stellt sicher, dass Medien ohne Einmischung des Staats ihre Tätigkeit frei ausüben können. Explizit garantiert wird die Medienfreiheit durch das Verbot von Vor- und Nachzensur sowie den Schutz des Redaktionsgeheimnisses. Das Redaktionsgeheimnis verbietet Justizorganen den Zugriff auf die Redaktionen. Die Medienschaffenden haben explizit das Recht, Zeugenaussagen zu verweigern und ihre Quellen zu schützen. In Strafverfahren dürfen die Medien also ihre Informanten und den Inhalt von Informationen geheim halten. Ausnahmen stellen schwere Delikte wie Mord, Geldwäsche oder Drogenhandel dar (vgl. Zölch/Zulauf 2007: 34, 93).

---

[53] Der von Journalisten gegründete Verein «Öffentlichkeitsgesetz.ch» möchte bei den Medienschaffenden die Möglichkeiten des Öffentlichkeitsgesetzes für die Recherche bekannter machen und den Austausch über Erfahrungen mit dem Gesetz fördern (vgl. Büsser 2011e).

Journalistinnen und Journalisten können beim Verkehr mit den Behörden einen privilegierten Zugang zu Informationen erhalten, indem sie zur Berichterstattung über gewisse Staatstätigkeiten förmlich zugelassen werden (sogenannte *«Akkreditierung»)*. Als Gegenleistung für dieses Privileg müssen gewisse Voraussetzungen erfüllt werden. Der Bund verlangt, dass Medienschaffende hauptberuflich oder regelmässig als Journalisten tätig sind. In den Kantonen sind die Regeln unterschiedlich: Während einige Kantone den Medienvertretern keinen privilegierten Zugang zu Informationen geben, kennen andere Kantone die Akkreditierung. Sie setzen dafür zum Teil weitergehende Anforderungen als der Bund; etwa indem ein Medienschaffender «zutrauenswürdig» erscheinen muss (vgl. Nobel/Weber 2007: 79, 155-157). Im Einzelfall haben sich akkreditierte Journalisten an besondere Diskretions- und Berichterstattungspflichten zu halten (z. B. Einhaltung von Sperrfristen, Pflicht zur sachlichen Berichterstattung, Verbot des Erschleichens von Informationen, Schonung von Verfahrensbeteiligten: keine Namensnennung bei Gerichtsverfahren etc.). Bei Verstössen kann ein Journalist verwarnt oder seine Akkreditierung kann befristet suspendiert werden. Ein dauerhafter Entzug der Akkreditierung ist gemäss einer Bundesgerichtsentscheidung nur bei schwerwiegenden und wiederholten Verstössen gegen die Berufspflichten zulässig (vgl. Nobel/Weber 2007: 155-158 f.).

Auskunfts- und Impressumspflicht

Die Auskunfts- und Impressumspflicht schreibt Medienunternehmen vor, auf Anfrage hin den Sitz des Unternehmens und die unternehmensverantwortlichen Personen zu nennen. Periodisch erscheinende Zeitungen und Zeitschriften müssen zusätzlich den Sitz des Unternehmens, namhafte Beteiligungen an anderen Unternehmen und die verantwortlichen Redaktoren bekannt geben (vgl. Nobel/Weber 2007: 279 f.; Zölch/Zulauf 2007: 90).

13.2 Grenzen der Informations- und Medienfreiheit

Die Informations- und Medienfreiheit ist jedoch keineswegs absolut. Ihr werden gewisse Grenzen gesetzt, um andere Grundrechte zu schützen. Im Folgenden werden einige dieser Grenzen dargestellt.

Verbot bestimmter Medieninhalte

Das Strafrecht verbietet die Publikation bestimmter Inhalte, u.a. (vgl. Zölch/Zulauf 2007: 91-98; Studer/Mayr von Baldegg 2011: 186-211)

- *Pornografie:* Weiche Pornografie darf nicht angeboten oder gezeigt werden, wenn sie für Personen unter 16 Jahren zugänglich ist (zwecks Jugendschutz). Das Vorführen von harter Pornografie ist generell verboten.
- *Gewaltdarstellungen:* Ton-, Bildaufnahmen oder Abbildungen von grausamen Gewalthandlungen sind verboten (Ausnahme: schutzwürdige kulturelle oder wissenschaftliche Inhalte). Dieses sogenannte «Brutaloverbot» soll verhindern, dass insbesondere Jugendliche negativ beeinflusst und zu gewalttätigem Verhalten verleitet werden. Die Vorschrift bezieht sich ausschliesslich auf bildliche, nicht auf schriftliche Darstellungen.
- *Strafbare Handlungen gegen den öffentlichen Frieden:* Schriftliche oder bildliche Darstellungen, die eine Person oder Gruppe von Personen wegen ihrer Ethnie oder Religion diskriminieren, sind verboten. Medienschaffende sollten deshalb rassistische Äusserungen von Dritten nicht unkommentiert stehen lassen, da bei einer Klage ein Gericht zwischen Meinungsäusserungsfreiheit und der Strafrechtsnorm abwägen müsste.
- *Geheimnisverletzung:* Die Veröffentlichung von Akten, die von einer Behörde für geheim erklärt wurden, steht unter Strafe; es sei denn, das Geheimnis sei von geringer Bedeutung. Medienschaffende können zur Rechenschaft gezogen werden, wenn sie einen Staatsangestellten anstiften, das Amtsgeheimnis zu verletzen.
- *Verstösse gegen den Persönlichkeitsschutz* (vgl. nächster Abschnitt).

Persönlichkeitsschutz

Der Persönlichkeitsschutz stellt sicher, dass das gesellschaftliche, sittliche und berufliche Ansehen einer Person in der Öffentlichkeit durch die Medien nicht verletzt wird. Dieser Persönlichkeitsschutz kann in Widerspruch zur Medienfreiheit und zur Berichterstattung im öffentlichen Interesse stehen. Deshalb ist stets abzuwägen, wann die Informationsaufgabe der Medien höher als der Anspruch des Einzelnen auf Wahrung seiner Persönlichkeit zu gewichten ist. Die sogenannte «Sphärentheorie» hilft bei der Entscheidung, ob das private oder öffentliche Interesse überwiegt. Die Sphärentheorie unterscheidet zwischen drei Lebensbereichen (vgl. Zölch/Zulauf 2007: 50-54):

- *Geheim-/Intimsphäre:* Umfasst Tatsachen und Lebensvorgänge, die ein Betroffener geheim halten will (z. B. Informationen über Gesundheit, sexuelle Orientierung); mit Ausnahme von Personen, denen er sich bewusst anvertraut.
- *Zwischen-/Privatsphäre:* Umfasst Lebensvorgänge, die eine Person lediglich mit einem begrenzten, ihr eng verbundenen Personenkreis (z. B. Angehörige, Freunde, Bekannte) teilen will, nicht jedoch mit einer grösseren Öffentlichkeit (z. B. politische, religiöse Überzeugungen, Vorstrafen, finanzielle Verhältnisse etc.).
- *Gemein-/Öffentlichkeitssphäre:* In diesen Bereich fällt der Auftritt einer Person an allgemein zugänglichen Orten und Veranstaltungen. Vorgänge, die sich dort abspielen, dürfen von allen wahrgenommen und verbreitet werden.

In den drei Lebensbereichen ist eine Person unterschiedlich stark vor Medienberichterstattung geschützt. Allerdings wird dieser Schutz weiter ausdifferenziert, indem vom Grundsatz ausgegangen wird, dass eine Person des öffentlichen Lebens mehr Eingriffe in die Persönlichkeitsrechte tolerieren muss als andere Personen. Konkret wird zwischen drei Typen von Personen unterschieden:

- *Amtspersonen* sind Exponenten der Politik, d. h. Personen, die aufgrund eines öffentlichen Mandats im Zentrum des öffentlichen Interesses stehen (z. B. Politiker, Spitzenbeamte).
- *Personen der Zeitgeschichte* ziehen die öffentliche Aufmerksamkeit auf sich. «Absolute Personen der Zeitgeschichte» stehen unabhängig von Einzelereignissen im öffentlichen Leben (z. B. Persönlichkeiten aus Wirtschaft, Sport, Showbusiness, Religion, Wissenschaft). «Relative Personen der Zeitgeschichte» treten aufgrund eines bestimmten, aktuellen Anlasses aus der Anonymität der Masse heraus (z. B. Verwandte oder Begleitpersonen von Amtspersonen, Straftäter).
- *Privatpersonen* sind weder Amtspersonen noch Personen der Zeitgeschichte.

Um abzuwägen, ob und wie über eine Person berichtet werden darf, können die Lebensbereiche zu den Typen von Personengruppen in einer Matrix in Bezug gesetzt werden.

Abb. 90: Matrix zur Interessenabwägung beim Persönlichkeitsschutz

	Amtsperson	Person der Zeitgeschichte	Privatperson
Geheimsphäre	~	–	–
Zwischenbereich	+	~	–
Öffentlichkeitssphäre	+	+	~

Zölch/Zulauf (2007: 54); (+) = Veröffentlichung unproblematisch; (~) = Veröffentlichung fraglich; (–) = Veröffentlichung ausgeschlossen

Am stärksten sind Privatpersonen vor Veröffentlichungen geschützt. Der Schweizer Presserat hat empfohlen, dieses Prinzip auch für private Informationen und Bilder aus dem Internet anzuwenden. Obwohl immer mehr Personen private Informationen und Bilder im Internet veröffentlichen, bedeute dies nicht, dass diese Personen auf den Schutz ihrer Privatsphäre verzichten und sich die Medien solcher Bilder frei bedienen dürften. Es müsse abgewogen werden, ob eine Information im Internet eher für einen kleinen Kreis von Adressaten (z. B. Facebook-Freunde) oder für eine breite Öffentlichkeit bestimmt sei (z. B. auf einer institutionellen Website) (vgl. Persoenlich.com 2010h).

Dazu ein paar Fallbeispiele: Hält sich eine Privatperson an öffentlichen Örtlichkeiten auf (z. B. in einem Fussballstadion), dürfen Medien ein Bild dieser Person veröffentlichen. Allerdings sollte die Person nicht aus der Menge herausgehoben werden; es sei denn, sie willigt ein. Das Bild eines Parlamentariers, der im Rat schläft, darf hingegen publiziert werden. Beim Parlamentarier handelt es sich um eine Amtsperson, die eine öffentliche Aufgabe erfüllt und sich an einem öffentlichen Ort aufhält (vgl. Zölch/Zulauf 2007: 55). Bei Gerichtsverfahren ist die Nennung von Namen unzulässig mit folgenden Ausnahmen: Überwiegendes öffentliches Interesse (z. B. Warnung), politisches/staatliches Amt mit möglichem Delikt unvereinbar (z. B. Strafrichter fährt in angetrunkenem Zustand), Person bereits allgemein bekannt, Person willigt Veröffentlichung ein oder es besteht Verwechslungsgefahr (vgl. Studer/Mayr von Baldegg 2011: 146).

Prominente besitzen ebenfalls einen gewissen Schutz ihrer Privatsphäre. In einem wegweisenden Urteil befand der «Europäische Gerichtshof für Menschenrechte», dass eine Prominente (in diesem Fall Prinzessin

Caroline von Monaco), die aus rein privaten Gründen ohne Bezug zu ihrer öffentlichen Funktion unterwegs ist (z. B. Einkaufen gehen), eher als Privatpersonen zu behandeln ist und bei dieser Aktivität nicht fotografiert werden darf. Allerdings ist eine Berichterstattung im Randbereich von politischer und privater Zone nach wie vor möglich. Über die alltägliche Privatsphäre einer Person der Zeitgeschichte darf berichtet werden, wenn ein öffentlicher Kontext besteht. Z. B. dürfte eine gestern abgewählte Bundesrätin heute beim Einkaufen gezeigt werden (vgl. Studer/Mayr von Baldegg 2011: 106 f., 133-136).

Mit dem Persönlichkeitsschutz ist das *Recht auf Gegendarstellung* verbunden. Dieses gesetzlich festgeschriebene Recht kann jedoch nur unter der Voraussetzung angewendet werden, dass eine natürliche oder juristische Person unmittelbar betroffen ist, eine Tatsachenbehauptung vorliegt, die eine Person in ungünstigem Licht darstellt und die formalen Fristen eingehalten werden (innert 20 Tagen, max. drei Monate nach Veröffentlichung). Für Meinungen, Kommentare, Wertungen, Vermutungen, Voraussagen gilt das Gegendarstellungsrecht hingegen nicht (nur für Tatsachen = Behauptungen, die sich beweisen oder überprüfen lassen) (vgl. Studer/Mayr von Baldegg 2011: 268-270; Zölch/Zulauf 2007: 64 f.).

Gesetzlicher Schutz besteht gegen *Ehrverletzungsdelikte*. «Üble Nachrede» oder «Verleumdung» sind unzulässig. Eine falsche Tatsachenbehauptung, die gegenüber Dritten oder in der Öffentlichkeit geäussert wurde und das sittliche Ansehen einer Person, damit ihren Ruf und ihre Ehre in der Öffentlichkeit herabsetzt (z. B. «Brandstifter», «Dirne») kann geahndet werden. Nicht strafbar sind solche Aussagen, wenn dafür eine begründete Veranlassung vorhanden ist und nicht die Absicht bestand, jemanden zu beleidigen. Gegen «Beschimpfungen», also gegen beleidigende Werturteile, die das sittliche Ansehen einer Person herabsetzen (z. B. der Vorwurf, jemand sei ein «Schwein»), kann ebenfalls geklagt werden (vgl. Zölch/Zulauf 2007: 84-86). Diese Strafnorm gilt auch für Onlinemedien. Ein St. Galler Gericht hat 2010 einen Präzedenzfall geschaffen, indem es eine Jugendliche verurteilte, die auf FACEBOOK eine Person als «Seckel» bezeichnet hatte (vgl. NZZ Online 2010).

Vorsorgliche Massnahmen

Eine besondere, gesetzliche Bestimmung zum Schutz der Persönlichkeit sind «vorsorgliche Massnahmen». Solche Massnahmen sichern einer

Person einen provisorischen Rechtsschutz zu, bis das Haupturteil getroffen ist. Meistens geht es dabei um Publikations- und Ausstrahlungsverbote, um zu verhindern, dass Medien vollendete Tatsachen schaffen.

Eine Person kann bei einem zuständigen Gericht ein Gesuch stellen, dass ein Beitrag, von dem sie betroffen ist, nicht veröffentlicht oder sein Name nicht genannt werden darf. Das Gericht überprüft, ob die Voraussetzungen für ein vorsorgliches Publikationsverbot gegeben sind:

- Die Publikation kann für den Gesuchsteller einen besonders schweren Nachteil verursachen, der nicht leicht wiedergutzumachen ist;
- es fehlt ein Grund zur Rechtfertigung einer Persönlichkeitsverletzung (z. B. höheres öffentliches Interesse) und
- das Publikationsverbot ist verhältnismässig.

Sind diese Voraussetzungen erfüllt, kann das Gericht eine *provisorische* oder eine *superprovisorische Massnahme* anordnen. Bei der provisorischen Massnahme findet eine Anhörung der betroffenen Parteien statt, danach wird das Gesuch beurteilt. Bei einer superprovisorischen Massnahme ist eine Anhörung wegen Zeitdrucks (z. B. Sendebeginn) nicht mehr möglich, weshalb der Richter selbst entscheidet und ein Publikationsverbot verhängen kann (vgl. Zölch/Zulauf 2007: 62 f.). Falls ein Gesuchsteller eine superprovisorische Verfügung nicht in guten Treuen gestellt hat, haftet er gegenüber dem Medienhaus für einen allfälligen Schaden (vgl. Studer/Mayr von Baldegg 2011: 255).

Die vorsorglichen Massnahmen werden von Rechtswissenschaftlern kontrovers eingeschätzt. Die Voraussetzungen für die Erteilung einer superprovisorischen Verfügung werden zwar für ausreichend streng gehalten. Es wird jedoch kritisiert, dass die Richter häufig zugunsten der Gesuchsteller urteilen und die Voraussetzungen zu wenig strikt anwenden würden (vgl. Studer/Mayr von Baldegg 2011: 252-257).

Haftbarkeit durch strafbare Veröffentlichung in einem Medium

Bei Verstössen gegen die erwähnten oder andere Straftatbestände haftet grundsätzlich der Autor. Allerdings lässt sich nicht immer feststellen, wer der Autor ist. Zugunsten einer kritischen Berichterstattung kann es gar erwünscht sein, den Autor vor strafrechtlichen Konsequenzen zu schützen. Deshalb wurde eine stufenweise Verantwortlichkeit eingeführt, die sogenannte «Kaskadenhaftung» (vgl. Zölch/Zulauf 2007: 94):

Lässt sich der Autor nicht ermitteln, wird der verantwortliche Redaktor belangt. Falls kein Redaktor ermittelt werden kann, ist die für die Publikation verantwortliche Person strafbar. Im Gegensatz zum Autor kann der verantwortliche Redaktor oder die für die Publikation verantwortliche Person nicht für das begangene Delikt belangt werden, sondern nur dafür, dass sie nicht verhindert haben, eine strafbare Publikation zu veröffentlichen (vgl. Zölch/Zulauf 2007: 94 f.).

Bei Leserbriefen und Interviews kann auch der jeweilige Leserbriefschreiber oder die interviewte Person, die das Interview autorisiert hat, belangt werden (vgl. Nobel/Weber 273-275).

13.3 Medienethische Branchenstandards

Nebst den vom Staat erlassenen Rechtsnormen haben die Medienschaffenden selbst medienethische Richtlinien aufgestellt und mit dem Presserat eine Organisation zur Überprüfung dieser Richtlinien geschaffen. Solche von der Branche (nicht vom Staat) aufgestellten Regeln werden als «Selbstregulierung» bezeichnet (vgl. Künzler 2009: 33). Ziel dieser Selbstregulierung ist es, Qualitätsstandards zu schaffen, um die Glaubwürdigkeit und das Vertrauen in die Medien zu stärken, eine Verrechtlichung zu verhindern und die Unabhängigkeit der Medien vom Staat zu sichern. Nicht zuletzt sollen die Branchenstandards den Medienschaffenden Orientierung und Verhaltenssicherheit bieten (vgl. Studer 2005: 173).

Die Branchenkodizes

Der wichtigste Kodex für die journalistische Tätigkeit sind die «Erklärung der Pflichten und Rechte der Journalistinnen und Journalisten» und die dazu gehörigen «Richtlinien zur ‚Erklärung der Pflichten und Rechte der Journalistinnen und Journalisten'», welche die wichtigsten Punkte der «Erklärung» erläutern (abrufbar auf Schweizer Presserat 2012b). Die «Erklärung» hat ihren Ursprung im Jahr 1972, als sie vom Journalistenverband «Verein der Schweizer Presse» (heute: «impressum») beschlossen wurde (vgl. Puppis 2009a: 243). Die neuste Version der «Erklärung» wurde vom schweizerischen Presserat 2008 verabschiedet; die aktuelle Version der «Richtlinien» stammt aus dem Jahr 2011.

In der «Erklärung» beanspruchen die Journalistinnen und Journalisten Rechte, u.a. jenes auf freie Meinungsäusserung, Kritik und freien Zugang zu Informationsquellen als Voraussetzung, um den Beruf unabhängig und in der erforderlichen Qualität auszuüben. Gleichzeitig anerkennen sie, dass diese Rechte mit Pflichten verbunden sind. Oberste

Maxime bei der journalistischen Tätigkeit soll das «Prinzip der Fairness» sein (Schweizer Presserat 2008: 2). Die «Erklärung» setzt deshalb Standards für die Recherche, die Deklaration von Quellen oder den Persönlichkeitsschutz. Ein paar ausgewählte Regeln sollen im Folgenden erwähnt werden. Journalistinnen und Journalisten

- «lassen sich vom *Recht der Öffentlichkeit leiten, die Wahrheit zu erfahren*» (Ziff. 1);
- «veröffentlichen nur Informationen, Dokumente, Bilder und Töne, deren *Quellen ihnen bekannt sind*», unbestätigte Meldungen sind als solche zu kennzeichnen (Ziff. 3);
- sollen sich «bei der Beschaffung von Informationen, Tönen, Bildern und Dokumenten *keiner unlauteren Methoden*» bedienen (z. B. keine Bildmanipulation, irreführende Verfälschung eines Zitats, Verschleierung des Berufs (Ziff. 4)). Verdeckte Recherchen sind nur zulässig, falls ein überwiegendes öffentliches Interesse an der entsprechenden Information besteht, diese nicht auf andere Weise beschafft werden kann oder eine Gefährdung des Journalisten bestehen würde. Als unzulässig gilt auch die Bezahlung von Informanten, die nicht zum Berufsstand gehören (Ausnahme: ein überwiegendes öffentliches Interesse);
- «*vermeiden* in ihrer beruflichen Tätigkeit [...] *jede Form von kommerzieller Werbung* und *akzeptieren keinerlei Bedingungen von Seiten der Inserentinnen und Inserenten*» (Ziff. 10);
- «nehmen *journalistische Weisungen nur von* den hierfür als *verantwortlich bezeichneten Mitgliedern ihrer Redaktion entgegen,* und akzeptieren sie nur dann, wenn diese zur Erklärung der Pflichten der Journalistinnen und Journalisten nicht im Gegensatz stehen» (Ziff. 11).

In den «Richtlinien» finden sich weitere praxisrelevante Präzisierungen, u.a.

- ist der *Meinungspluralismus zu wahren,* insbesondere, «wenn sich ein Medium *in einer Monopolsituation* befindet» (Ziff. 2.2.);
- ist darauf zu achten, «dass das *Publikum zwischen Fakten und kommentierenden, kritisierenden Einschätzungen unterscheiden kann*» (Ziff. 2.3);
- ist «die Ausübung des *Berufs der Journalistin, des Journalisten* [...] grundsätzlich *nicht mit der Ausübung einer öffentlichen Funktion vereinbar.* Wird eine politische Tätigkeit aufgrund besonderer Umstände ausnahmsweise wahrgenommen, ist auf die strikte Trennung

der Funktionen zu achten. Zudem muss die politische Funktion dem Publikum zur Kenntnis gebracht werden.» (Ziff. 2.4.). Dieses Gebot ist insofern bemerkenswert, als dass es eine deutliche Abwendung vom Journalismus der Gesinnungspresse darstellt. Im Zeitalter der Gesinnungspresse war eine Personalunion von politischem Amt und journalistischer Berufstätigkeit üblich (vgl. Kapitel 9.2);

- sind *bei der Veröffentlichung von Meinungsumfragen methodische Angaben zu liefern*, «die für das Verständnis der Umfrage nützlich sind: Mindestens Zahl der befragten Personen, Repräsentativität, mögliche Fehlerquote, Erhebungsgebiet, Zeitraum der Befragung, Auftraggeberin / Auftraggeber» (Ziff. 3.7);
- wird *interviewten Personen das Recht zugestanden, Interviews zu autorisieren*. Allerdings darf ein Interviewter keine wesentlichen Änderungen vornehmen, kann aber «offensichtliche Irrtümer» korrigieren. Falls vor der Aufzeichnung besondere Bedingungen vereinbart werden (z. B. Verbot, gewisse Fragen zu stellen) oder keine Einigung erzielt werden kann, dürfen diese Bedingungen öffentlich gemacht werden (Ziff. 4.5);
- sind *Interessenbindungen in der Wirtschafts- und Finanzberichterstattung zu vermeiden*; deshalb dürfen Journalisten «nicht über Gesellschaften oder Wertpapiere schreiben, zu denen durch sie oder ihre Angehörigen Interessenbindungen bestehen» (Ziff. 9.2.). Redaktioneller Teil und Werbung müssen getrennt sein (Ziff. 10.1). «Redaktionelle Beiträge (z. B. «begleitende» redaktionelle Berichterstattungen), die als «Gegenleistung» zu Inseraten und Werbesendungen veröffentlicht werden, sind unzulässig.» (Ziff. 10.2) Die freie Wahl bei der Auswahl redaktioneller Themen ist auch in Bereichen wie «Lifestyle» oder «Ratgeber» zu gewährleisten (Ziff. 10.3). Ein drohender oder tatsächlicher Inserateboykott ist zur Verteidigung der Informationsfreiheit öffentlich zu machen (Ziff. 10.5);
- über die *Identifizierung von Beteiligten*, die Unschuldsvermutung, den Umgang mit Kindern und Opfern, Berichterstattung über Sexualdelikte, Notsituationen/Krieg und Suizid (Ziff. 7.2-7.4., 7.7-7.9, 8.3., 8.4.).

Daneben haben weitere Branchen aus dem Kommunikationsbereich Selbstregulierungskodizes aufgestellt (vgl. nachfolgende Abbildung).

Abb. 91: Selbstregulierungskodizes verschiedener Kommunikationsbranchen

Branche	Name des Kodex	Beschreibung
Journalismus	Erklärung der Pflichten und Rechte der Journalistinnen und Journalisten	medienethische Normen für Journalistinnen und Journalisten; von den Arbeitgeber- und Arbeitnehmerverbänden aus dem Medienbereich anerkannt
	Richtlinien zur «Erklärung der Pflichten und Rechte der Journalistinnen und Journalisten»	erläutert und konkretisiert die «Erklärung»
PR-Branche	Code d'Athènes	allgemein gehaltene, internationale Grundsätze für die Öffentlichkeitsarbeit, orientieren sich an der allgemeinen Erklärung der Menschenrechte der UNO
	Code de Lisbonne	Verhaltensnormen, konkreter als der Code d'Athènes; von der SPRG – Schweizerische Public Relation Gesellschaft und ihren Regionalgesellschaften für verbindlich erklärt
	ICCO Stockholm Charta	Ethik-Charta für alle nationalen PR-Agenturverbände; von der BPRA – Bund der Public Relations Agenturen der Schweiz anerkannt
	ipra - Code of Brussels for the conduct of public affairs worldwide	Weltweiter Codex für Public Affairs
Marktforschung	ICC/ESOMAR Code on Market and Social Research	Internationaler Codex der (ethische) Standards für die Markt- und Sozialforschung aufstellt (u.a. bzgl. Datenschutz)

eigene Darstellung basierend auf pr suisse (2012) und ESOMAR (2008)

Der Schweizer Presserat

Zweck des Presserats ist es «dem Publikum und den Medienschaffenden als Beschwerdeinstanz für medienethische Fragen zur Verfügung» zu stehen und «medienethische Diskussionen in den Redaktionen an[zu]regen.» (Schweizer Presserat 2011a: 1). Dazu überprüft er, ob gegen die Berufsethik, also gegen die «Erklärung der Pflichten und

Rechte der Journalistinnen und Journalisten», die dazugehörigen Richtlinien und/oder gegen die bisherige Spruchpraxis verstossen wurde. Eine solche Prüfung nimmt der Presserat entweder aufgrund von Beschwerden aus dem Publikum oder aus eigenem Antrieb vor. Trotz seines Namens beschäftigt sich der Presserat auch mit redaktionellen Radio-, Fernsehsendungen und Beiträgen auf publizistischen Online-Nachrichtenportalen (vgl. Wyss et al. 2012: 56).

Ablauf des Beschwerdeverfahrens: Jede und jeder kann beim Presserat schriftlich eine Beschwerde mit einer Kopie des beanstandeten Beitrags und einer Begründung einreichen, weshalb gegen die «Erklärung der Pflichten und Rechte der Journalistinnen und Journalisten» verstossen wurde. Eine persönliche Betroffenheit ist nicht erforderlich. Das Präsidium des Presserats überprüft die Beschwerde. Es weist sie in unbegründeten Fällen zurück oder holt in begründeten Fällen beim betroffenen Medium eine Stellungnahme ein. Falls eine Beschwerde in ihren Grundzügen mit früher behandelten Fällen übereinstimmt, behandelt sie der Präsident selbst. In komplizierteren Fällen leitet er sie an eine der drei sprachregionalen Kammern (Ausschüsse) weiter. Die entsprechende Kammer führt eine eingehende Beratung und gegebenenfalls eine Anhörung durch. Das Ergebnis der Beratung wird mit einer schriftlichen Stellungnahme abgeschlossen, die eine Feststellung und eventuell eine Empfehlung beinhaltet (vgl. Schweizer Presserat 2011a: Art. 6-18; Studer/Künzi 2011: 174 f.).

«Harte» Sanktionsmöglichkeiten z. B. in Form von Bussen besitzt der Presserat keine. Durch die Veröffentlichung seiner Stellungnahmen kann er jedoch einen gewissen Einfluss auf die Reputation von Medien ausüben und als moralische Instanz eine medienethische Orientierung im Berufsalltag bieten. Der Verlegerverband und die SRG SSR haben sich zudem verpflichtet, darauf hinzuwirken, dass die Medien zumindest eine kurze Zusammenfassung der Stellungsnahmen abdrucken (vgl. Puppis 2009a: 210 f.). 2011 behandelte der Presserat 87 Beschwerden, davon wurden 52 vom Präsidium bearbeitet. In 32 Fällen hat der Presserat die Beschwerde teilweise oder ganz gutgeheissen (vgl. Schweizer Presserat 2012a: 10 f., 18).

Organisation: Der Presserat ist als Stiftung mit Sitz in Fribourg institutionalisiert. Die Organe der Stiftung sind Folgende:
- Stiftungsrat: Er besteht aus 18 Personen, wovon neun Personen Vertreter der drei Journalistenverbände («impressum» 4 Sitze, «Comedia» 2 Sitze, «Schweizer Syndikat Medienschaffende» (SSM) 3 Sitze), drei Vertreter des Vereins «Konferenz der Chefredaktoren», drei Vertreter des Verlegerverbands «Schweizer Medien» und drei Vertreter der SRG SSR sind. Damit teilen sich Journalistenverbände und Medienunternehmen/Chefredaktoren die 18 Sitze hälftig auf. Diese Organisationen finanzieren auch die Tätigkeit des Presserats (vgl. Schweizer Presserat 2011b: Art. 3-5).
- Ausschuss des Stiftungsrats, besteht aus 6 Personen. Ihm obliegt die Geschäftsführung, Vorbereitung von Geschäften des Stiftungsrats etc.
- Revisionsstelle
- Schweizer Presserat, bestehend aus 21 Mitgliedern, wovon sechs Mitglieder Vertreter des Publikums und 15 Mitglieder Berufsjournalisten sind. Bei der Zusammensetzung werden Föderalismus und Geschlecht berücksichtigt: Mindestens sechs Mitglieder müssen aus der französischsprachigen, mindestens zwei aus der italienischsprachigen Schweiz stammen und jedes Geschlecht muss mit mindestens acht Mitgliedern vertreten sein. Der Präsident wird für die Dauer von vier Jahren vom Stiftungsrat gewählt, die Amtsdauer kann einmal verlängert werden (vgl. Schweizer Presserat 2011a: Art. 3).

Der Presserat wurde 1977 vom «Verband der Schweizer Journalisten» (heute «impressum») gegründet, die Idee dazu war bereits 1968 aufgekommen. Da beim Presserat in den ersten Jahren keine Beschwerden eingereicht werden konnten, blieb er mehr oder weniger untätig. Erst nach einer Reorganisation nahmen seine Aktivitäten Ende der 1980er- und anfangs der 1990er-Jahre zu. Nach weiteren Reorganisationen (u.a. Einrichtung von Kammern 1994), der Erweiterung der Trägerschaft und der Umwandlung in eine Stiftung Ende 1999 konnte sich der Presserat als Selbstregulierungsorgan der gesamten Branche etablieren und hat besonders seit Mitte der 1990er-Jahre einige für die Berufspraxis wegweisende Entscheidungen veröffentlicht (z. B. in Bezug auf die Autorisierung von Interviews) (vgl. Puppis 2009a: 243-256).

Eine Beteiligung der Verleger am Presserat war bereits bei seiner Gründung kontrovers diskutiert worden. Während die Journalistenverbände eine Abschwächung ihres Kodex befürchteten, erhofften sich die Befürworter eine stärkere Verbindlichkeit der Stellungnahmen des Presserats für die gesamte Branche (zu den Argumenten dieser Debatte vgl. Vonplon 2008; Loretan 2002). 2008 setzten sich die Befürworter durch: Die Verleger und der öffentliche Rundfunk wurden in die Trägerschaft aufgenommen.

Die schweizerische Lauterkeitskommission

Neben der Medienbranche hat die Werbebranche 1966 ein Selbstregulierungsorgan geschaffen, die «Schweizerische Lauterkeitskommission». Diese Kommission setzt sich gegen unlautere Praktiken in der Werbung, Öffentlichkeitsarbeit, Verkaufsförderung und im Direktmarketing ein. Jede Person kann bei der Kommission eine Beschwerde gegen die erwähnten Formen kommerzieller Kommunikation einreichen (vgl. Schweizerische Lauterkeitskommission 2012a). Die Beschwerden werden auf Basis des schweizerischen Lauterkeitsrechts und der grenzüberschreitenden Richtlinien der Internationalen Handelskammern beurteilt, da die Branche keinen eigenen Kodex geschaffen hat (vgl. Schweizerische Lauterkeitskommission 2012c).

Die Lauterkeitskommission ist wie der Presserat in der Form einer Stiftung organisiert, an der verschiedene Verbände und Organisationen der Werbebranche beteiligt sind (vgl. Schweizerische Lauterkeitskommission 2012b).

Fazit: Die Meinungs-, Informations- und Medienfreiheit sind grundlegende Rechte in demokratischen Staaten. Sie schützen Personen, sich aus allgemein zugänglichen Quellen zu informieren und Meinungen zu verbreiten. Die Medienfreiheit stellt sicher, dass Journalisten und Medien ihre Tätigkeit ohne Einmischung frei ausüben können (Verbot von Vor- und Nachzensur). Medienschaffende dürfen ihre Quellen schützen und können durch Akkreditierung auf Bundesebene und in den meisten Kantonen einen privilegierten Zugang zu Informationen erhalten.

Diese Freiheiten gelten jedoch nicht absolut. Ihnen werden Grenzen gesetzt, um andere Grundrechte zu schützen. Beispielsweise ist die Publikation bestimmter Inhalte aus Gründen des Jugend- oder Persönlichkeitsschutzes verboten. Insbesondere der Persönlichkeitsschutz kann in Widerspruch zur Medienfreiheit stehen. Die Sphärentheorie bildet eine Grundlage für die Entscheidung, ob das private oder öffentliche Interesse überwiegt. Amtspersonen und Personen der Zeitgeschichte müssen mehr Eingriffe in das Persönlichkeitsrecht tolerieren als Privatpersonen. Ebenfalls ist der Schutz vor Medienberichterstattung je nach Lebensbereich unterschiedlich. Am Stärksten ist die Geheim-/Intimsphäre geschützt.

Die Branche hat mit den «Erklärungen der Pflichten und Rechte der Journalistinnen und Journalisten» selbst einen Kodex geschaffen, der den Medienschaffenden Orientierung und Verhaltenssicherheit bieten und das Vertrauen in die Medien stärken soll. Vermeintliche Verstösse gegen die «Erklärungen» können beim Schweizer Presserat, dem Selbstregulierungsorgan der Branche, beanstandet werden.

Weiterführende Literatur

Nobel, Peter / Weber, Rolf H. (2007): Medienrecht. Bern. 3. Auflage.

Zölch, Franz A. / Zulauf, Rena (2007): Kommunikationsrecht für die Praxis. Ein Hand- und Arbeitsbuch zur Lösung kommunikations- und medienrechtlicher Fragen für Presse, Radio, Fernsehen und neue Medien. Bern. 2. Auflage.

→ *Hand- und Lehrbücher, die übersichtlich aufbereitet, die unterschiedlichen Aspekte des Medienrechts darstellen und erläutern*

Studer, Peter / Mayr von Baldegg, Rudolf (2011): Medienrecht für die Praxis. Vom Recherchieren bis zum Prozessieren: Rechtliche und ethische Normen für Medienschaffende. Zürich. 4. Auflage.

→ *Praxis-Ratgeber mit anschaulichen Fallbeispielen*

Schweizer Presserat: Erklärungen und Richtlinien.
Auf: http://www.presserat.ch/code_d.htm
Schweizerische Lauterkeitskommission (2012): Zweck.
Auf: http://www.lauterkeit.ch/komm.htm

→ *Ethikcodizes des Presserats und Informationen der Lauterkeitskommission*

14 Einbezug der Gesellschaft

*Je mehr Medienkompetenz, desto höher die Bereitschaft,
für guten Journalismus zu bezahlen.*
Stephan Russ-Mohl (2011)

> Ein Publikum, das über Struktur und Entwicklung der Medien informiert ist, kann bewusster aus dem Medienangebot auswählen, seine Wünsche oder Kritik an die Medien artikulieren. Gleichzeitig sollte auch die Medienbranche einen entsprechenden Qualitätsdiskurs etablieren. Welche Voraussetzungen dafür bestehen jedoch? In diesem Kapitel wird analysiert,
> - welche institutionellen Verbindungen zwischen den Medien und ihrem Publikum bestehen
> - wie die Medienkritik in der Schweiz organisiert ist
> - welche Verbände und Vereine die Medienbranche selbst etabliert hat
> - wie die Journalistenausbildung organisiert ist.

Eine institutionelle Verbindung von Medien und Publikum ist wünschenswert, gibt sie den Mediennutzerinnen und -nutzern doch die Möglichkeit, ihre Bedürfnisse an die Medien zu artikulieren und sich über Entwicklungen im Medienbereich zu informieren. Dies hilft bei der Beurteilung der Qualität von Medienprodukten und der bewussten Auswahl aus dem vorhandenen Medienangebot (vgl. Jarren/Donges 2000: 19-21).

Allerdings besteht das Problem, wie die Medien von den Ansprüchen ihres Publikums erfahren können (abgesehen von Messungen der Einschaltquoten und Klickzahlen). Das Publikum ist nicht strategiefähig in dem Sinn ist, dass es individuelle Interessen gesamthaft bündeln und artikulieren kann. Medienkritik findet deshalb entweder in der Medienberichterstattung oder in Vereinen und Verbänden statt, die zumindest einen Teil der Publikumsinteressen vertreten.

14.1 Institutionalisierte Verbindung zwischen Medien und Publikum

Trägerschaft

Eine Möglichkeit, um den Interessen der Mediennutzer Gehör zu verschaffen, ist die organisatorische Einbindung des Publikums in die Medienunternehmen. Dies ist mit der SRG-Trägerschaft hauptsächlich beim öffentlichen Rundfunk der Fall (vgl. ausführlich Kapitel 6.3). Eine solche Einbindung des Publikums in die Organisation ist jedoch anspruchsvoll, wie vergangene Diskussionen über Zweck und Nutzen der SRG-Trägerschaft zeigen. Programmschaffende monierten, die Publikumsvertreter seien inkompetent, Mitglieder der Trägerschaft kritisierten hingegen, dass es den Programmmachern an einer produktiven Konfliktkultur fehle (vgl. Dubois 1999).

Beim privaten Rundfunk existieren Trägerschaften hauptsächlich bei alternativen Lokalradios oder alternativen Fernsehsendern, kaum oder nur in rudimentärer Form bei den kommerziellen Privatsendern (z. B. TELEBASEL). Ein Beispiel für eine Trägerschaft eines alternativen Lokalradios ist das Winterthurer RADIO STADTFILTER. Das Publikum kann Mitglied im «Verein Radio Stadtfilter» werden. Dieser Verein wählt einen Vorstand, eine Programmkommission und beauftragt die Aktiengesellschaft RADIO STADTFILTER AG ein Radioprogramm zu produzieren. Die Aktionärsversammlung, an welcher der Verein 2/3 der Stimmen hält, wählt einen Verwaltungsrat, der für die Einstellung einer Geschäftsleitung zuständig ist. Die Programmkommission überwacht, ob die Geschäftsleitung die Statuten einhält (vgl. Radio Stadtfilter 2012).

Instanzen für Publikumsbeschwerden

Eine andere Form der institutionalisierten Verbindung zwischen Medienunternehmen und Mediennutzern sind Instanzen für Publikumsbeschwerden. Im Rundfunkbereich ist das Beschwerdeverfahren gesetzlich festgelegt: Für private und öffentliche Sender wurden Ombudsstellen und die UBI eingerichtet (vgl. ausführlich Kapitel 12.4). Optional können sich Zuhörer und Zuschauer auch an den Presserat wenden.

Keine gesetzlich vorgeschriebenen Beschwerdemöglichkeiten existieren für den Pressebereich. Allerdings hat die Branche mit dem Presserat ein entsprechendes Selbstregulierungsorgan geschaffen (vgl. Abschnitt 13.3). Zusätzlich haben einige Zeitungen eine Ombudsstelle geschaffen (in der Deutschschweiz rund sechs). Beispielsweise schreibt der Ombudsmann des Zürcher ‹Tages-Anzeigers› monatlich eine Kolumne über seine Tätigkeit (vgl. Wyss et al. 2012: 173).

Vereinigungen von Mediennutzern und Medienkritikern

In der Schweiz existieren mehrere Vereinigungen, in denen sich Mediennutzer unabhängig von Medienunternehmen organisiert haben (vgl. Blum 2010):

Abb. 92: Medienunabhängige Vereinigungen von Mediennutzern

Vereinigung	Beschreibung
Arbus – Vereinigung für kritische Mediennutzung	setzt sich für «eine kritische und hinterfragende Mediennutzung» ein, lanciert medienpolitische Vorstösse, fördert die Weiterbildung der Mediennutzer. Arbus ist politisch eher linksstehend und ging aus dem «Arbeiter-Radio-Bund» hervor, der in den 1930er-Jahren als Radiobauverein gegründet worden war und der Arbeiterschaft Radioempfänger zu erschwinglichen Preisen zugänglich machen wollte.
Aktion Medienfreiheit	setzt sich für «unternehmerfreundliche Rahmenbedingungen im Medienbereich» und «gegen staatliche Medienförderung» ein. Sie möchte u.a. die Werberegulierung lockern und die Tätigkeit der SRG einschränken. Die Aktion ist politisch eher rechtsstehend und trat inhaltlich indirekt das Erbe der «Schweizerischen Radio- und Fernsehvereinigung (SFRV)» (so genannter «Hofer-Club», später «Medienforum») an, die in den 1970er- und 1980er-Jahre gegen die vermeintliche Linksunterwanderung der SRG gekämpft hatte (vgl. Valloton 2006: 315)
Verein Medienkritik Schweiz	versteht sich als Plattform für Medienkritik und möchte evaluieren, ob Medienkritik tatsächlich stattfindet. Dazu hat der 2010 gegründete Verein eine Website geschaffen und organisiert jährlich eine Tagung
Gesellschaft für Medienkritik Schweiz» (gfmks)	möchte durch die Analyse des schweizerischen Mediensystems und durch die Veröffentlichung der entsprechenden Befunde zur Weiterentwicklung der Medienlandschaft beitragen; die Gesellschaft wurde 2009 gegründet.

«Stiftung Wahrheit in den Medien» (SWM)	möchte ein «ethisch-philosophisch fundiertes [...] Medienschaffen» fördern und weist eine bürgerlich-wertkonservative Haltung auf. Die Stiftung organisiert regelmässig Anlässe und publiziert medienkritische Stellungnahmen
Stiftung Lilienberg Unternehmerforum	bietet im Rahmen ihres «Aktionsfeld Medien und Kommunikation» regelmässig Gesprächsanlässe über aktuelle Entwicklungen im Medienbereich an
reformierte Medien, katholischer Mediendienst	sind die Medienorganisationen der reformierten und katholischen Landeskirchen. Setzen sich für medienpädagogische Belange ein, u.a. über das Onlineportal «Medientipp.ch» (empfiehlt Rundfunksendungen oder Filme), den «Medienladen» und ein reichhaltiges Onlinearchiv des inzwischen eingestellten Medienmagazins (Medienheft.ch).

eigene Darstellung basierend auf Arbus (2012), Aktion Medienfreiheit (2008; 2012), Medienkritik Schweiz (2012), gfmks (2009), Stiftung Wahrheit in den Medien (2012), Stiftung Lilienberg Unternehmerforum (2012)

14.2 Medienjournalismus und Medienkritik in Massenmedien, Fachzeitschriften und Onlineportalen

Der Medienjournalismus leistet wie die Medienkritik von Verbänden einen Beitrag, das Publikum und die Medienschaffenden über Produktionsbedingungen, journalistische Leistungen oder mögliches Fehlverhalten zu sensibilisieren und öffentliche Debatten auszulösen. Medienkritik und Medienjournalismus begleiten somit als «fünfte Gewalt» die Medien und können zur Qualitätssicherung beitragen (vgl. Malik 2004: 132 f.; Russ-Mohl 2000: 24; Eilders 2006: 112 f.).

In den tagesaktuellen Massenmedien hat der Medienjournalismus als eigenständige Rubrik eher an Bedeutung verloren. Er findet momentan u.a. bei der ‹NZZ›, dem ‹Sonntag›, den RSI-RADIOS und der ‹Weltwoche› statt (vgl. Blum 2010: 9). Ein breites Angebot an Medienberichterstattung bieten hingegen eine Reihe von Fachzeitschriften und Onlineportalen. Die allgemeine Öffentlichkeit wird damit eher mittelmässig mit einem medienjournalistischen Angebot versorgt, während der Fachinteressierte eine reichhaltige Auswahl an Fachzeitschriften und Onlineportalen vorfindet.

Abb. 93: Medienjournalismus: Fachzeitschriften und Onlineportale

Titel	(Selbst-) Beschreibung
Edito + Klartext (Print und Online)	Medienmagazin der Verbände Syndicom, SSM und «impressum», welches die Entwicklung der Medienlandschaft mit eigenrecherchierten Artikeln kritisch analysiert.
Persönlich (Print und Online)	Nachrichten und Interviews über Entwicklungen der Medien-, Werbe-, PR-Branche
Werbewoche (Print und Online)	Fachzeitschrift für Marketing, Werbung + Medien
Schweizer Journalist (Print)	Fachzeitschrift mit Analysen, Interviews etc. über die Medienentwicklung (v.a. Print) und einem gut ausgebauten Serviceteil für Journalisten
Medienwoche (Online)	Digitales Medienmagazin mit Analysen, Interviews, Meinungsbeiträgen über die Medienentwicklung
Medienspiegel (Online)	Medienkritisches Onlineportal mit Meinungsbeiträgen und Analysen über die Medienentwicklung
Kleinreport (Online)	Nachrichten und Kommentare über Entwicklungen der schweizerischen Medienbranche
EJO – European Journalism Observatory (Online)	Onlineportal von Publizistikwissenschaftlern der Universität Lugano und Kooperationspartnern aus 12 anderen Ländern. Das EJO will den Transfer zwischen Wissenschaft und Praxis stärken, indem es neue medienwissenschaftliche Resultate journalistisch aufbereitet und Kommentare veröffentlicht.
Medienkritik Schweiz (Online)	Onlineportal mit Meinungsbeiträgen und Kommentaren des Vereins «Medienkritik Schweiz»

eigene Darstellung basierend auf den Websites der Anbieter[54]

14.3 Journalistenausbildung

Ein wichtiger Beitrag zur Qualitätssicherung leistet auch die Journalistenausbildung. Die wichtigsten praxisbezogenen Aus- und Weiterbil-

---

[54] Hinweise verdanke ich Marie J. Gonzalez Estefan; Metaportale wie Mediaforum.ch werden hier nicht aufgeführt.

dungsinstitutionen für Journalismus in der Schweiz finden sich in folgender Abbildung.

Abb. 94: Praxisbezogene Aus- und Weiterbildungsinstitutionen

Institution	Beschreibung
Medienausbildungszentrum (MAZ)	bietet Studiengänge (berufsbegleitende und Vollzeit), Weiterbildungskurse für Journalisten in der Deutschschweiz an. Wurde 1984 als Stiftung mit breiter Verankerung in der Medienbranche gegründet (u.a. SRG, «Verband Schweizer Medien», Journalistenverbände).
Centre Romand de Formation des Journalistes (CRFJ)	bietet Studiengänge (berufsbegleitende und Vollzeit), Weiterbildungskurse für Journalisten in der Westschweiz an. Wurde 1965 mit breit verankerter Trägerschaft in der Medienbranche gegründet.
Corso di giornalismo della Svizzera Italiana	Kurs zur Ausbildung von Journalisten, der alle 2 Jahre durchgeführt wird. Der Corso wird von einem Verein getragen, der in der Medienbranche breit verankert ist.
Ringier Journalistenschule	führt in der Regel alle zwei Jahre einen rund 16-monatigen Kurs durch, bestehend aus Theorieblöcken und längeren Praktika mit max. 18 Teilnehmern. Die Journalistenschule wurde vom Medienunternehmen Ringier 1974 gegründet
div. Fachhochschulen	bieten ein praxisbezogenes Studium für Journalismus oder andere Kommunikationsberufe (z. B. PR) an.
div. private Institute	bieten Lehrgänge für verschiedene Kommunikationsbereich an.

eigene Darstellung basierend auf Wyss et al. (2012: 204), MAZ (2012), CRFJ (2012), Corso (2012), Ringier AG (2012)

Folgende Fachhochschulen haben ein praxisbezogenes Studienprogramm für den Kommunikationsbereich im Angebot: «Institut für Angewandte Medienforschung» (IAM der Zürcher Fachhochschule in Winterthur), «Institut für Kommunikation und Marketing» (Hochschule Luzern – Wirtschaft), «Hochschule für Wirtschaft» der «Fachhochschule Nordwestschweiz», «Hochschule für Wirtschaft Zürich» (HWZ) und der «Fachbereich Medien und Kommunikation» der HTW (Hochschule für Technik und Wirtschaft in Chur).

Zu den bekanntesten privaten Ausbildungsinstituten gehören das «Medieninstitut» des Verbands «Schweizer Medien» (v.a. Lehrgänge im

Bereich des Verlagsmanagements), das «Schweizerische Public Relations Institut - SPRI» (v.a. PR-Ausbildung), das «Schweizerische Ausbildungsinstitut für Marketing, Werbung und Kommunikation – SAWI» (praxisbezogene Kurse in den Bereichen Werbung, Marketing, Verlagsmanagement, PR), die «Medienschule Nordwestschweiz», die «Schule für Angewandte Linguistik – SAL» (beide Journalismus) und «klipp und klang» (Radioausbildung).

Aus einer vorwiegend theoretischen und analytischen Perspektive beschäftigen sich publizistik- und medienwissenschaftliche Institute an den Universitäten Zürich, Freiburg, Basel, Lugano, Neuenburg, Luzern, St. Gallen, Genf und Bern mit der Entwicklung der Medien. Mit medienpädagogischen Fragen setzen sich vorwiegend Institute an pädagogischen Hochschulen (z. B. in Luzern, Bern, Zürich) auseinander (vgl. SGKM 2012).

Obwohl damit eine ganze Reihe unterschiedlicher Lehrgänge für den Journalismus und andere Kommunikationsberufe zur Verfügung stehen, ist eine solche Ausbildung nicht obligatorisch. Zwar ist anerkannt, dass der Beruf hohe fachliche Anforderungen stellt, eine Reglementierung des Zugangs zum Beruf wird wegen der Medienfreiheit jedoch als heikel angesehen.

Deshalb erfolgt der Berufseinstieg in der Schweiz wie in vielen anderen Ländern auf unterschiedliche Art und Weise. Die neuste Berufsfeldstudie zeigt, dass zwischen 25 % – 40 % der Journalisten ein Praktikum oder Stagiaire absolviert oder einzelne Kurse in Medienorganisationen oder am MAZ besucht haben. Jeder dritte Journalist hat eine Journalistenschule, jeder sechste eine Universität und lediglich jeder zwanzigste eine Fachhochschule besucht. Diese eher niedrige Quote an Absolventen von Journalisten- oder Hochschulen mag auf den ersten Blick erstaunen, da gerade dieses Ausbildungsangebot im letzten Jahrzehnt stark ausgebaut wurde. Allerdings liegt ein Generationeneffekt vor: Der Anteil an Journalisten- oder Hochschulabsolventen ist bei jüngeren Journalisten (unter 35 Jahren) höher als beim Durchschnitt aller Journalisten. Gleichzeitig absolviert diese jüngere Generation mehr kürzere Praktika, dafür weniger längere Volontariate und weniger interne Ausbildungsprogramme, als dies beim Durchschnitt aller Journalisten der Fall ist (vgl. Keel 2011: 190 f.). Keel interpretiert diese Entwicklung so, «dass mit einer neuen Generation an Journalisten die Professionalisierung im Sinn einer stärkeren Formalisierung der journalistischen Ausbildung wenn überhaupt, dann nur sehr zögerlich stattfindet» (Keel 2011: 191).

Zudem zeigen sich zwischen den Sprachregionen grosse Unterschiede in der Ausbildung der Journalisten. Während in der Deutschschweiz und dem Tessin 17.7 % bzw. 22.4 % der Journalisten angaben, keine journalistische Ausbildung absolviert zu haben, liegt dieser Wert in der Westschweiz unter 10 %. Dort haben über zwei Drittel der Journalisten eine Journalistenschule absolviert (vgl. Keel 2011: 191).

Abb. 95: Journalistische Ausbildung (in %)

	1998 (alle Alterskategorien	2008 (alle Alterskategorien)	2008 (unter 35-Jährige)
keine journalistische Ausbildung	13.2	15.8	11.8
Praktikum (kürzer als 12 Monate)	33.5	35.4	44.7
Stagiaire (länger als 12 Monate)	49.4	34.8	39.5
Kurse in Medienorganisationen	25.6	41.3	34.0
einzelne Kurse am MAZ	20.0	24.6	23.5
Journalisten-Schule	25.8	29.7	31.2
Universität	16.6	17.4	24.0
Fachhochschule	-	4.0	6.5
andere	17.5	9.7	12.9

Keel (2011: 187), basierend auf einer repräsentativen Journalistenbefragung, Mehrfachnennung möglich

14.4 Branchen- und Berufsverbände

Branchenverbände

Private Medienunternehmen und Arbeitnehmer haben sich in diversen Verbänden und Gewerkschaften zusammengeschlossen, um ihre Interessen zu vertreten. Die wichtigsten Branchenverbände finden sich in folgender Abbildung.

Abb. 96: Branchenverbände

Branchenverband	Beschreibung
Verband Schweizer Medien, Médias Suisses, Stampa Svizzera	Die drei sprachregionalen Branchenorganisationen vertreten ca. 150 Medienunternehmen, die v.a. im Pressebereich tätig sind, indem sie Öffentlichkeitsarbeit leisten, Brancheninteressen gegenüber Politik und Arbeitnehmern vertreten, Marketingaktionen durchführen, juristische Beratung und über das «Medieninstitut» Aus- und Weiterbildungskurse anbieten.
Verband Schweizer Privatradios (VSP)	setzt sich für gemeinsame Interessen der Privatradios und eine Zusammenarbeit zwischen diesen Radios ein, will das Ansehen des Mediums und die Bedeutung der Radiowerbung stärken (u.a. durch Mitorganisation des Branchenanlasses «RadioDay»)
Verband der Schweizer Regional Fernsehen (Telesuisse)	vertritt die regionalen Privatfernsehsender und deren Interessen
Union Nicht-Kommerzorientierter Lokalradios (UNIKOM)	vertritt die Interessen der alternativen Privatradios gegenüber der Öffentlichkeit und will die Zusammenarbeit dieser Radios fördern
Union des Radios Régionales Romandes (RRR)	Branchenorganisation der Westschweizer Privatradios. Sie organisiert u.a. den Westschweizer Branchenanlass «Atelier radiophonique romand» mit.
Communauté Radiophonique Romande (CRR)	Interessenverband der Westschweizer Privatradios und der SRG-Radios (1998 gegründet), setzt sich für gemeinsame medienpolitische Anliegen (u.a. Gebührenfinanzierung und Gebührensplitting), die Journalistenausbildung und die Nutzung von Synergien zwischen den Radios ein.
Communauté Télévisuelle Romande (CTVR)	Interessenverband der Westschweizer Privat-TV und der SRG-TV-Sender; setzt sich für gemeinsame medienpolitische Anliegen ein.

eigene Darstellung basierend auf Verband Schweizer Medien (2012a), VSP (2012), UNIKOM (2012)

Berufsverbände und Gewerkschaften

Die Medienschaffenden haben sich ebenfalls in verschiedenen Berufsverbänden und Gewerkschaften organisiert. Rund vier Fünftel der Medienschaffenden sind Mitglied eines Verbands oder einer Gewerkschaft, wie die Journalistenbefragung aus dem Jahr 2008 zeigt. Bei den Printjournalisten ist der Anteil am höchsten (94.1 %), bei den Privatrundfunkjournalisten am geringsten (28 %). Dazwischen liegt der Anteil bei den Medienschaffenden der SRG (68.8 %).

Die Befragung zeigt jedoch ein deutliches Generationengefälle: Jüngere Medienschaffende (bis 35 Jahre) sind weitaus weniger häufig Mitglied eines Berufsverbands (Print 78.3 %, SRG 39.4 %). Kaum in Berufsverbänden sind junge Journalisten von Privatradios oder Privatfernsehsendern organisiert (18.5 %) (vgl. Keel 2011: 184 f.). Dies mag erstaunen, da eine ganze Reihe von Berufsverbänden für Medienschaffende existieren; auch für solche, die in spezifischen Fachbereichen tätig sind (vgl. Abb. 97, Abb. 98).

«Syndicom», «SSM» und «impressum» führen ein Berufsregister, welches erlaubt, den Titel «Medienschaffende BR / Medienschaffender BR» zu tragen. Dieser Eintrag ermöglicht es, den Schweizer Presseausweis und damit Vergünstigungen zu erhalten. Um ins Berufsregister eingetragen zu werden, müssen folgende Voraussetzungen erfüllt sein (vgl. SSM 2003):

- *Mitgliedschaft* in einem der drei erwähnten *Journalistenverbände*
- *hauptberufliche Tätigkeit als Medienschaffender* (=mindestens 50 %) während mindestens zwei Jahren für ein Medienprodukt, das nach journalistischen Kriterien hergestellt wird. Dazu gehören Medienprodukte, die eine unabhängige Berichterstattung im Sinne der «Erklärungen der Pflichten und Rechte der Journalistinnen und Journalisten» zulassen und über ein Redaktionsstatut oder gleichwertige interne Richtlinien verfügen.
- *Anerkennung der »Erklärung der Pflichten und Rechte der Journalistinnen und Journalisten»* mittels Unterschrift.

Ein je eigenes Berufsregister führen die Verbände «ch-media» und SFJ. Beide Verbände stellen wie auch «sportpress.ch» einen Presseausweis aus.

Abb. 97: Berufsverbände und Gewerkschaften für Medienschaffende allgemein

Berufsverband	Beschreibung
impressum – Die Schweizer JournalistInnen	ältester Journalistenverband (gegründet 1883), der als Dachverband verschiedene regionale Journalistenverbände mit insgesamt rund 5 500 Mitglieder integriert. Setzt sich für Arbeitnehmerinteressen, die Verteidigung der Medienfreiheit und für medienethische Belange ein.
Syndicom – Gewerkschaft Medien und Kommunikation	grösste Mediengewerkschaft mit rund 45 000 Mitgliedern, die in zwölf Branchen tätig, welche die Gesellschaft mit Informationen und Waren versorgen (Journalismus, Buch-/Verlagswesen, Post, grafische Industrie, Telekommunikation, Transport etc.). Vertritt Arbeitnehmerinteressen u.a. durch Aushandlung von Gesamtarbeitsverträgen und politischen Einsatz für den Service public. Entstand 2011 als Zusammenschluss mehrerer Gewerkschaften und Arbeitnehmerverbände (u.a. Comedia, Gewerkschaften Druck und Papier).
Schweizerische Syndikat Medienschaffender (SSM)	vertritt ca. 3 500 Angestellte in allen Berufen aus dem Bereich der elektronischen Medien (Moderatoren, Journalistinnen, Bühnenarbeiter, Kameraleute, etc.), die v.a. bei der SRG aber auch beim Privatrundfunk arbeiten. Setzt sich v.a. für den Schutz von Arbeitnehmerinteressen ein, indem u.a. Gesamtarbeitsverträge für die elektronischen Medien ausarbeitet und arbeitsrechtliche Fragen behandelt.
Unabhängiger Verband der Schweizer Journalisten (ch-media)	setzt sich ein, dass Medienschaffende Erleichterungen bei der Ausübung ihrer Arbeit verfügen, will die Pressefreiheit, Publikumsinformation und Vereinsfreiheit verteidigen und führt eigene Fortbildungskurse durch. Wurde 1970 als Abspaltung von «impressum» (damaliger Name: «Verband der Schweizer Presse») gegründet, umfasst heute rund 600 Mitglieder.
Konferenz der Chefredaktoren	Verein der Chefredaktorinnen und -redaktoren von schweizerischen Print- und elektronischen Medien. Möchte die Kommunikation zwischen den Chefredaktoren und die medienpolitische Diskussion fördern; stellt drei Delegierte für die Stiftung des Schweizer Presserats.
Journalistes libres romands (JLR)	Vereinigung freier Journalisten in der Romandie. Vertritt die Interessen freier Journalisten, setzt sich für gute Arbeitsbedingungen ein und fördert den Austausch seiner Mitglieder. In der Deutschschweiz sind die freien Journalisten in einer Sektion von «impressum» organisiert.

eigene Darstellung basierend auf impressum (2012), Syndicom (2012b; 2012a), SSM (2012a), ch-media (2012), Konferenz der Chefredaktoren (2012), JLR (2012)

Abb. 98: Berufsverband für Medienschaffende in Spezialgebieten

Berufsverband	Beschreibung
Verband Schweizer Fachjournalisten (SFJ):	nimmt seit 1927 die Interessen der Fachjournalisten in der Öffentlichkeit und gegenüber Behörden, Firmen etc. wahr, sorgt für Erfahrungsaustausch und Weiterbildung, berät die Mitglieder in Rechtsfragen, bietet Vergünstigungen an und setzt sich für die Unabhängigkeit der Fachpresse, die Berufsehre sowie die freie und umfassende Information ein. Vertritt rund 800 Mitglieder.
Schweizer Klub für Wissenschaftsjournalismus	vereinigt seit 1974 hauptberufliche oder freischaffende Wissenschaftsjournalisten und Medienschaffende, die in Medien- und Informationsgremien von Firmen oder wissenschaftlichen Institutionen für Wissenschaftskommunikation tätig sind. Bietet den rund 300 Mitgliedern verschiedene Dienstleistungen an (Diskussionsveranstaltungen, Seminare, Studienreisen etc.), pflegt die Geselligkeit und besitzt einen Recherchierfonds.
Switzerland Travel Writers and Tourism Journalist Club (STW)	versteht sich als Plattform für Journalisten, Fotografen, Mediaagenturen und Vertretern der Tourismusbranche, die auf dem Gebiet des Reisejournalismus und Tourismus tätig sind.
Verband Schweizer Sportjournalisten (Sportpress.ch, früher VSSJ)	vertritt die Interessen von Sportjournalistinnen, -journalisten, führt Grund- und Ausbildungskurse durch und will die Qualität der Sportberichterstattung fördern. Er gibt einen Sportjournalistenausweis heraus. Der Verein ist in 16 Sektionen eingeteilt und umfasst über 1 000 Mitglieder.
Diverse	Weitere Berufsvereinigungen sind die «Vereinigung der Bundeshausjournalisten», «Vereinigung der Auslandspresse in der Schweiz», «Vereinigung BahnJournalisten Schweiz», «Schweizer Motorjournalisten» (SMJ)

eigene Darstellung basierend auf SFJ (2012), SKWJ (2012), STW (2012), Sportpress.ch (2012) und weiteren Homepages der erwähnten Verbände

Bei den Verhandlungen um Gesamtarbeitsverträge (GAV)[55] waren die Berufsverbände und Gewerkschaften in der letzten Dekade nur mässig erfolgreich, obwohl der Journalismus einer der ersten Branchen mit einem GAV war (1918) (vgl. Coray 2012). Nachdem der Verlegerverband den GAV in der deutschen und italienischsprachigen Schweiz gekündigt hat, unterstehen die Journalisten in diesen Sprachregionen

---

[55] Gesamtarbeitsverträge sind schriftliche Vereinbarungen zwischen Arbeitgeber- und Arbeitnehmerverbänden. In diesen Verträgen werden Rechte und Pflichten der Sozialpartner geregelt, u.a. Löhne, Arbeitszeiten oder Verzicht auf Streiks.

seit 2004 keinem GAV mehr. 2012 sind die ersten Verhandlungen über eine Erneuerung des GAV für die SRG ebenfalls gescheitert. Anders gestaltet sich die Situation in der Westschweiz: Dort konnten sich Verleger und Journalisten 2011 auf einen Gesamtarbeitsvertrag für die Presse einigen. 2007 und 2008 vereinbarten zwei Privatradios ebenfalls einen Firmen-GAV (vgl. Worni 2011b; ; SSM 2007; SSM 2012a; Lüthi 2012).

Medienschaffende, Medienunternehmen, Berufsverbände und Wissenschaftler haben 1999 gemeinsam den «Verein Qualität im Journalismus» geschaffen. Der Verein möchte Prozesse der Qualitätssicherung auf Redaktionen, die Debatte über Qualität und die Medienkritik fördern. Nebst diversen Veranstaltungen organisiert der Verein jährlich die «Herzberg-Tagung» und vergibt einen «Medien-Award» für Qualitätsinitiativen (vgl. Wyss et al. 2012: 129).

> **Fazit:** Die Beziehungen zwischen den Medien und dem Publikum sind über Instanzen für Publikumsbeschwerden (im Rundfunk Ombudsstellen und Unabhängige Beschwerdeinstanz, für alle Medien der Presserat), in Vereinigungen von Mediennutzern oder v.a. bei SRG und den alternativen Lokalradios in Trägerschaften organisiert.
>
> Medienkritik, als eine Form von Qualitätssicherung, wird von Nutzervereinigungen, von einer Reihe von Fachzeitschriften, Onlineportalen und teilweise von den publizistischen Massenmedien betrieben. Ein wichtiger Beitrag zur Qualitätssicherung leistet die Journalistenausbildung. Bis zu zwei Fünftel der Journalisten werden über Praktika, Stagiaire und einzelne Kurse am Medienausbildungszentrum ausgebildet; jeder dritte Journalist absolvierte eine Journalistenschule. Nur ein kleiner Teil der Journalisten hat eine Fachhochschule oder Universität besucht.
>
> Medienunternehmen und Journalisten haben sich in zahlreichen Branchen- und Berufsverbänden zusammengeschlossen. Obwohl die Berufsverbände ein Berufsregister führen, Presseausweise ausstellen und ihren Mitgliedern weitere Dienstleistungen auch arbeitsrechtlicher Natur anbieten, sind nur wenige jüngere Medienschaffende und Privatrundfunkjournalisten organisiert.

Weiterführende Literatur

Wyss, Vinzenz / Studer, Peter / Zwyssig, Toni (2012): Medienqualität durchsetzen. Zürich.

→ *Praxis-Ratgeber mit zahlreichen Informationen über Medienkritik, Branchenverbände, Journalistenausbildung etc.*

Keel, Guido (2011): Journalisten in der Schweiz. Konstanz.

→ *Aktuelle Berufsfeldstudie, deren Daten Rückschlüsse auf die Struktur des Mediensystems zulassen*

Homepages der erwähnten Verbände

→ *Als Quelle mit zahlreichen Informationen über die Organisationsstruktur und Tätigkeit von Branchenverbänden*

15 Fazit

Die Medien als Infrastruktur der Gesellschaft

Die publizistischen Kommunikationsmedien Zeitung, Radio, Fernsehen und Nachrichten-Onlineportale erbringen für die Gesellschaft wichtige Leistungen: Sie tragen zur Meinungsbildung bei, indem sie über politische Vorgänge, Kandidaten für politische Ämter oder das Handeln der Verwaltung berichten; sie bieten ein Forum für gesellschaftliche Debatten; sie kritisieren als Vierte Gewalt Missstände in Politik, Wirtschaft und Gesellschaft, und sie vermitteln nicht zuletzt über ihre Unterhaltungsangebote gesellschaftliche Normen, Werte und kulturelle Ausdrucksweisen. Medien sind auch von volkswirtschaftlicher Bedeutung, in doppelter Hinsicht: Zum einen arbeiten Zehntausende von Personen in Berufen, die entweder direkt oder indirekt der Herstellung von Medieninhalten dienen (z. B. als Journalistinnen und Journalisten, Druckereiangestellte, Informatikerinnen und Informatiker, PR-, Werbefachleute, Kioskverkäufer und -verkäuferinnen), zum andern fördern Medien den Warenaustausch und Konsum, indem sie Werbebotschaften verbreiten.

Die publizistischen Kommunikationsmedien erbringen damit Leistungen, die Voraussetzung für andere gesellschaftliche Aktivitäten und eine funktionierende Gesellschaft überhaupt sind. Medien sind deshalb eine Infrastruktur der Gesellschaft. Wie andere Infrastrukturen (z. B. Bahn, Telekommunikation, Post) stehen sie im Dienste der Mobilität (nämlich der Vermittlung von sinnhafter Kommunikation und insbesondere von Wissen über unterschiedliche gesellschaftliche Belange) (vgl. Laak 1999: 281).

Die Presse, als eine Hauptsäule der Medieninfrastruktur, wird vorwiegend von privaten Unternehmen getragen, die sich über den Markt (Werbung und Abonnementserlöse) finanzieren und sich zumindest teilweise verpflichtet fühlen, einen öffentlichen Auftrag wahrzunehmen. Radio und Fernsehen als zweite Hauptsäule der Medieninfrastruktur sind ebenfalls privatrechtlich institutionalisiert (SRG SSR, regionale Privatsender). Allerdings wird ein Teil dieser Medien per Gesetz auf die Erfüllung eines öffentlichen Auftrags auf der sprachregionalen/nationalen Ebene (öffentlicher Rundfunk) oder der lokal-regionalen Ebene (konzessionierte Privatsender) verpflichtet. Diese Medieninfrastruktursäule wird zu einem grossen Teil öffentlich, über Rundfunkgebühren finanziert (v.a. SRG SSR, z.T. konzessionierte Privatfernsehsender, einige konzessionierte Privatradios und alternative Lokalradios).

Prägung der medialen Infrastruktur durch spezifische strukturelle Rahmenbedingungen

Wegen ihrer gesamtgesellschaftlichen Bedeutung prägen Medien die Gesellschaft. Allerdings ist auch die mediale Infrastruktur von der Gesellschaft geprägt. Ähnlich wie die schweizerische Bahninfrastruktur unzählige Gewässer, Schluchten, Ebenen und Berge auf kleinem Gebiet überwinden muss, finden auch die schweizerischen Massenmedien ganz unterschiedliche politische, soziale und wirtschaftliche Bedingungen vor, in die sie eingebettet sind und für die sie Leistungen erbringen. Diese Rahmenbedingungen zeichnen sich nach Neidhart (2002: 23, 41-49) durch die drei Merkmale *Föderalismus/Vielfalt*, *Kleinstaatlichkeit* und *Geschichtlichkeit* aus. Die drei Merkmale widerspiegeln sich im Aufbau von Presse und Rundfunk.

Der in der Schweiz ausgeprägte Föderalismus, der dazu führt, dass die drei politischen Ebenen (Gemeinde, Kantone, Bund) im internationalen Vergleich viele eigenständige Kompetenzen besitzen, sowie die Vielfalt der Sprachgebiete und Regionen mit unterschiedlichen sozioökonomischen Merkmalen (Einwohnerzahl, Fläche, Wirtschaftskraft, Topografie etc.) prägt die Medieninfrastruktur folgendermassen:

- Die sprachregionale/nationale Ebene wird durch die Angebote der überregionalen Qualitäts-, Sonntags-, Wochen-, Boulevard- und täglichen Gratiszeitungen, des öffentlichen Rundfunks und der Special-Interest Medien (Presse und Privatradio und –fernsehen) versorgt.
- Für die Kommunikation auf der regionalen Ebene sind hauptsächlich die regionalen Abonnementszeitungen, die konzessionierten, lokal-regionalen Privatradio- und Privatfernsehprogramme von Bedeutung.
- Die lokale Ebene wird von Lokalzeitungen (hauptsächlich Gratisanzeigern) und Splittausgaben der Regionalzeitungen berücksichtigt.
- Die Sprachenvielfalt widerspiegelt sich in sprachregional getrennten Medienmärkten und einem fehlenden nationalen Medienangebot. Die Medienprodukte einer Sprachregion werden kaum in anderen

Sprachregionen genutzt. Die sprachregionalen Angebote unterscheiden sich zudem inhaltlich, in Stil und Struktur. Die Muster der Mediennutzung in den Sprachregionen weisen eine gewisse Orientierung an jenen der gleichsprachigen Nachbarländer auf.
- Sprachregionale Unterschiede zeigen sich auch im Grad der Professionalisierung des Journalismus: In der Westschweiz ist der Anteil an Journalisten, die eine journalistische Ausbildung absolviert haben insgesamt höher als in der Deutschschweiz. Während die Westschweizer Pressejournalisten einem Gesamtarbeitsvertrag unterstehen, existiert für den Printjournalismus in der deutschen und italienischsprachigen Schweiz seit bald zehn Jahren kein solcher Vertrag mehr.
- Ein weiterer sprachregionaler Unterschied ist das Verhältnis von öffentlichem und privatem Rundfunk: Während dieses in der Deutschschweiz zum Teil konfliktiv ist, kooperieren SRG und Privatsender in der Westschweiz u.a. im Rahmen von gemeinsamen Interessenverbänden.
- Der Föderalismus widerspiegelt sich auch in der Organisationsstruktur des öffentlichen Rundfunks SRG. Er ist entlang der beiden Achsen Trägerschaft und Unternehmen sowie regionale und nationale Ebene aufgebaut. Die Trägerschaft bezieht die Öffentlichkeit ein und übt Wahl-, Aufsichts- sowie Beratungsfunktionen aus. Das Unternehmen ist hingegen für die Programmproduktion zuständig. Trägerschaft und Unternehmen haben sowohl regionale und nationale Gremien ausgebildet.
- Vielfalt und Föderalismus widerspiegeln sich auch in der Vielfalt an regionalen und nationalen Branchen-, Berufsverbänden und Vereinigungen von Mediennutzern, die unterschiedliche Interessen und Zielsetzungen verfolgen.

Inhaltsanalytische Studien zeigen, dass die verschiedenen Mediengattungen je unterschiedliche Leistungen erbringen. Die Presse bietet die grösste Themenvielfalt insbesondere aus dem Bereich Politik. Dafür fokussieren Radio und Fernsehen stärker auf einzelne Themen. Je nach Region setzen die Medien zum Teil andere inhaltliche Akzente.

Die medienspezifischen Folgen der *Kleinstaatlichkeit* sind je nach Medium und Sprachregion unterschiedlich spürbar:
- Die ausländische Medienpräsenz ist im Fernsehbereich gemessen am Rezipienten- und am Werbemarktanteil der ausländischen Werbefenster auch im internationalen Vergleich sehr hoch. Diese Tendenz wird durch ein gut ausgebautes Kabelnetz begünstigt. Im

Bereich des Radios und der Tagespresse ist die ausländische Medienpräsenz hingegen geringer, allerdings mit sprachregionalen Unterschieden.
- Beteiligungen von ausländischen Unternehmen an schweizerischen Medientiteln spielen momentan noch keine dominante Rolle. Ausländische Beteiligungen finden sich vor allem im Bereich der Spezial- und Fachpresse. Im Bereich der Tagespresse konnte mit HERSANT nur ein ausländisches Unternehmen in der Westschweiz Fuss fassen. Damit unterscheidet sich die Schweiz beispielsweise vom Kleinstaat Österreich, wo ausländische Verlage namhafte Beteiligungen an österreichischen Tageszeitungsunternehmen erworben haben.

Folgende Bereiche der Medieninfrastruktur sind durch *Geschichtlichkeit* geprägt:
- Die Organisationsstruktur des öffentlichen Rundfunks SRG SSR geht auf vergangene Entwicklungen zurück: Als das Medium Radio in den 1920er-Jahren aufkam, bildeten sich in verschiedenen Regionen private Vereine und Genossenschaften, an denen sich Privatpersonen, Firmen, verschiedene Verbände und öffentliche Institutionen (z. B. Gemeinden) beteiligten, um die Produktion von Radiosendungen zu ermöglichen. Die zunehmende Bedeutung dieses Mediums, die Einführung des Fernsehens in den 1950er-Jahren und der Onlinemedien in der neusten Zeit lösten jeweils öffentliche Debatten über die Finanzierung, eine stärkere Professionalisierung und die gesellschaftliche Aufsicht des öffentlichen Rundfunks aus. Diese Diskussionen führten stets zu Reorganisationen und einer jeweils neuen Austarierung des Verhältnisses von föderalen und zentralen Strukturen sowie von gesellschaftlicher Aufsicht und professioneller Programmproduktion. Die aktuelle Organisationsstruktur ist das Ergebnis dieser kontinuierlichen und organischen Weiterentwicklung der Organisation als Reaktion auf neue gesellschaftliche Anforderungen.
- Die Gesinnungspresse (eine Presse, die sich zu einer bestimmten politisch-weltanschaulichen Haltung bekennt) war in der Schweiz länger der vorherrschende Pressetypus als in anderen Ländern. Bis heute finden sich letzte Ausläufer dieses Pressetyps: Einige Pressetitel fühlen sich nach wie vor einer bestimmten politisch-weltanschaulichen Gesinnung verbunden. Die medienethische Richtlinie der Journalistenverbände berücksichtigt diese Entwicklung, in-

dem sie aufgrund dieser Tradition und der Kleinräumigkeit ein Doppelmandat von Journalismus und politischem Milizamt nicht gänzlich ausschliesst.
- Die wichtigsten privaten Radio- und Fernsehanbieter sind auf der lokal-regionalen Ebene tätig, der öffentliche Rundfunk auf der sprachregionalen Ebene. Damit prägt das anfangs der 1980er-Jahre entwickelte «Dreiebenen-Modell» die Rundfunklandschaft nach wie vor mit.

Die gesellschaftlichen Rahmenbedingungen führten zur Entwicklung spezifischer und zum Teil innovativer medienpolitischer Lösungen. Mit dem Finanzausgleich der SRG wird zum einen ein gleichwertiges Grundangebot in allen Landesteilen ermöglicht. Das Gebührensplitting dient dazu, die gesamte lokal-regionale Ebene mit kommerziellen und alternativen Privatradio- und Privatfernsehprogrammen zu versorgen. Finanzausgleich und Gebührensplitting lassen sich deshalb als Versuch interpretieren, kulturelle und politische Vielfalt unter den Bedingungen der Kleinstaatlichkeit audiovisuell aufrechtzuerhalten.

Auch im Bereich der Medienaufsicht wurden Formen entwickelt, die im Ländervergleich bemerkenswert sind. Zu erwähnen ist etwa die Verpflichtung, dass Privatsender ein Qualitätssicherungssystem einrichten müssen oder das abgestufte Verfahren für Programmbeschwerden, das auf Ombudsstellen der Veranstalter und nachgelagerter Unabhängiger Beschwerdeinstanz basiert.

Auch der Privatsektor hat immer wieder Neuerungen eingeführt, wobei die Westschweiz oft eine Pionierrolle übernahm: Der erste Generalanzeiger – der Vorläufer der heutigen Forumszeitungen – wurde in Genf herausgegeben. Westschweizer Radiopioniere waren die ersten, welche Radioprogramme veranstalteten, und die Westschweizer Qualitätszeitung ‹Le Temps› hat in der Schweiz als eine der ersten Zeitungen ein abgestuftes Bezahlmodell für Onlineinhalte («metered paywall») eingeführt. Die neuen, journalistischen Onlineportale (z. B. ‹Tageswoche›) haben ebenfalls mit einigen formalen und inhaltlichen Innovationen aufgewartet.

Wandel der Medieninfrastruktur

Wie alle Mediensysteme unterliegt auch das schweizerische einem steten Wandel, der sich u.a. durch Konzentration, Veränderung der Finanzie-

rungsmöglichkeiten, technischen Wandel und Internationalisierung auszeichnet:
- Mit den Konzentrationsprozessen in den 1960er- und 70er-Jahren ist die Gesinnungspresse bis auf einige Ausläufer verschwunden, viele Zeitungen haben sich zu Forumszeitungen gewandelt. Damit ging eine Veränderung des Verhältnisses von Medien, Politik und Wirtschaft einher: Der Journalismus und die Medien lösten sich von der Politik und entwickelten eigene, professionelle Regeln. Gleichzeitig nahm die Orientierung der Medien an kommerziellen Handlungslogiken zu. Begünstigt wurde diese Entwicklung mit der Einführung von zunächst wöchentlichen Gratiszeitungen ab den 1960er-Jahren und der Einführung täglicher Gratiszeitungen in den 2000er-Jahren. Die Unternehmenskonzentration stieg. Es sind mehrere grosse Medienkonzerne entstanden sind, die in verschiedenen Regionen tätig sind.
- Die langfristige Entwicklung der Werbemarktanteile zeigt, dass die elektronischen Medien zulegen konnten (allen voran das Fernsehen und Onlinemedien), während die Presse Einbussen hinnehmen musste. Dennoch generiert die Presse und insbesondere die Tagespresse im intermedialen Vergleich die grössten Werbemarktanteile. Zeitungen werden nach wie vor von einem hohen Prozentsatz der Bevölkerung täglich genutzt. Allerdings konnten in der letzten Dekade hauptsächlich Gratiszeitungen Leser allen Alters gewinnen, während Kaufzeitungen v.a. jüngere Nutzer verloren haben.
- Der technische Wandel, insbesondere die Digitalisierung der Rundfunkdistribution und das Aufkommen von Onlinemedien, führten zu einer Erweiterung der Distributionskapazitäten (z. B. DAB+) und zur Einführung neuer Medienangebote, insbesondere aus dem Bereich der Onlinemedien. Befragungen von Internetnutzern zeigen jedoch, dass publizistische (journalistische) Medien keineswegs an Bedeutung eingebüsst haben: Publizistische Online-Nachrichtenportale gehören zu den meist genutzten Internetangeboten überhaupt. Wegen der ebenfalls starken Nutzung von sozialen Netzwerken, Suchmaschinen etc. haben die publizistischen Massenmedien jedoch ihre Deutungshoheit und ihr Quasi-Monopol als Lieferanten von Informationen verloren. Die Mediennutzer können Quellen von Medien einfacher als früher selbst überprüfen, können unter Gleichgesinnten Meinungen austauschen und durch die Bildung von «Communities» periodisch eigene öffentliche Kampagnen auslösen. Publizistische Massen-/Kommunikationsmedien behalten je-

doch ihre Bedeutung, da Redaktionen mit professionellem Personal ganz andere Möglichkeiten zur kontinuierlichen Recherche, Überprüfung und Verbreitung regelmässig aktualisierter Information, der Schaffung eines vertrauenswürdigen Labels und der Generierung von (Werbe-) Einnahmen besitzen als einzelne Internetnutzer.

Zudem haben sich die traditionellen publizistischen Medien an die neuen Entwicklungen angepasst, indem sie selber entsprechende Onlineinhalte anbieten, ihre Produktionsprozesse und Organisationsstrukturen verändert haben. Beispiele dafür sind der konvergente Newsroom bei RINGIER («Blick») oder das Konvergenzprojekt der SRG.

Neben den Onlineportalen der traditionellen Massenmedien sind unabhängige, publizistische Onlineangebote entstanden. Im Vergleich zu den Nutzer- und Werbemarktanteilen der Onlineportale der traditionellen Medien fristen diese neuen Angebote momentan noch eher ein Nischendasein.

Auch die Regulierung hat sich der neuen technischen Entwicklung angepasst: Mit der Revision des Radio- und Fernsehgesetzes wurde auf die Folgen der technischen Konvergenz reagiert und der Geltungsbereich des Rundfunkgesetzes nicht mehr an einzelnen Medien (Radio und Fernsehen) festgemacht, sondern technologieneutral formuliert (Programmrundfunk). Ebenfalls verabschiedete sich der Gesetzgeber von der Vorstellung, er könne alle Rundfunkmedien verpflichten, zum Leistungsauftrag beizutragen. Deshalb ist es nun auch möglich, ohne Konzession Radio und Fernsehen zu betreiben.

- Die Internationalisierung ist seit Längerem fortgeschritten: Sie macht sich v.a. bei der hohen Nutzung ausländischer Fernsehprogramme, den hohen Marktanteilen der Werbefenster sowie inhaltlichen Mindeststandards für Fernsehprogramme und -werbung bemerkbar.

Zu guter Letzt soll eine subjektive Bewertung der dargestellten Entwicklungen gewagt werden:

Die horizontale Konzentration im Pressebereich und die Kommerzialisierung könnten in Zukunft zu einem Auseinanderklaffen von Anspruch und Wirklichkeit in Bezug auf die föderale Medienvielfalt führen. Zwar dürfte weiterhin eine grosse Titelvielfalt auf den drei Staatsebenen zu finden sein. Allerdings könnte sich diese Vielfalt als Scheinvielfalt entpuppen, wenn diese Titel nur noch von denselben wenigen

Redaktionen im Besitz weniger Verlage hergestellt werden und gleichzeitig die Renditeerwartungen zunehmen. Insofern dürfte die Bedeutung des gebührenfinanzierten öffentlichen Rundfunks und der teilweise ebenfalls gebührenfinanzierten konzessionierten Privatsender als Garanten eines öffentlichen Auftrags steigen.

Die Infrastruktursäule Presse wird mittelfristig stark bleiben, ist jedoch mit einem Rückgang an Werbegeldern und an Auflage konfrontiert. Inwiefern diese Schwächung durch Onlinemedien kompensiert werden kann, bleibt vorderhand fraglich. Obwohl sich publizistische Onlineangebote bei den Mediennutzern einer grossen Beliebtheit erfreuen, lassen sich damit nach wie vor signifikant weniger Einnahmen generieren als mit Presswerbung, trotz steigender Marktanteile von Onlinewerbung und der partiellen Einführung von Bezahlmodellen.

Eines der grössten Probleme dürfte deshalb mittelfristig die Finanzierung von Journalismus und die Aufrechterhaltung personell gut ausgestatteter Redaktionen sein, welche eine Vielfalt an qualitativ hochstehenden Inhalten kontinuierlich produzieren. Bereits jetzt zeigt es sich, dass die Arbeitssituation der Journalisten schwieriger geworden ist. Zahlreiche Redaktionen haben Stellen abgebaut, jüngere Journalisten neigen dazu, vermehrt kürzere Praktika zu absolvieren als ältere und zeigen weniger Interesse, Mitglied in einem Berufsverband zu werden.

Allerdings gibt das nach wie vor grosse Interesse der Mediennutzer an publizistischen Inhalten und die Gründung neuer publizistischer Onlineportale auch Anlass zur Hoffnung, dass das Potenzial zu Innovation im Journalismus vorhanden ist und eine Nachfrage für solche Inhalte besteht. Die vergangenen Entwicklungen haben gezeigt, dass es auch im Medienwesen bislang gelungen ist, «Kleinheitskonservatismus in eigenartiger Weise immer wieder mit schnellen Schritten der Modernisierung» (Neidhart 2002: 230) zu verbinden. Möglicherweise braucht es jedoch in der Zukunft vermehrt aktive Anstrengungen, die Transformation einer «demokratiegerechten Öffentlichkeit» unter den neuen ökonomischen und technischen Bedingungen zu fördern. Denn nur eine Vielfalt an Medien, die informieren, ein Forum für Debatten bilden, kritisieren, kulturelle Ausdrucksweisen fördern und intelligent unterhalten, garantiert, dass die konkordante, direkte Demokratie in der Schweiz auch im 21. Jahrhundert gedeiht.

Bibliografie

Aktion Medienfreiheit (2008): Medienfreiheit als Grundlage der freien Demokratie. Ein Plädoyer für mehr Wettbewerb. Grundsatzschrift der «Aktion Medienfreiheit». Bern. Auf: http://www.medienfreiheit.ch/downloads/grundsatzpapier_medienfreiheit_de.pdf.

Aktion Medienfreiheit (2012): Ziele & Vorstösse – Meinungsvielfalt. Auf: http://www.medienfreiheit.ch/ziele-und-vorstoesse/meinungsvielfalt/index.html

Allemann, Jessica / Fiechtner, Stephanie / Trebbe, Joachim (2010): Nahaufnahme: Die Fernsehprogramme der SRG SSR idée suisse. Ergebnisse der kontinuierlichen Programmanalyse 2009. Unter Mitarbeit von Suzanne Lischer. Zürich, Chur.

Altmeppen, Klaus-Dieter (2006): Journalismus und Medien als Organisationen. Leistungen, Strukturen und Management. Wiesbaden.

Altmeppen, Klaus-Dieter / Donges, Patrick / Engels, Kerstin (1999): Transformation im Journalismus. Journalistische Qualifikationen im privaten Rundfunk am Beispiel norddeutscher Sender. (Hamburgische Anstalt für Neue Medien: Schriftenreihe der HAM, Band 18.) Berlin.

Anderes, Benedikt / Schefer, Andreas (1990): Der Kampf am Sonntag. In: Media Trend Journal 5. S. 38-45.

Arbeitsgruppe Kritische Publizistik (AKP) (1973): Welttheater für Eidgenossen: Politische Fernseh-Information im Kapitalismus. Eine Analyse der Schweizer Tagesschau. Zürich.

Arbus (2012): Wer sind wir. Auf: http://www.arbus.ch/de/0100_arbus/index.php?Nav2=Portr%E4t

ARD (2011): Organisation: Mitglieder der ARD. Auf: http://www.ard.de/intern/mitglieder/-/id=8146/cjedh0/index.html

Aschinger, Richard / Campiche, Christian (2010): News-Fabrikanten. Schweizer Medien zwischen Tamedia und Tettamanti. Zürich.

Atteslander, Peter (2000): Methoden der empirischen Sozialforschung. Unter Mitarbeit von Jürgen Cromm, Busso Grabow, Harald Klein, Andrea Maurer, Gabriele Siegert. Berlin, New York. 9., neu bearbeitete und erweiterte Auflage.

AZ Medien (2010): Vogt-Schild Medien AG wurde zur Solothurner Zeitung AG. Medienmitteilung vom 22. Juni 2010. Auf: http://www.azmedien.ch/_medien/archiv_medienmitteilungen/2010/2010-06-22_MM-Solothurner_Zeitung_AG.pdf

AZ Medien (2012): Beteiligungen AZ Medien AG. Auf: http://www.azmedien.ch/unternehmen/fakten-und-zahlen/beteiligungen.php

Aziz, Sarah-Haye / Piattini, Mattia (2006): Servizio pubblico o il respetto delle minoranze. In: Mäusli, Theo / Steigmeier, Andreas (Hrsg.): Radio und

Bibliografie

Fernsehen in der Schweiz. Geschichte der Schweizerischen Radio- und Fernsehgesellschaft SRG 1958-1983. Baden. S. 139-185.

Bachem, Peter (1987): Der Landbote 1936 bis 1986. In: Der Landbote (Hrsg.): Der Landbote 1836-1986. 150 Jahre mitten im Leben. Winterthur. S. 153-160.

BAKOM (2006): Die Billag AG bleibt Inkassostelle für Radio- und Fernsehgebühren. Auf: http://www.bakom.admin.ch/dokumentation/medieninformationen/00471/index.html?lang=de&msg-id=4651

BAKOM (2007a): Radio- und Fernsehen. Öffentliche Ausschreibung: Erteilung von Konzessionen mit Leistungsauftrag. Auf: http://www.bakom.ch/themen/radio_tv/marktuebersicht/02006/index.html?lang=de&download=M3wBPgDB/8ull6Du36WenojQ1NTTjaXZnqWfVpzLhmfhnapmmc7Zi6rZnqCkkIN3e32DbKbXrZ6lhuDZz8mMps2gpKfo.pdf

BAKOM (2007b): BAKOM Infomailing Nr. 6, 19.03.2007. Auf: http://www.bakom.admin.ch/dokumentation/Newsletter/01315/01750/index.html?lang=de&download=M3wBPgDB/8ull6Du36WenojQ1NTTjaXZnqWfVpzLhmfhnapmmc7Zi6rZnqCkkIN2f3yEbKbXrZ6lhuDZz8mMps2gpKfo.pdf

BAKOM (2007c): Aufsicht und Kontrolle. Auf: http://www.bakom.admin.ch/themen/radio_tv/00511/index.html?lang=de

BAKOM (2008a): Schweizer UKW-Privatradio-Landschaft 1983-2008. Auf: http://www.bakom.ch/themen/radio_tv/marktuebersicht/index.html?lang=de&download=M3wBPgDB/8ull6Du36WenojQ1NTTjaXZnqWfVpzLhmfhnapmmc7Zi6rZnqCkkIN3gH+AbKbXrZ6lhuDZz8mMps2gpKfo.pdf

BAKOM (2008b): Redaktionelle Qualitätssicherung bei privaten UKW-Radio- und TV-Veranstaltern. Verfahren zur Anerkennung als zugelassene Evaluatorinnen und Evaluatoren. Auf: http://www.bakom.admin.ch/themen/radio_tv/01107/02389/index.html?lang=de&download=NHzLpZeg7t,lnp6I0NTU042l2Z6ln1acy4Zn4Z2qZpnO2Yuq2Z6gpJCDeHt7fmym162epYbg2c_JjKbNoKSn6A

BAKOM (2010a): Bildung, Forschung, Archivierung. Auf: http://www.bakom.admin.ch/themen/radio_tv/01153/index.html?lang=de

BAKOM (2010b): Infos über Programmveranstalter: Neue Konzessionen. Auf: http://www.bakom.admin.ch/themen/radio_tv/marktuebersicht/02341/index.html?lang=de

BAKOM (2010c): Neue Regeln für audiovisuelle Abrufdienste: Ins Stocken geraten. Auf: http://www.bakom.admin.ch/dokumentation/Newsletter/01315/03452/03456/index.html?lang=de

BAKOM (2010d): Empfangsgebühren: Multifunktionale Geräte. Auf: http://www.bakom.admin.ch/dienstleistungen/faq/00763/03553/index.html?lang=de

BAKOM (2011a): Empfangsgebühren: Höhe und Verwendung der Empfangsgebühren. Auf: http://www.bakom.ch/themen/radio_tv/00630/00631/index.html?lang=de#

BAKOM (2011b): Empfangsgebühren: Allgemeines. Auf: http://www.bakom.admin.ch/dienstleistungen/faq/00763/03504/index.html?lang=de

BAKOM (2011c): Informationen über Radio- und Fernsehveranstalter. Auf: http://www.bakom.admin.ch/themen/radio_tv/marktuebersicht/index.html?lang=de

BAKOM (2012a): Internet Domain Namen. Auf: http://www.bakom.admin.ch/themen/internet/00468/index.html?lang=de

BAKOM (2012b): Informationen über Programmveranstalter - TV regional. Auf: http://www.bakom.admin.ch/themen/radio_tv/marktuebersicht/tv_lokal_regional/index.html?lang=de

BAKOM (2012c): Das Bundesamt für Kommunikation (Bakom) stellt sich vor. Auf: http://www.bakom.admin.ch/org/index.html?lang=de

BAKOM (2012d): Informationen über Programmveranstalter – Radio lokal/regional. Auf: http://www.bakom.admin.ch/themen/radio_tv/marktuebersicht/radio_lokal/index.html?lang=de

BAKOM (2012e): Empfangsgebühren: Systemwechsel bei der Empfangsgebühr für Radio und Fernsehen. Auf: http://www.bakom.admin.ch/empfangsgebuehren/03812/03817/index.html?lang=de

BAKOM (2012f): Empfangsgebühren: Höhe und Verwendung der Empfangsgebühren. Auf: http://www.bakom.admin.ch/empfangsgebuehren/03772/index.html?lang=de

Bauer, Christoph (2005): Tageszeitungen im Kontext des Internets. Studie zum Schweizer Markt für Tageszeitungen. Mit einem Geleitwort von Prof. Dr. Uwe Schneidewind. (Gabler Edition Wissenschaft.) Wiesbaden.

Bauer, Michael / Hanitzsch, Thomas / Vu, Angie Nguyen (2009). Living with Next-Door Giant Neighbors: Foreign News on Swiss Television. Unveröffentlichtes Paper, präsentiert an der Konferenz «Foreign TV News Around the World», 26.-27.06.2009, National Taiwan University, Taipei.

BBC Worldwide (2012): About BBC Worldwide. Auf: http://www.bbcworldwide.com/

BDZV - Bundesverband Deutscher Zeitungsverleger (2012): Markttrends & Daten. Auf: http://www.bdzv.de/markttrends-und-daten/wirtschaftliche-lage/ artikel/detail/die_deutsche_zeitungslandschaft_entwicklungen_und_perspektiven/

Beck, Daniel (2006): Der Sportteil im Wandel. Die Entwicklung der Sportberichterstattung in Schweizer Zeitungen seit 1945. Bern, Stuttgart, Wien.

Beck, Hanno (2011): Medienökonomie. Print, Fernsehen und Multimedia. Berlin, Heidelberg.

Beck, Klaus (2006): Computervermittelte Kommunikation im Internet. (Lehr- und Handbücher der Kommunikationswissenschaft.) München, Wien.

Bellwald, Waltraut / Hättenschwiler, Walter / Würsch, Roman (1991): Blätterwald Schweiz. Zahlen und Fakten zur Zeitungsstruktur. (Diskussionspunkt 21.) Zürich.

Bens, Els de / Ros, Guido (2009): Das Mediensystem Belgiens. In: Hans-Bredow-Institut (Hrsg.): Internationales Handbuch Medien. Baden-Baden. 28. Auflage. S. 196-215.

Bentele, Günter / Beck, Klaus (1994): Information - Kommunikation – Massenkommunikation: Grundbegriffe und Modelle der Publizistik- und Kommunikationswissenschaft. In: Jarren, Otfried (Hrsg.): Medien und Journalismus 1: Eine Einführung. (Fachwissen für Journalisten.) Opladen. S. 15-50.

BFS - Bundesamt für Statistik (2001): Entwicklung der Pressevielfalt 1980-1999. Neuchâtel.

BFS - Bundesamt für Statistik (2012a): Bevölkerungsstand und -struktur: Indikatoren. Räumliche Verteilung: Kantone und Gemeinden. Auf:

http://www.bfs.admin.ch/bfs/portal/de/index/themen/01/02/blank/key/raeumliche_verteilung/kantone__gemeinden.html

BFS - Bundesamt für Statistik (2012b): Institutionelle Gliederung der Schweiz: Die Gemeinden. Auf: http://www.bfs.admin.ch/bfs/portal/de/index/regionen/11/geo/institutionelle_gliederungen/01b.html

BFS - Bundesamt für Statistik (2012c): Internet in den Schweizer Haushalten. Ergebnisse der Erhebung Omnibus IKT 2010. Auf: http://www.bfs.admin.ch/bfs/portal/de/index/infothek/publ.html?publicationID=4742

Bigi, Hugo (2004): Nahsehen. TeleZüri oder Geschichten vom anderen Schweizer Fernsehen. Zürich.

Blum, Roger (1993): Der schwarze und der rote Hase. Parteiblätter ohne Chancen in der Schweiz: sieben Thesen. In: Schweizer Monatshefte 73, Heft 1. S. 33-41.

Blum, Roger (1995): Zur Einleitung: Die blinden Augenzeugen. In: Blum, Roger / Hemmer, Katrin / Perrin, Daniel (Hrsg.): Die Aktualitäter: Nachrichtenagenturen in der Schweiz. Bern, Stuttgart, Wien. S. 11-19.

Blum, Roger (1996): Berlusconis Modell - Parallelen in der Schweiz? In: Imhof, Kurt / Schulz, Peter (Hrsg.): Politisches Raisonnement in der Informationsgesellschaft. Zürich. S. 201-211.

Blum, Roger (2003): Medienstrukturen der Schweiz. In: Bentele, Günter / Brosius, Hans-Bernd / Jarren, Otfried (Hrsg.): Öffentliche Kommunikation. Handbuch Kommunikations- und Medienwissenschaft. Wiesbaden. S. 366-381.

Blum, Roger (2004): Mehrheit links der Mitte. Medienprofessor Roger Blum stuft erstmals die 34 wichtigsten Print- und elektronischen Medien in einem Links-rechts-Schema ein. In: Facts 30 vom 22. Juli 2004. S. 16 f.

Blum, Roger (2006): Einleitung: Politische Kultur und Medienkultur im Wechselspiel. In: Blum, Roger / Meier, Peter / Gysin, Nicole (Hrsg.): Wes Land ich bin, des Lied ich sing? Medien und politische Kultur. Bern. S. 11-23.

Blum, Roger (2010): Das Elend der Medienkritik. In: Tages-Anzeiger vom 26.05.2010. S. 9.

Blumler, Jay G. (1997): Wandel des Mediensystems und sozialer Wandel: Auf dem Weg zu einem Forschungsprogramm. In: Publizistik 42, Heft 1. S. 16-36.

Bollinger, Ernst (1995): Pressegeschichte I. 1500-1800: Das Zeitalter der allmächtigen Zensur. (Arbeiten aus dem Institut für Journalistik und Kommunikationswissenschaft an der Universität Freiburg Schweiz, Band 29.) Freiburg.

Bollinger, Ernst (1996): Pressegeschichte II. 1840-1930: Die goldenen Jahre der Massenpresse. (Arbeiten aus dem Institut für Journalistik und Kommunikationswissenschaft an der Universität Freiburg Schweiz, Band 29.) Freiburg.

Bollinger, Ernst (2008): Le Matin. In: Jorio, Marco / Sonderegger, Christian (Hrsg.): Historisches Lexikon der Schweiz. Auf: http://www.hls-dhs-dss.ch/textes/d/D24813.php

Bonfadelli, Heinz / Hättenschwiler, Walter (1989): Das Lokalradio-Publikum. Ergebnisse der Publikumsbefragungen zu den lokalen Rundfunkversuchen in der Schweiz 1983-1988. (Teilstudie 3 zum Schlussbericht der Arbeitsgruppe RVO-Begleitforschung am Seminar für Publizistikwissenschaft der Universität Zürich.) Zürich.

Bonfadelli, Heinz / Meier, Werner A. (1994): Kleinstaatliche Strukturprobleme einer europäischen Medienlandschaft. Das Beispiel Schweiz. In: Jarren, Otfried (Hrsg.): Medienwandel - Gesellschaftswandel? 10 Jahre dualer Rundfunk in Deutschland. Eine Bilanz. Berlin. S. 69-90.

Bonfadelli, Heinz / Schwarb, Ursula / Widmer, Jean / Boller, Boris (2003a): Publizistische Vielfalt im Lokalbereich. Schlussbericht Teil II: Analyse von vier Lokalräumen. Unveröffentlichter Forschungsbericht am IPMZ. Zürich.

Bonfadelli, Heinz / Schwarb, Ursula / Widmer, Jean / Boller, Boris (2003b): Publizistische Vielfalt im Lokalbereich. Schlussbericht. Teil I: Informationssendungen ausgewählter Radio- und Fernsehveranstalter im Vergleich. Unveröffentlichter Forschungsbericht am IPMZ. Zürich.

Bonfadelli, Heinz / Schwarb, Ursula / Signer, Sara / Schade, Edzard (2007): Öffentlicher Rundfunk und Bildung. Angebot, Nutzung und Funktionen von Kinderprogrammen. Unveröffentlichter Forschungsbericht z. H. des Bakoms. Zürich.

Bonfadelli, Heinz / Gantenbein, Heinz / Gollmer, Martin / Hättenschwiler, Walter / Meier, Werner A. / Schanne, Michael (1983): Zur Mediengesamtkonzeption aus der Sicht der Medienwissenschaft. In: Bosshart, Louis (Hrsg.): Die Medien-Gesamtkonzeption: Kritische Perspektiven. Ein Tagungsbericht der Schweizerischen Gesellschaft für Kommunikations- und Medienwissenschaft. (Werkpapiere 14.) Freiburg. S. 7-27.

Böning, Holger (1998): Der Traum von Freiheit und Gleichheit. Helvetische Revolution und Republik (1798-1803) - Die Schweiz auf dem Weg zur bürgerlichen Demokratie. Zürich.

Bruderer, Herbert (1990): Redaktionelle Zusammenarbeit von Tageszeitungen. Möglichkeiten und Grenzen. Rorschach.

Brügger, Helen (2009): Niveau halten in schwieriger Zeit. In: Klartext Online vom 15.04.2009. Auf: http://www.klartext.ch/?p=9473

Brügger, Helen (2011): Gegen den Trend: La Cité. In: Edito+Klartext Online 6. Auf: http://www.edito-online.ch/archiv/editoklartext0611/editoklartext0611d/gegendentrend.html

Brügger, Helen (2012): Wer via Posttaxen profitiert. Auf: http://www.edito-online.ch/archiv/editoklartext0112/editoklartext0112d/werviaposttaxenprofitiert.html

Brügger, Helen / Lüthi, Nick (2005): «Wir haben nicht nur das eine im Kopf». In: Klartext 3. S. 10-15.

Bruppacher, Balz (2012): Der News-Monopolist wird übermütig. Auf: http://www.medienspiegel.ch/archives/004117.html#comment-6627

Bundesrat (2008): Zusatzbotschaft zur Botschaft vom 21. September 2007 zur Genehmigun des Abkommens über die Teilnahme der Schweiz am EG-Programm MEDIA für die Jahre 2007-2013 und über einen Bundesbeschluss zur Finanzierung der Teilnahme; Änderung des Bundesgesetzes über Radio und Fernsehen. Auf: http://www.bakom.admin.ch/dokumentation/gesetzgebung/00512/03026/03029/index.html?lang=de&download=NHzLpZeg7t,lnp6I0NTU042l2Z6ln1acy4Zn4Z2qZpnO2Yuq2Z6gpJCDeXt8f2ym162epYbg2c_JjKbNoKSn6A--

Burkart, Roland (1998): Kommunikationswissenschaft: Grundlagen und Problemfelder. Umrisse einer interdisziplinären Sozialwissenschaft. (Böhlau-Studien-Bücher.) Wien, Köln, Weimar. 4. überarbeitete und aktualisierte Auflage.

Burkart, Roland (2002): Was ist eigentlich ein «Medium»? Überlegungen zu einem kommunikationswissenschaftlichen Medienbegriff angesichts der Konvergenzdebatte. In: Haas, Hannes / Jarren, Otfried (Hrsg.): Mediensysteme im Wandel. Struktur, Organisation und Funktion der Massenmedien. Wien. S. 15-23.

Burkart, Roland (2003): Kommunikationstheorien. In: Bentele, Günter / Brosius, Hans-Bernd / Jarren, Otfried (Hrsg.): Öffentliche Kommunikation. Handbuch Kommunikations- und Medienwissenschaft. Wiesbaden. S. 169-192.

Büsser, Bettina (2004): «Aber Sie, die Leute sind zufrieden». In: Klartext Online. Auf: http://www.klartext.ch/?p=7479

Büsser, Bettina (2010): «Ich will unsere Leser nicht erziehen». In: Klartext Online. Auf: http://www.klartext.ch/?p=11971

Büsser, Bettina (2011a): «Wir kooperieren dort, wo es Sinn macht». In: Klartext Online. Auf: http://www.klartext.ch/?p=12049

Büsser, Bettina (2011b): In «sportlichem Tempo» zur Paywall. In: Edito+Klartext Online. Auf: http://www.edito-online.ch/archiv/editoklartext0611/editoklartext0611d/insportlichemtempozurpaywall.html

Büsser, Bettina (2011c): Reichweite «gefällt mir». In: Edito+Klartext Online. Auf: http://www.klartext.ch/?p=12105

Büsser, Bettina (2011d): Gegen den Trend. In: Edito+Klartext Online. Auf: http://www.edito-online.ch/printable/archiv/editoklartext0611/editoklartext0611d/gegendentrend.html

Büsser, Bettina (2011e): Mit dem Öffentlichkeitsgesetz zu Storys kommen. In: Edito+Klartext Online. http://www.edito-online.ch/archiv/editoklartext0311/editoklartext0311d/mitdemoeffentlichkeitsgesetzzustoryskommen.html

Catrina, Werner (1993): Report Kontroversen: Redaktion, Management und Aktionäre, ein Spannungsfeld. In: Catrina, Werner / Blum, Roger / Toni, Lienhard (Hrsg.): Medien zwischen Geld und Geist. Zürich. S. 318-505.

ch-media (2012): Präsentation. Auf: http://www.ch-media.ch/index.php?option=com_content&view=article&id=5&Itemid=2&lang=de

Christians, Clifford G. / Glasser, Theodore L. / McQuail, Denis / Nordenstreng, Kaarle / White, Robert A. (2009): Normative Theories of the Media. Journalism in Democratic Societies. (The History of Communication.) Urbana, Chicago.

Coninx, Hans Heinrich (1993). Der «Tages-Anzeiger»: Ein Experiment seit 100 Jahren. In: 100 Jahre Tages-Anzeiger. Sonderbeilage. Zürich.

Coray, Leo (2012): Die kleine GAV-Geschichte zum Jubiläum. Auf: http://www.journalists.ch/meldungen.asp

Cornu, Daniel (2007): Les médias en Suisse. Structure et audience. Les médias et la société. En collaboration avec Regis Borruat. (Centre romand de formation des journalistes.) Lausanne. 6e édition actualisée et augmentée.

Corso die giornalismo della Svizzera italiana (2012): Home. Auf: http://www.corsodigiornalismo.ch/index.cfm?sezid=1073

CRFJ – Centre Romand de Formation des Journalistes (2012): Qu'est-ce que le CRFJ? Auf: http://www.crfj.ch/public/page33.php?sm=10
Custer, Ueli (1990): Das Blatt zum Sonntag. In: Media Trend Journal 3. S. 10-14.
Custer, Ueli (1997): Neuer Zeitungsverbund. Die Südostschweiz ordnet die Zeitungslandschaft in den Ostalpen neu. In: Media Trend Journal 5. S. 56-57.
Custer, Ueli (2003a): Neue Ideen braucht die Tagespresse. In: Media Trend Journal Trends 2003 Online. Auf: http://www.mtj.ch/artikel.php?id=1171
Custer, Ueli (2003b): «Definitionsgnusch» behoben: Ab 2004 gilt eine neue Typologie der Schweizer Presse. In: Media Trend Journal 10. S. 22-25.
Custer, Ueli (2003c): All business is local. Die Gossweiler AG lanciert Lizenz für Mikrozeitungen. In: Media Trend Journal Trends 2004. S. 20-23.
Custer, Ueli (2008a): Weniger Einzelverkäufe. In: Media Trend Journal 10. S. 53 f.
Custer, Ueli (2008b): Wettbewerb am Sonntag. In: Media Trend Journal 6. S. 62-64.
Dahinden, Urs (2000): Demokratisierung dank Internet? Zum Austauschverhältnis zwischen neuen elektronischen und traditionellen massenmedialen Öffentlichkeiten. In: Jarren, Otfried / Imhof, Kurt / Blum, Roger (Hrsg.): Zerfall der Öffentlichkeit? Wiesbaden. S. 240-255.
Danuser, Hanspeter / Treichler, Hans Peter (1993): Show – Information – Kultur. Schweizer Fernsehen: Von der Pionierzeit ins moderne Medienzeitalter. Aarau.
Geiser, Urs / Berthoud, Jean-Michel (2010): Roger de Weck neuer SRG-Generaldirektor. In: Swissinfo.ch Online. Auf: http://www.swissinfo.ch/ger/gesellschaft/Roger_de_Weck_neuer_SRG-Generaldirektor.html?cid=8902778
Dense, Hans-Georg (1974): Die rechtliche Problematik der Anzeigenblätter. Bonn.
Detsch, Roland (2011): «Kulturgut nicht zum Nulltarif». Stephan Russ-Mohl im Gespräch. Auf: http://www.goethe.de/ins/hu/bud/ges/medien/jun/de7607863.htm
Domeyer, Barbara (2009): Finanzkrise - Zeitungskrise, oder? In: Media Trend Journal Trends 2009. S. 34-38.
Donders, Karen / Moe, Hallvard (Hrsg.) (2011): Exporting the Public Value Test. The Regulation of Public Broadcasters' New Media Services Across Europe. Göteborg.
Donges, Patrick / Imhof, Kurt (2010): Öffentlichkeit im Wandel. In: Bonfadelli, Heinz / Jarren, Otfried / Siegert, Gabriele (Hrsg.): Einführung in die Publizistikwissenschaft. (UTB 2170.) Bern, Stuttgart, Wien. 3., vollständig überarbeitete Auflage. S. 183-212.
Dörr, Dieter (2009): Die europäische Medienordnung. In: Hans-Bredow-Institut (Hrsg.): Internationales Handbuch für Hörfunk und Fernsehen 2008/2009. Baden-Baden: Nomos. 28. Auflage. S. 41-63.
Dreier, Hardy (2003): Das Mediensystem der Bundesrepublik Deutschland. In: Hans-Bredow-Institut (Hrsg.): Internationales Handbuch Medien. Baden-Baden. S. 253-275.
Dubois, Ursula (1999): Publikumsrat DRS: Ein Fehlkonstrukt. In: Klartext 6. S. 8-15.
Dubs, Dieter / Wieser, Charlotte (2009): Vinkulierung - Klärung tut not. In: Finanz und Wirtschaft vom 11. Juli 2009. S. 54.

Dumermuth, Martin (2007): Rundfunkregulierung - Alte und neue Herausforderungen. In: Jarren, Otfried / Donges, Patrick (Hrsg.): Ordnung durch Medienpolitik? Konstanz. S. 351-397.

Durisch, Andreas (2007): Laut bei der Geburt, relevant als Twen. Die SonntagsZeitung ist der meistzitierte Titel der Schweiz. In: SonntagsZeitung – Jubiläumszeitung Sondernummer vom 14. Januar 2007. S. 1.

Durrer, Beat (2001): Der Konzernverein SRG SSR idée suisse. In: Idée suisse - Das Magazin der SRG SSR idée suisse 1. S. 6-9.

Dussel, Konrad (2004): Deutsche Rundfunkgeschichte. (UTB 2573.) Konstanz. 2., überarbeitete Auflage.

Dütschler, Markus / Herrmann, Stefan (2004): Die Herausforderer: UPI, DDP, AP. In: Blum, Roger / Hemmer, Katrin / Perrin, Daniel (Hrsg.): Die AktualiTäter. Nachrichtenagenturen in der Schweiz. Bern, Stuttgart, Wien. S. 65-76.

EBU - European Broadcasting Union (2010): Funding of Public Service Media. EBU Report. Grand-Saconnex: EBU.

Edipresse / Tamedia (2010): Edipresse und Tamedia schliessen sich in der Schweiz zusammen. Auf: http://www.tamedia.ch/de/mediencorner/medienmitteilungen/ Seiten/Edipresse%20und%20Tamedia%20schliessen%20sich%20in%20der%20 Schweiz%20zusammen.aspx

Egger, Theres (2000): Das Schweizer Radio auf dem Weg in die Nachkriegszeit 1942-1949. In: Drack, Markus T. (Hrsg.): Radio und Fernsehen in der Schweiz. Geschichte der Schweizerischen Rundspruchgesellschaft SRG bis 1958. S. 115-150.

Ehrensperger, Sulamith (2005): Versteckte Redaktionsstrukturen. Eine Studie über Schweizer Privatradios. Unveröffentlichte Lizenziatsarbeit der Universität Zürich. Zürich.

Eidgenössische Rekurskommission für Infrastruktur und Umwelt (2005): Postwesen. Vorzugstarife für die Beförderung von Presseerzeugnissen. Gleichbehandlung. Völkerrechtskonforme Auslegung. 20. Oktober 2005.

Eilders, Christine (2006): Medienkritik als politische Ausdrucksform? Zur Beurteilung der Medienleistung am Beispiel der Irakkriegsberichterstattung. In: Weischenberg, Siegfried / Loosen, Wiebke / Beuthner, Michael (Hrsg.): Medien-Qualitäten: Öffentliche Kommunikation zwischen ökonomischem Kalkül und Sozialverantwortung. (Schriftenreihe der Deutschen Gesellschaft für Publizistik- und Kommunikationswissenschaft, Band 33.) Konstanz. S. 111-127.

EJPD - Eidgenössisches Justiz- und Polizeidepartement (Hrsg.) (1982): Mediengesamtkonzeption. Bericht der Expertenkommission für eine Medien-Gesamtkonzeption. Bern.

Elam, Shraga (2012): Medien mit schlechtem Gedächtnis. In: Neuland Magazin 2 (Online). Auf: http://www.neuland-mag.net/mag-2/mediengedaechtnis.php

ESOMAR (2008): ICC/ESOMAR International Code on Market and Social Research. (ICC, ESOMAR) Auf: http://www.esomar.org/uploads/public/ knowledge-and-standards/codes-and-guidelines/ESOMAR_ICC-ESOMAR_Code_English.pdf

Esser, Frank (2003): Gut, dass wir verglichen haben. Bilanz und Bedeutung der komparativen politischen Kommunikationsforschung. In: Esser, Frank / Pfetsch,

Barbara (Hrsg.): Politische Kommunikation im internationalen Vergleich. Grundlagen, Anwendungen, Perspektiven. Wiesbaden. S. 437-494.
ESTV - Eidgenössische Steuerverwaltung (2011): Mehrwertsteuerstatistik 2009. Auf: http://www.estv.admin.ch/dokumentation/ 00075/00076/00714/01227/index.html?lang=de
Europarat (2012): Der Europarat in Kürze: Unsere Ziele. Auf: http://www.coe.int/aboutCoe/index.asp?page=nosObjectifs&l=de
Eurostat (2012): Bevölkerung am 1. Januar. Auf: http://epp.eurostat.ec.europa.eu/tgm/table.do?tab=table&init=1&language=de&pcode=tps00001&plugin=1
Facius, Gernot (2001): Lektüre für den siebten Tag. Der Markt der Sonntagszeitungen. In: Bundesverband Deutscher Zeitungsverleger (Hrsg.): Zeitungen 2001. Berlin. S. 98-103.
Faulstich, Werner (1991): Medientheorien: Einführung und Überblick. (Kleine Vandenhoeck-Reihe 1558.) Göttingen.
Faulstich, Werner (2002): Einführung in die Medienwissenschaft. (UTB 2407.) München.
Frei, Guido (2003): Fernsehinformation auf dem Prüfstand – Die Turbulenzen der 60er- und frühen 70er-Jahre und der Kampf um den Verfassungsartikel Radio und Fernsehen. In: Bardet, René (Hrsg.): 50 Jahre Schweizer Fernsehen: Zum Fernseh'n drängt, am Fernseh'n hängt doch alles... Baden. S. 91-109.
Frei, Ulrich (1987): Ein toter Baum aus dem Bannwald der Demokratie: Das Volksrecht 1989 bis 1973. Zürich.
Gerhards, Jürgen / Neidhardt, Friedhelm (1990): Strukturen und Funktionen moderner Öffentlichkeit. Fragestellungen und Ansätze. (Öffentlichkeit und soziale Bewegung.) Berlin. Auf: http://bibliothek.wz-berlin.de/pdf/1990/iii90-101.pdf.
Gesellschaft für Medienkritik Schweiz (2009): Statuten. Auf: http://www.gfmks.ch/wirdoc/gfmks_Statuten.pdf
gfs-zürich / Bonfadelli, Heinz (2007): UNIVOX I H Medien / Kommunikation 2006/2007. Auf: http://www.gfs-zh.ch/?pid=169
Gilg, Peter / Hablützel, Peter (1986): Beschleunigter Wandel und neue Krisen (seit 1945). In: Mesmer, Beatrix / Faves, Jean-Claude / Broggini, Romano (Hrsg.): Geschichte der Schweiz und der Schweizer. Basel, Frankfurt a.M. S. 821-968.
Graber, Christoph Beat (2003): Handel und Kultur im Audiovisionsrecht der WTO. Völkerrechtliche, ökonomische und kulturpolitische Grundlagen einer globalen Medienordnung. Bern.
Graf, Barbara / Kradolfer, Edi (1997): Medienkonzentration und publizistischer Wettbewerb. Der Einfluss von Radio und Fernsehen auf den öffentlichen Diskurs am Beispiel Basel, Bern und Solothurn. Bern.
Grisold, Andrea (1996): Press Concentration and Media Policy in Small Countries: Austria and Ireland Compared. In: European Journal of Communication 11, Heft 4. S. 485-509.
Grossenbacher, René (1997): Radioprogrammprofile und Publikumspräferenzen - Zusammenfassung der Forschungsergebnisse. Zürich.
Grossenbacher, René (1998): Lokalradios in der Schweiz - ein Modell hat sich überlebt. In: Media Perspektiven 5. S. 259-266.

Grossenbacher, René / Trebbe, Joachim (Hrsg.) (2009): Qualität in Radio und Fernsehen. Die inhaltsanalytische Messung konzessionsrechtlicher Vorgaben für die Radio- und Fernsehprogramme der SRG SSR idée suisse. Zürich, Chur.
Gschwend, Hanspeter (2005): «Echo der Zeit» - Weltgeschehen am Radio. Zürich.
Guggenbühl, Christoph (1996): Zensur und Pressefreiheit: Kommunikationskontrolle in Zürich an der Wende zum 19. Jahrhundert. Zürich.
Haas, Marcus (2005): «Die geschenkte Zeitung». Bestandesaufnahme und Studien zu einem neuen Pressetypus in Europa. (Beiträge zur Medienökonomie, Band 6.) Münster.
Habermas, Jürgen (2006): Political Communication in Media Society: Does Democracy Still Enjoy an Epistemic Dimension? The Impact of Normative Theory on Empirical Research. In: Communication Theory 16, Heft 4. S. 411-426.
Haller, Michael (2009): Gratis-Tageszeitungen in den Lesermärkten Westeuropas. (Stiftung Presse-Grosso, Band 5.) Baden-Baden: Nomos.
Haller, Walter / Kölz, Alfred (2004): Allgemeines Staatsrecht. Basel, Genf, München.
Hallin, Daniel C. / Mancini, Paolo (2004): Comparing Media Systems. Three Models of Media and Politics. (Communication, Society and Politics) Cambridge/UK.
Hänecke, Frank (1997): Einheimische Musik in den Schweizer Radioprogrammen. Fakten und Einschätzungen aus den Redaktionen. Ein Medienforschungsprojekt von Frank Hänecke im Auftrag des Schweizer Musikrats. Schottikon.
Hänecke, Frank (1998): Schweizer Radios und Musikanbieter. Betrachtungen zur Schnittstelle zwischen Markt und Programm. Resultate einer Umfrage unter Tonträgerfirmen. Schottikon.
Hartmann, Frank (2003): Techniktheorien der Medien. In: Weber, Stefan (Hrsg.): Theorien der Medien. Konstanz. S. 49-80.
Hättenschwiler, Walter / Jedele, M. (1987): Akzeptanz von Lokalfernsehen und Bildschirmtexten in der Schweiz. In: Fleck, Florian H. / Saxer, Ulrich / Steinmann, Matthias F. (Hrsg.): Massenmedien und Kommunikationswissenschaft in der Schweiz. Zürich. S. 231-240.
Heinrich, Jürgen (1999): Medienökonomie. Band 2: Hörfunk und Fernsehen. Opladen/Wiesbaden.
Heinrich, Jürgen (2001): Medienökonomie. Band 1: Mediensystem, Zeitung, Zeitschrift, Anzeigenblatt. Wiesbaden. 2., überarbeitete und aktualisierte Auflage.
Hersche, Otmar (2008): Erinnerungen an den Journalismus. Zürich.
Hickethier, Knut (2002): Mediengeschichte. In: Rusch, Gebhard (Hrsg.): Einführung in die Medienwissenschaft. Konzeptionen, Theorien, Methoden, Anwendungen. Wiesbaden. S. 171-188.
Hitz, Martin (2004): Aargauer Zeitung mit Tabloid-Beilage. In: Medienspiegel.ch vom 02.03.2004. Auf: http://www.medienspiegel.ch/archives/000388.html
Hitz, Martin (2009): De-Tabloidisierung. In: Medienspiegel.ch vom 29.05.2009. Auf: http://www.medienspiegel.ch/ archives/ 002371.html
Hoffmann-Riem, Wolfgang (1991): Rollenkonflikte und Transfer. Probleme zwischen Wissenschaft, Politik und Medienpraxis. In: Ross, Dieter / Wilke,

Jürgen (Hrsg.): Umbruch in der Medienlandschaft. Beziehungen zwischen Wissenschaft, Politik und Praxis. (Schriftenreihe der Deutschen Gesellschaft für Publizistik- und Kommunikationswissenschaft, Band 17.) München. S. 51-69.

Hölscher, Lucian (1997): Die Öffentlichkeit begegnet sich selbst. Zur Struktur öffentlichen Redens im 18. Jahrhundert zwischen Diskurs- und Sozialgeschichte. In: Jäger, Hans-Wolf (Hrsg.): «Öffentlichkeit» im 18. Jahrhundert. (Das achtzehnte Jahrhundert: Supplementa; Band 4.) Göttingen. S. 11-31.

Holtz-Bacha, Christina (2011): Medienpolitik für Europa II: Der Europarat. Wiesbaden.

Hosang, Balz Christian (1974): Parteien und Presse. Die Beziehungen zwischen den politischen Parteien und der politischen Presse. (Ein Beitrag zum Problem der Meinungsbildung durch die politische Presse im Kanton Zürich.). Diss. Universität Zürich. Bern.

Hummler, Konrad (2011): Freiheitliche Werte zur publizistischen Orientierung. In: NZZ vom 12.04.2011. S. 23.

IfM - Institut für Medien- und Kommunikationspolitik (2011): Online-Datenbank Internationale Medienkonzerne. Auf: http://www.mediadb.eu/datenbanken/internationale-medienkonzerne/

Im Hof, Ulrich (1982): Das gesellige Jahrhundert. Gesellschaft und Gesellschaften im Zeitalter der Aufklärung. München.

Imhof, Josef Maria (1971): Die Bildung regionaler Pressemonopole untersucht an der Entwicklung im Kanton Wallis von 1900-1970. Freiburg.

Imhof, Kurt (2006): Mediengesellschaft und Medialisierung. In: M&K - Medien und Kommunikationswissenschaft 54, Heft 2. S. 191-215.

Imhof, Kurt (2010): Qualität der Medien in der Demokratie. In: fög - Forschungsbereich Öffentlichkeit und Gesellschaft (Hrsg.): Qualität der Medien Schweiz - Suisse - Svizzera: Jahrbuch 2010. Basel. S. 11-20.

impressum (2012): Leitbild. Auf: http://www.impressum.ch/impressum/de/impressum/Leitbild.html.

Imwinkelried, Daniel (2008): «Das Modell ‹Sonntag› ist exportierbar. Interview mit Verleger Peter Wanner. In: Persoenlich.com vom 08.05.2008. Auf: www.persoenlich.com/news/show_news.cfm? newsid=75451

IP/RTL Group (2011): Television - International Key Facts 2011. O.O. 18th Edition.

Jäger, Josef (1967): Das Bild der Schweizer Presse. Gestern - Heute - Morgen. Bern, Stuttgart.

Jarren, Otfried (2008): Massenmedien als Intermediäre. Zur anhaltenden Relevanz der Massenmedien für die öffentliche Kommunikation. In: M&K - Medien und Kommunikationswissenschaft 56, Heft 3-4. S. 329-346.

Jarren, Otfried (2009): Die verkannten Vorteile der klassischen Massenmedien. Auf: http://carta.info/3690/vorteile-klassische-massenmedien/

Jarren, Otfried / Donges, Patrick (2000): Medienregulierung durch die Gesellschaft? Eine steuerungstheoretische und komparative Studie mit Schwerpunkt Schweiz. Wiesbaden.

Jarren, Otfried / Meier, Werner A. (2001): Ökonomisierung und Kommerzialisierung von Medien und Mediensystem. Einleitende Bemerkungen zu einer (notwendigen) Debatte. In: Medien und Kommunikation 49, Heft 2. S. 145-158.

Jarren, Otfried / Donges, Patrick (2002): Politische Kommunikation in der Mediengesellschaft. Eine Einführung. Band 1: Verständnis, Rahmen und Strukturen. (Studienbücher zur Kommunikations- und Medienwissenschaft.) Wiesbaden.

Jarren, Otfried / Meier, Werner A. (2002): Mediensysteme und Medienorganisationen als Rahmenbedingungen für den Journalismus. In: Jarren, Otfried / Wessler, Hartmut (Hrsg.): Journalismus - Medien - Öffentlichkeit: Eine Einführung. Wiesbaden. S. 99-163.

Jarren, Otfried / Vogel, Martina (2009): Gesellschaftliche Selbstbeobachtung und Ko-Orientierung: Die Leitmedien der modernen Gesellschaft. In: Müller, Daniel / Ligensa, Annemone / Gendolla, Peter (Hrsg.): Leitmedien. Konzepte – Relevanz – Geschichte. (Reihe Medienumbrüche.) Bielefeld. S. 71-92.

Jarren, Otfried / Donges, Patrick (2011): Politische Kommunikation in der Mediengesellschaft. Eine Einführung. (Studienbücher zur Kommunikations- und Medienwissenschaft.) Wiesbaden. 3., grundlegend überarbeitete und aktualisierte Auflage.

Jarren, Otfried / Donges, Patrick / Künzler, Matthias / Schulz, Wolfgang / Held, Thorsten / Jürgens, Uwe (2001): Der öffentliche Rundfunk im Netzwerk von Politik, Wirtschaft und Gesellschaft. Eine komparative Studie zu Möglichkeiten der Absicherung des Public Service. Baden-Baden.

Jarren, Otfried / Weber, Rolf H. / Donges, Patrick / Dörr, Bianka / Künzler, Matthias / Puppis, Manuel (2002): Rundfunkregulierung. Leitbilder, Modelle und Erfahrungen im internationalen Vergleich: Eine sozial- und rechtswissenschaftliche Analyse. Zürich.

JLR - Journalistes libres romands (2012): Les JLR. Auf: http://www.journalisteslibres.ch/web/libres/jlr.html

Journal21 (2012): Über uns. Auf: http://www.journal21.ch/ueber-uns

Jungfrau Zeitung (2009): Verlag & Redaktion. Das Angebot: Übersicht. Auf: http://www.jungfrauzeitung.ch/verlag/

Kästli, Tobias (1998): Die Schweiz - eine Republik in Europa. Geschichte des Nationalstaats seit 1798. Zürich.

Katzenstein, Peter J. (1985): Small States in World Markets: Industrial Policy in Europe. (Cornell Studies in Political Economy.) Ithaca, London.

Kaufmann, Urs / Stieger, Nikolaus (1993): 100 Jahre Tages-Anzeiger: Die Chronik. In: Catrina, Werner / Blum, Roger / Toni, Lienhard (Hrsg.): Medien zwischen Geld und Geist. Zürich. S. 199-300.

Keane, John (1991): The Media and Democracy. Cambridge/UK.

Keel, Guido (2011): Journalisten in der Schweiz. (Forschungsfeld Kommunikation, Band 31.) Konstanz.

Keystone (2012): Über uns – Firma. Auf: http://www.keystone.ch/Company.do

Kiefer, J. (2004): Das «Berner Modell» in der Startphase. Kooperation von ‹Bund› und ‹Berner Zeitung›. In: NZZ vom 05.01.2004. S. 7.

Kiefer, Marie Luise (2010): Journalismus und Medien als Institutionen. Konstanz.

Bibliografie

Kirt, Romain / Waschkuhn, Arno (2001): Was ist und zu welchem Zwecke betreibt man Kleinstaaten-Forschung? Ein Plädoyer für die wissenschaftliche Beschäftigung mit kleinen Nationen. In: Kirt, Romain / Waschkuhn, Arno (Hrsg.): Kleinstaaten-Kontinent Europa. Probleme und Perspektiven. (Schriften des Zentrums für Europäische Integrationsforschung - Center for European Integration Studies, Band 35.) Baden-Baden. S. 23-46.

Klages, Reno (1945): Zeitschriften der deutschen Schweiz zur Zeit der Helvetik und Mediation 1798-1813. Turbenthal.

Kleinreport (2004): Tages-Anzeiger lanciert am linken Zürichsee-Ufer eine Regionalausgabe. Meldung vom 23.09.2004. Auf: http://www.kleinreport.ch/news/tages-anzeiger-lanciert-am-linken-zuerichsee-ufer-eine-regionalausgabe-33037.html

Kleinreport (2011): Wegen eines kritischen Artikels: Jelmoli sistiert Inserate im ‹Tages-Anzeiger›. In: Kleinreport vom 22.09.2011. Auf: http://www.kleinreport.ch/news/wegen-eines-kritischen-artikels-jelmoli-sistiert-inserate-im-tages-anzeiger-66831.html

Kleinreport (2012): ‹Bieler Tagblatt› wird ab Herbst in Bern gedruckt. In: Kleinreport vom 25.02.2012. Auf: http://www.kleinreport.ch/news/bieler-tagblatt-wird-ab-herbst-in-bern-gedruckt-69015.html

Kleinsteuber, Hans J. (1990): Kleinstaatliche Medienpolitik und gemeinsamer Markt. In: Medien Journal 2. S. 97-111.

Kleinsteuber, Hans J. (2003): In: Bentele, Günter / Brosius, Hans-Bernd / Jarren, Otfried (Hrsg.): Öffentliche Kommunikation. Handbuch Kommunikations- und Medienwissenschaft. Wiesbaden. S. 382-396.

Kleinsteuber, Hans J. / Wiesner, Volkert / Wilke, Peter (1991): Public Broadcasting im internationalen Vergleich. In: Rundfunk und Fernsehen 39, Heft 1. S. 33-53.

Kneer, Georg / Nassehi, Armin (2000): Niklas Luhmanns Theorie sozialer Systeme. Eine Einführung. (Uni-Taschenbücher 1751.) München. 4., unveränderte Auflage.

Knöpfli, Markus (2010): Redaktionsalltag ohne AP. In: Edito+Klartext 2, Online

Kogoj, Cornelia (1998): Minderheitenmedien – Medien für Minderheiten? In: Relation 5, Heft 1. S. 9-64.

Kolb, Steffen / Schwotzer, Bertil (Hrsg.) (2010): Die Regionalfernsehsender in der Schweiz. Bestandesaufnahme und Struktur der Programme mit Leistungsauftrag. Glarus, Chur.

Kolb, Steffen / Durrer, Irène / Luzio, Elena / Schwotzer, Bertil (2010): Die Fernsehprogramme der konzessionierten privaten Veranstalter mit Leistungsauftrag und Gebührenanteil in der Schweiz. Ergebnisse der Programmanalysen. Freiburg: Universität Freiburg. Auf: http://www.bakom.admin.ch/themen/radio_tv/01153/01156/03236/index.html?lang=de.

Kölz, Alfred (1992): Neuere Schweizerische Verfassungsgeschichte. Ihre Grundlinien vom Ende der Alten Eidgenossenschaft bis 1848. Bern.

Konferenz der Chefredaktoren (2012): Wer wir sind. Auf: http://www.chefredaktoren.ch/wer-wir-sind/

Koschnick, Wolfgang J. (1990): Satelliten-Freiheit: Auch unter den Wolken grenzenlos. In: Persönlich 28, Heft 21. S. 60 f.

Krummenacher, Theo (1988): Rundfunkfreiheit und Rundfunkorganisation. Eine Stellungnahme zum Entwurf für ein Bundesgesetz über Radio und Fernsehen auf der Grundlage eines Rechtsvergleichs mit der Bundesrepublik Deutschland, England und Italien. Diss Universität Zürich. Bern.

Künzler, Matthias (2003): Leitbilder des öffentlichen Rundfunks: Plädoyer für einen neuen Forschungsansatz. In: Donges, Patrick / Puppis, Manuel (Hrsg.): Die Zukunft des öffentlichen Rundfunks. Internationale Beiträge aus Wissenschaft und Praxis. Köln. S. 94-110.

Künzler, Matthias (2009): Die Liberalisierung von Radio und Fernsehen. Leitbilder der Rundfunkregulierung im Ländervergleich. Konstanz.

Künzler, Matthias (2012): Die Abschaffung des Monopols: die SRG im Umfeld neuer Privatradio- und Privatfernsehsender. In: Mäusli, Theo / Steigmeier, Andreas / Valloton, François (Hrsg.): Radio und Fernsehen in der Schweiz. Geschichte der Schweizerischen Radio- und Fernsehgesellschaft SRG 1983-2011. Baden. S. 41-87.

Künzler, Matthias / Jarren, Otfried (2009): Mediensystemwandel als Medienorganisationswandel. In: Averbeck-Lietz, Stefanie / Klein, Petra / Meyen, Michael (Hrsg.): Historische und systematische Kommunikationswissenschaft. Festschrift für Arnulf Kutsch. (Presse und Geschichte – Neue Beiträge, Band 48.) Bremen. S. 575-592.

Künzler, Matthias / Schade, Edzard (2009): Neue öffentliche Akteure braucht das Web 2.0! Zur Bedeutung spezifischer medienethischer Normen und Regulierungsformen für Kommunikationsdienste im Web 2.0. In: zfkm – Zeitschrift für Medienethik und Kommunikationsökologie 11, Heft 1. S. 78-87.

Künzler, Matthias / Kradolfer, Edi (2012): Die schweizerische Medienlandschaft im Umbruch. Sekundärstatistische Analysen ausgewählter Aspekte des Strukturwandels. In: Leonarz, Martina (Hrsg.): Im Auftrag des BAKOM. Aktuelle Studien zur Leistungsfähigkeit von Presse, Radio und Fernsehen in der Schweiz. Zürich. S. 19-44.

Künzler, Matthias / Puppis, Manuel / Steinmaurer, Thomas (2011): Public Value in Kleinstaaten. Zielsetzungen, regulatorische Vorgaben und Strategien öffentlicher Rundfunkorganisationen in einer konvergenten Medienwelt. In: Karmasin, Matthias / Süssenbacher, Daniela / Gonser, Nicole (Hrsg.): Public Value: Theorie und Praxis im internationalen Vergleich. Wiesbaden. S. 99-111.

Künzler, Matthias / Puppis, Manuel / Jarren, Otfried (2012): Der «praktische» Beitrag der Kommunikationswissenschaft zur Ausgestaltung der schweizerischen Medienordnung. In: Fengler, Susanne / Eberwein, Tobias / Jorch, Julia (Hrsg.): Theoretisch praktisch!? Anwendungsoptionen und gesellschaftliche Relevanz der Kommunikations- und Medienforschung. Unter Mitarbeit von Mariella Trilling. (Schriftenreihe der DGPuK, Band 39.) Konstanz. S. 95-109.

Laak, Dirk van (1999): Der Begriff «Infrastruktur» und was er vor seiner Erfindung besagte. In: Archiv für Begriffsgeschichte Band XLI. Bonn. S. 280-299.

Latzer, Michael / Just, Natascha / Metreveli, Sulkhan / Saurwein, Florian (2012): Internet-Anwendungen und deren Nutzung in der Schweiz. Themenbericht aus dem World Internet Project – Switzerland 2011. Zürich. Auf: www.mediachange.ch/media/pdf/publications/Anwendungen_Nutzung.pdf.

Lebrument, Hanspeter (2005): Vom Nichtgebrauch staatlicher Massnahmen für die Presse. In: Künzler, Matthias (Hrsg.): Das schweizerische Mediensystem im Wandel: Herausforderungen, Chancen, Zukunftsperspektiven. Bern, Stuttgart, Wien. S. 59-67.

Leonarz, Martina (2002): Pendlerzeitungen: Kompaktinfos auf dem Arbeitsweg. In: Medienheft 17. S. 45-52.

Lindner, Wolf (2006): Politische Kultur. Unter Mitarbeit von Isabelle Steffen. In: Klöti, Ulrich et al. (Hrsg.): Handbuch der Schweizer Politik. Manuel de la politique suisse. Zürich. 4., vollständig überarbeitete Auflage. S. 13-34.

Loretan, Matthias (2002): Wird der Erfolg dem Presserat zum Verhängnis? In: Medienheft 20. S. 1-5.

Loretan, Matthias / Meier, Urs (1993): Prognosen, Konzepte und Sachzwänge. Gespräch mit Fritz Mühlemann, Generalsekretär des Eidgenössischen Verkehrs- und Energiewirtschaftsdepartementes (EVED). In: Zoom K&M 1. S. 10-15.

Luginbühl, David (2007): Vom «Zentralorgan» zur unabhängigen Tageszeitung? Das ‹Vaterland› und die CVP 1955-1991. (Religion - Politik - Gesellschaft, Band 45.) Fribourg.

Lugon, Antoine (2008): La presse écrite en Valais. Origines, principaux courants, évolution - Die Walliser Presse. Anfänge, Hauptströmungen, Entwicklung. Sion.

Luhmann, Niklas (1996): Die Realität der Massenmedien. Opladen. 2., erweiterte Auflage.

Lüönd, Karl (2002): Vielfalt gegen die Einfalt. Das föderalistischse Kooperationsmodell Südostschweiz als Alternative zum Kopfblattsystem - wie man als Verleger Minderheitsprobleme meistert. In: FLASHExtra Einmalige Ausgabe. S. 14-17.

Lüönd, Karl (2008): Ringier bei den Leuten: 1833-2008. Die bewegte Geschichte eines ungewöhnlichen Familienunternehmens. Zürich.

Lüönd, Karl (2009): Verleger sein. Öffentliches Nachdenken über Menschen, Medien und Märkte. (Herausgegeben von Hans Heinrich Coninx und Pietro Supino.) Frauenfeld, Stuttgart, Wien.

Lüönd, Karl (2010): Gelebtes Unternehmertum. Verarbeitende Fördertechnik. Der Beitrag von Walter Reist an die moderne Medienindustrie. Zürich.

Lüscher, Christian (2009): «Die Idee hat enormes Potential». Interview mit Marcel Kohler, Geschäftsführer 20 Minuten. In: Persoenlich.com vom 13.07.2009. Auf: http://www.persoenlich.com/news/show_news.cfm?newsid=83371

Lüthi, Nick (2007): Bunte Landschaft mit Monokulturen. In: ssmgazette vom 02.2007. S. 24-26.

Lüthi, Nick (2012): Vorerst gescheitert. SRG ohne Gesamtarbeitsvertrag? In: Medienwoche vom 30.05.2012. Auf: http://medienwoche.ch/2012/05/30/vorerst-gescheitert/

LZ Medien (2012): Zeitungen. Auf: http://www.lzmedien.ch/produkte/zeitungen/

Malik, Maja (2004): Journalismusjournalismus. Funktionen, Strukturen und Strategien der journalistischen Selbstthematisierung. Wiesbaden.

Martens, René (2010): Recherche dank Mäzenen. In: Edito 4, Online. Auf: http://www.edito-online.ch/archiv/edito0410/edito0410d/recherchedankmaezenen.html

Mäusli, Theo / Steigmeier, Andreas (2006): Radio und Fernsehen im gesellschaftlichen Wandel. In: Mäusli, Theo / Steigmeier, Andreas (Hrsg.): Radio und Fernsehen in der Schweiz. Geschichte der Schweizerischen Radio- und Fernsehgesellschaft SRG 1958-1983. Baden. S. 11-19.

MAZ - Die Schweizer Journalistenschule (2012): Über das MAZ. Auf: http://www.maz.ch/profil/profil.asp?n=03

McLuhan, Marshall (1995): Die magischen Kanäle - Understanding Media. (Fundus 127.) Dresden, Basel. 2., erweiterte Auflage. [Original: 1964]

Media Focus (2011): Online-Werbestatistik Report 2010/02. Semester-Report mit Zahlen und Informationen zur Entwicklung der Online-Werbung in der Schweiz. Media Focus. Auf: http://www.mediafocus.ch/de/news-presse/werbeforschung/semester-report-online/.

Mediapulse AG (2012): Jahresbericht 2011, Band 1: Allgemeine Daten. Bern. Auf: http://www.mediapulse.ch/de/publikationen/downloads/jahresberichte.html.

Medienkritik Schweiz (2012): Verein. Auf: http://medienkritik-schweiz.ch/der_verein/

Meier, Peter / Häussler, Thomas (2010): Zwischen Masse, Markt und Macht. Das Medienunternehmen Ringier im Wandel (1833-2009). Band 2. Zürich.

Meier, Pierre C. (2003): «Das ist der Kater nach dem Überborden» Interview mit Albert P. Stäheli, CEO Espace Media Groupe. In: Media Trend Journal 10 Online. Auf: www.mtj.ch/archiv/artikel.php?id=1280.

Meier, Urs (2007): Die Schweiz ist noch immer ein Zeitungsland. In: Medienheft Online vom 05.10.2007. Auf: http://www.medienheft.ch/politik/bibliothek/p07_MeierUrs.html

Meier, Werner A. (1993): Neue Medien in der Schweiz: ihre Zielsetzungen und Leistungen. In: Meier, Werner A. / Bonfadelli, Heinz / Schanne, Michael (Hrsg.): Medienlandschaft Schweiz im Umbruch: Vom öffentlichen Kulturgut Rundfunk zur elektronischen Kioskware. (Nationales Forschungsprogramm 21: Kulturelle Vielfalt und nationale Identität.) Basel. S. 203-270.

Meier, Werner A. / Schanne, Michael (1983): Die Schweiz und ihre «Next-Door-Giants». Einige Anmerkungen zum Problem machtabhängiger Kommunikationsstrukturen. In: Saxer, Ulrich (Hrsg.): Politik und Kommunikation. Neue Forschungsansätze. München. S. 42-47.

Meili, Andreas (2005): 22 Jahre Privatrundfunk in der Schweiz - eine Zwischenbilanz aus operativer Sicht. In: Künzler, Matthias (Hrsg.): Das schweizerische Mediensystem im Wandel. Herausforderungen, Chancen, Zukunftsperspektiven. Bern, Stuttgart, Wien. S. 117-132.

Mensch, Christian (2002): Von Boykottaufrufen und anderen wirtschaftlichen Pressionen gegen die Medien. Referat zur Jubiläumstagung zum 25. jährigen Bestehen des Schweizer Presserats. Auf: http://www.presserat.ch/15730.htm

Meyer, Conrad (2005): Das Unternehmen NZZ, 1780-2005: 225 Jahre Neue Zürcher Zeitung. Unter Mitarbeit von Pascal Morf. Zürich.

Moe, Hallvard (2009): Status und Perspektiven öffentlich-rechtlicher Onlinemedien. In: Media Perspektiven 4. S. 189-200.

Moser, Christof / von Matt, Othmar (2011): ‹Basler Zeitung›, ‹Blick› und ‹Der Bund› rücken nach rechts. In: Der Sonntag Online vom 22.10.2011. Auf: http://www.sonntagonline.ch/ressort/aktuell/ 1926/

Muckenhaupt, Manfred (1999): Die Grundlagen der kommunikationsanalytischen Medienwissenschaft. In: Leonhard, Joachim-Felix et al. (Hrsg.): Medienwissenschaft. Ein Handbuch zur Entwicklung der Medien und Kommunikationsformen. (Handbücher zur Sprach- und Kommunikationswissenschaft, Band 15.1.) Berlin, New York. S. 28-57.

Müller, Andreas (1998): Geschichte der politischen Presse im Aargau. Das 19. Jahrhundert. (Beiträge zur Aargauergeschichte, Band 9) Aarau.

Müller, Andreas (2002): Geschichte der politischen Presse im Aargau. Das 20. Jahrhundert. (Beiträge zur Aargauergeschichte, Band 11) Aarau.

Müller, Patrick (2011): Die Mär von der linken Presse. In: Der Sonntag Online vom 22.10.2011. Auf: http://www.sonntagonline.ch/blog/414/

Müller, Rudolf (2006): Technik zwischen Programm, Kultur und Politik. In: Mäusli, Theo / Steigmeier, Andreas (Hrsg.): Radio und Fernsehen in der Schweiz. Geschichte der Schweizerischen Radio- und Fernsehgesellschaft SRG 1958-1983. Baden. S. 187-237.

Mx3 (2011): FAQ. Auf: http://www.mx3.ch/home/faq

Neidhart, Leonhard (2002): Die politische Schweiz. Fundamente und Institutionen. Zürich.

Neidhardt, Friedhelm (1994): Öffentlichkeit, öffentliche Meinung, soziale Bewegungen. In: Neidhardt, Friedhelm (Hrsg.): Öffentlichkeit, öffentliche Meinung, soziale Bewegungen. (Kölner Zeitschrift für Soziologie und Sozialpsychologie, Sonderheft 34.) Opladen. S. 7-41.

NET-Metrix AG (2012): NET-Metrix-Profile 2012-1. Zürich: NET-Metrix AG. Auf: http://www.net-metrix.ch/sites/default/files/files/NET-Metrix-Profile/Studienreports/Report_NMP_2012-1.pdf.

News.ch (2006): ‹Berner Zeitung› produziert Sportteil des ‹Bund›. Veröffentlicht am 12.01.2006. Auf: http://www.news.ch/Berner+Zeitung+produziert+Sportteil+des+Bund/ 231195/detail.htm

Newsnet/Tages-Anzeiger (2011): Ab 2013 gibt es die «Ostschweiz am Sonntag». Veröffentlicht am 23.03.2012. Auf: http://www.tagesanzeiger.ch/wirtschaft/unternehmen-und-konjunktur/Ab-2013-gibt-es-die-Ostschweiz-am-Sonntag-/story/14007820

Newsnetz/Tages-Anzeiger (2009a): TeleZüri: Sendegebiet ab Mitte März 75 Prozent grösser. Veröffentlicht am 06.02.2009. Auf: http://www.tagesanzeiger.ch/zuerich/kanton/TeleZueri-Sendegebiet-ab-Mitte-Maerz-75-Prozent-groesser/story/13075569

Newsnetz/Tages-Anzeiger (2009b): Energy Zürich kauf sich Konzession. Veröffentlicht am 06.11.2009. Auf: http://www.tagesanzeiger.ch/schweiz/standard/Energy-Zuerich-kauft-sich-Konzession/story/27670860

Nobel, Peter / Weber, Rolf H. (2007): Medienrecht. (Stämpflis juristische Lehrbücher.) Bern. 3. neubearbeitete Auflage.

NZZ Mediengruppe (2011a): Beteiligungen (Stand 31.12.2011). Auf: http://nzzmediengruppe.ch/unternehmen/beteiligungen/

NZZ Mediengruppe (2011b): Geschäftsbericht 2010. Zürich. Auf: http://static.nzzmediengruppe.ch/1301237509/gb_nzz_2010.pdf.

NZZ Online (2010): «Seckel» auf Facebook nicht ohne Folgen. Veröffentlicht am 20.12.2010. Auf: http://www.nzz.ch/nachrichten/panorama/seckel_facebook_verurteilung_1.8784733.html

ORF (2012): Unternehmen - Fakten: Der ORF. Auf: http://kundendienst.orf.at/unternehmen/fakten/einleitung.html

Padrutt, Christian (1968): Streiflichter auf die Geschichte der Schweizer Presse 1868-1968. Auszug aus dem Sonderdruck «100 Jahre Aktiengesellschaft für die Neue Zürcher Zeitung». O.O.

Padrutt, Christian (1977): Zur Lage der Schweizer Presse. (Diskussionspunkt 4.) Zürich. 2. Auflage.

Peissl, Helmut / Tremetzberger, Otto (2008): Community Medien in Europa. Rechtliche und wirtschaftliche Rahmenbedingungen des dritten Rundfunksektors in 5 Ländern. In: RTR (Hrsg.): Nichtkommerzieller Rundfunk in Österreich und Europa. Wien. S. 115-258.

Persoenlich.com (2004a): Zürichsee-Zeitungen entscheiden sich für die NZZ. Veröffentlicht am 15.12.2004 Auf: http://www.persoenlich.com/news/show_news.cfm?newsid=48370

Persoenlich.com (2004b): Zürcher Landzeitungen zeigen Tagi die kalte Schulter. Veröffentlicht am 06.02.2004. Auf: http://www.persoenlich.com/news/show_news.cfm?newsid=37933

Persoenlich.com (2007): Boykott der Grossunternehmen bei Inseraten? Veröffentlicht am 14.10.2007. Auf: http://www.persoenlich.com/news/show_news.cfm?newsid=71063

Persoenlich.com (2008a): «Man will gewisse Fakten unterdrücken». Veröffentlicht am 11.02.2008. Auf: http://www.persoenlich.com/news/show_news.cfm?newsid=73548

Persoenlich.com (2008b): Schawinski stellt Programm vor. «Breaking-News-Sender» für erwachsene Hörerschaft. Veröffentlicht am 04.03.2008. Auf: http://www.persoenlich.com/news/show_news.cfm?newsid=74024

Persoenlich.com (2008c): Südostschweiz: Neue Glarner Gratiszeitungen gestartet. Veröffentlicht am 25.04.2008 Auf: http://www.persoenlich.com/news/show_news.cfm?newsid=75205

Persoenlich.com (2009a): Westschweizer Pendlerzeitungen werden zusammengeführt. Veröffentlicht am 18.09.2009. Auf: http://www.persoenlich.com/news/show_news.cfm?newsid=84277

Persoenlich.com (2009b): Cash: Keine Abschiedsworte in der letzten Printausgabe. Veröffentlicht am 20.03.2009. Auf: http://www.persoenlich.com/news/show_news.cfm?newsid=81213

Persoenlich.com (2009c): News: Pendlerblatt wird per sofort eingestellt. Veröffentlicht am 04.12.2009. Auf: http://www.persoenlich.com/news/show_news.cfm?newsid=85691

Persoenlich.com (2009d): One FM: UVEK erteilt Genfer Radio doch noch Konzession. Veröffentlicht am 30.04.2009. Auf: http://www.persoenlich.com/news/show_news.cfm?newsid=81966

Persoenlich.com (2009e): Nicht nur die NZZ macht sich fit für die Zukunft. Auch Blick, Tagi und Bund kleiden sich neu ein. Veröffentlicht am 22.09.2009. Auf: http://www.persoenlich.com/news/ show_news.cfm?newsid=84361

Persoenlich.com (2009f): Tagi: Auslandredaktion muss bluten. Ausdünnung des Korrespondenten-Netzes. Veröffentlicht am 02.06.2009. Auf: http://www.persoenlich.com/news/ show_news.cfm?newsid =82560

Persoenlich.com (2009g): Der ‹Bund› im neuen Look. Veröffentlicht am 15.10.2009. Auf: http://www.persoenlich.com/news/ show_news.cfm?newsid=84758

Persoenlich.com (2009h): Gratiszeitung wird eingestellt. Veröffentlicht am 04.05.2009. Auf: http://www.persoenlich.ch/news/ show_news.cfm?newsid=81992

Persoenlich.com (2010a): NZZ-Netz: Relaunch der News-Portale ist nun abgeschlossen. Veröffentlicht am 16.12.2010. Auf: http://www.persoenlich.com/ news/show_news.cfm? newsid=92568

Persoenlich.com (2010b): Regionalredaktionen werden Ende Jahr geschlossen. Veröffentlicht am 17.10.2010. Auf: http://www.persoenlich.com/news/ show_news.cfm?newsid=91173

Persoenlich.com (2010c): Basellandschaftliche Zeitung: Stiller Abschied von Mathis Lüdin. Veröffentlicht am 12.07.2010. Auf: http://www.persoenlich.com/news/ show_news.cfm?newsid=89649

Persoenlich.com (2010d): Obwalden und Nidwalden Zeitung: Neues Blatt erstmals erschienen. Mikrozeitung setzt ausschliesslich auf Lokaljournalismus. Veröffentlicht am 23.04.2010. Auf: http://www.persoenlich.com/news/ show_news.cfm?newsid=88042

Persoenlich.com (2010e): «Fakt ist, dass der ganze Umbruch in unserem Haus tiefe Spuren hinterlassen hat». Veröffentlicht am 01.03.2010. Auf: http://www.persoenlich.com/news/show_news.cfm? newsid=87090

Persoenlich.com (2010f): Basler Zeitung soll kein Parteiblatt werden. Veröffentlicht am 14.10.2010 Auf: http://www.persoenlich.com/news/show_news.cfm? newsid=86780

Persoenlich.com (2010g): Tamedia: Stellenabbau beim Tages-Anzeiger. Veröffentlicht am 13.09.2010. Auf: http://www.persoenlich.com/news/ show_news.cfm?newsid=90513

Persoenlich.com (2010h): Medien dürfen Privates aus Internet nicht hemmungslos verbreiten. Veröffentlicht am 26.10.2010. Auf: http://www.persoenlich.com/ news/show_news.cfm ?newsid=91365

Persoenlich.com (2010i): Neue Besitzverhältnisse. Veröffentlicht am 15.04.2010. Auf: http:// www.persoenlich.com/news/show_news.cfm?newsid=87891

Persoenlich.com (2011a): Newsnet: Interview mit Chefredaktor Peter Wälty. Veröffentlicht am 21.11.2011. Auf: http://www.persoenlich.com/news/ show_news.cfm ?newsid=98738

Persoenlich.com (2011b): Infosperber: Gemeinnützige Journalismus-Plattform. Veröffentlicht am 29.03.2011. Auf: http://www.persoenlich.com/news/ show_news.cfm?newsid=94380

Persoenlich.com (2011c): BaZ geht wieder an Tito Tettamanti. Veröffentlicht am 14.12.2011. Auf: http://www.persoenlich.com/news/show_news.cfm?newsid=99230

Persoenlich.com (2011d): AZ Medien lancieren bz Basel. Veröffentlicht am 20.12.2011. Auf: http://www.persoenlich.com/news/show_news.cfm?newsid=99355

Persoenlich.com (2011e): TagesWoche: Erst Ausgabe am Donnerstagabend. Veröffentlicht am 27.10.2011. Auf: http://www.persoenlich.com/news/show_news.cfm?newsid=98248

Persoenlich.com (2011f): BaZ verliert über tausend Abos. Veröffentlicht am 18.12.2011. Auf: http://www.persoenlich.com/news/show_news.cfm?newsid=99299

Persoenlich.com (2011g): Rheintaler: Mit Rheintalische Volkszeitung fusioniert. Veröffentlicht am 03.01.2011 Auf: http://www.persoenlich.com/news/show_news.cfm?newsid=92620

Persoenlich.com (2011h): «Die Leistung der Tages-Anzeiger-Redaktion kostet». Veröffentlicht am 18.07.2011. Auf: http://www.persoenlich.com/news/show_news.cfm?newsid=96523

Persoenlich.com (2011i): BaZ: Christoph Blocher ist doch am Ruder. Veröffentlicht am 18.07.2011. Auf: http://www.persoenlich.com/news/show_news.cfm?newsid=99098

Persoenlich.com (2011j): NZZ baut Onlineredaktion aus. Veröffentlicht am 09.08.2011. Auf: http://www.persoenlich.com/news/show_news.cfm?newsid=96640

Persoenlich.com (2012a): Gossweiler Media: Aus für Zürcher Mikrozeitungen. Veröffentlicht am 30.03.2012. Auf: http://www.persoenlich.com/news/show_news.cfm?newsid=101120

Persoenlich.com (2012b): SonntagsZeitung kooperiert mit Economist. Veröffentlicht am 19.06.2012. Auf: http://www.persoenlich.com/news/show_news.cfm?newsid=102481

Pfiffner, Bruno / Pfiffner, Leo (1998): 125 Jahre Sarganserländer. Mels.

pr suisse (2012): Berufsethik. Auf: http://www.prsuisse.ch/de/pr-der-schweiz/pr-wissen/berufsethik

Pross, Harry (1970): Publizistik: Thesen zu einem Grundcolloquium. Neuwied-Berlin.

publicitas (2012): Medienanbieter. Auf: http://www.publicitas.ch/de/medienanbieter/

Publicom AG / USI / UNIGE (2010a): Analyse der Radioprogramme der SRG SSR idée suisse 2009/2010. Schlussbericht. Kilchberg, Lugano, Genf. Auf: http://www.bakom.admin.ch/themen/radio_tv/01153/01156/03236/index.html?lang=de.

Publicom AG / USI / UNIGE (2010b): SRG-Radioprogramme: Hauptergebnisse der Analyse 2009. Kilchberg, Lugano, Genf. Auf: http://www.bakom.admin.ch/themen/radio_tv/01153/01156/03236/index.html?lang=de.

Publicom AG / USI / UNIGE (2010c): Analyse der Programme privater Radioveranstalter 2009/2010: Kantone Bern und Tessin. Schlussbericht. Kilchberg, Lugano, Genf. Auf: http://www.bakom.admin.ch/themen/radio_tv/01153/01156/03236/index.html?lang=de.

Publicom AG / USI / UNIGE (2010d): Radioprogramme der SRG SSR idée suisse: Analyse 2009. Zusammenfassung. Kilchberg, Lugano, Genf. Auf: http://www.bakom.admin.ch/themen/radio_tv/01153/01156/03236/index.html?lang=de.

Puppis, Manuel (2006): Medienkonzentrationsregulierung in Europa. In: Bonfadelli, Heinz / Werner, Meier A. / Trappel, Josef (Hrsg.): Medienkonzentration Schweiz. Formen, Folgen, Regulierung. Bern, Stuttgart, Wien. S. 221-251.

Puppis, Manuel (2009a): Organisationen der Medienselbstregulierung. Europäische Presseräte im Vergleich. Köln.

Puppis, Manuel (2009b): Introduction. Media Regulation in Small States. In: International Communication Gazette 71, Heft 1-2. S. 7-17.

Puppis, Manuel (2010): Einführung in die Medienpolitik. (UTB.) Konstanz. 2. Auflage.

Puppis, Manuel / d'Haenens, Leen (Hrsg.) (2009): Media Diversity in Small States - Limited Options for Media Regulation? Special Issue of the International Communication Gazette 71, Heft 1-2.

Puppis, Manuel / Künzler, Matthias (2011): Coping with Change: The Reorganization of the Swiss Public Service Broadcaster SRG SSR. In: SComS - Studies in Communication Sciences 11, Heft 2. S. 167-190.

Puppis, Manuel / Zwicky, Pascal / Künzler, Matthias (2009): The Influence of Media Ownership on the Coverage of Licensing Decisions in Switzerland. Unveröffentlichtes Paper präsentiert an der IAMCR 2009 Conference, Mexico City, July 21-24, 2009.

Puppis, Manuel / Künzler, Matthias / Jarren, Otfried (2012): Einleitung: Medienwandel oder Medienkrise? In: Jarren, Otfried / Künzler, Matthias / Puppis, Manuel (Hrsg.): Medienwandel oder Medienkrise? Folgen für Medienstrukturen und ihre Erforschung. (Reihe Medienstrukturen, Band 1.) Baden-Baden. S. 11-24.

Pürer, Heinz (2003): Publizistik- und Kommunikationswissenschaft. Ein Handbuch. (UTB 8249.) Konstanz.

Pürer, Heinz / Raabe, Johannes (1994): Medien in Deutschland. Band 1: Presse. München.

Pürer, Heinz / Raabe, Johannes (2007): Presse in Deutschland. (UTB.) Konstanz. 3. Auflage.

Raabe, Johannes (2006a): Ausgabe. In: Bentele, Günter / Brosius, Hans-Bernd / Jarren, Otfried (Hrsg.): Lexikon der Kommunikations- und Medienwissenschaft. (Studienbücher zur Kommunikations- und Medienwissenschaft.) Wiesbaden. S. 17.

Raabe, Johannes (2006b): Mantel. In: Bentele, Günter / Brosius, Hans-Bernd / Jarren, Otfried (Hrsg.): Lexikon der Kommunikations- und Medienwissenschaft.

(Studienbücher zur Kommunikations- und Medienwissenschaft.) Wiesbaden. S. 157 f.

Radio LoRa (2012a): Über uns – Struktur. Auf: http://www.lora.ch/ueberuns/ struktur

Radio LoRa (2012b): Über uns – Geschichte. Auf: http://www.lora.ch/ueberuns/ geschichte

Radio Stadtfilter (2012): Wer wir sind. Auf: http://www.stadtfilter.ch/ StadtfilterBeruns/Wir

Rager, Günther / Weber, Bernd (1992): Publizistische Vielfalt zwischen Markt und Politik. Eine Einführung. In: Rager, Günther / Weber, Bernd (Hrsg.): Publizistische Vielfalt zwischen Markt und Politik. Mehr Medien – mehr Inhalte? Düsseldorf, Wien, New York, Moskau. S. 7-26.

Rathgeb, Jürg (1995): Medienstatistik Schweiz. Strukturdaten der Schweizer Massenmedien. Unveröffentlichter Projektbericht. Zürich.

Regnotto, Marcel (2010): Lokalradios & Regional-TV: Qualität durch Co-Regulierung? Unveröffentlichtes Referat an der SGKM-Jahrestagung vom 27.03.2010 in Luzern.

Reymond, Marc (2000): Das Radio im Zeichen der Geistigen Landesverteidigung 1937-1942. In: Drack, Markus T. (Hrsg.): Radio und Fernsehen in der Schweiz. Geschichte der Schweizerischen Rundspruchgesellschaft SRG bis 1958. Baden. S. 93-114.

Rhinow, René / Thönen, Urs (2003): Schweizer Fernsehen DRS, ein Staatsfernsehen? In: Bardet, René (Hrsg.): 50 Jahre Schweizer Fernsehen: Zum Fernseh'n drängt, am Fernseh'n hängt doch alles... Baden. S. 201-208.

Rickli, Natalie (2009): SRG: Verschleiern, vertuschen, verteuern. In: Weltwoche vom 18.02.2009. Auf: http://www.weltwoche.ch/ausgaben/2009-08/artikel-2009-08-srg-verschleiern-vertuschen-verteuern.html

Ringier AG (2008). Der neue Blick – stark als Zeitung, noch stärker als Plattform mit neuem Gratis Blick am Abend. Pressemitteilung vom 04.03.2008.

Ringier AG (2011): Medienmitteilung vom 02.09.2011: «Erfreuliche erste Reaktionen nach Start des Schweizer Werbefensters von TF1» Auf: http://www.ringier.com/de/medien/medienmitteilungen/erfreuliche-erste-reaktionen-nach-start-des-schweizer

Ringier AG (2012): Journalistenschule. Auf: http://www.ringier.com/de/node/1877

Rosenwasser, Anna (2012): Schaufenster-Kritik: Jelmoli entzog Werbegelder. 02.01.2012. Auf: http://medienkritik-schweiz.ch/2012/01/jelmoli/

RTS (2012): Qui sommes-nous? Notre organigramme. Auf: http://www.rtsentreprise.ch/qui-sommes-nous/notre-organigramme/

Ruedin, Thérèse (2012): Medienbudget 2011. In: FLASHExtra 12. S. 50-67.

Rüegg, Walter (Hrsg.) (2012): Herausgefordert. Die Geschichte der Basler Zeitung. Basel.

Ruppen Coutaz, Raphaëlle (2012): Les ripostes de la SSR à la libéralisation du marché de l'audiovisuel: vers une redéfinition de son mandat de service public. In: Mäusli, Theo / Steigmeier, Andreas / Valloton, François (Hrsg.): Radio und Fernsehen in der Schweiz. Geschichte der Schweizerischen Radio- und Fernsehgesellschaft SRG 1983-2011. Baden. S. 89-133.

Rusch, Gebhard (2002): Medienwissenschaft als transdiziplinäres Forschungs-, Lehr- und Lernprogramm. Plädoyer für eine integrierte Medien- und Kommunikationswissenschaft. In: Rusch, Gebhard (Hrsg.): Einführung in die Medienwissenschaft. Konzeptionen, Theorien, Methoden, Anwendungen. Wiesbaden. S. 69-82.

Russ-Mohl, Stephan (2000): Berichterstattung in eigener Sache: Die Verantwortung von Journalismus und Medienunternehmen. In: Russ-Mohl, Stephan / Fengler, Susanne (Hrsg.): Medien auf der Bühne der Medien. Zur Zukunft von Medienjournalismus und Medien-PR. Berlin. S. 17-38.

SAB – Schweizerische Arbeitsgemeinschaft der Bild-Agenturen und -Archive (2012): Willkommen. Auf: http://www.sab-photo.ch/index.cfm?/start_DE

Saxer, Ulrich (1979): Fernsehen unter Anklage. Ein Beitrag zur Theorie publizistischer Institutionen unter Mitarbeit von Marie-Therese Guggisberg. (Diskussionspunkt 5.) Zürich.

Saxer, Ulrich (1983): Lokale Rundfunk-Versuche. Vorstudie zum Design der Versuchsphase und zu den vorgesehenen Begleituntersuchungen gemäss der Verordnung über lokale Rundfunk-Versuche (RVO) vom 7. Juni 1982. Unter Mitarbeit von Heinz Bonfadelli, Martin Gollmer, Walter Hättenschwiler. (Beiträge zur Kommunikations- und Medienpolitik, Band 3) Aarau, Frankfurt a.M., Salzburg.

Saxer, Ulrich (1989): Lokalradios in der Schweiz. Schlussbericht über die Ergebnisse der nationalen Begleitforschung zu den lokalen Rundfunkversuchen 1983-1988. (Arbeitsgruppe RVO-Begleitforschung am Seminar für Publizistikwissenschaft der Universität Zürich.) Zürich.

Saxer, Ulrich (1993): Die Medien-Gesamtkonzeption als Steinbruch? Zur rechtlichen Steuerbarkeit von Mediensystemen. In: Zoom K&M 1. S. 5-9.

Saxer, Ulrich (1994): Strukturwandel der Öffentlichkeit. Jürgen Habermas' Klassiker Wi(e)dergelesen von einem Kontrahenten. In: Zoom K&M 4. S. 71-75.

Saxer, Ulrich (1999): Der Forschungsgegenstand der Medienwissenschaft. In: Leonhard, Joachim-Felix / Schwarze, Dietrich / Strassner, Erich (Hrsg.): Medienwissenschaft. Ein Handbuch zur Entwicklung der Medien und Kommunikationsformen. (Handbücher zur Sprach- und Kommunikationswissenschaft, Band 15.) Berlin, New York. S. 1-14.

Saxer, Ulrich (2002): Der gesellschaftliche Ort der Massenkommunikation. In: Haas, Hannes / Jarren, Otfried (Hrsg.): Mediensysteme im Wandel. Struktur, Organisation und Funktion der Massenmedien. (Studienbücher zur Publizistik- und Kommunikationswissenschaft, Band 3.) Wien. 3., völlig überarbeitete Neuauflage. S. 1-14.

Saxer, Ulrich (2005): Bauvorhaben, Bausteine und Rohbau einer Theorie des öffentlich-rechtlichen Rundfunks. In: Ridder, Christa-Maria et al. (Hrsg.): Bausteine einer Theorie des öffentlich-rechtlichen Rundfunks. Wiesbaden. S. 13-38.

Saxer, Ulrich / Ganz-Blättler, Ursula (1998): Fernsehen DRS: Werden und Wandel einer Institution. Ein Beitrag zur Medienhistoriographie als Institutionengeschichte. (Diskussionspunkt 35.) Zürich.

Saxer, Ulrich / Bonfadelli, Heinz / Hättenschwiler, Walter / Schanne, Michael (1979): 20 Jahre Blick: Analyse einer schweizerischen Boulevardzeitung. Zürich.

Scannell, Paddy / Cardiff, David (1991): A Social History of British Broadcasting: Volume One 1922-1939: Serving the Nation. Oxford.

Schade, Edzard (2000a): Wenig radiotechnischer Pioniergeist vor 1922. In: Drack, Markus T. (Hrsg.): Radio und Fernsehen in der Schweiz. Geschichte der Schweizerischen Rundfunkgesellschaft SRG bis 1958. Baden. S. 15-24.

Schade, Edzard (2000b): Herrenlose Radiowellen. Die schweizerische Radiopolitik bis 1939 im internationalen Vergleich. Baden. Zugl. Diss. Universität Zürich.

Schade, Edzard (2000c): Das Scheitern des Lokalrundfunks, 1923-1931. (Radio und Fernsehen in der Schweiz. Geschichte der Schweizerischen Rundfunkgesellschaft SRG bis 1958.) Baden.

Schade, Edzard (2005): Kommunikations- und Mediengeschichte. In: Bonfadelli, Heinz / Jarren, Otfried / Siegert, Gabriele (Hrsg.): Einführung in die Publizistikwissenschaft. Bern, Stuttgart, Wien. 2. Auflage. S. 39-72.

Schade, Edzard (2006a): Schweizerische Medienkonzentrationsdebatte in den 1960er bis 1980er Jahren. In: Bonfadelli, Heinz / Meier, Werner A. / Trappel, Josef (Hrsg.): Medienkonzentration Schweiz. Formen, Folgen, Regulierung. Bern. S. 253-278.

Schade, Edzard (2006b): Die SRG auf dem Weg zur forschungsbasierten Programmgestaltung. In: Mäusli, Theo / Steigmeier, Andreas (Hrsg.): Radio und Fernsehen in der Schweiz. Geschichte der Schweizerischen Radio- und Fernsehgesellschaft SRG 1958-1983. Baden. S. 293-364.

Schade, Edzard (2012): Programmgestaltung in einem kommerzialisierten Umfeld. In: Mäusli, Theo / Steigmeier, Andreas / Valloton, François (Hrsg.): Radio und Fernsehen in der Schweiz. Geschichte der Schweizerischen Radio- und Fernsehgesellschaft SRG 1983-2011. Baden. S. 271-335.

schaffhauser az (2012): Über uns: Bewegte Geschichte. Auf: http://www.schaffhauseraz.ch/index.tpl?rubrik=9&lang=1

Schaller, Anton (2003): Viele fühlten sich berufen, wenige waren auserwählt. In: Bardet, René (Hrsg.): 50 Jahre Schweizer Fernsehen: Zum Fernseh'n drängt, am Fernseh'n hängt doch alles... Baden. S. 293-308.

Schaller, Fritz P. (1974): Notstand im christlichen Pressewesen. Sinn und Möglichkeit christlicher Pressearbeit - dargestellt an der Problematik der katholischen Presse in der deutschen Schweiz. Zürich, Einsiedeln, Köln.

Schanne, Michael (1987): Lokaler Hörfunk. Erfahrungen aus der Schweiz. In: Bildung, Landeszentrale für Politische (Hrsg.): Medienpolitik. Stuttgart, Berlin, Köln, Mainz. S. 132-144.

Schanne, Michael (1993): Bewegte Szene. In: Zoom K&M 2. S. 5-8.

Schanne, Michael / Diggelmann, Andreas / Luchsinger, Kaspar (1989): Die Lokalradio-Programme. Befunde aus den Programm- und Sendungsanalysen zu den lokalen Rundfunkversuchen in der Schweiz 1983-1988. (Teilstudie 2 zum Schlussbericht der Arbeitsgruppe RVO-Begleitforschung am Seminar für Publizistikwissenschaft der Universität Zürich.) Zürich.

Schawinski, Roger (1982): Radio 24: Die Geschichte des ersten freien Radios der Schweiz. O.O.

Schawinski, Roger (2002): TV-Monopoly: Die Inside-Story. Zürich.
Schellenberg, Peter (2003): Die Entdeckung des Publikums. In: Bardet, René (Hrsg.): 50 Jahre Schweizer Fernsehen: Zum Fernseh'n drängt, am Fernseh'n hängt doch alles... Baden. S. 254-269.
Scherrer, Adrian (2000): Aufschwung mit Hindernissen 1931-1937. In: Drack, Markus T. (Hrsg.): Radio und Fernsehen in der Schweiz. Geschichte der Schweizerischen Rundspruchgesellschaft SRG bis 1958. Baden. S. 59-92.
Scherrer, Adrian (2012): Die Digitalisierung: Schrittmacher und Sparpotenzial. In: Mäusli, Theo / Steigmeier, Andreas / Valloton, François (Hrsg.): Radio und Fernsehen in der Schweiz. Geschichte der Schweizerischen Radio- und Fernsehgesellschaft SRG 1983-2011. Baden. S. 135-177.
Schibler, Thomas (2008): Helmut Hubacher. In: Jorio, Marco / Sonderegger, Christian (Hrsg.): Historisches Lexikon der Schweiz. Auf: http://www.hls-dhs-dss.ch/textes/d/D6791.php
Schmidt, Jan (2008): Was ist neu am Social Web? Soziologische und kommunikationswissenschaftliche Grundlagen. In: Zerfass, Ansgar / Welker, Martin / Schmidt, Jan (Hrsg.): Kommunikation, Partizipation und Wirkungen im Social Web. Band 1: Grundlagen und Methoden: Von der Gesellschaft zum Individuum. (Neue Schriften zur Online-Forschung 2.) Köln. S. 18-40.
Schneider, Beate / Schütz, Walter J. (Hrsg.) (2004): Europäische Pressemärkte: Annäherungen an eine länderübergreifende Zeitungsstatistik. (relation. Beiträge zur vergleichenden Kommunikationsforschung, Band 1.) Wien.
Schneider, Thomas (2006): Vom SRG-«Monopol» zum marktorientierten Rundfunk. In: Mäusli, Theo / Steigmeier, Andreas (Hrsg.): Radio und Fernsehen in der Schweiz. Geschichte der Schweizerischen Radio- und Fernsehgesellschaft SRG 1958-1983. S. 86-137.
Schnell, Rainer / Hill, Paul B. / Esser, Elke (2008): Methoden der empirischen Sozialforschung. München, Wien. 8., unveränderte Auflage.
Schnider, Urs (2003): Was ist Bern wert? In: Media Trend Journal 9, Online. Auf: www.mtj.ch/archiv/artikel.php?id=1260.
Scholl, Armin / Weischenberg, Siegfried (1998): Journalismus in der Gesellschaft. Theorie, Methodologie und Empirie. Opladen.
Schuhmacher, Fritz (1991): Programmvisionen der Interessengemeinschaft Regionalfernsehen/2. Schweizer Fernsehen. In: Oppenheim, Roy et al. (Hrsg.): Tele-Re-Visionen: Ausblick auf die Zukunft des Fernsehens in der Schweiz. Eine Dokumentation aus den Tagungen vom 20. bis 21. November 1989 und 30. November 1990 des Gottlieb Duttweiler Instituts, Rüschlikon und der Schweizerischen Gesellschaft für Kommunikations- und Medienwissenschaft. (Dokumentationen zur Kommunikations- und Medienpolitik 1.) Aarau, Frankfurt a.M., Salzburg. S. 161-164.
Schulz, Andreas (2000): Der Aufstieg der «vierten Gewalt». Medien, Politik und Öffentlichkeit im Zeitalter der Massenkommunikation. In: Historische Zeitschrift 270, Heft 1. S. 65-97.
Schulz, Winfried (2002): Nachricht. In: Noelle-Neumann, Elisabeth / Schulz, Winfried / Wilke, Jürgen (Hrsg.): Fischer Lexikon Publizistik Massenkommunikation. Frankfurt a.M. S. 328-362.

Schwarb, Ursula / Bonfadelli, Heinz (2006): Publizistische Vielfalt in Regionen. In: Bonfadelli, Heinz / Meier, Werner A. / Trappel, Josef (Hrsg.): Medienkonzentration Schweiz. Formen, Folgen, Regulierung. Bern. S. 159-173.

Schwarzenbach, Andreas (2006): Das duale Fernsehsystem in der Schweiz. Eine medienökonomische Analyse. Zürich, Chur.

Schweizer Presserat (2008): Erklärung der Pflichten der Journalistinnen und Journalisten. Auf: http://www.presserat.ch/Documents/Erklaerung2008.pdf

Schweizer Presserat (2011a): Geschäftsreglement des Schweizer Presserats, revidierte Fassung vom 25. November 2011. Auf: http://presserat.ch/Documents/Reglement2011.pdf

Schweizer Presserat (2011b): Reglement über die Verwaltung der Stiftung «Schweizer Presserat» in der revidierten Fassung vom 18.01.2011. Auf: http://presserat.ch/Documents/Reglement2011.pdf

Schweizer Presserat (2012a): Jahrheft 2012 des Schweizer Presserates. (Schweizer Presserat) Auf: http://presserat.ch/Documents/Jahrheft_2012.pdf

Schweizer Presserat (2012b): Erklärungen und Richtlinien. Auf: http://presserat.ch/code_d.htm

Schweizerische Eidgenossenschaft (2012): Auslandaktivitäten der SRG neu geregelt. Auf: http://www.admin.ch/aktuell/00089/index.html?lang=de&msg-id=44581

Schweizerische Lauterkeitskommission (2012a): Wegleitung zur Abfassung und Einreichung einer Beschwerde. Auf: http://www.lauterkeit.ch/pdf/wegleitungbeschwerde.pdf

Schweizerische Lauterkeitskommission (2012b): Trägerschaft. Auf: http://www.lauterkeit.ch/komm1.htm

Schweizerische Lauterkeitskommission (2012c): Zweck. Auf: http://www.lauterkeit.ch/komm.htm

Schweizerischer Bundesrat (2002): Botschaft zur Totalrevision des Bundesgesetzes über Radio und Fernsehen (RTVG) vom 18. Dezember 2002. Auf: http://www.admin.ch/ch/d/ff/2003/1569.pdf

Schweizerischer Verband der Zeitungs- und Zeitschriftenverleger (Hrsg.) (1995): Die Kommunikationsbranche: 2. Der Verlag und seine Grundfunktionen. Zürich. 2. revidierte Auflage.

Schweizerischer Zeitungsverleger-Verband (1970): Bulletin. Heft 531.

sda - Schweizerische Depeschenagentur sda (2011): Geschäftsbericht sda-Gruppe. Auf: http://reports.euroadhoc.com/Schweizerische_Depeschenagentur/Geschaeftsbericht_2010/

sda - Schweizerische Depeschenagentur sda (2012): Dienste für Medien. Auf: http://www.sda.ch/de/dienste/medien/

Seibt, Constantin (2006): Intrigen, Crashs, Knüller: Die WOZ wird 25. In: Tages-Anzeiger 05.10.2006. S. 4.

SES ASTRA (2010): Reception by country. Auf: http://www.ses-astra.com/business/en/support/market-research/reception-by-country/index.php

SES ASTRA (2012): Reception by country. Auf: http://www.ses.com/4681602/reception-by-country

SFJ - Verband Schweizer Fachjournalisten (2012): Aktivitäten. Auf: http://www.sfj-ajs.ch/index.php?option=com_content&view=article&id=7&Itemid =32&lang=de

Siebert, Fred S. / Peterson, Theodore / Schramm, Wilbur (Hrsg.) (1956): Four Theories of the Press. Urbana / Chicago / London. [Original: 1956]

Siegert, Gabriele (2006): The Role of Small Countries in Media Competition in Europe. In: Heinrich, Jürgen / Kopper, Gerd G. (Hrsg.): Media Economics in Europe. (Informationskultur in Europa, Band 4.) Berlin. S. 191-210.

Sievert, Holger (1998): Europäischer Journalismus. Theorie und Empirie aktueller Medienkommunikation in der Europäischen Union. Opladen.

Signer, Sara / Puppis, Manuel / Piga, Andrea (2011): Minorities, integration and the media: Media regulation and media performance in multicultural and multilingual Switzerland. In: International Communication Gazette 73, Heft 5. S. 419-439.

SKWJ - Schweizer Klub für Wissenschaftsjournalismus (2012): Portrait: Ziele. Auf: http://www.science-journalism.ch/index.php/Ziele.html

Sommer, Katharina / Einwiller, Sabine / Ingenhoff, Diana / Winistörfer, Norbert (2010): Wirtschaftsberichterstattung im Rundfunk der Schweiz. Eine inhaltsanalytische Untersuchung zu Unterschieden zwischen den Sprachregionen. In: SComS - Studies in Communication Sciences 10, Heft 2. S. 27-50.

Spangenberg, Peter M. (2002): Medienerfahrungen - Medienbegriffe - Medienwirklichkeiten. In: Rusch, Gebhard (Hrsg.): Einführung in die Medienwissenschaft. Konzeptionen, Theorien, Methoden, Anwendungen. Wiesbaden. S. 84-101.

Spörri, Balz (2007): Wenig Tiefen und fast nur Höhen. «Der Markt war reif»: Wie sich die SZ auf dem Sonntagsmarkt durchsetzte. In: SonntagsZeitung - Jubiläumszeitung Sondernummer vom 14. Januar 2007. S. 7.

Sportpress.ch (2012): Startseite. Auf: http://www.sportpress.ch/de/startseite

SRF (2012a): Neue Radiologos für SRF. Medienmitteilung vom 22. März 2012. Auf: http://www.srf.ch/Nachrichten/Archiv/2012/03/22/ Unternehmen/Medienmitteilungen-2012/Neue-Radiologos-fuer-SRF

SRF (2012b): Unternehmen - Organisation. Auf: http://www.srf.ch/Nachrichten/ Archiv/2010/12/08/Unternehmen/Programme

SRG SSR (Hrsg.) (2010): Zahlen, Daten, Fakten 2009/2010. Bern: SRG SSR. Auf: http://www.srgssrideesuisse.ch/nc/de/publikationen/zahlen-daten-fakten/download/7330/d08c2ea6/1615_Zahlen_Daten_Fakten_2010.pdf/.

SRG SSR (2011a): Unternehmensstruktur 2011. Auf: http://www.srgssr.ch/ fileadmin/pdfs/Unternehmensstruktur%20SRG%20SSR%202011.pdf

SRG SSR (2011b): Swissinfo: Publizistisches Leitbild. Auf: http:// www.srgssr.ch/fileadmin/pdfs/Publizistisches%20Leitbild%20Swissinfo.pdf

SRG SSR (2012a): Über die SRG SSR: Unternehmensstruktur - Generaldirektion. Auf: http://www.srgssr.ch/de/srg/unternehmensstruktur/generaldirektion/

SRG SSR (2012b): Fernsehen. Auf: http://www.srgssr.ch/de/fernsehen/

SRG SSR (2012c): Finanzausgleich 2010. Auf: http://www.srgssr.ch/de/srg/finanzen/finanzausgleich-2010/

SRG SSR (2012d): Über die SRG SSR: Trägerschaft.
Auf: http://www.srgssr.ch/de/srg/traegerschaft/
SRG SSR (2012e): Rechtliche Grundlagen: Übersicht.
Auf: http://www.srgssr.ch/de/srg/rechtliche-grundlagen/uebersicht/
SRG SSR (2012f): Über die SRG SSR: Organe - Geschäftsleitung.
Auf: http://www.srgssr.ch/de/srg/organe/geschaeftsleitung/
SRG SSR (2012g): Radio. Auf: http://www.srgssr.ch/de/radio/
SRG SSR (2012h): Über die SRG SSR: Organe - Delegiertenversammlung.
Auf: http://www.srgssr.ch/de/srg/organe/delegiertenversammlung/
SRG SSR (2012i): Verwaltungsrat. Auf: http://www.srgssr.ch/de/srg/organe/verwaltungsrat/
SRG SSR (2012j): Tochtergesellschaften.
Auf: http://www.srgssr.ch/de/srg/unternehmensstruktur/tochtergesellschaften/
SSM – Schweizerisches Syndikat Medienschaffender (2003): Merkblatt zum Schweizer Presseausweis & zum Berufsregister der journalistisch tätigen Medienschaffenden BR (Kurzfassung des Reglements vom 1. Januar 2003).
Auf: http://www.ssm-site.ch/de/images/service/MerkblattBR.pdf.
SSM – Schweizerisches Syndikat Medienschaffender (2007): Radio RaBe untersteht neu einem Firmen-GAV. Auf: http://www.ssm-site.ch/de/archiv-vertragsinfos07/vertragsarchiv07/news113.html
SSM – Schweizerisches Syndikat Medienschaffender (2012a): Über uns.
Auf: http://www.ssm-site.ch/de/ssm.html
SSM – Schweizerisches Syndikat Medienschaffender (2012b): Vertragspolitik des SSM. Auf: http://www.ssm-site.ch/de/vertraege.html
Stanoevska-Slabeva, Katarina (2008): Web 2.0 - Grundlagen, Auswirkungen und zukünftige Trends. In: Stanoevska-Slabeva, Katarina / Meckel, Miriam (Hrsg.): Web 2.0: Die nächste Generation Internet. (Kommunikation und Management, Band 1.) Baden-Baden: Nomos. S. 13-38.
Stiftung Lilienberg Unternehmerforum (2012): Lilienberg Gesprächsanlässe. Auf: http://www.lilienberg.ch/xml_1/internet/de/application/d2/d90/d96/f97.cfm
Stiftung Mercator Schweiz (2012): Projekte - Wissenschaft: Wissen» in 20 Minuten.
Auf: http://www.stiftung-mercator.ch/projekte/wissenschaft/wissen-in-20-minuten.html
Stiftung Wahrheit in den Medien (2012): Herzlich willkommen.
Auf: http://www.medienwahrheit.ch/index.php
Stiftung Werbestatistik Schweiz (2012): Werbeaufwand Schweiz. Erhebungsjahr 2011. Zürich: Stiftung Werbestatistik Schweiz.
Stipp, Horst (2004): Media-Planung in den USA: Fernsehwerbung und die über 49-Jährigen. Die Diskussion über Werbung und ältere Zielgruppen. In: Media Perspektiven 10. S. 483-488.
Stöber, Rudolf (2005): Deutsche Pressegeschichte. Von den Anfängen bis zur Gegenwart. Konstanz. 2., überarbeitete Auflage.
Studer, Peter (2003): Fernsehjournalisten und ihre Bilder von der Wirklichkeit. In: Bardet, René (Hrsg.): 50 Jahre Schweizer Fernsehen: Zum Fernseh'n drängt, am Fernseh'n hängt doch alles... S. 54-88.

Studer, Peter (2005): Strukturwandel, journalistische Qualität, Rechts- und Ethiknormen. In: Künzler, Matthias (Hrsg.): Das schweizerische Mediensystem im Wandel: Herausforderungen, Chancen, Zukunftsperspektiven. Bern. S. 165-178.
Studer, Peter / Mayr von Baldegg, Rudolf (2011): Medienrecht für die Praxis. Vom Recherchieren bis zum Prozessieren: Rechtliche und ethische Normen für Medienschaffende. (saldo Ratgeber.) Zürich. 4. Auflage.
Studer, Peter / Künzi, Martin (2011): So arbeiten Journalisten fair: Was Medienschaffende wissen müssen. Ein Ratgeber des Schweizer Presserats. Interlaken.
Stuiber, Heinz-Werner (1998): Medien in Deutschland. Band 2: Rundfunk, 1. Teil. Konstanz.
STW – Swiss Travelwriters & Tourism Journalists Club (2012): Über uns: Ziel und Zweck. Auf: http://swisstravelwriter.squarespace.com/about/
Südostschweiz (2006): Die Südostschweiz hat jetzt einen Sonntag! Auf: http://www.suedostschweiz.ch/medien/soso/pdf/soso.pdf
Swisscontent (2012): Dienstleistungen. Auf: http://www.swisscontent.ch/ dienstleistung.html
SwissGIS (2011): Pluralismus und Vielfalt in Regionalzeitungen. Auswirkungen von Medienkonzentration und Medienkrise auf die Lokalberichterstattung in ausgewählten Regionen in der Schweiz. Schlussbericht an das Bundesamt für Kommunikation (Bakom). Zürich. Auf: http://www.bakom.admin.ch/themen/radio_tv/01153/01156/03479/index.html?lang=de.
Swissinfo/SRI (2002): Pressekampf am Sonntag. Veröffentlicht am 14.02.2002. Auf: http://www2.swissinfo.org/sde/Swissinfo.html.?siteSect=201&sid=1061096
Syndicom (2012a): Leitbild. Auf: http://www.syndicom.ch/uploads/media/Syndicom-Leitbild-2011_de.pdf
Syndicom (2012b): Branchen. Auf: http://www.syndicom.ch/de/branchen.html
Tages-Anzeiger (2009): ‹Winterthurer Stadtblatt› geht Konkurs. In: Tages-Anzeiger vom 03.07.2009. Auf: http://www.tagesanzeiger.ch/zuerich/winterthur/Winterthurer-Stadtblatt-geht-Konkurs/story/30119910
Tamedia (2012): Namhafte Beteiligungen. Stand: 3. April 2012. Auf: http://www.tamedia.ch/fileadmin/files/images/organigramm-leitbild/beteiligungen_de.pdf
Tamedia AG (2012): Vollständiger publizistischer Wettbewerb zwischen Tages-Anzeiger und Zürcher Regionalzeitungen. Medienmitteilung vom 09.05.2012. Auf: http://www.tamedia.ch/de/pressekontakt/medienmitteilungen/2012/pressrelease/vollstaendiger_publizistischer_wettbewerb_zwischen_tages_anzeiger_und_zuercher_regionalzeitungen
Tanner, Rolf (1986): Ereignischronologie zu den Lokalradioversuchen in der Schweiz. Unveröffentlichte Forschungsarbeit des Seminars für Publizistikwissenschaft. Zürich.
Tele D (2012): Tele D. Über uns. . Auf: http://www.tele-d.ch/about.html
Ticinonews (2010): La Storia di Radio 3iii. Auf: http://www.ticinonews.ch/pagina.aspx?id=12

Trappel, Josef (1990a): Medien-Marktpolitik. Kulturpolitik, Identität und die Marktchancen der Kleinstaaten. In: Medien Journal 3. S. 113-121.

Trappel, Josef (1990b): Schützt allein Sprache Kultur? Der Skandinavische Weg in der Medienpolitik. In: Medien Journal 14, Heft 3. S. 158-169.

Trappel, Josef (Hrsg.) (1991): Medien, Macht, Markt: Medienpolitik westeuropäischer Kleinstaaten. (Neue Aspekte in Kultur- und Kommunikationswissenschaft, Band 4.) Wien, St. Johann.

Trappel, Josef / Maniglio, Tanja (2009): On media monitoring – the Media for Democracy Monitor (MDM). In: Communications 34. S. 169-201.

Trebbe, Joachim / Baeva, Gergana / Schwotzer, Bertil / Kolb, Steffen / Kust, Harald (2008): Fernsehprogrammanalyse Schweiz. Methode, Durchführung, Ergebnisse. Zürich.

Tresch, Anke (2008): Öffentlichkeit und Sprachenvielfalt: medienvermittelte Kommunikation zur Europapolitik in der Deutsch- und Westschweiz. (Studien zur Schweizer Politik, Band 1.) Zgl. Diss. Uni Zürich. Baden-Baden.

UBI (2012a): Verfahren. Auf: http://www.ubi.admin.ch/de/themen_verfahren.htm

UBI (2012b): Organisation der UBI. Auf: http://www.ubi.admin.ch/de/ubi_organisation.htm

Uhlmann, Felix / Häsler, Philipp (2008): Gutachten zu Handen des Amts für Gemeinden und Raumordnung des Kantons Bern betreffend Amtsanzeiger. O.O.: Advokaturbüro Wenger Plattner. Auf: http://www.jgk.be.ch/site/agr_gemeinden_amtsanzeiger_gutachten_unterschrift_uhf___hap.pdf.

UNIKOM – Union nicht-kommerzorientierter Lokalradios (2012): UNIKOM Verband. Auf: http://www.unikomradios.ch/

UVEK (2005): Europäische Quoten für Schweizer TV-Sender. Auf: http://www.uvek.admin.ch/dokumentation/00474/00492/index.html?lang=de&msg-id=616

UVEK (2012): Kommunikation. Politik: Das Umfeld ändert sich rasant. Auf: http://www.uvek.admin.ch/themen/kommunikation/00625/index.html?lang=de

Valloton, François (2006): Anastasie ou Cassandre? Le rôle de la radio-télévision dans la socieété helvétique. In: Mäusli, Theo / Steigmeier, Andreas (Hrsg.): Radio und Fernsehen in der Schweiz. Geschichte der Schweizerischen Radio- und Fernsehgesellschaft SRG 1958-1983. Baden. S. 37-82.

Valora (2009): Pressetitel nach Herkunftsland. Angaben gemäss schriftlicher Auskunft vom 07.04.2009 an den Autor.

Valsangiacomo, Nelly (2012): Stiamo lavorando per voi: L'aziendalizzazione della SSR. In: Mäusli, Theo / Steigmeier, Andreas / Valloton, François (Hrsg.): Radio und Fernsehen in der Schweiz. Geschichte der Schweizerischen Radio- und Fernsehgesellschaft SRG 1983-2011. Baden. S. 179-226.

Verband Schweizer Medien (2011): Tages-, regionale Wochenpresse und Sonntagspresse (Zeitungen). Durchschnittliche Abonnementspreise nach Erscheinungsweise 2004-2012. Auf: http://www.schweizermedien.ch/fileadmin/schweizermedien/brancheninfos/nutzermarkt/1AboPreise_Zeitungen_04-12.pdf

Verband Schweizer Medien (2012a): Über uns. Auf: http://www.schweizermedien.ch/index.php?id=5

Verband Schweizer Medien (2012b): Entwicklung der Zeitungstitel und
Zeitungsauflagen seit 1939. Auf: http://www.schweizermedien.ch/fileadmin/
schweizerpresse/brancheninfos/allgemein/Zeitungstitel_Auflagen_1939-2011.pdf

Verband Schweizerischer Werbegesellschaften (VSW) (2004a): Ab 2004 gilt eine
neue Typologie der Schweizer Presse. Auf: http://www.vsw-assp.ch/d/typo.htm

Verband Schweizerischer Werbegesellschaften (VSW) (2004b): Typologie-Tabelle.
Auf: http://www.vsw-assp.ch/d/PRST-04HP.pdf

Verband Schweizerischer Werbegesellschaften (VSW) (2011): Katalog der Schweizer
Presse: Tagespresse, Regionale Wochenpresse, Sonntagspresse, Publikums-,
Finanz- und Wirtschaftspresse. Lausanne.

Verband Schweizerischer Werbegesellschaften (VSW) (2012): Statistische Übersicht
Stichtag 15. Oktober 2011. Auf: http://www.vsw-assp.ch/d/fs-stat.htm

von Rohr, Chris (2012): Linksgesteuerte Rechtschreibung. In: Der Sonntag Online
vom 28.01.2012. Auf: http://www.sonntagonline.ch/blog/466/

Vonplon, David (2008): Es gefällt den Zeitungen nicht, wenn sie angeprangert
werden. Interview mit Dominique von Burg, Präsident des Schweizer Presserats.
In: Persoenlich.com vom 15.04.2008.
Auf: http://www.persoenlich.com/news/show_news.cfm?newsid=74969

Vontobel, Jan (2005): Politische Positionen von Schweizer Qualitätszeitungen.
Unveröffentlichte Lizenziatsarbeit Zürich.

VSGZ – Verband Schweizer Gratiszeitungen (2012): Mitglieder: Übersicht.
Auf: http://www.gratiszeitungen.ch/home/page.aspx?page_id=1374

VSP – Verband Schweizer Privatradios (2012): Portrait.
Auf: http://www.vsp-asrp.ch/index.php

VxM (2011): Was ist VxM.ch? Auf: http://www.vxm.ch/home/what

Walther, Christoph J. (2006): Gefestigte Marktstellung.
In: Media Trend Journal 11. S. 30-37.

WAN – World Association of Newspapers / ZenithOptimedia (Hrsg.) (2009):
World Press Trends 2009. Paris. 20th edition.

Weber, Rolf H. (2008): Rundfunkrecht. Bundesgesetz vom 24. März 2006 über
Radio und Fernsehen (RTVG). Unter Mitarbeit von Orsolya Fercsik Schnyder
und Mirina Grosz. (Stämpflis Handkommentar.) Bern.

Weber, Stefan (Hrsg.) (2003): Theorien der Medien: Von der Kulturkritik bis zum
Konstruktivismus. (UTB 2424.) Konstanz.

Weischenberg, Siegfried (1992): Journalistik: Theorie und Praxis aktueller
Medienkommunikation. Band 1: Mediensysteme, Medienethik,
Medieninstitutionen. Opladen.

Weltwoche (2012): Publizistische Leitlinien der Weltwoche. Auf:
http://www.weltwoche.ch/ueber-uns/publizistische-leitlinien.html

WEMF AG für Werbemedienforschung (2011): MACH Basic 2011-2. Media-
Analyse Schweiz. Zürich.

WEMF AG für Werbemedienforschung (2012a): MACH Basic 2012-1. Media-
Analyse Schweiz. Zürich.

WEMF AG für Werbemedienforschung (2012b): WEMF Auflagen-Bulletin 2012.
Zürich.

Werbewoche (2010): Westschweizer Presse: Gemeinsame Plattform der Nouvelliste- und Arc Presse-Redaktion. Auf: http://www.werbewoche.ch/werbewoche/news/media_medien/content-192204.html

Wessler, Hartmut (2002): Journalismus und Kommunikationswissenschaft: Eine Einleitung. In: Jarren, Otfried / Wessler, Hartmut (Hrsg.): Journalismus - Medien – Öffentlichkeit. Wiesbaden. S. 17-38.

Wilke, Jürgen (1991): Einführung. In: Wilke, Jürgen (Hrsg.): Telegraphenbüros und Nachrichtenagenturen in Deutschland. München, London, New York, Paris. S. 13-21.

Willke, Helmut (1996): Systemtheorie I: Grundlagen. Eine Einführung in die Grundprobleme der Theorie sozialer Systeme. (UTB 1161.) Stuttgart. 5., überarbeitete Auflage.

Windlinger, Andreas (1995): Wirtschaft geschlossen: Die ganze Geschichte der SPK. In: Blum, Roger / Hemmer, Katrin / Perrin, Daniel (Hrsg.): Die AktualiTäter: Nachrichtenagenturen in der Schweiz. Bern, Stuttgart, Wien. S. 47-63.

Wintsch, Dani (2006): Doing News – Die Fabrikation von Fernsehnachrichten. Eine Ethnografie videojournalistischer Arbeit. Wiesbaden.

Worni, René (2011a): Unter dem Content-Diktator. In: Medienwoche vom 02.12.2011. Auf: http://medienwoche.ch/2011/12/02/unter-dem-content-diktator/

Worni, René (2011b): Sozialpartnerschaft: Einen GAV gibt's nur ohne Lebrument. In: Medienwoche vom 01.07.2011. Auf: http://medienwoche.ch/2011/07/01/einen-gav-gibt%E2%80%99s-nur-ohne-lebrument/

WOZ (2012): WOZ-Info: Eine Zeitung, 114 000 LeserInnen. Auf: http://www.woz.ch/info/woz

Wyss, Stefan (2008a): Die ‹NZZ am Sonntag› im Visier. Interview mit Chefredaktor Patrik Müller. In: Personlich.com vom 05.06.2008. Auf: www.persoenlich.com/news/show_news.cfm?newsid=76067

Wyss, Stefan (2008b): «Wir liefern unter der Woche das 'Ruchbrot' und am Sonntag den 'Zopf'. Interview mit Erwin Bachmann, CEO LZ Medien. In: Personlich.com vom 25.08.2008. Auf: www.persoenlich.com/news/show_news.cfm?newsid=77400

Wyss, Vinzenz / Studer, Peter / Zwyssig, Toni (2012): Medienqualität durchsetzen. Zürich.

Zehnder AG (2012): Verlag: Wochenzeitungen – Übersicht. Auf: http://www.zehnder.ch/Verlag.17.0.html

Zimmermann, Harro (2000): Kommunikationsmedien und Öffentlichkeit: Strukturen und Wandel. In: Neumann-Braun, Klaus / Müller-Doohm, Stefan (Hrsg.): Medien- und Kommunikationssoziologie: Eine Einführung in zentrale Begriffe und Theorien. (Grundlagentexte Soziologie.) Weinheim, München. S. 41-54.

Zimmermann, Jennifer (2010): Bekannte Namen betreten ‹neuland›. In: Klartext Online vom 06.11.2010. Auf: http://www.klartext.ch/?p=10995

Zimmermann, Kurt W. (2007): Der Lunch mit dem Bundesrat. Warum es früher einfacher war, eine attraktive Zeitung zu machen. In: SonntagsZeitung - Jubiläumszeitung Sondernummer vom 14. Januar 2007. S. 19.

Zölch, Franz A. (2010): Medienrecht - was es dem Journalisten nützt, was es regelt. In: Beilage von EDITO Medienmagazin 3. S. 2-15.
Zölch, Franz A. / Zulauf, Rena (2007): Kommunikationsrecht für die Praxis. Ein Hand- und Arbeitsbuch zur Lösung kommunikations- und medienrechtlicher Fragen für Presse, Radio, Fernsehen und neue Medien. Bern. 2., vollständig überarbeitete und erweiterte Auflage.
Zürichsee-Zeitung (2012): Zürichsee-Zeitung: Redaktion. Auf: http://www.zsz.ch/artikel_3165.html

Die Internetquellen wurden im August 2012 überprüft.

UVK:Weiterlesen

Medien in Deutschland

Hermann Meyn, Jan Tonnemacher
Massenmedien in Deutschland
Unter Mitarbeit von Hanni Chill
4., völlig überarbeitete Neuauflage
2012, 270 Seiten
35 s/w Abb., broschiert
ISBN 978-3-86764-213-2

Siegfried Weischenberg,
Maja Malik, Armin Scholl
Die Souffleure der Mediengesellschaft
Report über die Journalisten in Deutschland
2006, 316 Seiten
mit 120 s/w Abb., broschiert
ISBN 978-3-89669-586-4

Heinz Pürer, Johannes Raabe
Presse in Deutschland
3., völlig überarbeitete u. erweiterte Auflage
2007, 656 Seiten
76 Abb. s/w, gebunden
ISBN 978-3-8252-8334-6

Konrad Dussel
Deutsche Rundfunkgeschichte
3., überarbeitete Auflage
2010, 336 Seiten
20 s/w Abb., broschiert
ISBN 978-3-86764-231-6

Nea Matzen, Christian Radler (Hg.)
Die Tagesschau
Zur Geschichte einer
Nachrichtensendung
2009, 326 Seiten
60 s/w Abb., broschiert
ISBN 978-3-86764-143-2

Klicken + Blättern

Leseprobe und Inhaltsverzeichnis unter

www.uvk.de

Erhältlich auch in Ihrer Buchhandlung.

UVK:Weiterlesen

Medien in der Schweiz

Guido Keel
Journalisten in der Schweiz
Eine Berufsfeldstudie im Zeitverlauf
2011, 324 Seiten
105 s/w Abb., broschiert
ISBN 978-3-86764-332-0

Ulrike Röttger, Jochen Hoffmann, Otfried Jarren
Public Relations in der Schweiz
Eine empirische Studie zum
Berufsfeld Öffentlichkeitsarbeit
2003, 346 Seiten
42 Abb. s/w, broschiert
ISBN 978-3-89669-412-6

Jochen Hoffmann,
Adrian Steiner, Otfried Jarren
Politische Kommunikation als Dienstleistung
Public-Affairs-Berater in der Schweiz
2007, 292 Seiten, broschiert
ISBN 978-3-89669-592-5

Carmen Koch
Religion in den Medien
Eine quantitative Inhaltsanalyse
von Medien in der Schweiz
2011, 356 Seiten
60 s/w Abb., broschiert
ISBN 978-3-86764-342-9

Sascha Demarmels
Ja. Nein. Schweiz.
Schweizer Abstimmungsplakate
im 20. Jahrhundert
2009, 300 Seiten
10 farb. Abb., broschiert
ISBN 978-3-86764-158-6

Klicken + Blättern

Leseprobe und Inhaltsverzeichnis unter

www.uvk.de

Erhältlich auch in Ihrer Buchhandlung.

UVK:Weiterlesen

Medien international

Barbara Thomaß (Hg.)
Mediensysteme im internationalen Vergleich
2007, 368 Seiten
10 s/w Abb., broschiert
ISBN 978-3-8252-2831-6

Nina Springer, Johannes Raabe, Hannes Haas, Wolfgang Eichhorn (Hg.)
Medien und Journalismus im 21. Jahrhundert
Herausforderungen für Kommunikationswissenschaft, Journalistenausbildung und Medienpraxis
2012, 650 Seiten, 45 s/w Abb., broschiert
ISBN 978-3-86764-410-5

Josef Trappel
Online-Medien
Leistungsprofil eines neuen Massenmediums
2007, 262 Seiten, broschiert
ISBN 978-3-86764-013-8

Matthias Künzler
Die Liberalisierung von Radio und Fernsehen
Leitbilder der Rundfunkregulierung im Ländervergleich
2009, 376 Seiten, broschiert
ISBN 978-3-86764-154-8

Christian Steininger, Jens Woelke (Hg.)
Fernsehen in Österreich 2011/2012
2012, 242 Seiten
30 s/w Abb. und 7 farb. Abb., broschiert
ISBN 978-3-86764-379-5

Klicken + Blättern

Leseprobe und Inhaltsverzeichnis unter
www.uvk.de
Erhältlich auch in Ihrer Buchhandlung.